Schweidler · Der gute Staat

Walter Schweidler

Der gute Staat

Politische Ethik
von Platon bis zur Gegenwart

Philipp Reclam jun. Stuttgart

Universal-Bibliothek Nr. 18289
Alle Rechte vorbehalten
© 2004 Philipp Reclam jun. GmbH & Co., Stuttgart
Gesamtherstellung: Reclam, Ditzingen. Printed in Germany 2004
RECLAM und UNIVERSAL-BIBLIOTHEK sind eingetragene Marken
der Philipp Reclam jun. GmbH & Co., Stuttgart
ISBN 3-15-018289-1

www.reclam.de

Inhalt

Einleitung

Das Thema, dem sich der folgende Versuch einer Rekonstruktion der ethischen Substrukturen unseres politischen Bewusstseins widmet, ist das Verhältnis zwischen Politik und Ethik im modernen Rechtsstaat; das Thema lautet *nicht* »Politik und Moral«. Es wird also nicht um so etwas wie moralische Forderungen an das politische Handeln oder gar ein System oder einen Katalog von moralischen Prinzipien der Politik gehen. Vielmehr wird von dem Verständnis von »Ethik« und »Politik« in einem Sinne ausgegangen, in dem diese Begriffe spätestens in der systematischen Konzeption von ARISTOTELES entwickelt worden sind. Das heißt: Ethik wird hier verstanden als Unternehmen der vernünftigen Begründung moralischer Überzeugungen von dem, was gelingendes menschliches Leben[1] oder auch gutes Handeln heißt. Und Politik ist entsprechend aufgefasst als die Lehre vom gelingenden staatlichen Handeln. Was hier »Gelingen« genau heißt, das ist recht eigentlich unser Gegenstand. Aristoteles hatte bei der Prägung dieser beiden Begriffe als Bezeichnungen für philosophische Disziplinen eine bestimmte Konzeption vor Augen, die sich vor allem in seinem Diktum in der *Nikomachischen Ethik* ausdrückt, dass Ethik nicht eine Theorie des Guten, sondern eine Reflexion sei, die den Sinn hat, uns zu besseren Menschen zu machen.[2] Wir gehen von diesem Verständnis der Ethik im Sinne praktischer Philosophie mit normativem Anspruch aus, nicht aber etwa von dem aristotelischen Modell als solchen. In ihm sind wesentliche Vorentscheidungen enthalten, die im Durchgang durch die geschichtlich gewordenen Schichten unseres po-

---

1 »Ethik als Lehre vom gelingenden Leben« ist der systematische Ausgangspunkt bei Robert Spaemann, *Glück und Wohlwollen. Versuch über Ethik*, Stuttgart 1989, 15 ff.
2 Aristoteles, *Nik. Ethik* (vgl. Anhang Kap. 3) 1103b.

litischen Bewusstseins zu diskutieren und zu kritisieren sind. Der Rechtsstaat, dem wir unsere heutige politische Ordnung verdanken, kann von spezifisch modernen Prinzipien, das heißt von einer in der neuzeitlichen Philosophie auch in kritischer Wendung gegen Aristoteles entwickelten Verhältnisbestimmung zwischen Politik und Ethik, nicht abgelöst werden.

Unsere These ist, dass dem politischen Bewusstsein der Bürgerschaft im modernen Rechtsstaat eine Dialektik innewohnt, die, wenn sie vernünftig bewältigt werden soll, auf die immer wieder neu begründete und kritisch überprüfte Trennung zwischen theoretischen Erklärungs- und normativen Begründungsansprüchen menschlichen Handelns – das Wort »menschlich« selbst steht ja in der Bedeutungsspannung zwischen seinem normativen und seinem faktischen Aspekt – angewiesen bleibt. Ohne den Rückbezug auf diese Trennung droht sich die Dialektik des bürgerschaftlichen Bewusstseins in die Antithesen der »wertfreien« Herrschaftswissenschaft einerseits und der Ideologisierung der »Grundwerte« nach Maßgabe ihrer durchschnittlichen Konsensfähigkeit andererseits zuzuspitzen, die beide auf dem Weg, auf dem sie ineinander umschlagen, spezifisch politische Instrumentarien erzeugen. So ist die Theorie des modernen Rechtsstaates von Anfang an gejagt vom Projekt seiner »wissenschaftlichen« Fundierung in Funktionsmechanismen, zu deren Beherrschung man freilich erst den politischen Akt der Errichtung jener Institutionen benötigt, deren Funktion in der Theorie als schon existent vorausgesetzt werden muss. Und auf der anderen Seite wird – nicht zuletzt unter dem trügerischen Kürzel der (Zwangs-)»Solidarität« – der Dienst am Privaten zur eigentlichen Raison des modernen politischen Lebens erklärt, aber dies nur unter der Voraussetzung der politisch zu erzeugenden Übereinstimmung der Bürger in eben dieser Bereitschaft, einander als Privatpersonen gegenseitig zu bedienen, und im Glauben daran, dass diese Art von politischem Leben diejenige ist, für die alle Menschen auf dem Erdball sich entscheiden werden, wenn man nur politisch dafür sorgt, dass sie selbst, das heißt als Privatpersonen, zu Worte kommen. Die Gefahren dieser beiden Vereinseitigungen liegen dort, wo sie politisch ineinander übergehen, das heißt wo die Überzeugung, dass der Mensch als Bürger im Dienst seiner Mitbürger steht, selbst zur Privatmeinung erklärt und wo nicht mehr auf ihren Anspruch, wahre Überzeugung zu sein, sondern auf ihre Konsens- und Stabilisierungsfunktion im Konzert der privaten Interessen das Funktionieren der politischen Institutionen gegründet werden soll. Dann droht Ethik in der Tat zur Ideologie der Selbsterhaltung des modernen Staates zu werden.

Wenn es Maßstäbe gelingenden menschlichen Lebens gibt und wenn sich zeigen lässt, inwiefern diese in vermittelter Form auch dem Selbstverständnis des modernen Rechtsstaates noch innewohnen, dann lässt sich der Streit zwischen den strukturell grundlegenden und typischen »Lagern« im republikanischen Staat, der Streit zwischen »links« und »rechts« und – realpolitisch immer abhängig vom Wahlsystem – auch der »Mitte«, als ein Geschehen begreifen, in dem es tatsächlich um Erkenntnis geht, um eine Erkenntnis, die nicht bloße Funktion des *Bekenntnis*ses zum real existierenden Staat ist, sondern den Anspruch erhebt, die Bedingungen seiner legitimen, ethisch gerechtfertigten Existenz zu erschließen – und vor allem sie, diese Bedingungen, in ihm selbst auf eine durchaus ihm adäquate Weise zu repräsentieren, enthalten sein zu lassen. So verstanden, fallen die beiden dialektisch verknüpften Gesichtspunkte der Selbsterhaltung politischer Ordnung und des legitimatorischen Einbezugs der ganzen Menschheit in die Bedingungen dieser Selbsterhaltung tatsächlich zusammen, nur nicht in einem quasitheoretischen System- und Funktionswissen, sondern in den grundlegenden Weisen der normativen Selbstverständigung wahrheitsfähiger Sub-

jekte über die Bedingungen der Rechtfertigung ihres Zusammenlebens in einem Staat. Es kann durchaus zu einer
spezifischen Form begründender Einsicht gehören, dass
sie sich als organisierter Streit um die richtige Auslegung
der Bedingungen ihrer Weitergabe vollzieht und dass diese
Bedingungen sich gerade als solcher Streit konstituieren.
Ja, im Grunde muss es sogar so sein, wenn zu den Eigen-
tümlichkeiten menschlicher Rationalität eine Form der
Erkenntnis gehören sollte, die wesensnotwendig (und also
nicht nur aufgrund der Vorläufigkeit allen theoretischen
Wissens) an die unaufhebbare Unterschiedlichkeit der sich
um sie bemühenden und zu ihr gelangenden Subjekte gebunden ist. Das genau ist der Kern der Einsicht in die Verknüpfung von Politik und Ethik, die wir bei den griechischen Denkern entspringen und sich bis in unsere Tage
weltweit fortpflanzen sehen: *Es gibt eine spezifisch politische Erkenntnis, die unter Menschen prinzipiell nur im
Gemeinschaft stiftenden Dissens, das heißt in der streitenden Auseinandersetzung gewonnen werden kann.*

1
Zur Stellung von Ethik und Politik innerhalb der Philosophie

a) *Spannung und Zusammenhang*

KANT spricht in seiner Schrift *Zum ewigen Frieden*[1] von 1799 (B 76 ff.) von der »Mißhelligkeit zwischen Moral und Politik«, die nur durch einen moralischen Politiker überbrückt werden kann, »d. i. einen, der die Prinzipien der Staatsklugheit so nimmt, daß sie mit der Moral zusammen bestehen können«. Hingegen, so sagt Kant an dieser Stelle, könne er sich keinen »politischen Moralisten« denken, »der sich eine Moral so schmiedet, wie es der Vorteil des Staatsmanns sich zuträglich findet«. Es gibt nach Kant zwar eine objektive Vermittlung zwischen Moral und Politik, und zwar in den Prinzipien des Rechts und in dem Ziel des »ewigen Friedens« (B 93 f.); aber es wird trotzdem immer eine »subjektive« Spannung geben, gegründet »in dem selbstsüchtigen Hange der Menschen, der aber, weil er nicht auf Vernunftmaximen gegründet ist, noch nicht Praxis genannt werden muß« (B 94). Das bedeutet, dass die Spannung zwischen Moral und Politik nicht in einer Theorie, also auch nicht in einer politischen Ethik gelöst werden kann, sondern nur in der Person eines Politikers, der mehr ist als nur Politiker.

Den Begriff der *Praxis* verwendet Kant hier zwar in einem durch ihn eigentümlich geprägten, aber im entscheidenden Punkt doch an die klassische Tradition anknüpfenden Sinne, als den Begriff, mit dem festgehalten wird, dass es dennoch eine rational begründete Form der Reflexion über die *richtige Vermittlung* zwischen Politik und

---

1 Vgl. Anhang Kap. 8.

Moral geben kann. ARISTOTELES hatte zwischen Praxis und *Poiesis* unterschieden: Poiesis ist die Bezeichnung für das menschliche Handeln, das durch ein Ergebnis definiert und in seinem Wert konstituiert wird. Der Prozess der Herstellung eines Autos hat seinen Sinn in dem Auto, das bei ihm herauskommt, und er wird in seinem Wert durch den Wert des Produkts definiert. Für Freundschaft, für Erziehung, aber eben auch für das Zusammenleben im Staat gibt es keinen derartigen, durch ein Produkt festgelegten Wert. Vielmehr sind dies klassische Betätigungen, bei denen »der Weg das Ziel« ist, das heißt, die ihren Sinn in sich selber haben und nicht in einem durch sie erzeugten Zustand oder Ergebnis. Es gibt also für Kant eine objektive Vermittlung zwischen Politik und Ethik, für die er diesen klassischen Begriff von »Praxis« einsetzt.

Auf der Linie dieser im kantischen Sinne objektiven Vermittlung wird unser Gedankengang sich halten müssen. Dabei ist allerdings zu bedenken, dass gegen den in der rationalistischen Tradition wurzelnden Begriff der Praxis gerade in der Moderne wesentliche Vorbehalte erhoben worden sind. Man denke an die Ablehnung des Eurozentrismus, an den Hinweis auf unbewusste Determinanten unseres Handelns und an die Analyse der Massenphänomene, die es in der Politik gibt und die durch die Reflexion auf das gelungene Leben und das gute Handeln theoretisch sicher nicht vollständig gefasst werden können. Kant setzt nicht nur einen traditionellen Begriff von Praxis, sondern auch die Naturrechtslehre noch voraus. Aber man kann, vereinbar mit Kants Ausgangspunkten, die Einschränkung machen, dass ethisches Nachdenken über die Grundlagen der Politik ja nicht beanspruchen muss, die *einzige* Form rationaler Begründung politischen Handelns zu sein, und dass es gar nicht beanspruchen kann, den Willen, auf den es für die Vermittlung von Politik und Ethik ankommt, selbst zu erzeugen. Ethik hat Moral zum Gegenstand. Das heißt, sie setzt Moral so voraus, wie der Physiker Planeten und der Biologe Lebewesen voraussetzt. Ethik ist die systematische Reflexion der Moral mit dem Ziel, sie rational zu begründen und, wo nötig, zu kritisieren. Aber auch Politik im theoretischen Sinne ist nicht *nur* die Darlegung tatsächlicher politischer Strukturen. Sie ist im Zusammenhang der Philosophie eine normativ orientierte Disziplin. Sie ist allerdings nicht mehr, wie noch bei Aristoteles, ein im gleichen Sinne normativ orientiertes Gebiet wie die Ethik. Sie ist eine eigene Wissenschaft mit empirischen und historischen Methoden. Aber wir können ihr Einheitsprinzip immer noch, in gewissem Sinne aristotelisch, in dem Interesse des Politikers erblicken, das zu lernen, was zur Führung der Staatsgeschäfte notwendig ist. In einer demokratischen Konzeption von Politikwissenschaft ist dieses Interesse des Politikers zugleich als dasjenige all derer zu betrachten, die die Staatsgeschäfte gar nicht selbst führen, aber von ihnen betroffen sind, über sie mitzubestimmen haben und die Wahl haben, wem sie die politische Aufgabe übertragen wollen.[2]

Wir werden also eine Theorie nicht der Überwindung, sondern der rationalen Reflexion der Spannung zwischen Ethik und Politik zu verfolgen versuchen. Wir tun das im geschichtlichen Durchgang durch einige der wichtigsten Stationen der ethischen und politischen Theorien. Der Sinn dieses Vorgehens ist aber nicht selbst ein philosophiegeschichtlicher. Unsere Konzentration gilt ganz bestimmten *Schwellen* des Nachdenkens über Politik und Ethik. Nicht in erster Linie deren geschichtliche, sondern ihre exemplarische und paradigmatische Bedeutung für die Differenzierung der Schichten *unseres Bewusstseins* hinsichtlich der *ethischen Legitimation des staatlichen und gesellschaftlichen Zusammenlebens* bilden das Prinzip der

2 Vgl. dazu Walter Schweidler, »Politische Wissenschaft als Wissenschaft des Politikers«, in: *Merkur. Deutsche Zeitschrift für europäisches Denken* 40 (1986) H. 11, 936–948.

folgenden Darstellung. Wir werden auch zu Stationen kommen, an denen wir diese geschichtliche Anlage der ganzen Rekonstruktion selbst theoretisch zu reflektieren haben, schon bei PLATON, dann auch bei AUGUSTINUS, bei ROUSSEAU und HEGEL. Münden soll der Gang der Untersuchung in die These, dass man die grundlegende Dreiteilung unserer heutigen politischen Auseinandersetzung zwischen linken, rechten und mittleren Positionen in einem philosophischen Sinne verstehen und systematisch reflektieren kann. Dafür aber werden wir das Schlüsselgeschehen aufspüren müssen, in dem die handlungsorientierende Bedeutung dieser Dreiheit theoretisch grundgelegt worden ist. Das wird wesentlich im Übergang von der klassischen, teleologisch orientierten zur neuzeitlichen, bei HOBBES im Kern begründeten Theorie des Verhältnisses zwischen Politik und Ethik geschehen.

b) *Praktische Rationalität als Lebensform: Der »griechische Sonderweg«*

Ethik ist als systematische Reflexion der Bedingungen gelingenden menschlichen Lebens nicht ausschließlich und keineswegs zuerst im griechischen Kulturbereich entstanden. Sie gehört zumindest jenem mehrere Hochkulturen übergreifenden Zeitraum des Auftretens und der Wirkung großer Weisheitslehrer der Menschheit zu, den JASPERS[3] die »Achsenzeit« der Weltgeschichte genannt hat. Auch ihre Bedeutung für die sie umfassende Kultur ist im Falle Griechenlands nicht einzigartig; im chinesischen Kulturkreis haben die ethischen Lehren von KONFUZIUS und der Daoisten möglicherweise fundamentalere Bedeutung für Gesellschaft und Politik gehabt als die Schriften von PLATON und ARISTOTELES in der griechischen und dann in der

---

3 Karl Jaspers, *Vom Ursprung und Ziel der Geschichte*, München 1949, Tl. 1.

hellenistischen und römischen Welt. Trotzdem gewinnt die griechische Ethik ihr Gewicht für unser Grundverständnis von Politik nicht einfach durch den historischen Zufall, dass sie über das Christentum und die Renaissance bis in unsere Zeit weitergewirkt hat. Vielmehr lassen sich umgekehrt aus den Wesensmerkmalen der spezifisch philosophischen Ethik Platons und Aristoteles' Gründe für die geschichtliche Kontinuität ermitteln, in der unsere Vorstellung vom Sinn menschlichen Lebens und Zusammenlebens bis heute steht. Diese Kontinuität ist bestimmt durch das, was Forscher wie Jan ASSMANN bis in unsere unmittelbare Gegenwart hinein als »die spezifische Errungenschaft Griechenlands, den griechischen Sonderweg« (Assmann 280) bezeichnen.

Worin besteht der »griechische Sonderweg« und welche Rolle spielt für ihn die Ethik? Was praktische Rationalität im Kontext der griechischen Kultur bedeutet, lässt sich zunächst, insofern freilich auf der Ebene bloß graduellen Unterschieds, mit dem alten Wort »vom Mythos zum Logos« interpretieren: Für die politischen Grundentscheidungen der griechischen Welt gewinnt im 5. Jahrhundert v. Chr. das Vertrauen auf argumentative Rationalität, auf die in Rede und Gegenrede im öffentlichen Diskurs vorgetragenen besseren Gründe, eine bis dahin nicht da gewesene, die traditionellen mythischen und rituellen Formen politischer Willensbildung verdrängende und überwindende Bedeutung. Als Schlüsselereignis hierfür betrachtet Christian MEIER die Schlacht von Salamis 480 v. Chr., von der noch John Stuart MILL gesagt hat, sie sei wichtiger für die englische Geschichte gewesen als die von Hastings (Meier 3). Der Sieg der Griechen in dieser Schlacht ging auf eine Strategie zurück, die Themistokles »durch alle Zweifel hindurch, gegen allen Augenschein und alle Gewohnheiten bisherigen Denkens« (29) gewissermaßen am Reißbrett entworfen und durch seine Argumente und Prognosen im vernünftigen Diskurs durchgesetzt hatte. Es handelte sich dabei nicht einfach um einen Schlachtplan, sondern ein gesamtgesellschaftliches Unternehmen, das den Auszug einer ganzen Stadtbevölkerung aus ihren Häusern verlangte und dazu führte, dass man kollektiv etwas nie Dagewesenes tat. »Kollektiv« aber heißt hier: aufgrund gemeinsamer Beratung und in Folge eines freien Beschlusses. Man handelte nicht auf Geheiß eines allmächtigen Herrschers oder Strategen, sondern aus freien Stücken und der in argumentativer Beratung gewonnenen gemeinsamen Einsicht vertrauend. Bei Salamis, so Meier, ist der »Sonderweg«, »den die Griechen längst eingeschlagen hatten«, gewissermaßen »approbiert« worden (35).

Dass das Richtige sich im freien Dialog zwischen Gleichen, gemeinsam der stärkeren Macht der Vernunft unterworfenen Menschen einstellen wird, dass das Gute, »wenn es an den Tag kommt, [...] allen gemeinsam«[4] sein werde und dass der Richtigkeitsanspruch von Behauptungen überprüfbar und nachvollziehbar sein müsse, negativ gesagt: dass es kein Geheimnis gibt, das wir jemandem als nur ihm exklusiv zugänglichen Legitimitätsgrund zuzugestehen hätten und das uns verpflichten könnte, ihm politisch zu folgen – dies kann man als die Denkform betrachten, die in der von Griechenland ausgegangenen Tradition den Zusammenhang von Ethik und Politik wenigstens formal bestimmt hat.

c) *Schriftlichkeit und Mündlichkeit des ethischen Diskurses*

Die Entgegensetzung von Ost und West unter Bezugnahme auf argumentative Rationalität könnte freilich durchaus vereinfachend und auf ungute Weise wertend erscheinen. Wir haben darum hervorzuheben, dass es hier nicht

4 Platon, *Gorgias* (vgl. Anhang Kap. 2), 505e.

um die Entgegensetzung von Rationalität und Irrationalität, sondern immer nur um die Rekonstruktion einer bestimmten Form von politischer Wirksamkeit ethischer Rationalität, in Abhebung von anderen geschichtlichen Wegen der Staatslegitimation gehen kann. Wir haben also zu fragen: Was unterscheidet diese spezifisch griechische Form der Vermittlung ethischer und politischer Rationalität von derjenigen anderer Kulturen, die für unser heutiges politisches Denken keine vergleichbare Kontinuität begründet haben? Hierfür brauchen wir uns keiner unmittelbar normativ akzentuierten Kategorien zu bedienen, sondern müssen zunächst nach der eigentümlichen Form der Schriftlichkeit und Mündlichkeit des Diskurses fragen, in dem griechische Ethik sich gebildet hat.

Vor allen Inhalten, ja noch vor der Bedeutung des Arguments als praktisch rationaler Lebensform steht ganz elementar die Eigenart der Schrift, in der sich der ethische Diskurs der Griechen ereignet. Im 5. Jahrhundert v. Chr. hat sich in den Stadtstaaten Griechenlands die »erste Gesellschaft« entwickelt, »die man als ganze mit Recht als literal bezeichnen kann«[5]. Während die semitischen Silbenschriften und die idiographischen Schriften der Chinesen und Ägypter nur einer kleinen professionalisierten Elite zugänglich waren, die sich jahrelang mit ihrer Erlernung beschäftigt hatte, führte die griechische Alphabetschrift zu einer »kulturellen Revolution«,[6] einer Vereinfachung des Zugangs zur schriftlichen Überlieferung von Gedankengängen und damit einer »bis dahin unbekannten Demotisierung der Schrift« (Assmann 259). Die Gleichheit der Menschen vor dem Argument wurzelt sozusagen noch in ihrer Gleichheit beim Erlernen einer Schrift, die nicht Wissen um idiographische Inhalte, sondern nur Intelligenz

5 Jack Goody / I. Watt / K. Gough, *Entstehung und Folgen der Schriftkultur*, Frankfurt a. M. 1986, 83.
6 E. A. Havelock, *Schriftlichkeit. Das griechische Alphabet als kulturelle Revolution*, Weinheim 1990.

im Umgang mit der Auflösung gesprochenen Sinns in abstrakte Grundeinheiten und deren Wiederzusammenset-
zung zu Schriftzügen erfordert.

Aber über diese unmittelbare Verbindung vorgegebener
Gedanken mit dem »gesunden Menschenverstand« als ge-
nügender Basis ihres Nachvollzugs hinaus bedeutet die
Eigenart der literalen Kultur der Griechen noch mehr:
»Die Zertrümmerung von Sprache durch das Alphabet,
das durch semantische und phonetische Einheiten hin-
durchstößt, ermöglicht eine Reorganisation von Elemen-
ten, die dann dem Duktus gesprochener Sprache näher
kommt als alle anderen Notationssysteme« (Assmann
260). Gerade weil sie abstrakter arbeitet als jede andere
Art von Signifikation, erlaubt die Alphabetschrift die
größtmögliche Nähe zum konkreten, nämlich dem gesprochenen Wort. Erst dadurch wird so etwas wie der
ethische Dialog, mit dem Platon die unverwechselbare Eigenart philosophischer Erkenntnis dargestellt hat, in
Schrift übersetzbar und Gegenstand der kritischen und
trotzdem an einem vorgegebenen Gedankengang orientierten Weitergabe in philosophischen Schulen. Gerade
PLATON betont ja verschiedentlich, besonders deutlich im
Siebenten Brief (341 f.), die Unzulänglichkeit der Schrift
überhaupt für die Erfassung dessen, was nur im lebendi-
gen Gespräch und in der die Existenz umgreifenden Lebensweise des philosophierenden Menschen zugänglich
wird. Die griechische Schrift war wie keine andere vor ihr
geeignet, zum Medium einer kritischen und dialogischen,
den Buchstaben hinter sich lassenden Erkenntnismethode
zu werden. Hierin und nicht in weltanschaulichen Optionen eines aus dem Nichts entstandenen »Menschenbildes«
wurzelt primär die auf Freiheit und Gleichheit der Argu-
mentierenden orientierte Art der Rationalität, aus der
Ethik im griechischen Sinne entstand.

d) *Die Textualität der griechischen Ethik*

Die in der Eigenart der sie hervorbringenden Schriftkultur wurzelnde argumentative Kohärenz macht die griechische Ethik ablösbar von ihrem unmittelbaren sozialen und politischen Kontext. Nicht der Ort und die Zeit ihrer Entstehung, sondern allein der in der Welt niemals aufgehende Sinn legitimiert die Schrift, in der vom Ziel und Gelingen menschlichen Lebens die Rede ist. Insofern bildet die griechische Ethik, ebenso wie der israelitische Kanon, einen Text, nicht einen Ritus als Grundlage menschlicher Handlungsorientierung aus. Charakteristisch für einen Text ist nach Assmann, dass er kommentiert werden kann; Text und Kommentar sind zwei komplementäre und voneinander unablösbare Kategorien. »Ein Text wird kommentiert, wenn er einerseits von bleibender Verbindlichkeit, andererseits aber nicht durch redaktionelle Eingriffe modernisierbar oder durch neue Texte ersetzbar ist« (Assmann 176). Der Text muss ausgelegt werden, und Handlungsorientierung wird dadurch wesentlich zur Angelegenheit von Personen, die nicht in erster Linie eigene Richtlinien geben, sondern vorgegebene auslegen.

Als Texte in diesem Sinne blieben die ethischen Schriften von Platon und Aristoteles über eineinhalb Jahrtausende die Grundlage auch der politischen Reflexion in dem Kulturkreis, der sich durch die Transformation der griechischen in die hellenistische, die römische und schließlich die christliche Welt bildete. Als Texte stehen sie insofern in einer Linie mit den heiligen Schriften der jüdischen Tradition. Allerdings unterscheiden sie sich von diesen wiederum durch das Element, welches sie im spezifischen Sinne zu philosophischen und nichtreligiösen Texten macht und in Bezug worauf sie den biblischen Texten nicht näher sind als dem ägyptischen Tempel: Sie werden als autoritative Texte ausgelegt, aber die Rechtfertigung der Auslegung besteht nicht darin, dass das Auszulegende

geoffenbart wurde. Dies ist zunächst ein nur negatives
Kriterium: Ethik stützt sich auf eine Verbindlichkeit, die
sich keiner Offenbarung verdankt und uns dennoch vorgegeben ist. Aber diese Negativität ist in gewisser Weise
der Schlüssel zum ganzen Inhalt der Ethik und auch zu
ihrer Bedeutung für die Politik.

Zu den spezifisch in der griechischen Literalität verwur-
zelten Bedingungen der Ethik gehört es, dass sie einerseits
Texte hervorgebracht hat, die zu den kulturelle Erinnerung und damit soziale Identität stiftenden Fundamenten
einer schriftlichen Tradition gehören, dass aber als Autor
dieser Texte weder ein Gott noch mit übernatürlichen Ga-
ben versehene Menschen angesehen werden. Es gibt im
Kontext der griechischen Literalität »keine Heiligen
Schriften; heilige Texte werden bei den Griechen – wie bei
den Kelten, den zoroastrischen Persern und vor allem im
vedischen Indien – gerade nicht der schriftlichen, sondern
der mündlichen Überlieferung anvertraut« (ebd. 267).
Hier macht nun auch Assmann den »Sonderweg grie-
chischer Kulturentwicklung« (269) fest: »Das Besondere
der griechischen Situation liegt in einer soziopolitischen
Verwendung von Schrift, die am besten negativ zu kennzeichnen ist, als Freiraum, der weder von der weisung-ge-
benden Stimme eines Herrschers noch eines Gottes besetzt ist. Dieses Macht-Vakuum hat das Eindringen von
Oralität in die griechische Schriftkultur begünstigt.« *Ein
konstruktives Macht-Vakuum, das der streitenden Auseinandersetzung wahrheitsstiftenden und traditionsbegrün-
denden Spielraum gewährt*: Hierin sehen wir die Wurzel
der Kontinuität politischer Ethik von den griechischen
Anfängen bis heute.

Platon: Der Staat als Urbild der Seele

a) *Der personale Gerechtigkeitsbegriff*

Die Basis der Verknüpfung von Ethik und Politik im griechischen Denken, so wie PLATON es in seiner *Politeia* auf
den Weg gebracht hat, bildet der Begriff der Gerechtigkeit. Die *Politeia* steht, indem sie nach der Gerechtigkeit
fragt, noch im Kontext der frühen platonischen Dialoge,
die der Diskussion und Definition einzelner persönlicher
Tugenden gewidmet sind, sprengt aber nach dem ersten
Buch *Thrasymachos*, das noch auf der Linie dieser früheren Dialoge liegt, in den folgenden neun Büchern den
Rahmen all dessen, was Platon zuvor an Analysen gelingenden menschlichen Lebens gegeben hatte. Für die gesamte antike Staatstheorie richtungweisend ist, dass der
Begriff der Gerechtigkeit als Bezeichnung einer *persönlichen Tugend* verstanden wird. Primär sind es nicht die
Strukturen gesellschaftlicher Organisationen, sondern die
Grundhaltung und Richtung des Lebens eines menschlichen Individuums ist dasjenige, was gerecht oder ungerecht genannt werden kann. Erst in sekundärer, abgeleite-
ter Weise kann man Verhältnisse, die durch gerechte oder
ungerechte Menschen geprägt werden, auf ihre Gerechtigkeit hin beurteilen.

Theoretische Voraussetzung dieser Fassung des Gerech-
tigkeitsbegriffs ist der für die gesamte antike Ethik charakteristische Ansatz bei der Frage nach dem guten Leben.
Sie fragt nicht nach der unmittelbaren Beurteilung einer
guten oder schlechten Handlung, sondern nach den Ele-
menten, die ein menschliches Leben als ganzes gelingen
lassen. Der Begriff des Glücks (*eudaimonia*) wird mit Platon und ARISTOTELES zum Grundbegriff der griechischen

Antwort auf die Frage, wonach alle Menschen streben und
worum es jeder Moral, vor welch unterschiedlichem kul-
turellen Hintergrund sie auch entstanden sein mag, letzt-
lich geht. Schon DEMOKRIT hatte als Antwort auf die ra-
tionale Infragestellung des urtümlichen Ziels des äußeren
Glücks den Begriff der *ataraxia*, das heißt des inneren
Glücks als Gleichmut der Seele gegenüber der Macht der
Affekte, entwickelt. Inneres Glück ist Zufriedenheit und
Unabhängigkeit von den wechselnden Stimmungen und
Affekten der Seele.

Die bei Platon grundgelegte und bei Aristoteles dann
systematisch entfaltete Lehre von den Tugenden nimmt
diesen Gedanken auf, stellt ihn aber in einen sozialen und
politischen Kontext: Inneres Glück kann und muss sich in
einer vorbildlichen, öffentlich wahrnehmbaren und den
eigenen Staat formenden Lebensführung bewahrheiten.
Tugenden wie Besonnenheit, Tapferkeit, Weisheit, Wahr-
haftigkeit, Großzügigkeit und Großherzigkeit sind Formen, die das Leben, wenn es sie einmal in sich aufgenommen hat, nicht wieder verlieren kann. Aber ein solches
Leben macht den Menschen, auch wenn er innerlich unabhängig von äußeren Gütern wird, doch nicht gleichgültig
gegenüber Unterdrückung und Ungerechtigkeit; denn es
hat eine ganz eigentümliche wechselseitige Verflechtung
mit dem staatlichen Leben, die das Prinzip seiner philosophischen Erörterung und Darlegung bildet. Die berühm-
teste symbolische Darstellung dieser Verflechtung hat Platon im »Höhlengleichnis« (514aff.) gegeben, in dem er
den Anfang des Weges zur Weisheit, die Befreiung durch
einen anderen Weisen, und das Ende dieses Weges, die
Rückkehr des Weisen in die Höhle, als unableitbar *politische* Akte versinnbildlicht. Die wechselseitige Verflechtung zwischen ethischem und politischem Aspekt des gelingenden Lebens besteht aber letztlich in der Tugend der
Gerechtigkeit.

Die Gerechtigkeit nimmt im Katalog der Formen des

objektiven Glücks eine ganz spezifische Stellung ein. Man hat sie seit Platon und Aristoteles in der Tradition als *die Tugend der Herrschenden* bezeichnet. Das heißt, Gerechtigkeit ist nicht noch einmal eine unter den ganzen anderen Tugenden, sondern *die Haltung desjenigen Menschen, der seine Tugenden zu einem solchen Ganzen integriert hat, dass er gar nicht anders leben kann, als interessiert daran zu sein, dass auch die anderen Menschen tugendhaft werden und ein gelungenes Leben führen können.* Die Beziehung zu den anderen Menschen, das ist der eigentümliche Aspekt, den die Gerechtigkeit für den tugendhaft Lebenden gegenüber allen seinen anderen Tugenden noch hinzufügt. Wie diese Auffassung vernünftig zu begründen sei, das ist gerade die Frage in den Dialogen, in denen Platon sich mit Gerechtigkeit auseinandersetzt. Zu diesem zählen schon vor der *Politeia* vor allem der *Gorgias* und der *Phaidon*.

Der *Gorgias* gibt auf die Frage: Warum soll man gerecht sein? die berühmte Antwort, es lasse sich vernünftig einsehen, dass es für einen selbst besser sei, Unrecht zu leiden als Unrecht zu tun (508dff.). »Besser« ist hier, wie immer in der griechischen Ethik, auch und zunächst einmal durchaus im individuellen Sinne zu verstehen, das heißt als »nützlicher«. In der Ethik geht es auch darum zu zeigen, dass es für mich nützlicher ist, gerecht zu sein als ungerecht. Hinter der Gerechtigkeitsforderung steht also nicht ein Appell, sondern argumentative Überlegung. Wer gerecht ist, ist rational, und zwar in dem doppelten Sinne, den das Wort bis heute für uns hat. Er ist vernünftig, berechenbar, für andere verstehbar; und er ist gewissermaßen rationell, er bewahrt seine Lebenskraft und Lebenszeit vor der Verschwendung an nicht lohnenswerte Güter und an einen Konkurrenzkampf, der aus der Angst der Menschen vor der Irrationalität der Mitmenschen erst entsteht. Gerechtigkeit heißt bei Platon in erster Linie überlegte Selbstbegrenzung, Herrschaft über das eigene Leben als Ganzes. Solche Herrschaft zu erringen ist nützlich, sie ist für mich zuträglich. Als Begründung für die provokante These, dass Unrecht leiden besser sei als Unrecht tun, stützt sich SOKRATES im *Gorgias* zunächst auf den allgemeinen gesellschaftlichen Konsens (474c ff.): Wer Unrecht tut, handelt »hässlich« und kann sich gegenüber der Ächtung durch die anderen Menschen nur mit Gewalt und Lüge behaupten. Wer schlecht handelt, ist, wenn er die Logik seines Tuns zu Ende denkt, eigentlich auf dem Weg zum Tyrannen. Wenn aber die Tyrannei auf gesamtgesellschaftlicher, staatlicher Ebene offensichtlich das größte Übel ist – und diese politische Einsicht, die in den von uns erwähnten Lebensformen der griechischen Gesellschaft zutiefst verwurzelt war, bildet den nicht hinwegzudenkenden Hintergrund der ethischen Begründung –, dann kann ein Handeln, das eigentlich den Willen zur Tyrannei impliziert, auch für den Einzelnen nicht gut sein. Wer schlecht handelt, greift in das Leben seiner Mitmenschen ein wie ein Tyrann, und nur die Macht der bestehenden Institutionen und insofern die Inkonsequenz und die parasitäre Halbheit seines Tuns (seine Angst davor, bestraft zu werden) schaffen hier die Möglichkeit, den Einzelnen von der Rationalität der Furcht und des Respekts vor den Gesetzen zu überzeugen.

Sokrates' Diskussionsgegner Kallikles weist dann darauf hin, dass die Menschen in der Gesellschaft das angeblich Hässliche gar nicht wirklich hässlich finden. Was der Mensch wirklich will, so Kallikles, ist »Reichtum, Ehre und viele andere Güter genießen« (486c/d), und dass man das nicht offen zeigt, sondern sich an gewisse Formen des Respekts vor den Interessen der anderen Menschen hält, ist eine Sache der nützlichen, selbst wieder interessegeleiteten Konvention. Man sagt, dass Unrechttun schlecht sei, um besser den eigenen Vorteil verfolgen zu können, ohne dies offen darlegen zu müssen. Im Gegenzug gegen diesen radikalen Standpunkt bringt Sokrates als letzten und wichtigsten Aspekt der Verteidigung der Gerechtigkeit die Selbstbeherrschung ins Spiel: Wer ungerecht handelt, mag auch in der Gesellschaft noch Vorteile haben, aber es gibt eine Grenze, an der seine *pleonexia*, das »Mehrhabenwollen«, auch für ihn selbst gefährlich wird, nämlich die Grenze seiner Zeit. Größer als alle Gefahren durch die Mitmenschen wäre es, »dass ich einzig und allein mit mir selbst nicht in Harmonie wäre und mir widerspräche« (482c). Wer stark und schön lebt, der kann auch Unrecht tun, so Kallikles, er ist Herrscher über die anderen, und von Natur aus will jeder von uns dies sein. Aber auch in Bezug auf einen solchen bleibt, so Sokrates, noch die Frage: herrscht er oder wird er beherrscht? »Oder ist das nicht nötig, Herrschaft über sich selbst, sondern nur über andere?« (491d)

Entscheidend ist der Unterschied zwischen dem Moment und dem Leben als ganzem: Etwas kann hier und jetzt angenehm sein, aber das Leben ruinieren. Gut ist es nur, wenn man es mit dem, was man sich unter *seinem Leben als ganzem* vorstellt, in Einklang bringen kann. Es ist aber gerade ein Kennzeichen der Dummen und Feigen, dass sie sich im Moment an einem langfristig schädlichen Gut sehr freuen können. Tugenden sind Weisen, sich zu seinem Leben in ein Verhältnis zu versetzen, das es als Aspekt eines überhaupt zusammenstimmenden Kosmos, als ein gelungenes Ganzes, überblickt. »Gemeinschaft, Freundschaft, Ordnungsliebe, Besonnenheit und Gerechtigkeit« sind die Leistungen, die »den Himmel und die Erde, die Götter und die Menschen« zusammenhalten (508a). Und das Zusammenleben der Menschen ist nicht einfach eine Einschränkung, sondern kann auch verstanden werden als ihre gegenseitige Unterstützung bei dem Ziel, einander davor zu bewahren, die Lebenszeit an das Unerreichbare und die Lebenskraft auf Konflikte zu verschwenden, die ausbleiben, wenn man sich gegenseitig berechenbar darauf einigt, einander dabei zu unterstützen, aus dem Leben, das man hat, das für das Ganze Beste herauszuholen.

b) *Die Frage nach dem gerechten Herrscher*

Es ist genau dieser Gedanke der wechselseitigen Verflechtung von gelingendem Leben und Zusammenleben, der dann in der *Politeia* eigentlich entfaltet wird. Sie soll ein Bild der gerechten, das heißt wohl geordneten Seele entfalten, also des Gegenteils des tyrannischen Menschen (368d). Die Antwort der *Politeia* auf die Frage nach dem guten Herrscher besteht in der Entfaltung dieses einen Grundgedankens PLATONS, den man zusammenfassen kann in der folgenden These: *Es gibt ein politisches Selbstverhältnis des Menschen.* Das heißt, vor aller Moral im Umgang mit anderen steht die Einsicht, dass unser eigenes Selbst, unser Leben, ein Kampfschauplatz ist. Wir müssen uns mit der Gefahr, dass dieses Leben misslingen könnte, auseinandersetzen, und wir müssen durch Vernunft dieser Gefahr begegnen. Noch in den *Nomoi*, Platons letztem großen Werk zur Politik, heißt es, dass »in jedem von uns ein Krieg gegen uns selbst stattfindet« (626e). Die *Politeia* ist eine Theorie des Zusammenlebens der Herrschenden mit den Beherrschten, und sie fordert, dass die Herrschenden das Recht zur Herrschaft durch den Sieg über sich selbst erfechten müssen.

Wenn man die grandiose Wirkungsgeschichte ins Auge fasst, welche die *Politeia* in der ethischen und politischen Theorie gehabt hat, muss man hervorheben, dass sie nicht in erster Linie die unmittelbare Wirkung der berüchtigten Züge des »Philosophenstaates« ist, der im dritten Buch von Platon entworfen wird. Hier steht der Satz des Sokrates:

»Wofern nicht [...] entweder die Philosophen Könige werden in den Staaten, oder die, welche jetzt Könige und Herrscher heißen, echte und gründliche Philosophen werden, und dieses beides in einem zusammenfällt, Macht im Staate und Philosophie, den meisten Naturen aber unter den jetzigen, die sich einem von beiden ausschließlich zuwenden, der Zugang mit Gewalt verschlossen wird, gibt es [...] keine Erlösung vom Übel für die Staaten, ich glaube aber auch nicht für die Menschheit [...].«   (473c/d)

Das in dieser These gipfelnde, von Sokrates in der Unterredung mit Glaukon und Adeimantos konstruierte Modell einer dreidimensional geschichteten Gesellschaft, die vom Philosophen regiert, von einer ohne Familie und Eigentum lebenden Kriegerkaste geschützt und von der Masse gehorsamer Produzenten ernährt und materiell getragen wird, ist, wie immer man seinen Status interpretiert, nur eines unter einer ganzen Reihe komplex miteinander verwobener Lehr- und Diskussionsstücke. Die Spuren dieses Konstrukts sind hauptsächlich in den Utopien wieder zu finden, die zu Beginn der Neuzeit, etwa von MORUS und CAMPANELLA, entworfen wurden,[1] in gewisser Weise auch in verschiedenen Überlegungen ROUSSEAUS und in den mittleren und späten Staatskonstruktionen FICHTES. Produktiver und für die Tradition der politischen Philosophie mindestens ebenso bedeutsam ist der »Philosophenstaat« durch die Geschichte der Kritik, die an ihm geübt worden ist. Sie beginnt mit den Einwänden von Aristoteles und mündet im 20. Jahrhundert in die am Gegensatz zwischen dem platonischen Sokrates und dem antisokratischen Platon aufgezogene Totalitarismuskritik eines Karl POPPER oder André GLUCKSMANN.[2]

---

1 Vgl. Richard Saage, *Politische Utopien der Neuzeit*, Darmstadt 1991.
2 Zu Popper vgl. Anhang Kap. 2; André Glucksmann, *Die Meisterdenker*, Reinbek 1978.

Wichtiger aber für die Wirkung der platonischen Politeia ist die Bedeutung anderer, durch den »Philosophenstaat« eher symbolisch vermittelter Grundelemente, wie
sie vor allem im sechsten und achten Buch entfaltet worden sind: das Höhlengleichnis, die Königserziehung und
vor allem die Lehre von den Staatsformen. Mit dem »Philosophenstaat« zusammen bilden sie Platons Antwort auf
die Frage, die über zweitausend Jahre hinweg die legitimationstheoretische Grundfrage der Politik geblieben ist: *die
Frage nach dem »guten Herrscher«.* Die Entscheidung
über Legitimität des Staates und ethische Qualität des
menschlichen Zusammenlebens fällt nach Platon in der
Seele der Herrschenden, und nach diesem Ausgangsprin-
zip ist das gesamte theoretische Gebäude der *Politeia* organisiert.[3]

Mit der Frage nach dem guten Herrscher sind in der Tat
auch die Grenzen der antiken Staatstheorie bezeichnet,
denn in dieser Hinsicht ist in der Neuzeit eine wesentliche
Wendung eingetreten. Um sie einzuordnen, muss man
sich jedoch zunächst einmal klarmachen, dass der »Philosoph«, der nach Platon an der Spitze des idealen Staates
stehen muss, kein Weisheitslehrer, sondern eben ein gerechter Mensch ist, der gar nicht anders als gut handeln
kann, und zwar aus rationaler Einsicht heraus. Er *wäre*
der zur Herrschaft berufene Staatslenker, der seine Berufung rechtfertigt, indem er eine umfassende, Theorie und
Praxis zur unauflösbaren Einheit verschmelzende Erziehung erhält. Als solcher hat der Gedanke, ungeachtet der
Ablehnung, die in der gesamten abendländischen politischen Geschichte die Idee einer Philosophen- oder auch
Priesterherrschaft immer gefunden hat, eine ungeheure
Wirkung gehabt, nämlich in der Tradition der »Fürsten-

---

3 Der Begriff »Legitimität« ist natürlich im griechischen Kontext nur mit
Vorbehalt zu verstehen: Die Daseinsberechtigung des Staates überhaupt
kann nicht in Frage stehen, wenn der Mensch von Natur aus ein staatsbil-
dendes Lebewesen ist.

spiegel«, die von den antiken Anfängen bis ins 19. Jahrhundert die paradigmatische literarische Form geblieben ist, in der das Problem der Bildung der politischen Herrscher erörtert worden ist.

Die Verflechtung zwischen Gerechtigkeit im Verhältnis zu sich selbst und den anderen ist in der großen Metapher des »Philosophenstaates« das eigentliche Thema. Weil der Gerechte nach Platon derjenige ist, der nicht nur einsieht, worin das Gelingen seines eigenen Lebens besteht, sondern für den es eine Trennung zwischen dieser Einsicht und dem Wirken auf das Gelingen des Lebens der anderen gar nicht geben kann, ist er auch der zur Herrschaft im Staat berufene Führer. So problematisch diese metaphorische Antwort sein mag, bedeutender ist die Frage, auf die sie gegeben wird. Sie, *die Frage nach dem gerechten Herrscher, ist der Anfang der politischen Philosophie bei den Griechen und in unserer Kultur überhaupt.* Und ungeachtet aller Brüche, die die Tradition ihrer Beantwortung kennzeichnen, wird sich zeigen, dass sie in verwandelter Form, als *die Frage nach der guten Gesetzgebung*, bis heute richtungweisend geblieben ist.

Machen wir uns zunächst noch einmal die legitimationstheoretische Bedeutung des platonischen Gedankens klar. Die Scheidelinie zwischen dem guten und dem schlechten Staat wird nach Platon durch die Scheidelinie zwischen dem guten und dem schlechten Herrscher definiert. Diese Scheidelinie ist wiederum gezogen durch die Grundhaltung des Regierenden, die dem Guten erlaubt, nicht »auf das zu sehen, was ihm selbst zuträglich ist« (347d). Eine Staatsverwaltung, die dies zur Basis hat, ist nach Platon eine »wachende«[4] im Gegensatz zu einer »schlaftaumelnden« Verwaltung, in der die Regierenden ihre Neigungen und Ressentiments freien Lauf lassen,

4 Reinhart Maurer, *Platos Staat und die Demokratie*, Berlin 1970, übersetzt dies mit »rationale«.

»um Schatten fechten und über das Herrschen Krieg und
Streit anfangen, als wäre es ein großes Gut« (520d/e).
Psychologisch gesehen, ist es das elementarste Kennzeichen eines gerechten Herrschers, das seine Existenz nicht
mit dem Amt und schon gar nicht mit der Karriere, die
zu ihm führt, steht und fällt. Wenn ein Staat, so Sokrates
in der *Politeia* (347d), »aus lauter guten Männern bestän-
de, so würde man sich um das Nichtregieren ebenso streiten wie jetzt um das Regieren«. Ein Gerechter wird nicht
deshalb nach Staatsämtern streben, weil er durch ihre Er-
langung seinem Leben noch etwas an Vollkommenheit
hinzufügen könnte; die Gerechten streben für sich nie
nach Herrschaft, weil »sie keine Armut empfinden, sondern von Geburt den größten Schatz in sich haben«
(547b). Einem Gerechten kann es, wenn er regieren will,
nur um eines zu tun sein, nämlich der »größten Strafe« zu
entgehen, die ihm zugefügt werden kann, die nämlich darin besteht, dass man »von einem Schlechteren regiert
wird« (347c). Gemeint ist natürlich: von einem *moralisch*
Schlechteren.

Im Hintergrund der massiven Betonung ethischen, also
philosophischen Wissens für das gute Zusammenleben
stehen bei Platon vor allem zwei Ausgangsannahmen. Die
eine, dass moralische Schlechtigkeit immer aus *Irrtum*
entspringt, ist schon bei ARISTOTELES und dann eigentlich
für immer aufgegeben worden. Die andere zieht sich
durch die gesamte griechische Staatsphilosophie und fehlt
in gewisser Weise der Neuzeit; es handelt sich um die
Lehre vom geschichtlich unvermeidlichen *Verfassungswandel*. Wohnte dem Staatswesen nicht eine natürliche
Tendenz inne, in die Hände der Ungerechten zu fallen, so
gäbe es die Notwendigkeit nicht, die den Gerechten zum
Herrschen beruft. Daher gilt, dass, solange die Staatslen-
kung in der Hand der Richtigen ist, es schmählich wäre,
sich ungerufen um sie zu bemühen. Wer gerecht herrscht,
dient den anderen Menschen, gibt ihnen und seinem Staat

etwas zurück, handelt aus dem Überfluss an Kraft, die ihm sein Leben gibt, nicht aus einem Mangel an Zufriedenheit mit seiner Stellung. Nur wer für sich selbst schon alles erreicht hat, woraus er sein Leben und das Gelingen des Lebens zu definieren und wovon her er sein Leben anzunehmen vermag, kann sich in der Herrschaft über andere so unparteilich verhalten, dass der Sinn guten Regierens realisiert wird, der in dem ständigen Bestreben besteht, dafür zu sorgen, dass nicht »*ein Stand* in besonderem Maße glücklich wäre, sondern soviel als möglich der *ganze Staat*« (420b).

c) *Der Totalitarismusvorwurf*

All dies muss man sich klar machen, um zu verstehen, wie radikal die Kritik am »Philosophenstaat« einen Gegensatz und eine Inkonsistenz in PLATONS Staatstheorie hineinträgt, die philosophisch eigentlich unverständlich ist. Das wichtigste Zeugnis dieser Kritik ist der erste Band von *Die offene Gesellschaft und ihre Feinde* von Karl POPPER, einem Buch, das aus den Erfahrungen des Totalitarismus in Europa vor dem Zweiten Weltkrieg und aus dem Willen entstanden ist, zu ihrer Bekämpfung einen philosophisch ansetzenden, aber letztendlich weltanschaulich fundierten Gegenentwurf zu setzen. Nach Popper ist Platons *Politeia* das Urprogramm des Totalitarismus, an das die »falschen Propheten« Hegel und Marx nur anknüpfen mussten, um jene denkerischen Totallösungen zu entwerfen, denen dann die tatsächlichen Endlösungsversuche des 20. Jahrhunderts folgen sollten. Popper konzentriert sich ganz einseitig auf den platonischen Philosophenstaat. Dabei unterstellt er der *Politeia* eine durch und durch *ideologische* Konstitution, das heißt, er schreibt Platon ein bestimmtes Interesse zu, das er nicht offen vertreten konnte, sondern verkappt als eine absolute, abstrakte und für alle Men-

schen gültige Wahrheit indirekt in die Köpfe hineinzu-
bringen versucht hat. Das Interesse Platons ergebe sich
aus der historischen Situation, nämlich dem durch den
Peloponnesischen Krieg herbeigeführten Ende der oligarchischen, von Sparta eingesetzten athenischen Regierung, der die Familie Platons angehört hatte. In der
Niederwerfung der oligarchischen Regierung durch die
Demokraten in der Jugend Platons ist es auch zum Tod
zweier Onkel Platons gekommen. In dieser Situation hätte
sich die tiefe Verachtung der Demokratie und der Schmerz
über den Verlust der eigenen Machtstellung in der platonischen Theorie einer gänzlich undemokratischen, auf der
Herrschaft von oben berufener basierender Regierung
entladen. Platons Ziel sei also ein prinzipiell konservatives
(Popper 68), es gehe ihm um die nachträgliche Legitimation der geschlossenen Gesellschaft durch die Ersetzung
des magischen Glaubens durch einen philosophischen
(252), wobei der Inhalt gleich bliebe: Glaube an *Kollektivismus* (261).

Die »geschlossene Gesellschaft« ist dabei definiert
durch die jeder Überprüfung durch die Untergebenen
entzogene Legitimationsvorstellung der politisch Herrschenden (Dynastie, Familie, Geschichte, Mythos), die
Undurchlässigkeit der gesellschaftlichen Schichten und
die allein auf Macht und Gewalt gegründete Ordnung.
Platons Methode bestehe nun in der verräterischen Inanspruchnahme des Sokrates (260), den Platon als Figur in
seinen Dialogen auftreten lässt, obwohl er das, was Sokrates wirklich wollte, in sein Gegenteil verkehrt. Diese
Verratstheorie ist eine Konstruktion, für die der, der sie
aufstellt, allein die Beweislast trägt; denn in Wahrheit wissen wir fast alles, was wir über Sokrates wissen, eben von
Platon.

Popper fasst die Prinzipien, in denen dieser platonische
»Staat« der modernen Idee legitimer Ordnung entgegensteht, folgendermaßen zusammen: Platon gehe aus von der

Idee des natürlichen Herrschers, indem er die Frage nach dem guten Regierenden stellt (169); er propagiere das Führerprinzip, das heißt die institutionelle Sicherung persönlicher Vortrefflichkeit als Aufgabe der Regierungsbildung (188); er glaube an den Historizismus, das heißt an eine geschichtliche Logik (31), die die geschichtliche Durchsetzungskraft des Individuums und der offenen Gesellschaft verkenne (236); und generell begründe der den Staat aus metaphysischen Prinzipien, für die er absolute Wahrheitseinsicht beanspruche, statt aus den Menschenrechten.

Fragen wir nun zunächst nach den Ansatzpunkten, in denen Popper tatsächlich Aussagen Platons findet, die eine solche Interpretation nahe legen könnten. Platons These vom Philosophenkönig ist tatsächlich die Brückenstelle zwischen der ethischen und der geschichtlichen Erörterung in der *Politeia*. Aber eine Forderung nach der »Sophokratie«, ja dem »Führerstaat« wäre dies nur, wenn Platon die Machtergreifung zur ethischen Aufgabe der Philosophen erklären würde. Davon kann aber nicht nur keine Rede sein, sondern die Weltflucht und die Abwendung von staatlichen Dingen wird mehrfach (*Politeia* 494a, 500b/c) als Voraussetzung des philosophischen Lebensweges betont. Aus der Verpflichtung gegenüber der Wahrheit folgt *nicht* die Notwendigkeit, im Staat an die Macht zu kommen, folgt also nicht einmal die Forderung zum politischen Engagement des Philosophen. Platon erhebt einen viel bescheideneren Anspruch, und zwar ausdrücklich und klar. Er fordert nicht, dass der Philosoph qua Philosoph das Übel der Menschheit zu beseitigen habe und er weist ihm dafür auch keinerlei Verantwortung zu; sondern er reklamiert lediglich, dass das politische Engagement des Philosophen nicht völlig irrational sei. Es ist keine Existenz- und Realisierungsbedingung einer gerechten Seele, dass sie im Staat an die Macht kommt, aber es ist eine Sinnbedingung ihres politischen Engagements, dass es zumindest nicht undenkbar ist, dass sie an die Macht kommen, das heißt, auf die tatsächliche Gestaltung des Staates realen Einfluss erlangen *könnte* (*Politeia* 499c). Es genügt für den Rationalitätsanspruch des politisch engagierten Philosophen, dass die Umsetzung seiner Vorstellungen vom Staat nur »nicht [...] ganz unmöglich« (*Politeia* 502b) ist. Der philosophische Dialog markiert ein Ideal, von dem her die Politik Rationalität gewinnen kann; aber diese Rationalität ist nicht operationalisierbar im Sinne eines Machtprogramms.

Richtig ist auch, dass Platon die Auswahl der Herrscher auf Grund des Prinzips ihrer Bildung fordert (*Politeia* 519c). Worin aber besteht diese Bildung? Sie gründet gerade nicht in einem Herrschaftswissen, wenn unter Herrschaftswissen zu verstehen ist, dass es etwas gibt, das der Philosoph weiß und das er den anderen, die er beherrscht, gerade nicht mitzuteilen hätte. Vielmehr geht es um eine Erkenntnis, die sich gerade im Gegenteil einzig und allein in einem Dialog bilden kann, bei dem der Wissende mit einem, dem er sein Wissen weiterzugeben hat, übereinkommen muss. Das Wissen kann überhaupt nicht in Formeln fixiert werden. Vielmehr ist das Kriterium der Wahrheit der personale Übergang von dem, der sie gefunden hat, auf den, dem er sie mitteilt. Und diese Mitteilung ist prinzipiell eine universale, an jeden Vernünftigen gerichtete. Richtig ist allerdings, dass der Dialog kein die Wahrheit erzeugender, sondern ein sie weitergebender und dass er immer einer zwischen Lehrendem und Lernendem ist. Dies ist für Platons Wahrheitsauffassung essenziell und in der Tat ein wesentlicher Gesichtspunkt für seine Abhebung gegenüber modernen Auffassungen. Die Erwartung, dass der Menschheit noch ein künftiges, durch theoretische Wissenschaft zu gewinnendes Wissen bevorstünde, von dem her unsere jetzige ethische Erkenntnis in irgendeiner Weise zu relativieren wäre, ist Platon fremd; sie bestimmt die Reflexion über gute Politik dann erst in der

Neuzeit. Im Hinblick auf die Erkenntnis des Guten gibt es für Platon keinen Fortschritt, weil der Horizont des ethischen Handelns sich im Prinzip nicht ändern kann: der gerechte Mensch. Wir tragen das Wissen um Gerechtigkeit von Natur aus in uns; es kann nur als solches weitergegeben werden.

Richtig ist auch, dass Platon die Auffassung darlegt, dass es für jeden Menschen etwas gibt, das »das Seinige« ist und dass die politische Herrschaft den Sinn hat, uns das jeweils Unsrige zuzuweisen. Platons Sokrates kommt zu einer streng hierarchischen Ordnung, in der der Vernünftige über den Krieger und den Arbeitenden herrscht. Aber man muss, um dies zu bewerten, doch auf die methodische Grundanlage des »Idealstaats« blicken. Dieser Staat wird nach der ausdrücklichen Aussage am Beginn seines Entwurfs als ein *Bild* entworfen, nämlich als das Bild der gerechten Seele, also desjenigen Verhältnisses, das in der Selbstbeziehung eines Menschen herrschen muss, der zum Regieren befähigt sein soll.

»Die Untersuchung, zu der wir uns anschicken, ist keine geringe, sondern erfordert ein scharfes Auge, wie mir scheint. Da wir nun aber [...] darin nicht stark sind, so halte ich für passend, eine solche Untersuchung desselben vorzunehmen, wie es etwa wäre, wenn jemand einen nicht sehr Weitsichtigen, eine kleine Schrift aus der Ferne lesen heißen würde, und dann jemand auf den Gedanken käme, dass man dieselbe Schrift vielleicht anderswo größer und auf Größerem haben könne: da wäre es wohl, denke ich, offenbar ein glücklicher Fund, zuerst diese zu lesen und dann erst bei der kleineren nachzusehen, ob sie etwa dasselbe ist.« (*Politeia* 368d)

Es geht hier also darum, einen Staat in Anführungszeichen als Bild der guten Seele zu entwerfen. Der dann un-

ter dieser Voraussetzung konstruierte Staat ist in der Tat
einer, bei dem der vernünftige Seelenteil über den muthaf-
ten, das heißt den zur Gewalt berufenen Seelenteil absolut
herrscht und den der Befriedigung fähigen Seelenteil, der
den triebhaften Interessen dient, der aber auch zur Produktion fähig und entscheidend ist, absolut vorgibt, was
er zu leisten und worauf er sich zu richten hat. *Die Vernunft selbst befiehlt, diktiert*: Das ist ein Grundtopos, der
sich als »dictamen rationis« über die Stoa und Hobbes bis
zu Kant und damit in die staatsphilosophische Diskussion der Gegenwart gezogen hat. Die Vernunft ist wesentlich befehlend – das heißt, doch in der anderen Richtung
gelesen: Befehle müssen zuletzt aus der Vernunft hervorgehen! Und dass die Unvernünftigen, nur an ihrem persönlichen Wohl Interessierten, in diesem Modell diktato-
risch beherrscht werden, heißt übertragen: Die Vernunft
muss die Privatinteressen überwinden, damit der Staat
rational funktionieren kann.

Eine wesentliche Grenzmarkierung, um die es Popper
geht, ist allerdings im Ansatz richtig, nämlich dass die
Frage nach dem guten Herrscher in der Neuzeit durch *die
Frage nach gelingender Herrschaftskontrolle* abgelöst
worden ist. An die Stelle des personalen tritt in der neuzeitlichen Staatsphilosophie ein institutionelles Modell
von Gerechtigkeit. Dieses steht, auch das ist richtig, vor
dem Hintergrund der Verwerfung des teleologischen Verständnisses von der menschlichen Natur, wie es bei Platon
vorausgesetzt wird. Und Ethik und Politik sind in der
Neuzeit in einer Weise getrennt, die nicht nur für Platon,
sondern auch für Aristoteles undenkbar gewesen wäre.
Aber wenn man den Weg verfolgt, auf dem vernünftige
Erwägungen diesen Wandel herbeigeführt haben, dann
lässt sich zeigen, dass die von Platon gestellte Frage, die
diesem Weg die Richtung gibt, im Kern bis heute dieselbe
geblieben ist, nämlich *die Frage, was die gute von der
schlechten politischen Ordnung unterscheidet*.

d) *Die Lehre vom Verfassungswandel –*
das Gesetz als »zweitbeste Lösung«

Die Lehre vom Verfassungswandel und die Frage nach dem guten Herrscher gehören zusammen. Auf die Forderung, dass der Herrscher seine Stellung durch die Herrschaft über sich selbst zu rechtfertigen habe, wurde verzichtet, als die politische Philosophie die Instrumente entwickelt zu haben beanspruchte, durch die eben die Gefahr des Verfassungswandels für immer gebannt sein sollte: Nur die institutionelle Garantie der absoluten Stabilität eines Gemeinwesens könnte vom Anspruch auf die moralische Integrität seiner Repräsentanten entbinden. Die Garantie solcher Stabilität hat keiner der ethisch richtungweisenden antiken Autoren für theoretisch begründbar gehalten. Insbesondere für PLATON ist der Verfassungswandel geschichtliche Tatsache. Nur als Stationen eines solchen Wandlungsprozesses sind im achten Buch der *Politeia* die verschiedenen Verfassungen überhaupt definiert. Platon entwickelt dort eine geschichtliche Grundthese, die man noch einmal als eine Art Rechtfertigung seiner Analogie zwischen Staat und Seele und der Begründung des guten Staates aus der ethischen Qualität seines Herrschers ansehen kann. Die These ist, dass es »so viele Arten von Menschencharakteren als Arten von Verfassungen« gebe (544d). Wenn sich darin die Beobachtung ausdrückt, dass die Menschen, die in einem Staat leben, sich von dessen Verfassung formen lassen und auf sie wieder formend zurückwirken, dann bleibt die These bis heute gültig. Im Fall des autoritären Staates, der den autoritären Bürger erzeugt und sich auf ihn stützt, ist dies nur am augenfälligsten. Aber auch die Wechselbeziehung, die sich in den modernen westlichen Sozialstaaten herausgebildet hat, die Beziehung zwischen einem listigen Staat, der durch ein intransparentes Steuersystem, Scheinversicherungen und Paragraphendschungel

den Zusammenhang zwischen seinen Einnahmen und
Ausgaben undurchschaubar macht, und dem schlaumeie-
rischen Bürger, der sich durch Ausnützen aller formal
erschließbaren Anspruchsquellen an seinen Mitbürgern
schadlos zu halten versucht, bestätigt diesen in Platons
alter These von Seele und Staat niedergelegten Zusammenhang.

Die Frage, ob man verlangen könne, dass die Regierenden in einem Staat besser seien als ihr Volk, stellt Platon
so nicht. Dynamisch, geschichtlich gesehen, ist nicht die
Gesittung des Volkes das Maß der Regierenden, sondern
es ist umgekehrt so, »dass die Umwandlung eines jeden
Staates von dem Teile ausgeht, der das Regiment in den
Händen hat, dann nämlich, wenn unter diesem selbst
Zwietracht entsteht; dass dagegen bei dessen Einmütig-
keit, und wenn er auch sehr klein wäre, unmöglich eine
Erschütterung entstehen könne« (545d). Zunächst ist es
also so, dass die Lebenseinstellung der Regierenden sich
auf die Bürger überträgt, nicht etwa umgekehrt. Und das
bedeutet, dass, wenn die Maßstäbe, die die Regierenden
an ihr Leben anlegen, nicht mehr eindeutig sind, in der
Gesellschaft Erschütterung und das Bedürfnis nach Wandel entsteht, in den schließlich alle Menschen hineingezogen werden. Dass solche Uneinigkeit und solcher Wandel
eintreten, ist nach Platon unvermeidlich. Weil »allem, was
entstanden ist, ein Untergang bevorsteht« (545e), muss
selbst der beste der unter Menschen eingerichtete Staaten,
nämlich die nach moralischen Grundsätzen geführte
Aristokratie, einmal zerbrechen. Ehrlust und Streitliebe
der Verantwortung tragenden Personen sorgen dafür,
dass nicht mehr die Besten an die zentralen Positionen
kommen, sondern Parteien, Gefolgschaften, Faktionen
die Pfründen unter sich aufteilen. Es entsteht die Timo-
kratie, die Herrschaft der ehr- und streitliebenden, ein
wenig geizigen und allem Geistigen ziemlich abgeneigten
Parteikader, und alsbald wird das Volk nach ihrem Vor-

bild geformt. Um unter den Bedingungen der Parteien-
herrschaft nach vorne zu kommen, muss man kämpfen
können, aber »ein Feind des Wissens« sein (548e). Bildung gilt als Zeitverschwendung, und es kommt in einer
solchen Gesellschaft der Punkt, ab dem man das Geld-
verdienen als den eigentlichen Ausweis menschlicher
Tüchtigkeit betrachtet. Daraus entsteht dann aber die
Oligarchie, wenn die Reichen »einen Zaun« um ihre
Herrschaft ziehen, so dass zwei Staaten in einem entstehen, nämlich der der Armen und der der Reichen (551d).
Das Kapital häuft sich an, und wo sich solche Akkumulation und Konzentration ereignet, da gibt es auch Absteiger, die den anderen gegenüber ihre Stellung nicht
halten können. Diese Absteiger werden nun nach Platon
in ihrer Elite zu jenen Volksführern, welche schließlich
die Demokratie zum Durchbruch bringen (555d–556e).
Sie bringen aus der Kraft ihres Ressentiments die Selbstbeherrschung auf, deren Mangel sie an den Reichen dann
kritisieren. Der Anführer der Massen ist weit besser als
der geschickte Gelderwerber vor Verweichlichung und
Dekadenz geschützt.
    Welche Entwicklung nimmt nun die Demokratie? In ihr
wird das verabsolutiert, was Platon die »unbedingte Erlaubnis« nennt, »zu tun, was einer nur will« (557b), also
Freiheit im formalen Sinne. Dadurch entsteht eine bunte
Mischung pluralistisch miteinander wetteifernder Lebensformen, und die demokratische Ordnung stellt sich als
»dem Anscheine nach die schönste« dar, »und die große
Mehrheit, die mit einem Kinder- und Weiberverstande nur
an dem Bunten ihr Auge ergötzt, wird sie auch gewiß als
die schönste wirklich anerkennen« (557c). Bildung zählt
hier nun gar nicht mehr als Auswahlprinzip der Staatslenker, sondern der Weg zum Aufstieg führt noch über die
Fähigkeit, sich darzustellen und sich als gesinnungstüchti-
gen Volksfreund zu profilieren (558b). Allmählich fallen
alle Privilegien, aber das heißt auch, dass die Lebensfor-

men sich einander annähern und man sich immer weniger aus dem definiert, was man im Unterschied zu anderen an Anlagen und Herkunftsvoraussetzungen hat, sondern immer mehr aus dem Vergleich mit den Anderen und aus dem Ziel, möglichst alles in das eigene Leben hereinzuholen, was einem am Leben anderer als nachahmenswert und attraktiv erscheint. Für Platon besteht die Konsequenz der Demokratie in einem Zustand, in dem die Menschen nicht mehr zwischen notwendigen und nicht notwendigen Begierden zu unterscheiden vermögen. »Weder eine Ordnung noch eine Konsequenz« (561d) ist mehr in ihrem Leben; sie können fast alles, aber es geht ihnen um nichts mehr.

Frei von Ressentiment, soviel wird man POPPER zugeben müssen, ist Platons Herabwürdigung der Demokratie nicht. Aber Platon macht hier doch auch auf eine Gefahr der Demokratie aufmerksam, die bis heute aktuell ist. Man kann diese Gefahr, die in einer inneren Einstellung der Bürger eines demokratischen Gemeinwesens besteht, die Gefahr des *Optionalismus* nennen. Damit ist eine Haltung bezeichnet, in der der Mensch nicht nur in Bezug auf die Regelung der äußeren Freiheit den Spielraum seines Lebens aus der Abschätzung des entsprechenden Spielraums seiner Mitmenschen bestimmt, sondern seine Lebensziele selbst aus der Orientierung an den Zielen der anderen gewinnt. Die Hauptgefahr des Optionalismus besteht in einer Veränderung der Legitimationsgrundlagen des Zusammenlebens. Wenn der Staat seine Daseinsberechtigung in der Versorgung der Bürger mit Optionen findet, die sie an den Optionen der anderen als sinnstiftende Möglichkeiten ablesen, dann wird die Versorgung mit Entfaltungsspielräumen und letztendlich die Egalisierung der Lebensformen und -chancen zu einem komparativen Kriterium der Legitimation des Zusammenlebens im Staat. Der Staat gerät dadurch in eine Spirale unerfüllbarer Orientierung an der Aufgabe der beständigen Integration von Optionen in den Entfaltungsspielraum seiner Mitglieder.[5]

Die Lehre der *Politeia* vom Verfassungswandel führt in der Entwicklung der Staatstheorie nicht mehr sehr viel weiter. Platon gibt auf die Frage, warum die Staatsformen immer wieder ineinander übergehen, letztlich die Antwort, dass es die Unwissenheit der Herrscher, die in ihnen Macht und Einfluss ausüben, ist, die die Geschichte immer wieder von neuem in Degenerationsprozesse hineintreibt. Es ist letzten Endes die Unfähigkeit der Menschen, die wahrhaft gebildete Persönlichkeit zur Herrschaft zu berufen, durch die wir gezwungen werden, uns den wirren Wandlungen der Formen des staatlichen Zusammenlebens zu unterwerfen, durch welche die Geschichte geprägt wird. Darum bleibt als die »zweitbeste Lösung« (vgl. *Politikos* 300c, *Nomoi* 875d) bei Platon eine Strategie übrig, die fortan in der Staatstheorie weitergeführt hat. Von der Frage nach dem Inhalt der Gerechtigkeit wendet sich das politische Denken ab zur Frage nach der *strukturellen Sicherung* gegen Ungerechtigkeit: der *Gesetzesstaat* wird zum Ausweg aus dem Problem der Unrealisierbarkeit der Herrschaft der Gerechten. Gesetzliche Strukturen können niemals Gerechtigkeit so verwirklichen wie der tugendhafte Herrscher, aber sie können eine bestehende Ordnung gegen die Gefahr ihrer Zerstörung schützen und aufrechterhalten. Im *Politikos* werden die guten von den schlechten Staatsformen wesentlich danach unterschieden, ob der Einzelne, die Gruppe oder das Volk den Staat »gesetzlich« oder ohne Gesetz regiere. Das Gesetz wird dort zum Schlüssel gerechter Herrschaft, wo es an denjenigen, die aus ihrer Persönlichkeit heraus die Einsicht in die wahre Gerechtigkeit zum Prinzip der Staatsführung machen könnten,

---

5 Vgl. zum Begriff des Optionalismus Walter Schweidler: *Das Unantastbare. Beiträge zur Philosophie der Menschenrechte*, Münster 2001, 93 ff.

fehlt. Gesetzliche *kompensiert* also personale Gerechtigkeit als Legitimationskriterium der Herrschaft. Diese
»zweitbeste Lösung« bildet dann den Ansatzpunkt für
die Entwicklung der grundlegenden Kategorien der
strukturellen Gerechtigkeit bei ARISTOTELES.

3

Aristoteles: Der Bürger als Seele des Staates

a) *Die Entkoppelung von Philosophie und Politik*

ARISTOTELES hat gegenüber PLATON eine Haltung eingenommen, die bis heute in der Philosophie gerne prakti-
ziert wird: Er spitzt eine Reihe gedanklicher Motive seines Lehrers so zu, dass er in kritischer Absetzung gegen
sie seine eigenen Ideen umso plausibler einzuführen vermag, so beispielsweise in seiner Kritik der Ideenlehre, die
Platon in Spätdialogen wie dem *Parmenides* durchaus
schon vorweggenommen hatte. Was die politische Philosophie angeht, muss man Aristoteles jedoch eine substan-
ziell neue Wendung zugestehen, die auf eine grundlegende
Problematik der platonischen Denkfigur des »Philosophenstaates« aufmerksam macht. Selbst wenn man diese –
was Aristoteles freilich nicht tut – in ihrer metaphori-
schen Dimension belässt, bleibt doch die Schwierigkeit
bestehen, dass die spezifisch politische Struktur des staatlichen Lebens, das Gefüge des Ausgleichs von Interessen
und des Streits der Meinungen, mit dem Anspruch absoluten philosophischen Wissens schwer vereinbar ist. Wenn
die für Philosophie und Politik so konstitutive Spannung
aufgehoben würde, wenn nämlich das auch nach Platon
ganz Unwahrscheinliche, aber doch zu Wünschende ein-
träte, dass der gerechte Staat, der das Urbild der vollkommenen Seele ist, unmittelbar verwirklicht und an die Stelle
der realen Staaten gesetzt würde, dann, so lautet das politische Argument, das Aristoteles ihm entgegensetzt, würde nicht nur die staatliche Misere der Realität, sondern
mit ihr der reale Staat überhaupt beseitigt. »Könnte man
also«, so heißt es in der *Politik* (1261a), die im platonischen Idealstaat geforderte »Einheit verwirklichen, so

dürfte man nicht, weil man damit den Staat aufhöbe«. Die Diskrepanz zwischen Staat und Seele, die Platon realistisch, aber gewissermaßen mit Bedauern anerkennt, ist nach Aristoteles gerade eine letzte Rechtfertigungsbedingung der Ordnung des Staates. Man muss den paradoxen Aspekt in den Blick nehmen, dass wir in der Philosophie möglicherweise eine Basis der Politik zu denken versuchen, die, wenn sie sich ganz erfüllte, diese Wirklichkeit selbst beseitigen müsste.

Der Staat ist für Aristoteles eine abgeleitete Größe, insofern er Ungleichheit unter grundlegenderen Einheiten voraussetzt. »Denn ein Haus, wird jeder sagen, sei in höherem Sinne eine Einheit als ein Staat, und ein Individuum sei es in höherem Sinne als ein Haus« (1261a). Zwar ist auch nach Aristoteles der Staat »der Natur nach früher als die Familie und als der einzelne Mensch, weil das Ganze früher sein muß als der Teil« (1253a); aber trotzdem ist der Grad an Einheit, den die durch den Staat hindurch zu sich gekommenen Menschen erreichen, prinzipiell höher als die staatliche Einheit – oder qualitativ gesprochen: Die Art von Einheit, die den Menschen durch den Staat eröffnet wird, ist von der staatlichen Einheit grundsätzlich verschieden. »Der Staat besteht [...] nicht bloß aus einer Mehrheit von Menschen, dieselben sind auch der Art nach verschieden; aus ganz gleichen Menschen kann nie ein Staat entstehen« (1261a). Diese dem Staat sinngebende Differenz zwischen den Menschen wird gerade dadurch bewahrt, dass die Differenz zwischen Staat und Mensch gewahrt bleibt: Das ist die eigentliche Antithese zu Platons Verknüpfung von Seele und Staat. *Die Einebnung der Differenz zwischen Staat und Mensch würde die Einebnung der interpersonalen Differenz zwischen Menschen voraussetzen oder mit sich bringen.* Die Verknüpfung zwischen Ethik und Politik muss daher noch wachsam gegen ihre eigenen Implikationen sein und in einer fundamentalen Hinsicht gegen diese gewendet werden.

Konkret kritisiert Aristoteles im zweiten Buch der *Politik* am Staat der *Politeia* die Abschaffung des Eigentums mit dem Argument, dass diese zur Nachlässigkeit der Bürger im Umgang mit den Gütern führen würde, die staatlich verfügte Ehelosigkeit, weil diese zur Verantwortungslosigkeit insbesondere im Verhältnis der Geschlechter und der Älteren zu den Jüngeren und umgekehrt führen würde – und die Philosophenherrschaft als eine Überforderung sowohl der Herrschenden, als auch der Bereitschaft des Bürgers, seine Eigenständigkeit aufzugeben. Die Kritik trifft Platons Konstruktion nur teilweise, aber ihre eigentliche Zielrichtung geht auf deren Grundansatz, das Prinzip der größtmöglichen *Einheit* des Staates, dem Aristoteles als Prinzip des Existierens, des Überlebens und des Gelingens eines Staates dessen gelungene *Zusammensetzung* gegenüberstellt. Er macht die philosophische Theorie der Politik zu einer Reflexion über gelingende Zusammensetzung und wandelt damit ihr gesamtes Selbstverständnis im Verhältnis zur Ethik. In der *Nikomachischen Ethik* (1179b/1180a) postuliert Aristoteles ausdrücklich die Ergänzungsbedürftigkeit der Ethik durch die Politik, denn die Tugend bedarf der Gewöhnung durch Erziehung, die Erziehung muss durch Gesetzgebung geregelt werden und Gesetzgebung ist Sache der Politik. Seine Definition, »dass nun diejenige Staatsverfassung notwendig die beste ist, deren Einrichtung zufolge jedweder ohne Ausnahme sich wohl befindet und glücklich lebt« (*Politik* 1324a), nimmt letztlich auf dieses Ergänzungsverhältnis Bezug. Denn die Theorie des glücklichen Lebens bleibt die Ethik, die realen Bedingungen des Zusammenstimmens der Menschen im Verhalten zum Ziel eines glücklichen Lebens aber untersucht die Politik. Nicht die philosophische Reflexion und nicht die Theorie der gerechten Seele als ein Teil der »Ethik« wie bei Platon, sondern die Betrachtung der Natur des Menschen bildet für Aristoteles den Ausgangspunkt der Politik. Diese Natur aber ist,

wie seine berühmt gewordene Definition es nunmehr festhält, selbst eine politische: Der Mensch ist *zoon politikon*,
ein »staatliches«, ein politisches Lebewesen (1253a).

So grandios und richtungweisend diese Bestimmung für
die Reflexion über den guten Staat geworden ist, sie hat
doch eine problematische Seite, die potenziell an die Stelle
der utopistischen Gefahr bei Platon treten kann, nämlich
die Gefahr der Identifikation zufälliger geschichtlich-kul-
tureller Zustände mit dem Wesen des Menschen. Es ist be-
zeichnend, dass Aristoteles neben die natürliche Gemeinschaft von Mann und Frau als zweites Grundverhältnis,
das den Staat von Natur aus notwendig macht, die Beziehung von Herr und Sklave setzt. Beide zusammen bilden
das Haus (den *oikos*). Das Axiom, dass der Mensch von
Natur aus ein politisches Wesen sei, geht unmittelbar einher mit dem erst von HOBBES endgültig aus den Angeln
gehobenen Axiom, dass die Menschen in Bezug auf ihre
Fähigkeit zu herrschen in zwei Gruppen zerfallen: die
Freien, die zum Herrschen befähigt und, wenn sie unter
ihresgleichen das Gehorchen gelernt haben, auch berufen
sind, und diejenigen, die einfach nur zu dienen haben (vgl.
Politik 1184a, 1277b). Wenn Aristoteles die Richtigkeit
der Sklavenhaltung unter anderem mit der Analogie zur
Herrschaft der menschlichen Seele über den Leib und des
Verstandes über die Affekte rechtfertigt (vgl. *Politik*
1277a), dann entspricht dies durchaus dem platonischen
Paradigma. Unter diesen Voraussetzungen jedenfalls ergibt sich der Staat bei Aristoteles »von unten«: Er wächst
aus der Gemeinschaft von Mann und Frau sowie aus dem
Zusammenleben in Dörfern als ein Zweckverband Freier
und Gleicher hervor. Und die theoretische Begründung
für dieses Modell der Legitimation »von unten« liegt im
aristotelischen Begriff der Natur.

Natur (*physis*) ist bei Aristoteles und überhaupt in der
vorneuzeitlichen Philosophie primär nicht – wie dann seit
DESCARTES – als jener riesige Bereich von Gegenständen

gedacht worden, die durch sie verbindende allgemeine
Gesetzmäßigkeiten, die »Naturgesetze«, determiniert werden und dem der Mensch als freies, spontanes Vernunft-
subjekt gegenübersteht. Natur ist in erster Linie nicht ein
Inbegriff dessen, was *ist*, sondern etwas, das man *hat* – ja,
das eigentlich jedes nicht künstlich gemachte Wesen hat.
Die Natur eines Wesens wird durch die Art festgelegt, zu
der es gehört, und man erkennt sie als das, was an einem
solchen Wesen sich »von sich selbst her zeigt«, wenn man
es seiner Art gemäß sich entwickeln und entfalten lässt.
Die Natur eines Wesens zeigt sich demgemäß darin, worin
es sich auf charakteristische Weise von Wesen anderer Art
offensichtlich unterscheidet – und nicht in einer alles mit
allem auf verborgene, wissenschaftlich zu erkundende
Weise, etwa als »genetische Information« noch einmal verbindenden Ursachenkette. Wenn der Mensch sich auf seine Art von allen anderen natürlichen Wesen unterscheidet,
dann bedeutet dies gerade nicht, dass er nicht selbst eine
Natur hätte (oder, wenn man dies nicht wieder missversteht, »zur Natur gehöre«), sondern diese menschliche
Natur zeigt sich eben dort, wo er mit dem, was ihn von
anderen Lebewesen, insbesondere von den Tieren unterscheidet, auf seine spezifische Weise umgeht. Dieses spezifisch Menschliche ist nun für Aristoteles, ebenso wie für
Platon, die Vernunft. Was vernünftig ist, das zeigt sich im
Umgang mit unserer Natur, und insofern unsere sich von
der Natur der anderen natürlichen Wesen unterscheidet,
zeigt es sich natürlich als die Entwicklung und Entfaltung
dieses Unterschiedes; es zeigt sich in der spezifisch kulturellen Evolution, die freilich für Aristoteles nicht so un-
endlich offen nach vorne gerichtet ist wie in heutiger
Sicht.

Die Entstehung und Fortentwicklung unserer Kultur ist
das Signum des vernünftigen Verhältnisses zu dem, was
uns von allem anderen Natürlichen unterscheidet. *Eben
deshalb aber kann sie uns*, das ist eine entscheidende Im-

plikation des ganzen Denkmodells der *physis, nicht von diesem Unterschied selber noch einmal befreien.* Vernunft kann nicht darin bestehen, dass wir uns unserer Natur entledigen. Die Paradoxie dieses Grundzusammenhangs besteht gerade darin, dass wir, wenn wir die Vernunft einsetzen würden, um das, was an uns den Tieren vergleichbar ist, also unsere natürliche Seite, zu beseitigen, uns eben den Tieren angleichen würden. Dann würde die Vernunft zum Prinzip eines Machtstrebens, das wir nur gebrauchen könnten, um »tierischer als jedes Tier zu sein«. Nicht die Überwindung, sondern die *Vervollkommnung* von etwas, das in der Wurzel schon von Natur aus in uns angelegt war, ist der Sinn allen Fortschritts – wobei das Subjekt der Vervollkommnung immer nur der einzelne Mensch und nicht die Gattung sein kann. Was natürlich ist, das muss sich an jedem Menschen zu jeder Zeit und unabhängig von jedem Fortschritt zeigen können. Nicht der Vorsprung einer Epoche der Geschichte vor einer anderen, sondern der des vernünftig im Einklang mit seinen natürlichen Ausgangsbedingungen lebenden Menschen vor dem, der Zwist in seiner Seele zulässt, bildet das Entwicklungskriterium einer kulturellen Gemeinschaft.

Für die Beantwortung der Frage, was den Menschen dazu befähigt, vernünftig mit sich selbst in Einklang zu leben, hat Aristoteles nun allerdings gegenüber Platon entscheidende Umgewichtungen vorgenommen, die insbesondere die Auffassung von der Eigenart der Theorie betreffen, die uns diese Frage zu beantworten hat. Um die Verbindung von Ethik und Politik im Sinne eines Ergänzungsverhältnis aufrecht zu erhalten, trennt Aristoteles drei Stränge durch, die bei Platon zur Einheit verbunden gewesen waren:

- Philosophische *theoria* im höchsten Sinn ist zu trennen von *Ethik* als einer Reflexion über das gelingende Leben des nicht philosophierenden Menschen. Zwar ist (*Nik. Ethik* 1177a) die Liebe zur Weisheit der Inbegriff

gelingenden menschlichen Lebens im höchsten Sinne;
nur in ihr tun wir etwas, das seinen Sinn ganz in sich
selbst trägt und nicht auf ein außerhalb seiner liegendes
Ziel gerichtet ist (1177b), also etwas gänzlich »Unent-
fremdetes«. Aber »das Leben, in dem sich diese Bedingungen erfüllen, ist höher, als es dem Menschen als
Menschen zukommt. Denn so kann er nicht leben, insofern er Mensch ist, sondern nur insofern er etwas
Göttliches in sich hat« (ebd.). Nach diesem göttlichen
Leben sollen wir daher zwar streben; aber das heißt
nicht, dass es außerhalb seiner kein gutes und gelingendes Menschsein gäbe. Eben dieses weniger ambitionier-
te, realistische Gelingen ist das Thema jener Disziplin
»Ethik«, die durch Aristoteles dadurch begründet worden ist, dass er Platons Anspruch der philosophischen
Existenz gewissermaßen in den Himmel »weglobt«.
Von hier geht auch die Trennung zwischen theoretischer und praktischer Philosophie aus, die es bei Platon prinzipiell nicht gegeben hat und geben konnte.
Zwar gibt Aristoteles, wenn es um die höchste Form
menschlichen Wissens geht, der *contemplatio*, den Vorrang vor der *vita activa*, aber *contemplatio* im höchsten
Sinne ist theoretisches Wissen, während Ethik und Politik über die praktische Verbesserung des normalen Bürgers und seines Umgangs mit seinesgleichen nachdenken. Die *theoria* im höchsten Sinne beschäftigt sich mit
dem Notwendigen und Unveränderlichen, Ethik und
Politik zwar mit der statischen Natur des Menschen,
aber doch mit Verhältnissen, in denen sie Wandelbarkeit
erfährt.[1]

---

1 In der *Metaphysik* (1074b) unterscheidet Aristoteles zwischen dem höchsten Geist, der in vollendeter Theorie sich selbst erkennt, und dem menschlichen Geist, der durch Weltbezug gekennzeichnet ist. Dieser Weltbezug ist
auch der Gegenstand seines in der Tradition dann als das Diktum *anima est
quodammodo omnia* zitierten Satzes, dass die menschliche Seele »irgendwie
der Möglichkeit nach die erkennbaren Dinge« ist (*De anima* 429b).

- Ferner muss nun auch getrennt werden zwischen der *philosophischen* und der *bürgerlichen Existenz* (*Nik. Ethik* 1178a). Nicht mehr der Philosoph, sondern der sich für seine Gemeinschaft einsetzende Mensch, der zwar nicht die Hingabe an die Philosophie, aber die »sonstigen Tugenden« erwirbt, wird zum Maß des gelingenden Lebens und zur personalen Rechtfertigungsbasis des Staates. Er tritt bei Aristoteles in die Rolle des Repräsentanten der Gerechtigkeit im realen Zusammenleben ein. Der Philosoph, wenn er wirklich jenes Übermaß an Tugend hätte, das ihm Platon zuschrieb, müsste »wie ein Gott unter Menschen sein« (*Politik* 1284a) und stünde in gewisser Weise sogar außerhalb der Gemeinschaft. Nicht was er, sondern was der normale Bürger tut, muss Maßstab der Staatsbildung sein. Wenn Aristoteles das Gesetz als »reine, begierdelose Vernunft« (*Politik* 1287a) bezeichnet, dann will er damit darauf hinweisen, dass zwar nicht der Philosoph, wohl aber der normale Mensch der Zähmung seiner Affekte in einem dauerhaften gesetzlichen Verhältnis bedarf. Denn gerade weil Könige normale Menschen sind, droht ihre Herrschaft durch übermäßige Gier und durch die Unverlässlichkeit ihrer Kinder immer zu entarten.

- Schließlich unterscheidet Aristoteles auch zwischen der *absoluten Glückseligkeit* des Philosophen und der *Gerechtigkeit*. Diese, ebenso wie »Mut und die anderen Tugenden üben wir gegeneinander im geschäftlichen Verkehr, in Notlagen, in Handlungen aller Art, und dadurch, dass wir an Lasten jedem so viel zumessen, als sich gebührt« (1178a). Was dem Anderen zusteht, das entscheidet gerade nicht der Philosoph, sondern der Bürger, und zwar dadurch, dass er weiß, was er selbst braucht und wie er im Verhältnis zu den anderen steht. Nicht mehr der Philosoph, sondern der Verantwortung für seine Gemeinschaft übernehmende Mensch, der insofern nicht privat, sondern öffentlich lebt, wird zum Maß der Gerechtigkeit.

b) *Gesetz und Gerechtigkeit*

Wenn ARISTOTELES zwischen der philosophischen und der bürgerlichen Existenz trennt und die letztere zur Grundlage des Nachdenkens über gelungenes Leben und Zusammenleben des Menschen macht, dann stellt sich die Frage, ob damit nicht die zufällige, jeweilige Gestalt des staatlichen Zusammenlebens zum Maß der Gerechtigkeit des Einzelnen gemacht wird. Wird der Spannungszustand zwischen ethischem Subjekt und politischer Gemeinschaft so nicht in der sozialen Komponente aufgehoben? Ist jeder Mensch, der sich für seine Gemeinschaft einsetzt, schon tugendhaft, ungeachtet des ethischen Maßes der Gesetze dieser Gemeinschaft? Eine Interpretation des Aristoteles in dieser Richtung, also im Sinne eines letztlich politisch, nicht moralisch zu qualifizierenden Gesetzespositivismus, ist nicht ganz ausgeschlossen.[2] Allerdings steht ihr die eindeutige Unterscheidung entgegen, die Aristoteles (*Politik* 1280b) zwischen dem bloßen Zusammenleben und dem guten, das heißt tugendhaften Leben macht und in Bezug auf die er unmissverständlich erklärt, »dass die staatliche Gemeinschaft der tugendhaften Handlungen wegen besteht, und nicht des Zusammenlebens wegen«

---

2 »Wenn Aristoteles Gerechtigkeit untersucht«, so heißt es beim Initiator des Kommunitarismus, Alasdair MACINTYRE, »definiert er sie so, dass Handlungen eines Staates kaum als ungerecht bezeichnet werden können, vorausgesetzt, sie werden sachgemäß durchgeführt, ohne ungebührliche Hast und in angemessener Form. Allgemein gesprochen kann es daher nicht als gerecht angesehen werden, wenn man Gesetze bricht.« (Alasdair MacIntyre, *Geschichte der Ethik im Überblick*, Weinheim ³1995, 68) Zumindest in seiner *Politik* sei Aristoteles zu der Annahme bereit, »die positiven Gesetze bestehender Staaten könnten bloß beiläufig von dem abweichen, was fair und gerecht ist« (ebd. 79).

(1281a). Nur auf dieser Basis kann er auch die platonische Unterscheidung zwischen den guten und den schlechten Staatsformen übernehmen und systematisch ausbauen. Denn durch Aristoteles wird es endgültig zum Axiom der Staatstheorie, »*dass alle diejenigen Verfassungen, die auf den gemeinen Nutzen abzielen, richtige sind nach dem Maßstabe des Rechtes schlechthin*, und dass dagegen diejenigen, die nur auf den eigenen Vorteil der Regierenden abzielen, sämtlich fehlerhafte Verfassungen und Entartungen der richtigen sind; sie sind despotischer Art, *der Staat ist aber eine Gemeinschaft freier Leute*« (1279a).

Offenbar muss es also einen Maßstab geben, der den Menschen über jene asoziale Selbstsucht hinausführt, die das Entartungsprinzip des Zusammenlebens bildet, und offenbar ist hierfür der Aspekt des Rechts ausschlaggebend, den Aristoteles in seine Verfassungslehre einbezieht. Ob die Regierenden das Allgemeinwohl oder sich selbst im Auge haben, entscheidet nämlich immer noch darüber, ob die Gemeinschaft, nach deren Vorgaben der Bürger seine Tugend erwirbt, eine gute oder eine schlechte ist. Nur setzt Aristoteles nicht bei der konkreten Entscheidung in der Seele der Herrschenden an, sondern bei der Verfassung und damit bei dem Recht, das ihren Entscheidungen das Maß vorgibt. »Rechtspositivist« wäre Aristoteles jedoch nur, wenn »Recht« hier mit faktisch gültigem »Gesetz« gleichzusetzen wäre. Das aber ist mit Sicherheit nicht so. Vielmehr knüpft er an die Lösung an, die PLATON in den *Nomoi* entworfen hatte, wo der Sinn des Gesetzes darin fundiert wurde, dass »wir nicht die bloße Rettung und das bloße Fortbestehen als das Wertvollste für die Menschen erachten, wie die große Menge, sondern dass sie möglichst gut werden und es bleiben, solange sie leben« (*Nomoi* 707d). Das Gesetz ist für Platon zwar die »zweitbeste« Lösung, mit der das gesichert und erhalten werden muss, was durch »vernünftige Überlegungen« konstituiert wird, nämlich die richtige Bewältigung der

für das menschliche Leben fundamentalen Situation, dass
es »sich selbst überlegen und unterlegen zu sein« vermag
(vgl. 627b). Aber das Gesetz ist eben damit auch die Sicherung gegen die Irrationalität der Herrschenden, die Konsequenz aus der Einsicht, »dass keine sterbliche Seele eine
solche Natur besitzt, dass sie fähig wäre, solange sie noch
jung und keiner Verantwortung unterworfen ist, die
höchste Herrscherstellung unter den Menschen zu ertragen, ohne in ihrem Denken von der größten Krankheit,
der Unvernunft, durchdrungen zu werden […], was, einmal geschehen, sie sogleich zugrunde richtet und ihre ganze Macht dahinschwinden lässt. Dies durch Erkenntnis
des rechten Maßes zu verhüten ist die Aufgabe großer Gesetzgeber.« (691c/d)

Von dieser Ableitung des Gesetzes aus der den Menschen von Natur her vorgegebenen Tugend geht auch
Aristoteles aus. Die zentrale staatsphilosophische »Wahrheit«, nämlich »dass die Gesetze, und zwar richtig gefasste
Gesetze, herrschen müssen« (*Politik* 1282b), erläutert er
damit, »dass die Gesetze nach Maßgabe der Verfassung
gegeben sein müssen. Und wenn das, so erhellt, dass die
den richtigen Verfassungen entsprechenden Gesetze gerecht, und die den ausgearteten entsprechenden nicht gerecht sein werden« (ebd.). Damit kann nicht wieder das
Gesetz das Maß der Verfassung sein. Man kann Aristoteles' Antwort auf die Frage nach dem Sinn des Gesetzes
vielmehr so zusammenfassen: *Das Gesetz hat seinen Sinn
in der Sicherung der Eröffnungs- und Erhaltungsbedingungen eines dem gelingenden Leben dienenden Staates.*
Gelingendes Leben ist ein vorbildlich geführtes Leben.
Die Maßstäbe der Vorbildlichkeit werden durch die bürgerliche Gemeinschaft *weitergegeben*, und insofern nimmt
diese das Recht wahr, mit darüber zu entscheiden, worin
das Glück ihrer Mitglieder besteht.

Allerdings behält Aristoteles den Grundgedanken der
Analogie zwischen Seele und Staat letztlich doch bei,

wenn auch modifiziert von der philosophischen zur bürgerlichen Seele. Dass die beste Verfassung diejenige sei, in der der Mittelstand herrscht und in der es eine breite Eigentumsverteilung ohne zu große soziale Spannungen gibt (*Politik* 1296a: »es sind [...] vermöge des Mittelstandes die Demokratien fester und dauerhafter als die Oligarchien«), wird von ihm zwar offensichtlich aus geschichtlicher Erfahrung heraus gesagt, aber er begründet es aus der Analogie zur menschlichen Person, für die »der mittlere Besitz von allen der beste ist; ein solcher Vermögensstand gehorcht am leichtesten der Vernunft« (1295b). Im Rückgriff auf die *mesótes*-Lehre der *Nikomachischen Ethik*, wonach man die ethischen Tugenden daran erkennt, dass der Mensch sie auf je zwei extreme, einander entgegengesetzte Weisen verfehlen kann, stellt Aristoteles diese Verknüpfung von personalem und staatlichem Leben ganz ausdrücklich her: weil »das mittlere Leben das beste sein« muss, »ein Leben [...] in einer Mitte, die für jeden zu erreichen ist«, müssen diese Bestimmungen »wie für die Tugend und Schlechtigkeit eines Staates, so auch für die einer Verfassung gelten, da die Verfassung wie ein Leben des Staates ist« (1295a).

Nur von dieser Rückbindung an die personalen Bedingungen gelingenden Lebens her kann man die strukturellen Folgerungen adäquat verstehen, die Aristoteles aus seinem Gerechtigkeitsbegriff gezogen hat und die für das gesamte spätere Verständnis von natürlichem und staatlichem Recht richtungweisend geworden sind. Gerechtigkeit hat nach der *Nikomachischen Ethik* (1130bff.) zwei Grundformen: *ausgleichende* und *austeilende Gerechtigkeit*. Der ersteren, der Vertragsgerechtigkeit, liegt die arithmetische, der zweiten, der Verteilungsgerechtigkeit, die proportionale Gleichheit zugrunde. Die ausgleichende Gerechtigkeit ist vor allem *iustitia commutativa*, Vertragsgerechtigkeit, und besagt im Kern: Verträge sind zu halten, Schaden ist zu ersetzen. Das Ungleichgewicht, das

durch eine vertragliche Leistung oder einen Schaden entstanden ist, wird durch die Gegenleistung bzw. den Ersatz
ausgeglichen. Erheblich komplizierter und bis auf den
heutigen Tag umstritten ist, was die Verteilungsgerechtigkeit, die *iustitia distributiva*, genau bedeutet. Güter sind
nach dem Verhältnis zu verteilen, in dem die, unter denen
sie zu verteilen sind, ihrer »würdig« sind (vgl. 1130b), das
heißt: sie verdienen. Wer aber entscheidet darüber, wer
welcher Güter »würdig« ist? Aristoteles selbst führt sofort
Beispiele für den Streit an, der hierüber in und zwischen
Gesellschaften herrscht.

Wenn jedenfalls die Gerechtigkeit das Maß des Gesetzes
ist, so heißt das, dass das staatliche Gesetz ausgleichende
und austeilende Gerechtigkeit zu realisieren hat. Weil jedoch das Gesetz nicht eine ursprüngliche Ordnung, sondern auch für Aristoteles die »zweitbeste Lösung«, also
ein Sicherungsinstrument für die Erhaltung personal fundierter Gerechtigkeit darstellt, würde jede Folgerung in
die Irre gehen, wonach Gerechtigkeit etwa in der allgemeinen Herstellung ausgeglichener oder in bestimmter
Weise proportionierter Strukturen bestünde. Es gibt bei
Aristoteles keine abstrakte Definition von Gleichheit oder
proportionaler Ordnung der Gesellschaft. Der Sinn des
Gesetzes besteht vielmehr darin, den Einzelfall gerecht zu
lösen. Der für das Gesetz relevante Einzelfall entsteht aber
immer dadurch, dass Personen anderen Personen Unrecht
antun, und *erst relativ auf dieses Unrecht wird Gleichheit
als politisch-rechtliche Kategorie fassbar.* »Es steht fest,
daß der Ungerechte die Gleichheit verletzt und daß die
ungerechte Tat Ungleichheit bedeutet. [...] Wenn nun das
Ungerechte Ungleichheit bedeutet, so bedeutet das Gerechte Gleichheit.« (*Nik. Ethik* 1131a)[3] Gleichheit als
Rechtsprinzip gibt es also wesentlich in Bezug auf den

---

3 Hier zitiert nach der an dieser Stelle klareren Übersetzung von Franz Dirl-
meier (Aristoteles, *Nikomachische Ethik*, Stuttgart 1969 [u. ö.], 126).

Ausgleich von Ungerechtigkeit, so dass es für jede sittlich geforderte Gleichheit ein Maß in den gerechten Verhältnissen zwischen Menschen geben muss, das überhaupt nur durch ihre Verletzung relevant für den Gesichtspunkt der Gleichheit wird. Unrecht auszugleichen bedeutet, eine in der bürgerlichen Ordnung entstandene *Störung* zu beheben, ein herbeigeführtes *Defizit* zu negieren. Ausgleichende Gerechtigkeit heißt insofern wesentlich auch: *Unrecht* ausgleichende Gerechtigkeit.

Wie aber steht es mit der austeilenden Gerechtigkeit? Die allgemeinste Form des »Gleichheitssatzes«, wie wir ihn bis heute in unserem Recht haben, lautet: Gleiches ist gleich, Ungleiches ungleich zu behandeln! In ihr gibt Aristoteles die wichtigste Bestimmung dessen, was »würdig« heißt: Es kommen nämlich »Zank und Streit eben daher, daß entweder Gleiche nicht Gleiches oder nicht Gleiche Gleiches bekommen und genießen. Das ergibt sich [...] aus dem Moment der Würdigkeit.« (1131a) Kann man so verstandene Gleichheit und Ungleichheit auch noch einmal auf Unrecht, auf Störung zurückbeziehen? Man kann es, wenn man den grundlegenden teleologischen Aspekt akzeptiert, unter dem Aristoteles eben nicht nur den Staat, sondern die ihm vorausgehenden, ihn bildenden bürgerlichen Lebensbeziehungen sieht, von denen er als von jenen »ersten und ursprünglichen menschlichen Vereinen« spricht, aus denen »von unten« der Staat erst wächst – in erster Linie den »Dorfgemeinden«. »Denn der Staat verhält sich zu ihnen wie das Ziel, nach dem sie streben; das ist aber eben die Natur« (*Politik* 1252b). Unter dieser Voraussetzung, die in der Neuzeit freilich mit dem alten Begriff der Natur zusammen entfällt, kann man *die ursprünglichen Lebensverhältnisse der Bürger* als *jene Substanz* ansehen, *deren Störung zu verhindern und zu beheben den Leitfaden distributiver Gerechtigkeit bildet.* Die Urformel »Jedem das Seine« (*suum cuique*) ist so für Aristoteles nicht mehr das Ergebnis, zu dem bei Platon der nach dem Bild des Philosophenkönigs geformte Gerechte kommt, sondern ihr Inhalt ergibt sich primär aus geschichtlich gewachsenen Verhältnissen, die ebenso sehr in der Natur des Menschen gründen wie der Staat und die daher von diesem als sittliche Grundgegebenheiten zu respektieren und insofern als Begrenzung seiner Macht und Tätigkeit anzunehmen sind.

Das ist der eigentliche Sinn des Prinzips, dass der Staat ein in sich Vielfältiges ist, Ganzheit und nicht Einheit. Zu den sittlichen Verhältnissen, die er zu respektieren hat, zählen die Familien, das Haus, das Dorf, die Freundschaft und eben auch die komplexen Verhältnisse, die sich aus dem Eigentum und seinen Verschiebungen ergeben. Bei aller Zeitbedingtheit der Illustrationen, die Aristoteles dem Gedanken gibt, ist er doch im Kern bis heute aktuell: *Gesetze nehmen ihren Zusammenhang nicht aus einem positiven Ableitungsprinzip, sondern aus der Systematik der Störungen jener Verhältnisse, zu deren Schutz und Wiederherstellung sie gegeben werden.* Dies ist bis heute die Grundlage jeder gesetzlichen Logik und die unabdingbare Voraussetzung für jedes Verständnis des Gesetzes als an eine übergesetzliche Gerechtigkeit gebundene und damit wesentlich negative, Unrecht behebende Abwehrlösung. Es ist letztlich der Grund dafür, warum gerade bei uns, wenn um den Erlass neuer Gesetze gestritten wird, immer auch und primär die Frage gestellt wird, ob die alten, die bisher bestehenden Gesetze, nicht ausreichen.

Der letzte Maßstab der Beurteilung von Recht und Unrecht bleibt jedoch nach Aristoteles in jedem Fall in der Person des im Urteil seiner Gemeinschaft vorbildlichen und insofern über diese Gemeinschaft zum Urteil berechtigten Bürgers verankert. Von seinem Sinn für Gerechtigkeit und damit von seiner Erkenntnis dessen, was gelungenes Leben heißt, kann daher auch und gerade um des Gesetzes willen nicht abstrahiert werden. Im Fall der austeilenden ist dies noch offensichtlicher als in dem der aus-

gleichenden Gerechtigkeit. Welche Proportionen auch in
der Gesellschaft bestehen mögen, von der Verantwortung
des Amtsträgers, der die staatliche Ordnung an ihnen auszurichten und ihnen gemäß umzusetzen hat, kann nicht
abstrahiert werden. Jede Verfassung setzt die ihr entsprechende Tugend und Gerechtigkeit auf Seiten der staatstra-
genden Bürger voraus (vgl. *Politik* 1309a). Tugend muss
insofern immer auch bestimmt werden als eine richtige
Einordnung des Maßes an Lust, das die Bürger in ihren
Verhältnissen zu realisieren berechtigt sind. »Die Gerechtigkeit« ist nach Aristoteles »jene Tugend, *kraft deren der
Gerechte nach freier Wahl gerecht handelt und bei der
Austeilung, handele es sich nun um sein eigenes Verhältnis
zu einem anderen oder um das Verhältnis weiterer Personen zueinander, nicht so verfährt, daß er von dem Be-
gehrenswerten sich selbst mehr und den anderen weniger
zukommen lässt und es beim Schädlichen umgekehrt
macht, sondern so, daß er die proportionale Gleichheit
wahrt, und dann in gleicher Weise auch einem anderen
mit Rücksicht auf einen Dritten zuerteilt.*« (*Nik. Ethik*
1134a) Gerechtigkeit wurzelt daher im Charakter des
Menschen, der den besten Charakter zeigt, das heißt, der
»seine Tugend nicht sich selbst, sondern einem anderen
zugute kommen lässt. Denn dieses ist ein schweres Ding«
(1130a).

Dem Sinn für die Proportionen erlernt man nur im
Umgang mit sittlichen Verhältnissen, aber der rechte Umgang mit diesen setzt wieder eine persönliche Grundent-
scheidung voraus, die den gerechten Menschen kennzeichnet. Der in diesem Sinne hochstehende Mensch setzt nach
Aristoteles die Maßstäbe des Glücks, ja sogar der Lust:
»ist die Tugend und der Tugendhafte jedes Dinges Maß, so
folgt auch, *daß wahre Freuden jene sind, die er dafür hält,
und wahrhaft erfreulich das ist, woran er sich erfreut*«
(1176a). Das zentrale Feld aber, auf dem der ethisch hochstehende Mensch zum eigentlichen Maßgeber der Staats-

bürger wird, und auf dem er sich – ganz wie bei Platon – auch die Eigenschaften eines guten Gesetzgebers erwerben muss, egal ob er herrscht oder nicht, ist die *Erziehung*. Über sie wirkt der Philosoph zuletzt doch auch in die Gestaltung des Bürgers und damit in die Formung dessen hinein, der Seele des Staates ist. Denn es muss, *»wer durch seine Fürsorge die Menschen bessern will, […] nach der Befähigung trachten, Gesetze zu geben,* falls wir durch Gesetze tugendhaft werden können. Denn jeden beliebigen und jeden, der uns unter die Hand kommt, in die richtige Verfassung zu bringen, das vermag nicht der nächste beste, sondern wenn irgendeiner, der Wissende […].«* (1180b) So besteht die eigentliche langfristige Erhaltungsbedingung des gerechten Staates in dem Bürger, der sie in die Bedingungen des Gelingens seines eigenen Lebens einbezieht; der in diesem Sinne gerechte Bürger ist die Seele des Staates.

c) *Der Naturrechtsgedanke*

Wenn über die Erziehung als Kriterium der Befähigung zum Urteil über das, was jedem zusteht, der urtümliche platonische Gedanke des Staates als Bild der Seele indirekt doch in das Paradigma vom Bürger als Seele des Staates zurückkehrt, dann muss es gerade an dieser Stelle auch gewissermaßen zur Konvergenz der beiden kritischen Anfragen kommen, die gegen die beiden Modelle gerichtet wurden: Bündeln sich an dieser Stelle nicht die Gefahrenpotenziale des »Totalitarismus« und des »Positivismus«? Kann eine Gemeinschaft nicht durch die Gesetze, die sie ihren Angehörigen gibt, auf Dauer die Forderung nach der Gerechtigkeit des Zusammenlebens willkürlich füllen? Sind die langfristigen Eröffnungs- und Erhaltungsbedingungen des staatlichen Zusammenlebens nicht zuletzt doch eine reine Frage der Akzeptanz? Was kann einem

Gesetzgeber, der in sich das absolute Wissen verkörpert sieht und dem es gelingt, auch die Erziehung der Mitglieder seiner Gemeinschaft in die Hand zu bekommen, noch Grenzen in der Entwicklung des Gesetzes ziehen?

Hatte PLATON die Antwort auf dieses Problem in der *Politeia* noch in der Wendung zur inneren Dignität des philosophischen Dialoges und in der im Anspruch absoluter Wahrheit gelegenen menschheitsübergreifenden Kategorie des Wissens gesucht, so kam er in den *Nomoi* zu einer deutlich anderen, weit in die Zukunft weisenden These: Ob Staaten erhalten bleiben oder untergehen, das wird sich nach dieser These danach entscheiden, ob ihre Herrscher selbst noch einmal Diener sind, und zwar »Diener der Gesetze« (*Nomoi* 715c). Soll dieser Gedanke nicht ad absurdum geführt werden, dann können die »Gesetze«, die hier angesprochen sind, nicht diejenigen sein, die zu geben der jeweilige Herrscher die Macht hat. Es muss über allen staatlichen Gesetzen ein anderes, höheres geben, das deren Maß bildet, und das fällt nach Platon letztlich in eins mit der dem Menschen ebenso gegebenen wie ihm vorgegebenen *Vernunft* (vgl. 714a), die ihrer Natur nach »zum Gesetz werden« will (835e). ARISTOTELES knüpft an diesen Gedanken an, indem er darin die urtümliche und für alle politische Philosophie letztlich entscheidende Fragestellung freilegt: Wie kann das Maß der Gesetzlichkeit, die Recht von Unrecht unterscheidende Vernunft, im Gesetz selbst Gesetz werden? Hier handelt es sich um das für jede Vermittlung zwischen idealer Forderung und realem Staat ausschlaggebende Problem der Repräsentation: Wie kann im Gesetz selbst der Grund seiner Geltung *repräsentiert* sein? Und Aristoteles gibt dem Problem seine bis heute bestimmende Richtung vor, indem er fragt, was *alle Menschen jenseits ihrer je spezifischen Staatlichkeit* zum Maß des Gesetzes machen – und indem er dieses Maß nicht außerhalb, sondern in der Kraft des Gesetzes, repräsentativ für Gesetzlichkeit überhaupt zu sein, sucht. Seine Antwort besteht also in seiner Lehre – vorsichtiger gesagt: seiner These – vom Naturrecht.

Begriff und Lehre des Naturrechts sind an relativ isolierten und entlegenen Stellen bei Aristoteles entwickelt, so in der *Rhetorik* (I,10.13.15) und in der *Nikomachischen Ethik* (1134b). Alles Recht, so heißt es hier, ist entweder Gesetzesrecht oder Naturrecht. Das Recht eines Staates besteht aus beidem. Natürlich ist jenes Recht, »das überall die nämliche Geltung hat, unabhängig davon, ob es den Menschen gut scheint oder nicht«. Das Gesetzesrecht hingegen gilt, wenn und weil es vom autorisierten Gesetzgeber erlassen worden ist, es ist also der rein positive Teil der Staatsordnung. Das Gesetzesrecht ist nach Aristoteles dasjenige, das sich, je nach Auffassung der Menschen, so und anders verhalten kann (1134b). Verkehrsregeln sind das typische Beispiel für ein Recht, das sich allein der Notwendigkeit verdankt, einen Bereich des Lebens funktional zu regeln und bei dem die Entscheidung allein von Zweckmäßigkeitserwägung abhängig ist. Was das bloße Gesetzesrecht ausmacht, ist also schlicht und einfach, dass ihm ein natürlicher Maßstab fehlt, aus dem man es gewinnen könnte. Es ist in der menschlichen Natur nicht vorgegeben, auf welcher Seite der Straße wir fahren oder mit welchen Farben wir uns kleiden sollen. Indem wir Entscheidungen auf diesem Feld treffen, unterscheiden wir uns nicht in spezifisch menschlicher Weise von irgendwelchen anderen Lebewesen, sondern gehorchen der Willkür. Für die *Gültigkeit* des Gesetzesrechts gibt es daher nur ein Kriterium, nämlich dass es vom verfassungsgemäß autorisierten Gesetzgeber erlassen worden ist. Seine Autorität, nicht eine irgendwie in der menschlichen Natur gegründete Wahrheit begründet seine Geltung. Das *von Natur aus Rechte* hingegen gilt *nicht*, weil der Gesetzgeber es beschlossen hat, sondern umgekehrt: *die Autorität des Gesetzgebers legitimiert sich dadurch, dass er nicht gegen das von Natur aus Rechte verstößt*.

Dieser Gedanke ist einer der wirkungsträchtigsten der gesamten Denkgeschichte geworden. Der Streit um die Existenz eines Naturrechts zieht sich bis in die Gegenwart. Die klassische Gegenposition zur Annahme eines Naturrechts besteht im *Rechtspositivismus*. Dieser geht davon aus, dass die Autorität des Gesetzgebers die einzige Verpflichtungsquelle rechtlicher Regelungen ist. Er beruft sich auf das Prinzip der Rechtssicherheit als Grundlage des menschlichen Zusammenlebens im Staat. Wer ein Recht annimmt, das über dem menschlichen Gesetzgeber steht, führt nach Auffassung des Rechtspositivismus den Bürgerkrieg herbei. Denn er tut damit kund, dass er sich nicht an Regeln zu halten beabsichtigt, die vom gesellschaftlich eingesetzten Machthaber geschaffen sind, und dass er sich ihnen überhoben fühlt. Der Naturrechtsglaube beruft sich nach rechtspositivistischer Auffassung auf ein unsichtbares, dem Staatlichen konkurrierend gegenübertretendes höheres Gesetz, hinsichtlich dessen es keine verbindliche Anwendungs- und Revisionsinstanz mehr gibt, so dass sich der Gläubige mit seinem Gewissen an die Stelle der gesellschaftlich gesetzten Ordnung setzt. Neben diesem funktionalen Gegeneinwand steht das allgemeine antimetaphysische Prinzip des Positivismus, wonach es ein wissenschaftlich ausweisbares Kriterium für ein nicht durch staatliche Sanktion konstituiertes Gesetz nicht gibt.

Schon in den allerersten Ursprüngen des Naturrechtsgedankens, eben bei Aristoteles, ist jedoch gerade das, worauf der Rechtspositivismus mit solcher Kritik abhebt, nicht zu finden. Die Unterscheidung des Aristoteles zwischen dem Recht, das, weil es aus der Natur des Menschen folgt, in jedem Staat gilt, egal ob er es setzt oder nicht oder sogar gegen es verstößt, und dem Gesetz, das ganz in der Hand des Staates liegt, hat nicht den Sinn, staatliches Recht zu entwerten. Auch geht Aristoteles nicht auf die Annahme ewiger, in einer anderen Welt gegründeter Re-

geln, die den staatlichen konkurrierend entgegenzusetzen
wären, zurück. Er stellt noch an der genannten kompri-
mierten Stelle klar, dass die Antithese »natürlich-gesetz-
lich« keineswegs mit derjenigen zwischen »unveränderlich« und »veränderlich« zusammenfällt. »Bei den Göt-
tern«, so Aristoteles, »mag [...] die Veränderlichkeit [...]
wohl ausgeschlossen sein; bei uns aber gibt es wohl auch
manches, was von Natur gilt, aber das alles ist der Veränderung unterworfen – und dennoch besteht die Scheidung: ›von Natur‹ – ›nicht von Natur‹« (1134b).[4] *Es kann
also veränderliches Naturrecht geben* – nicht weil die
menschliche Natur, sondern weil die Verhältnisse sich ändern, in denen sie zur Geltung gebracht und unter denen
an sie erinnert werden muss. Keineswegs sieht Aristoteles
das Naturrecht als einen Kanon höherer Formeln, der
dem staatlichen Recht entzogen und vorgelagert wäre.
Das Naturrecht ist sehr wohl Teil des Polisrechts, nur ist
es derjenige Teil, der »überall dieselbe Kraft und Geltung«
hat, das heißt also der Teil des Polisrechts, der in jeder Polis Recht ist, hinsichtlich dessen also eine Verfassung für
sich in Anspruch nehmen muss, auf Prinzipien aufzubau-
en, die – wie es im deutschen Grundgesetz heißt, »Grundlage jeder menschlichen Gemeinschaft« auf der Welt sind.
    Die beiden kennzeichnenden Kriterien des Naturrechts,
die es dem staatlichen Gesetz nicht gegenüberstellen, sondern gerade mit dessen Prinzipien verbinden, ja in gewissem Sinn identifizieren, sind seine *Universalität* und seine
Konstitutionalität: Es gilt in allen Staaten, egal welches
Gesetzesrecht diese sich geben, kann also von jedem Staat
verlangt und von jedem vernünftigen Menschen gegen ihn
eingewandt werden; und es ist als ihm vorausgehende Verfassung dem einfachen Gesetz entzogen, bleibt also eine
Korrekturinstanz, die der Veränderung und etwaigen
Selbstentmachtung der bestehenden Gesetzlichkeit Gren-

4 Ebd. 139.

zen setzt. Es war gerade diese Konstitutionalität des übergesetzlichen Rechts, die in der so genannten »Natur-
rechts-Renaissance« nach dem Zweiten Weltkrieg in
Deutschland die Hauptrolle bei der Begründung überge-
setzlicher Rechtsprinzipien spielte. Denn die rechtsposi-
tivistische Grundhaltung der deutschen Juristen und Staats-
rechtslehrer vor dem Zweiten Weltkrieg galt damals als
eine der Hauptquellen für die Scheinlegitimität, die das
hitlersche Regime bis zum Ermächtigungsgesetz von 1934
für sich hatte beanspruchen können. 1892 schrieb vom
rechtspositivistischen Standpunkt aus Karl BERGBOHM in
seiner Rechtsphilosophie, dass wir auch »das niederträch-
tigste Gesetzesrecht, sofern es nur formell korrekt erzeugt
ist, als verbindlich anerkennen« müssen.[5] »Es gilt unum-
stößlich die Wahrheit«, so hieß es bei Felix Somlo 1927,
»daß die Rechtsmacht ([...] der Gesetzgeber, der Staat
[...]) jeden beliebigen Rechtsinhalt setzen kann«.[6]

Begründung: Der Staat als Ordnungsinstanz, als Agent
der Gemeinschaft, muss funktionieren. Wer dem Staat dienen will, der muss auch den Gesetzen dienen, welche die
Gemeinschaft gegeben hat. Richter und Beamte haben
nicht die Kompetenz, das zu korrigieren, was ihnen als
staatlichen Amtsträgern vorgeordnet und entzogen bleibt,
nämlich die historisch gegebene Urentscheidung der Nation, zu der sie gehören. Die Gemeinschaft setzt das Recht,
und darum gibt es kein Recht, das ihr Gesetz noch begrenzen könnte. Man glaubt es heute nicht mehr, dass und
wie in einem solchen Denken die simple, zutiefst prak-
tisch-politische Frage vergessen werden konnte, wer eigentlich jene Gemeinschaft in den Formen des staatlichen
Gesetzesgefüges *repräsentiert* und wie er zu einem solchen
Repräsentanten wird. Es war eben diese Auffassung, dass

5 Karl Bergbohm, *Jurisprudenz und Rechtsphilosophie*, Bd. 1 (1892), Glas-
hütten ²1973, 144 f.
6 *Juristische Grundlehre* (²1927), Aalen 1973, 308.

es gegenüber den gesetzgeberischen Entscheidungen des legal an die Macht gekommenen Staatslenkers keine rechtliche Korrekturinstanz mehr geben könnte, deren verhängnisvolle Wirksamkeit man nach 1945 als eine der wesentlichen Ursachen für die Wehrlosigkeit der Institutionen der Weimarer Republik gegen ihre Aushöhlung und Pervertierung durch ein formal im Einklang mit ihnen an die Macht gelangtes Regime angesehen hat.

Mit den Prinzipien der Universalität und der Konstitutionalität des von Natur aus Rechten, ist also nicht etwa die Relativierung, sondern gerade die Stabilisierung des staatlichen Rechts angepeilt. Gäbe es allein positives Gesetzesrecht, so wären alle Gesetze revidierbar. Der gesamte Schutz, den eine gesetzliche Ordnung gegen die Gefahr der ungerechten Herrschaft bieten soll, fiele dahin. Denn die Gesetze, die ein auf legale Weise an die Macht gekommener Gesetzgeber erlässt, wären *per definitionem* gerecht, zumindest dann, wenn er durch Erziehungs- und sonstige Indoktrinationsmaßnahmen die Akzeptanz der Bevölkerung für sie herbeizuführen im Stande wäre. Das aber wäre gleichbedeutend mit dem Prinzip, dass der jeweilige Machthaber über dem Gesetz stünde. Und das ist ja das, was durch die Idee der Gesetzesherrschaft und ihre Rückbindung an die Gerechtigkeit als Inbegriff der Voraussetzungen gelingenden Lebens im Modell des aristotelischen Staates ausgeschlossen werden sollte. Gerade die für die Neuzeit charakteristische Verabsolutierung der rein strukturell gefassten, nicht mehr auf die Person des Herrschers bezogenen Gerechtigkeit würde unter positivistischem Vorzeichen in die Auslieferung des Rechtsetzungsanspruchs an eine individuelle und dann tatsächlich durch nichts mehr überprüfbare Person umschlagen.

Wer von einem staatlichen Machthaber verlangt, er solle sich an das von Natur aus Rechte halten, beruft sich damit nicht auf einen dem positiven Gesetz konkurrierend gegenüberstehenden Normenkatalog, sondern er muss zeigen können, dass die von ihm angegriffene positive Ordnung die bürgerlichen Grundverhältnisse, also die Lebensformen nicht respektiert, in denen die durch sie beherrschten Menschen eigentlich leben wollen. Es gehört zur Natur des Politischen, dass es einen theoretischen Beweis im mathematischen oder auch juristischen Sinne für eine solche Behauptung nicht geben kann. Wie die Menschen wirklich leben wollen, das muss sich letztendlich daran zeigen, dass eine Rechtsordnung sich durchsetzt, die sie akzeptieren. »Das Naturrecht« ist kein Kalkül und kein Katalog, der das Eintreten für eine dem Willen der Bürger gemäße Gesetzesordnung ersetzen könnte, sondern eine Denkweise, die den Rückgang auf letzte Überzeugungen und die argumentative Verständigung über die aus ihnen gemeinsam zu ziehenden Konsequenzen, die also *die Philosophie zur Verständigungsbasis über die richtige Herrschaft und die richtige Gesetzgebung macht*.[7] Das Naturrecht ist derjenige Teil des Polisrechts, der in jeder Polis, die ihren Sinn erfüllen will, gelten muss und an dem deshalb jede politische Ordnung und alle Entscheidungen der Polis zu messen sind.

d) *Natur und Person*

Der Gedanke eines universalen, für alle Menschen geltenden Rechts verweist wie keine andere Botschaft über die Antike hinaus bis in die heutige politische Welt. Zwar kann man ihn nicht unmittelbar in die Bewegung überset-

---

7 Leo Strauss, *Naturrecht und Geschichte*, Stuttgart 1956, hat dies mit Verweis auf Cicero (*De legibus* II,13 und 40 und *De finibus* IV,72 und V,17) in dem Wort festgehalten, dass der Begriff der Natur im klassischen Naturrecht genau diejenige Autorität festhalten soll, deren Wesen negativ zu bestimmen ist als der Herrschaftsanspruch, der jeglicher konventionellen, also überkommenen und durch Macht und Tradition eingesetzten Autorität entzogen bleibt.

zen, die ausgehend von den Vertragstheorien der Neuzeit das subjektive, vorstaatliche Recht des menschlichen Individuums zur Legitimationsquelle der Staatsgewalt gemacht hat. Die *lex aeterna*, die von den STOIKERN im Anschluss an ARISTOTELES allem staatlichen Gesetz übergeordnet worden ist, stellt eine objektive, überindividuelle Recht*sordnung* dar, aus der sich die Rechtsansprüche von Subjekten nur als Reflex und nur vermittelt über die Pflichten des Herrschers und die staatliche Gesetzgebung ergeben – analog zu unserem normalen staatlichen Recht, das in gesetzlicher Form vorliegen muss, damit wir daraus unsere individuellen Rechtsansprüche ableiten können. Der Gedanke, dass es ursprüngliche, *angeborene Individualrechte* geben soll, die ihrerseits unsere staatlichen Gesetze legitimieren und ihnen also ontologisch vorausgehen, ist erst in der Neuzeit gedacht worden. Aber so radikal diese moderne Wendung gegenüber der vorherigen Tradition sein mag, es gibt trotzdem eine Klammer, die beide noch einmal zusammenhält, eben den Naturrechtsgedanken. Dass dem Menschen seine Rechte »angeboren« sind und dass es eine rechtliche Ordnung gibt, die für jeden Menschen allein deshalb verbindlich ist, weil er zum Menschengeschlecht gehört: dies sind zwei Seiten einer unteilbaren Medaille, die den ontologischen Stoff der menschlichen Natur in die spezifisch rechtliche Form geprägt hat, allen Menschen hinsichtlich der elementarsten Beziehungen, in denen sie zueinander stehen, unveräußerliche *Ansprüche* zu verleihen, die sich *gegen jeden anderen Menschen* richten. Auf die Universalitätsbedingung kommt dabei alles an: Dass *jeder* Mensch Rechte hat, ist ein Prinzip, dessen gesamte Kraft davon abhängt, dass er sie *gegen jeden* Menschen geltend machen kann. In Bezug auf einen bestimmten Rechtsanspruch einen eindeutigen Kreis von Anspruchsgegnern auszusondern, gegenüber denen er wirksam ist: das ist bis heute die notwendige Grundfunktion rechtlicher Regelungen, und in der letztendlich simplen, elementaren Anwendung dieser Funktion auf die Bedingungen der Rechtfertigung unseres gesamten Zusammenlebens besteht die Logik, mit der dann in der Neuzeit ein *Rechtsbegriff*, die »Menschenwürde«, an die Spitze der Ethik getreten ist.

Die »Würde« eines Menschen *besteht* darin, dass *jeder andere* Mensch sich für alle Handlungen, die beide betreffen, vor ihm *rechtfertigen* können muss. Niemals wird man den Sinn des Begriffs der Menschenwürde zu fassen bekommen, wenn man von dieser funktionalen Seite abstrahiert und nach bestimmten Eigenschaften oder Vermögen sucht, welche im Individuum vorhanden sein müssen, damit man ihm Würde zugestehen könne; es sind nicht Eigenschaften, sondern es ist ein universales *Verhältnis*, was durch den Begriff »Würde« bezeichnet wird, und dieses Verhältnis basiert auf dem rechtlichen *Verbot*, einen anderen Menschen überhaupt daraufhin zu beurteilen, ob er dem rechtlich konstituierten Verband des Menschengeschlechts angehöre oder nicht. Nicht nur wird man also die Würde nicht in den Eigenschaften des »Würdenträgers« festmachen können, sondern genau im Verbot, dies zu unternehmen, besteht der Sinn des Würdebegriffs. Und nur als Reflex dieser rechtlichen Urfunktion ergibt sich dann, auch und gerade im neuzeitlichen Denken, die Bedeutung der natürlichen Ausgangsbedingungen des Menschseins: Wenn kein Mensch das Recht hat, einen anderen daraufhin zu beurteilen, ob er eine Würde habe oder nicht, dann tritt die Natur gewissermaßen subsidiär in die Rolle der Entscheidungsinstanz ein. Dann entscheidet sich mit jedem Vorgang, durch den ein Mensch von Menschen gezeugt wird, die Zugehörigkeit des so entstandenen Wesens zum Verband des Menschengeschlechts. Nicht eine religiös oder weltanschaulich verankerte »Heiligkeit« des Menschenlebens, sondern das rechtlich konstituierte Rechtfertigungsvakuum konstituiert die ethische Bedeutung der Natur für die Definition des Menschseins.

Und in diesem Sinne heißt *zum Menschengeschlecht zu gehören*, Rechtswesen, also *Person zu sein*.

Diese ethische Grundbedeutung des Personbegriffs, von der auch das neuzeitliche Würdekonzept lebt, ist im Ausgang von PLATON und Aristoteles durch die Stoiker und durch die christliche Metaphysik im Übergang von der Antike zum Mittelalter ausgearbeitet worden. BOETHIUS (480–524), der »letzte Römer« (Johannes Hirschberger), hat die Person als *die individuelle Substanz einer rationalen Natur* definiert.[8] Die Brückenfunktion, die für das Verhältnis von Natur und Person der Begriff der *ratio*, der Vernunft, spielt, ist für den Schritt zum neuzeitlichen Naturrecht schlechthin entscheidend. Die Vernunft ist es nach stoischer Auffassung, wodurch die menschliche sich in ihrer Differenz zur Natur aller anderen Wesen bestimmt. Vernünftig sein heißt, *gemäß der Natur leben*, wobei selbstverständlich vorausgesetzt ist, dass die Natur es gerade ist, wodurch der Mensch sich vom Nichtmenschen abhebt. Die Neuzeit kennt Natur dann im Wesentlichen nur noch als das, worin der Mensch mit allen anderen Lebewesen übereinkommt, aber sie erklärt doch die Vernunft zur Quelle des Rechts und damit der Differenz zwischen Person und Sache, Mensch und Nichtmensch. Die Vernunft aber ist kein abstrakter Katalog von Erkenntnissen oder Normen, sondern sie ist das Vermögen individueller Wesen, sie ist eigentlich – und von dieser Einsicht lebt im Grunde der Gedanke der Menschenrechte – *die Vernünftigkeit menschlicher Individuen*. Will man die Vernunft zum Maßstab des staatlichen Gesetzes machen, dann muss man die Bedingungen, unter denen ein Mensch in ein vernünftiges Verhältnis zu sich selbst zu treten vermag, in Gesetze gießen. Was aber heißt: zu »sich

---

8 Vgl. zur Bedeutung dieses Ausgangspunkts und allgemein zum Grundverhältnis zwischen individueller Personalität, Vernunft und Menschenwürde Robert Spaemann, *Personen. Versuche über den Unterschied zwischen ›etwas‹ und ›jemand‹*, Stuttgart 1996.

selbst«? Die stoische Antwort war: zu seiner »Natur«. Die
Neuzeit kann diese Antwort nicht übernehmen, aber das
liegt eher an ihrem dezidiert gewandelten Begriff von
»Natur« als an der Substanz der Antwort selbst. »Die
Vernunft«, das ist für das neuzeitliche politische Denken,
wenn es vernünftig ist, kein Abstraktum, kein philosophischer Normenkatalog, sondern *das Verhalten eines vernünftigen Wesens zu seinem Leben.* Darum wird eine
rechtliche Ordnung der Vernunft genau dann gerecht,
wenn sie dieses Verhalten nicht *vorzuschreiben* versucht,
sondern als den Inbegriff freier Lebensgestaltung menschlicher Individuen zu *respektieren* gebietet.

»Die vernünftige Natur« des Menschen ist aber ebenso
für die Antike kein abstraktes Programm, das sich philosophisch formulieren ließe. CICERO definiert »die rechte
Vernunft in Übereinstimmung mit der Natur« in *De re
publica* (III,33) als »das wahre Gesetz«, das »in allen Menschen [...] beständig und unvergänglich« wirkt und von
dem wir »wahrlich weder durch den Senat noch durch das
Volk« befreit werden können, von dem freilich auch gilt:
»wie es rechtschaffenen Menschen nie vergeblich befiehlt
oder verbietet, so bewegt es die Schlechten weder durch
Befehl noch durch Verbot«. Es gibt also, so könnte man
sagen, einen »persönlichen Faktor«, jene personale Gerechtigkeit, von der Platon und Aristoteles ausgegangen
waren, und dieser Faktor ist der letzte Bestimmungsgrund
jedes, auch des »ewigen« Gesetzes. Die christliche Philosophie findet dann freilich auch für diesen Faktor noch
eine übermenschliche Quelle in der Güte des allwissenden
Gottes, aber das Gesetz, das dieser Quelle entspringt,
wird uns Menschen konkret nur fassbar, insofern es uns
durch die – durch *unsere* – Vernunft »vorgestellt« wird.[9]
Die Rückbindung des Vernunftbegriffs an das vernünftige

---

9 Vgl. im vorliegenden Band Kap. 5c.

Leben eines menschlichen Individuums ist somit keine
neuzeitliche »Errungenschaft«.

Der Natur folgen heißt für ein vernünftiges Wesen:
mit sich und gleichbedeutend damit auch *mit der Welt
in Übereinstimmung zu kommen.* Der philosophische
Grundbegriff, mit dem die Stoiker diese ethische Basis der
Idee des von Natur aus Rechten formulierten, ist der Begriff der *oikeiosis.* Das heißt wörtlich »Einwohnung« und
geht zurück auf den platonischen Topos des sich mit sich
selbst anfreundenden Lebens, das heißt eines Lebensvollzuges, innerhalb dessen der Mensch mit den Voraussetzungen, die ihm durch seine Talente und die Umstände
seiner Geburt und seines weiteren Lebensweges gegeben
worden waren, in ein friedliches Verhältnis kommt, sich
mit ihnen abfindet und sie zugleich so weit entfaltet, wie
es im Zusammenklang mit denen der anderen Menschen
sinnvoll, das heißt vernünftig ist. Die Einwohnung ins eigene Leben schließt den Einzelnen davon ab, seine Kraft
auf die Usurpation fremden Lebens zu verwenden, das
heißt ein anderer sein zu wollen, als er auf Grund seiner
Voraussetzungen sein kann. Man muss sich klar machen,
dass dieser stoische Begriff der *oikeiosis* sowohl ein nicht
hinwegzudenkender Hintergrund dessen ist, was wir heute mit »persönlicher Identität« bezeichnen, als auch dessen, was mit Beginn des Christentums das Gewissen genannt wurde.[10] Die STOA lehrt, dass dasjenige, was »den
Menschen« glücklich macht, nicht ein Lustgefühl ist, wie
jeder es haben kann, sondern das Übereinstimmen mit einer »ihm« als unverwechselbaren Individuum gegebenen
Möglichkeit, sein Dasein zu erfüllen. Wenn es uns nur um
die Lust ginge, dann könnten wir eigentlich mit der Lust
des Augenblicks besonders dann zufrieden sein, wenn ihr
der unmittelbare Tod nachfolgte. Die Ausrichtung am ei-

10 Eine ursprüngliche Verwendung des *conscientia*-Begriffs findet sich bereits bei Cicero (*De legibus* I,40).

genen Leben als einem sinnvoll zu gestaltenden Ganzen, zieht dem Genuss des Augenblicks von vornherein Grenzen. Dasjenige Organ, das diese Grenzen nachverfolgt und sich zu ihnen verhält, ist aber die Vernunft, und sie ist es nach Auffassung der Stoiker wesentlich deshalb, weil sie *rechte Vernunft* ist. Dieser höchst bedeutsame Begriff ist ohne Rückbezug auf das Individuum als Träger der Vernunft gar nicht zu verstehen. Er besagt, dass wir unsere menschliche Vernünftigkeit wesentlich dort vollziehen, wo wir uns gegenüber unseren Mitmenschen *rechtfertigen* bzw. *verantwortlich*, das heißt in zu rechtfertigender Weise, *verhalten*.

Cicero definiert die *recta ratio* als das Vermögen, das es uns erlaubt, »mit Rat zu wählen« (*cum officio selectio*). Gut beraten ist die Vernunft genau dann, wenn derjenige, dem sie gehört, sich mit den Möglichkeiten, Interessen und Erwartungen all derer auseinandersetzt, die sie auch besitzen: »Angemessenes Verhalten ist aber, wenn es so getan ist, dass es, als Tat, eine wohlbegründete Rechtfertigung für sich hat« (*De finibus* III,17.58).[11] Die *recta ratio* ist also dasjenige, was sich in der Praxis des Rechtfertigens unserer Handlungen gegenüber den anderen mit der rechten Vernunft begabten Wesen herausstellt. Die Vernunft ist in erster Linie nicht Zugang zur Erkenntnis der Welt und ihrer Zweck-Mittel-Zusammenhänge, sondern die Kraft, die uns unsere Ziele zu kontrollieren erlaubt. Sie ist uns als Anlage angeboren, und es kommt darauf an, sie entsprechend dieser Anlage »aufrecht« zu halten und nicht »pervertieren« zu lassen. Die eigentliche Ursache für Lust- und Unlustempfindung und damit für das Problem möglicher Diskrepanz zwischen Erwartung und Erfüllung unseres Lebens ist demnach die »pervertierte« Vernunft. Sie lässt uns den Blick auf Unerreichbares richten, dessen

---

11 Hier in der Übersetzung von Maximilian Forschner, *Über das Glück des Menschen*, Darmstadt 1993, 61.

Unverfügbarkeit uns sodann als Affekt belastet. Die »aufrecht« erhaltende Vernunft, deren Inbegriff die Philosophie darstellt, sichert Trieberfüllung – sie ist also nicht
etwa ein dem Hedonismus einfach in dem Sinne entgegen-
gesetztes Prinzip, dass sie die Ausschaltung der Triebe
fordern würde –, indem sie die Erwartungen unter Kontrolle hält; diese Kontrolle vollzieht sich als das richtige
Urteil. Rechte und falsche Vernunft trennen sich also zuletzt nicht auf Grund richtiger oder falscher Abbildung
der Welt, sondern in der Ausübung der Grundfähigkeit
des vernünftigen Wesens, sich durch die an sich gleichgül-
tige Außenwelt nicht in Versuchung führen zu lassen, un-
einlösbare Erwartungen an den Verlauf seines Daseins zu
richten. Vernünftigkeit wird nicht durch das Verhältnis
zwischen uns und den Tatsachen konstituiert, sondern
durch unsere Fähigkeit, uns den natürlich vorgegebenen
Strukturen unseres Lebensvollzuges anzupassen. Es ist
letztlich das Ideal der Regierung eines menschlichen Individuums über sein Leben, der Lebensherrschaft, das im
stoischen Weisen wurzelt und personifiziert ist und das als
Problem zu lösen die Aufgabe des philosophischen Mo-
tivs des Naturrechts bildet.

Hier lohnt sich ein abschließender Blick auf den Per-
sonbegriff Ciceros, in dem sich bereits eine bedeutsame
Weichenstellung vollzieht, die aus der platonisch-aristote-
lischen Konzeption der Natur des Menschen hinaus- und
auf den geschichtlich-individuellen Grundaspekt des neuzeitlichen Denkens vorausweist.[12] Den relativ auf die Erfüllung des Lebens der anderen möglichen Weg eines mit
sich selbst zur Deckung kommenden Lebens zu realisieren ist nach Cicero die grundlegende und definierende Potenz desjenigen, was alle Menschen als Träger gemeinsam

---

12 Vgl. dazu die Rekonstruktion von Ciceros Personkonzept im Kontext der
Entwicklung des Glücksbegriffs von Aristoteles her bei Forschner (Anm.
11), insbes. 66 ff.

haben und was sie zugleich voneinander unterscheidet: der *persona*. Sie ist also geprägt und konstituiert durch die Fähigkeit zur Einsicht und zum sittlichem Verhalten. Die Harmonie mit uns selbst ist nur die andere Seite der Harmonie im gesellschaftlichen Zusammenleben. Die Persona in diesem allgemeinen Sinne versteht Cicero im Anschluss an Aristoteles als die jedem Menschen auf Grund seiner Natur zugedachte Teilhabe am allgemeinen Wesen der Vernunft. Um aber diese *persona* zu erreichen, ist etwas notwendig, was bei Cicero erstmals auf eine von Aristoteles und Platon wegführende Weise betont wird, nämlich die für jeden von uns einmalige »Person« in dem zweiten von Cicero verwendeten Sinn. Je mehr ein Individuum *seine eigene naturgegebene Eigenart* respektiert, desto besser fügt es sich in die vernünftige Harmonie mit den anderen im Sinne der uns alle verbindenden natürlichen menschlichen Lebensart ein. Deshalb, so Cicero in *De officiis* (I,111), erreicht man eine konsistente und gleichförmige Gestalt des Lebens und damit die Voraussetzung der Harmonie des Zusammenlebens mit den anderen nicht, »wenn man die Eigenheiten anderer nachahmt und seine eigene Natur hintansetzt«.[13] Unsere Natur ist es nun aber nach Cicero, was uns zwei *personae*, also »gleichsam zwei Rollen zugeteilt hat. Die eine ist allen auf Grund dessen gemeinsam, daß wir alle an der Vernunft und denjenigen Vorzügen teilhaben, die uns vor den Tieren auszeichnen [...]. Die andere Rolle ist jedem einzelnen Menschen individuell zugeteilt.« (I,107) – »Man muß sich«, so heißt es dann, »so verhalten, dass man in nichts der allgemeinen Natur des Menschen widerstrebt. Das einmal berücksichtigt, sollten wir aber«, so Cicero, »unseren individuellen Anlagen folgen, so dass wir [...] nur unsere eigenen natur-

---

13 Allerdings heißt es auch schon bei Aristoteles, dass es »ungereimt« wäre, »wenn einer nicht sein eigenes Leben leben wollte, sondern das eines anderen« (*Nik. Ethik* 1178a); der Kontext zeigt freilich, dass es hier um das Leben des Menschen überhaupt im Unterschied zu allen anderen Wesen geht.

gegebenen Möglichkeiten als Maßstab nehmen. Es ist nämlich nicht zweckmäßig, seiner natürlichen Anlage zuwiderzuhandeln und etwas zu erstreben, was man doch nicht erlangen kann.« (I,110) Die Kunst des Lebens des Menschen besteht also darin, innerhalb des durch die Bedürfnisse und Umstände vorgegebenen Geflechts der möglichen Verteilung von Lebenschancen und -gestalten die ihm angemessene, je einzigartige Rolle zu wählen und zu ihr so zu stehen, dass er in Gemeinschaft mit den anderen einen berechenbaren Verband rechtlich geordneter Lebensbeziehungen konstituiert. Die Neuzeit hat hier durchaus angeknüpft, freilich mit der einen dezidiert abweichenden Maßgabe, aus solcher »Kunst« eine politische *Wissenschaft* zu machen.

Konfuzius: Die Rolle der Menschlichkeit

a) *Rollenethik und Menschlichkeit*

So deutlich die altchinesische politische Philosophie[1] mit der altgriechischen das tiefe Bewusstsein einer Krise und des Verlusts traditioneller Autoritäten und Lebenssicherheiten teilt, so signifikant unterscheidet sie sich doch von dieser in ihrer geschichtlichen Genese. Das Denken PLATONS und ARISTOTELES' entsprang einer geschichtlichen Situation, in der eine erlebte und als Grundlage des menschlichen Zusammenlebens erfahrene Epoche freien Bürgertums, die geschichtlich dem Untergang entgegen ging, in ihrer Substanz Inhalt einer Theorie und als solche gewissermaßen aufbewahrt wurde. Für die altchinesische Ethik hingegen steht von vornherein ein politisches *Ziel* im Mittelpunkt, von dem her sie sich legitimiert, nämlich das Ziel eines durch richtiges Denken und seine Umsetzung in Handeln *zu erreichenden Friedens*, einer zu si-

---

1 Für unsere Darstellung soll die Eingrenzung auf die »altchinesische« Philosophie die Zeit vor dem 3. Jahrhundert v. Chr. bezeichnen, in der innerhalb des Konfuzianismus die Weichenstellungen erfolgt sind, die den Vergleich zur Entwicklung der westlichen politischen Ethik zu ziehen erlauben. Heiner Roetz (*Die chinesische Ethik der Achsenzeit. Eine Rekonstruktion unter dem Aspekt des Durchbruchs zu postkonventionellem Denken*, Frankfurt a. M. 1992, 71) nennt als das ausschlaggebende Argument für die Konzentration auf den Konfuzianismus dessen Fähigkeit, die Denk- und Glaubenstraditionen, den »common sense« des eingelebten Ethos seiner kulturellen Ausgangswelt in die Theorie zu integrieren. »Wenn die chinesische Kultur als eine der wenigen Kulturen der Antike überhaupt überlebte, dann im Zeichen des Konfuzianismus.« (Ebd.) Zu bedenken ist freilich auch, dass es ein Wort für »Konfuzianismus« im klassischen Chinesisch nicht gegeben hat, von einer die Entwicklung leitenden Selbstkennzeichnung der Tradition, die wir heute so rekonstruieren, also keine Rede gewesen ist; vgl. Gregor Paul, *Konfuzius. Meister der Sprirualität*, Freiburg/Basel/Wien 2001, 14.

chernden und denkerisch erst zu findenden Ordnung. Zwar taucht in ihr das mythische Motiv einer lange vergangenen friedlichen Urordnung immer wieder auf, aber diese Hinweise auf die »alten Könige« markieren viel weniger eine vorgefundene Substanz sittlicher Lebensformen als die Aufgabe, die gelöst werden muss, wenn es zu einer solchen kommen soll.

Die grundlegenden Bücher des Konfuzianismus, zunächst das – in seiner Entstehungsgeschichte ungeklärte – »Lunyu«, die »Gesammelten Worte« des Meisters KONG (KONFUZIUS), dann die Werke des MENGZI (»MENZIUS« 372–281) und XUNZI (um 310 – um 230) reflektieren die historische Situation politischen Ringens um Ordnung, innerhalb derer sie entstanden und rezipiert worden sind. Die Lebensgeschichte, die von Konfuzius bis heute tradiert wird, lässt ihn in eine Vielzahl politischer Kämpfe verstrickt und sein Leben durch diese geprägt sein. Er soll 551 v. Chr. im Staat Lu im nördlichen Zentralchina geboren worden sein, dort eine lebhafte Lehrtätigkeit entfaltet und eine große Anhängerschaft gewonnen haben, die sich zunächst aus Fürstensöhnen zusammensetzte, aber eben durch die Haltung und Lehre des Konfuzius »demokratisiert« wurde. Die Umdeutung und Neuinterpretation des aristokratischen Ideals des »Edlen« in ein Konzept der inneren Größe und geistigen Führungsqualität von Menschen ist offenbar die Leistung gewesen, die es möglich gemacht hat, dass Angehörige aller Schichten zu seinen Schülern gehörten und der konfuzianische Lehrstil überhaupt zum Paradigma des Zusammenlebens in freier geistiger Auseinandersetzung geworden ist. Um 518 soll er eine Reise an den Hof von Luoyang gemacht haben und dann mehrere Jahrzehnte Justiz- und Polizeichef in Lu gewesen sein. Sowohl nach den Legenden als auch nach dem verfügbaren wissenschaftlichen Material sei er in der politischen Karriere ohne Glück gewesen. Zwischen dem 56. und dem 68. Lebensjahr habe er eine düstere und skeptische Zeit des Wanderns durchgemacht. Das hanzeitliche Geschichtswerk *Shiji* tradiert eine Legende, nach der Konfuzius in Luoyang auf Laozi getroffen und von diesem für sein Engagement zur Rede gestellt worden sei: »wenn ein Edler«, so habe demnach Laozi gesagt,

>»auf die richtigen Zeitumstände trifft, dann fährt er in der Kutsche. [...] Ist aber die Zeit gegen ihn, dann wandert er mit dem Wind. Ich habe gehört, dass ein guter Kaufmann seinen Besitz gut verbirgt, ganz so, als besäße er nichts. Und ein Edler, ist er auch reich an Tugend, ist nach außen, als wäre er dumm. Tut ab euren Hochmut und euer Begehren, euer Gehabe und euere zügellose Ambition! Sie alle sind ohne Nutzen für euch selbst. Nur dies ist es, was ich euch mitzuteilen habe.« (*Shiji* 63,2140)

Am Ende seines Lebens soll sein Lieblingsschüler Yan Yuan seine Erfahrungen in dem Satz zusammengefasst haben: »Erst darin, dass man ihn nicht akzeptiert, zeigt sich der Edle!« (*Shiji* 47,1932) Von Konfuzius selbst ist die Bilanz überliefert: »Mit 15 faßte ich den Entschluß zu lernen. Mit 30 hatte ich meinen festen Stand. Mit 40 hatte ich keine Zweifel mehr. Mit 50 kannte ich die Bestimmung des Himmels. Mit 60 wurde mein Ohr aufnahmefähig. Mit 70 folgte ich dem, was das Herz will, ohne das Maß zu überschreiten« (*Lunyu* 2,4); von dieser Passage sagt Heiner Roetz,[2] sie sei »das erste überlieferte Zeugnis aus dem alten China, in dem ein individuelles Leben als in sich geschlossene Entwicklungseinheit begriffen wird«.

Der große Streit zwischen den beiden hauptsächlichen Nachfolgern des Konfuzius, Menzius und Xunzi, geht um die Anthropologie, die der Schaffung einer stabilen Ordnung zu Grunde gelegt werden muss. Menzius lehrte, dass

---

2 Heiner Roetz, *Konfuzius*, München 1995, 20.

die menschliche Natur gut sei, ein Wort, von dem der Neukonfuzianer CHENG YI im 11. Jahrhundert gesagt hat, dass Menzius sich mit ihm »Verdienste für 10 000 Generationen erwarb«. Diese angeborene Natur, die alle Menschen miteinander zu potenziell edlen Subjekten verbindet, nannte Menzius mit dem chinesischen Ausdruck *xing*. Genau von dieser angeborenen Natur sagt hingegen Xunzi schon im Titel einer seiner Schriften: »Die angeborene Natur ist schlecht.« –

> »Mit der Natur des Menschen ist es so, dass von Geburt an die Freude am eigenen Vorteil in ihr liegt. Weil man dem nachgibt, entstehen Streit und Raub, und Höflichkeit und Bescheidenheit gehen verloren. Von Geburt an liegen Neid und Schlechtigkeit in ihr. Weil man dem nachgibt, entstehen Grausamkeit und Gewalttätigkeit, und Loyalität und Verlässlichkeit gehen verloren. Von Geburt an liegt die Begierde der Ohren und Augen in ihr und die Freude an Ohren- und Augenschmaus. Weil man dem nachgibt, entstehen Ausschweifung und Chaos, und Etikette, Gerechtigkeit und kultivierte Regeln gehen verloren.« (*Xunzi* 23,289)

Bei aller Vorsicht[3] kann man die Parallele zwischen diesen beiden anthropologischen Konzeptionen und dem Gegensatz zwischen den Menschenbildern, die zweitausend Jahre später den Ausgangspunkt der politischen Theorien von HOBBES und ROUSSEAU bilden sollten, doch darin sehen, dass sie gedankliche Instrumente sind, mit denen in Form der Theorie ein tieferes politisches Projekt

---

3 Zur ausgedehnten Debatte um die Frage, inwieweit die »Thesen« der altchinesischen Philosophen überhaupt mit demselben deskriptiven und argumentativen Status versehen sind wie die den westlichen Sprachen entsprungenen Gedankengebäude, vgl. Heiner Roetz, »Philologie und Öffentlichkeit. Überlegungen zur sinologischen Hermeneutik«, in: *Bochumer Jahrbuch zur Ostasienforschung* 26 (2002).

verfolgt wird, dessen »Spaltprodukte« sie gewissermaßen
sind. Dass die menschliche Natur gut oder auch schlecht
ist, muss angenommen werden, *wenn* die Theorie dieses
Ziel erreichen können soll, von dem her sie sich legitimiert. Das politisch augenfälligste Ziel aber, an dem sich
Menzius und Xunzi an vielen Stellen orientieren, ist das
von Konfuzius gewiesene: einem zur Herrschaft berufenen Staatslenker die Sicht auf die menschliche Natur und
die menschlichen Verhältnisse beizubringen, die ihn dazu
befähigt, Frieden und Ordnung zu schaffen. Dieses *theo-
rieleitende* Ziel darf freilich nicht mit einer faktischen Abhängigkeit vom Ohr realer Politiker verwechselt werden.
Der Herrscher, an den sich die Konfuzianer wenden, verkörpert nichts anderes als der, um den es Platon oder der
Stoa geht, ein Ideal, den politischen Willen zur *guten*
Ordnung. Worin dieser Wille bestehen *soll*, das zu erkennen ist der Anspruch der – ganz unpolitischen – Freunde
der Weisheit, die über die ganze Welt verstreut sind.[4] Und
was »die alten Könige«, an denen sich die Frage nach der
guten Ordnung orientiert, zu diesen Orientierungspunk-
ten macht, das ist nach Mengzi (4a1, 2a6) nicht ihr Königs-
tum, sondern ihre Menschlichkeit (*ren*).

*Der Politik die Richtlinien des gelingenden Lebens als
Auftrag anzuvertrauen*: das ist die ursprüngliche Intention, hinsichtlich derer man den Konfuzianismus zur Leistung der griechischen Ethik in Parallele setzen kann. Auch
das konfuzianische Denken erwächst aus einer Zeit der
geistigen Krise, in der die Rollenpflichten, die den Menschen darüber belehren, was es heißt, »das Seinige zu
tun«, nicht mehr mit traditionaler Selbstverständlichkeit
angenommen werden, sondern Begründung fordern. Um

---

4 »Die guten Scholaren einer Gemeinde«, so heißt es bei Mengzi (5B8), »befreunden sich mit den anderen guten Scholaren der Gemeinde. Die guten
Scholaren eines Landes befreunden sich mit den anderen guten Scholaren
eines Landes. Und die guten Scholaren der ganzen Welt befreunden sich
mit den anderen guten Scholaren der Welt.«

diese Begründung geht es, und für ihre Eigenart ist es charakteristisch, dass sie nicht etwa aus dem Rückgang auf letzte, womöglich transzendent fundierte Axiome, sondern aus der Reflexion auf die Funktion gewonnen wird, welche die Erfüllung von Rollenpflichten für das friedliche und geordnete Zusammenleben aller hat. »Daß jemand als Mensch Pietät und Bruderachtung zeigt«, so sagt ein Schüler im *Lunyu* (1,2),

> »und sich gerne gegen die Vorgesetzten auflehnen würde, das ist selten. Und noch nie hat es jemanden gegeben, der sich nicht gerne gegen die Vorgesetzten auflehnt, aber gerne Rebellion angestiftet hätte. Ein Edler widmet sich der Grundlage, und wenn sie steht, wächst das Dào. Pietät und Bruderachtung – sind das nicht die Grundlagen der Menschlichkeit?«

Nicht dass sie der Aufrechterhaltung von Herrschaft als faktischem Machtverhältnis dient, aber dass sie es dem Menschen erlaubt, den Leitfaden seines Lebens in Form geordneter Herrschaftsverhältnisse mit dem seiner Mitmenschen zu koordinieren, ist die Ethik und Politik verbindende Grundeinsicht in die vernünftige Legitimität einer Rollenethik. Wer aus diesem Zusammenhang auf einen »Kollektivismus« in den Wurzeln der konfuzianischen Ethik schließen will, begeht denselben Kurzschluss wie POPPERS Platonkritik, das heißt, er verwechselt das Streben nach philosophischer Rekonstruktion der politischen Möglichkeitsbedingungen moralisch begründbaren Lebens mit einer weltanschaulich motivierten Politisierung der Ethik. Die Goldene Regel als die umfassendste Formel, in der die Konfuzianer den Anspruch des Menschen gegenüber dem Menschen verankern, hat in ihrer Orientierung an stabiler politischer Herrschaft nicht ihr Wesen, aber die Grundbedingung ihrer gesellschaftlichen *Wirklichkeit*. Darin besteht der genuin politische Kontext, in den sie im *Lunyu* (12,2) durch das an den Herrscher gerichtete Wort gestellt ist: »Was du selbst nicht wünschest, das tue nicht den anderen an. So wird es in dem Land keinen Groll (gegen dich) geben, so wird es im Hause keinen Groll (gegen dich) geben.«[5]

Diese politische Dimension der Goldenen Regel hat mit der skeptisch-realistischen Überzeugung des Konfuzius zu tun, dass der größte Teil der Menschheit zwar fähig ist, sinnvoll zusammen zu leben und zusammen zu arbeiten, nicht aber die Prinzipien zu verstehen, die durchgesetzt werden müssen, wenn eine entsprechende Ordnung entstehen und aufrecht erhalten werden soll. Die Hauptmenge des Volkes kann, so heißt es im *Lunyu*, zwar »dazu gebracht werden, etwas zu befolgen, aber nicht dazu, es auch zu verstehen« (8,9). Bei Menzius gilt es als »durchgängige Norm auf der Welt« (3A4, vgl. Xunzi 7,71), dass die Teilung der Menschen in Regierende und Regierte unaufhebbar ist und letztlich zusammenfällt mit der Teilung von geistiger und körperlicher Arbeit. Über Jahrtausende hinweg, fast bis in unsere Gegenwart hinein, war ja die Qualifikation zu leitenden Stellen in der chinesischen Gesellschaft mit Prüfungen verbunden, denen man sich unterziehen musste und die man nur bestehen konnte, wenn man sein Leben einer

---

5 Hier in der Übersetzung von Richard Wilhelm (Kungfutse, *Gespräche. Lun Yü*, München [7]1996) zitiert. Ob statt »den anderen« die Übersetzung »den Menschen« lauten müsse, ist eine letztlich nicht mehr philologisch entscheidbare Frage, die in den Kern der Auseinandersetzung gehört, die zwischen universalistischer und »postmoderner« Interpretation der altchinesischen Ethik bis heute geführt wird. Die auf Chad Hansen gestützte These, wonach schon semantisch das Wort »Mensch« im altchinesischen Denken nicht eine Klasse von Individuen bezeichne, sondern eher einem Massenterm entspreche (vgl. etwa Hans-Georg Möller, »Die Präsenz des Menschen in der altchinesischen Philosophie«, in: Walter Schweidler [Hrsg.], *Menschenrechte und Gemeinsinn – westlicher und östlicher Weg*, Sankt Augustin 1998, 163–176), ist von Roetz (vgl. *Die chinesische Ethik der Achsenzeit* [Anm. 1], 27 ff.) scharf kritisiert und zurückgewiesen worden.

geistigen Bildung widmete, die keinen Platz für körperliche Arbeit ließ.[6]

Macht drückt sich ganz entscheidend in der Möglichkeit aus, sein Leben mit geistigen Gütern zu verbringen, die die körperliche Arbeit ausschließen, und die Prüfung ist mindestens ebenso ein Nachweis dieses von Arbeit unabhängig geführten Lebenkönnens wie ein Beweis für die in ihr erfragten und geprüften Inhalte. Das heißt nun allerdings gerade nicht, dass der an der unmittelbaren nützlichen Tagesarbeit nicht teilnehmende Gebildete sein Leben genießen und die anderen für sich arbeiten lassen dürfte. Im Gegenteil, der Sinn der ihm verliehenen gesellschaftlichen Macht besteht geradezu in der Organisation des Lebens der anderen, und die Rechtfertigung seiner Position muss dadurch erbracht werden, dass in der Gesellschaft Ordnung entsteht und Stabilität gewährleistet wird. Die Arbeitsteilung als die Basis der menschlichen Kultur und Freiheit zu organisieren und für ihre Ergebnisse einzustehen, ist die Rechtfertigungsbasis für den gebildeten, den weisen Menschen.

»Ohne einen Fürsten«, so heißt es bei Xunzi (10,113 f.), »der seine Untergebenen kontrolliert, und ohne eine Obrigkeit, die die Unteren kontrolliert, würde der Welt Unheil entstehen, weil alle ihren Begierden freien Lauf ließen. Begierden und Abneigungen richten sich auf die gleichen Dinge. Aber die Begierden sind zahlreich, und der Dinge sind wenig. Wegen ihrer Knappheit entsteht notwendig Streit.« An der gleichen Stelle wird der Terminus *fen* eingeführt, der in der konfuzianischen Ethik den zentralen Topos der *Rolle* bestimmt:

6 Die Bedeutung der Bildung für das chinesische Beamtentum und Staatswesen hat vor allem Max Webers Religionssoziologie herausgestellt; vgl. Max Weber, *Gesammelte Aufsätze zur Religionssoziologie*, Bd. 1, Tübingen 1920, 395 ff. Für Weber ist »der Konfuzianismus« geradezu eine theoretische Funktion des soziologischen Phänomens der Konkurrenz von Literaten um staatliche Ämter, vgl. 401.

»Wenn die Menschen [...] isoliert voneinander leben
und nicht einander dienen, dann geraten sie ins Elend.
Leben sie jedoch in Gesellschaften [*gun*] ohne Rollen-
teilung [*fen*], dann kommt es zu Streit. Ins Elend zu geraten, das ist wahrlich ein Übel, und Streit, das ist wahrlich ein Unglück. Will man dem Übel abhelfen und das
Unglück beseitigen, dann ist nichts besser, als die Rol-
lenteilung klarzumachen und die Menschen eine Gesellschaft bilden zu lassen.«

Jedoch wäre es ein Missverständnis anzunehmen, dass
sich die konfuzianische Grundlegung der Rollenverpflich-
tung des Menschen in diesem instrumentell-politischen
Sinn erschöpfen würde. Mit der abstrakten Formulierung
der Goldenen Regel ist es nicht getan; sie kann genauso
wenig wie das »Naturrecht« in der westlichen Tradition
als simple Ableitungsquelle für staatliche Regelungen gelten. Auch für die Konfuzianer gibt es eine entscheidende
Vermittlungsgröße zwischen dem ethischen Prinzip und
den Regeln guter politischer Ordnung, nämlich das sich
zum Ganzen schließende und insofern gelingende Leben
des sich selbst und den anderen gegenüber *verantwortlichen Individuums*. Der Terminus *shu*, mit dem die Goldene Regel im *Lunyu* markiert wird, bedeutet alltagssprach-
lich »Nachsicht« und bezeichnet eine das gesamte Leben
tragende menschliche *Haltung* oder, wie man genauso
sagen kann, Tugend. Ein Schüler fragt den Konfuzius:
»›Gibt es etwas, was aus einem Wort besteht und was
man, aufgrund von dessen Eigenschaft, das ganze Leben
hindurch befolgen kann?‹ Der Meister sagte: ›Das ist wohl
shù: Was man selbst nicht wünscht, das tue man anderen
nicht an.‹« (15,24) Dies ist für die Verhältnisbestimmung
von Politik und Ethik eine höchst bedeutsame Aussage.
Die Realität der Goldenen Regel verdankt sich auch und
wesentlich ihrer politischen Konkretisierung; aber das
heißt nicht umgekehrt, dass die politische Herrschaft

schon dadurch gerechtfertigt wäre, dass sie mithilfe der Anwendung der Goldenen Regel Ordnung und Stabilität im Lande schafft. Es ist eine ihrerseits wieder »realistische«, erfahrungsgesättigte Einsicht, dass ein Herrscher sich nicht einfach zur Goldenen Regel bekehren wird, weil er ihre Bedeutung philosophisch dargelegt bekommt; vielmehr erwächst die Anwendung der Goldenen Regel generell daraus, dass man sich die *Haltung* erwirbt, aus der heraus man Reziprozität und Fairness gegenüber anderen Menschen gewissermaßen zu der *ethischen Rolle* gestaltet, die dem eigenen Leben gegenüber jeder sozial vermittelten Rolle noch einmal eine rollenübergreifende Verbindung zu allen anderen Menschen gibt. Damit wächst das Prinzip der Menschlichkeit in eine Rolle hinein, die derjenigen der personalen Gerechtigkeit bei Platon und Aristoteles gleichkommt. »Für einen Menschlichen nun gilt: Wenn er selbst den Wunsch hat, auf der Welt zu bestehen, dann verhilft er auch anderen dazu. Und wenn er etwas erreichen will […], dann verhilft er auch anderen dazu.« (*Lunyu* 4,30)

Für die Konfuzianer ist *die Fähigkeit des Menschen, soziale Beziehungen zu schaffen, die seinem Leben Inhalt und Form vorgeben*, das entscheidende Abgrenzungskriterium gegenüber den nichtmenschlichen Lebewesen. Nur der Mensch kann in diesem Sinne Gruppen bilden und eben dadurch Normen *schaffen*. Die Normen aber konkretisieren sich in den Rollen, welche die einzelnen Menschen durch sie zugewiesen bekommen. Wenn Konfuzius auf die Frage eines Herzogs nach der guten Regierung antwortet, dass »der Fürst Fürst, der Untertan Untertan, der Vater Vater und der Sohn Sohn« sein sollten (*Lunyu* 12,11), dann steht dies im Horizont einer Vorstellung von gelingendem Leben, für die der *vertikale* Aspekt der die Generationen übergreifenden, sich im geschichtlichen Längsschnitt durch die menschlichen Verhältnisse ziehenden sozialen Identität fundamental ist. »Gewissenhaftig-

keit gegen die Vollendeten und Nachfolge der Dahinge-
gangenen: so wendet sich des Volkes Art zur Hochherzig-
keit.« (Lunyu 1,9)[7] »Vertikal« ist hier in geschichtlichem
und zugleich in sozialem Sinne zu verstehen: Die Ordnung der Familie wird nicht selbst funktional, als Zusammenwirken gleichberechtigter Personen, sondern hierarchisch, als Einnahme der durch die Notwendigkeit des
Lebens und die bereits bestehenden Beziehungen immer schon vorgegebenen Rollen in einem durch asym-
metrische Abhängigkeit definierten Gesamtsystem verstanden.

Auch im Blick auf diese vertikale Eingebundenheit des
einzelnen in einen ihn übergreifenden Zusammenhang
muss man sich vor vorschnellen Grenzziehungen hüten.
Man kann sie zumindest zum platonischen Konzept *Das
Seinige Tun* in Parallele setzen.[8] Sie bringt eine zentrale
Vermittlungsbedingung von Lebens- und Staatsherrschaft
in archaischen Kulturen auf den Begriff. Es geht hier um
die Macht, mit der in vielen alten Kulturen der Mensch
sogar aus der *Wahrnehmung* seiner Mitmenschen ausgeschlossen wird, wenn er seine Rolle nicht erfüllt. So hat
Jan Assmann über die altägyptische Welt gesagt, dass in
ihr das Verhältnis des Einzelnen zu dem, was nach seinem
Tod vor sich geht, wesentlich durch soziale Strukturen bestimmt ist, die dafür sorgen, dass jemand, der sich aus der
Gemeinschaft ausschließt, schon vor seinem biologischen
Tod sterben muss und als lebendiges menschliches Wesen
gar nicht mehr wahrgenommen werden kann.[9] Aber die
konfuzianische Ethik endet nicht mit einem Postulat die-

---

7 Übersetzung von Wilhelm (Kungfutse, *Gespräche. Lun Yü* I,9).
8 Vgl. zum Aspekt der Rolle in Platons Staatsidee Rüdiger Bubner, *Welche
Rationalität bekommt die Gesellschaft? Vier Kapitel aus dem Naturrecht*,
Frankfurt a. M. 1996, 19.
9 Jan Assmann, »Tod und Konnektivität«, in: Walter Schweidler (Hrsg.),
Wiedergeburt und kulturelles Erbe, Sankt Augustin 2001, 35–47, 39 f. Vgl.
hierzu auch Hans-Georg Möller, »Altchinesische Philosophie und Wieder-
geburtsglaube«, ebd. 49–59.

ser geschichtlich vorgefundenen »Rollenmoral«, begreift sie nicht als die Lösung, sondern als die ihr gestellte umfassende *Aufgabe*. Die großen konfuzianischen Denker sind ebenso wenig Moralisten wie Platon oder Aristoteles, sondern eben *Ethiker*, das heißt, es geht ihnen eminent um die *vernünftige Begründung* dieser kulturell und moralisch so fundamentalen Rolleneinteilung. Die Rolle wird, analog zum Inhalt der Tugendlehre bei den Griechen, den Lebensbedürfnissen und -interessen des menschlichen Individuums nicht übergeordnet, sondern als das Paradigma der sinnstiftenden Kraft des Menschen gedacht, im Hinausgehen über sich selbst mit den anderen zu einer vernünftigen Einheit zu gelangen. *Im Prinzip des Ausfüllens der Rolle denkt der Konfuzianismus die Vermittlung zwischen Unterschiedlichkeit und Einheit der Menschen.* Denn ihre rollengemäße Ungleichheit ist ja nur die andere Seite der formalen Gleichheit, auf Grund derer sie alle ihre Rolle ausfüllen und alle in Bezug auf diese Aufgabe auch gegeneinander beurteilungsfähig werden müssen:

> »Also sind die Kulthandlungen, die Höflichkeitsformen und das militärische Verhalten zur Einheit gebracht; so sind die hohen und niedrigen Stände, Leben und Sterben, Geben und Nehmen zur Einheit gebracht; so sind das ›Machthaben‹ der Machthaber, das ›Untertanen‹ der Untertanen, das ›Vätern‹ der Väter, das ›Söhnen‹ der Söhne, das ›Brüdern‹ der Brüder zur Einheit gebracht.«[10]

---

10 Hier zit. nach Hans-Georg Möller, »Die Präsenz des Menschen in der altchinesischen Philosophie« (Anm. 9), 176. Zum Streit um die Angemessenheit des einer solchen Übersetzung zugrunde liegenden Verständnisses der chinesischen Sprache vgl. wiederum Heiner Roetz, »Validity in Zhou Thought. On Chad Hansen and the Pragmatic Turn in Sinology«, in: Hans Lenk / Gregor Paul (Hrsg.), *Epistemological Issues in Classical Chinese Philosophy*, Albany 1993, 69–112, und Hans-Georg Möller, *Die Bedeutung der Sprache in der frühen chinesischen Philosophie*, Aachen 1994.

Von hier aus kann man begreifen, warum die konfuzianische Aufgabenstellung der rollenethischen Begründung gelungenen Zusammenlebens, gerade indem sie die allgemeine Rolle als den einzigen Sinnhorizont des Einzelnen formuliert, ein Bewusstsein für Individualität hervorgebracht hat, das ethische Färbung annimmt und dadurch politisch relevant wird. Seine langfristigen Folgen sind erst durch das Eindringen des Buddhismus in die chinesische Gesellschaft deutlich geworden. Um sie zu verstehen, muss man sich mit der Entdeckung eines Faktors beschäftigen, die aus dieser zunächst ganz »äußerlichen« Ethik der Rollenverantwortung heraus geschah: des Faktors der Gesinnung.

b) *Die Entdeckung der Gesinnung*

Die ungeheure Hochschätzung, die der Persönlichkeit KONFUZIUS' in der chinesischen Geistesgeschichte entgegengebracht worden ist, kann nicht allein auf das zurückgehen, was er gelehrt hat. In ihr drückt sich die Einsicht in den unbedingten und theoretisch gar nicht einholbaren Wert aus, den das Leben eines Menschen, der im Einsatz für das Allgemeingültige aufgeht, für seine Mitmenschen hat. Schon von Anfang der gesamten Überlieferung an hat Konfuzius das Scheitern, die Frustration und das Festhalten des Weisen an der von ihm zu sagenden Wahrheit gegen allen äußeren Misserfolg verkörpert. Erst Hunderte von Jahren nach der ihm zugeschriebenen Lebenszeit ist Konfuzius in bestimmten Richtungen der chinesischen Religions- und Geistesgeschichte zum Heiligen gemacht worden. Ursprünglich ist er der sich an der Uneinsichtigkeit der Verhältnisse abarbeitende Philosoph gewesen, von dem nach der Überlieferung ein Eremit die Frage gestellt haben soll: »Ist das nicht der Mann, der weiß, daß es nicht geht und dennoch fortmacht?«

Konfuzius hat immer gelehrt, dass am Richtigen festzuhalten und es durchzuhalten gegen alle Wechselfälle der äußeren Umstände, der Sinn eines edlen Lebens sei. Das Lernen ist auch in sich wertvoll, wenn es nicht zur praktischen Umsetzung führt. Jedenfalls ist das selbstlose Aufgehen des Edlen in seiner Aufgabe die notwendige Ergänzung zur Betonung der Unabänderlichkeit vorgegebener Lebensformen. »Wenn ich beim Opfern nicht [...] dabei bin, dann ist es, als würde ich nicht opfern.« (*Lunyu* 3,12) Darum ist die Stabilisierung der Gesellschaft, die allein durch die Erfüllung der Rollen gewonnen werden kann, nicht das letzte Ziel, das einen Menschen und insbesondere einen Edlen dazu bringt, die Rollen durchzuhalten: »Wenn ein Edler in Dienst tritt, dann um seine Pflicht zu tun. Daß das Dào nicht zum Zuge kommt, weiß er längst.« (*Lunyu* 18,7) Konfuzius hat drei Einstellungen zur Moral unterschieden, nämlich
– sich aus Angst vor Strafe zu ihr zu zwingen,
– sie aus Klugheit für nützlich zu halten und
– an ihr als wirklich menschlicher Mensch sein Genüge zu finden.

»Reichtum und angesehene Stellung sind etwas, was der Mensch begehrt. Doch halte man sich damit nicht auf, wenn dies nicht im Einklang mit dem Dào möglich ist. Armut und niedriger Stand sind etwas, was den Menschen missfällt. Doch weiche man ihnen nicht aus, wenn dies nicht im Einklang mit dem Dào möglich ist.« (*Lunyu* 4,5) Der Begriff des *Dao* kennzeichnet hier dasjenige am menschlichen Leben, was sich nur in der Erfüllung der vorgegebenen Rollen ausdrücken kann und dennoch nicht seinen Sinn in der Existenz und Stabilisierung dieser Rollen hat. Menzius fasst das in einer berühmten Stelle so zusammen:

»Es gibt die *Ränge des Himmels*, und es gibt die *Ränge des Menschen*. Menschlichkeit, Gerechtigkeit, Wohlwollen, Verlässlichkeit und die unermüdliche Freude am Guten – das sind die Ränge des Himmels. Herzog, Minister, Großwürdenträger – das sind die Ränge des Menschen. Die Menschen des Altertums pflegten die Ränge des Himmels, und die Ränge der Menschen kamen danach. Die Menschen von heute aber pflegen die Ränge des Himmels nur, um die Ränge des Menschen herbeizuschaffen. Und es ist der Gipfel an Verblendung, wenn sie dann die Ränge des Himmels beiseite werfen, nachdem sie die Ränge des Menschen erlangt haben. Am Ende ist ihnen der Untergang gewiß.«   (6A,16)

Mit dem Begriff »*Dao*« kommt über das Ideal des Edlen ein aus der Rollenethik nicht ableitbarer Sinn für die individuelle Eigenart der menschlichen Persönlichkeit in die chinesische Ethik. Das Wort bedeutet ursprünglich »Wildwechsel« bzw. »Schleichpfad«. Es bezeichnet den Weg des sein Ziel in sich selbst suchenden, sich vom gängigen Weg derer, die sich nach den Erwartungen anderer richten, unterscheidenden Lebens. Der Edle im Sinne des Konfuzius, vor allem aber seines Nachfolgers MENZIUS, ist derjenige, der durch seine Rollenerfüllung hindurch etwas vorlebt und in sich erlebt, das ihn gerade dazu bringt, seine Verantwortung über die Sippe, für die die Rollenerfüllung eigentlich da ist, hinaus zu erstrecken. Menzius hat die Verantwortung in diesem Sinne ganz elementar als ein Gefühl begriffen, das der edle Mensch *für alle Menschen* entwickeln kann und soll:

»Wenn man die Alten der eigenen Familie wie Alte behandelt und dann *die Alten der anderen darin einschließt*, und wenn man die Jungen der eigenen Familie wie Junge behandelt und dann *die Jungen der anderen darin einschließt*, dann kann man die Welt auf der Handfläche sich drehen lassen [...]. Man nehme eine solche Gesinnung und *übertrage sie auf die anderen*, und das ist schon alles. Wenn man deshalb *seine Güte auf andere ausbreitet*, so genügt dies, um den Weltkontinent unter seine Obhut zu nehmen [...]. Das, worin die Menschen des Altertums andere bei weitem überragten, war nichts weiter als dies: sie verstanden es, was sie taten, *auszuweiten*, und dies ist schon alles.« (1A7)

Was Konfuzius schon über die menschliche Haltung sagte, wendet Menzius auch noch auf die ihr innewohnende Gesinnung an: »*Ein Menschlicher überträgt [seine Einstellung zu denen, die er liebt], auf die, die er nicht liebt. Ein Unmenschlicher überträgt seine [Einstellung zu denen], die er nicht liebt, auf die, die er liebt.*« (7B1) Menzius hat die Forderung, die hier impliziert ist, als anthropologische Gegebenheit, als die schon erwähnte gute Natur des Menschen interpretiert. In diesem Kontext formuliert er sein bis auf den heutigen Tag berühmtes Beispiel von dem Kind, das in den Brunnen zu fallen droht:

»Alle Menschen verfügen über ein Herz *xin* (Gefühl), das sie das Leiden anderer nicht ertragen lässt [...]. Angenommen, jemand sieht plötzlich, wie ein kleines Kind dabei ist, in einen Brunnen hineinzufallen. Jeder wird da ein Gefühl des Schreckens und des Mitleids empfinden. Und dies ist nicht etwa deshalb so, weil man mit den Eltern des Kindes Beziehungen anknüpfen möchte, sich in seiner Gemeinde und unter den Freunden Lob erwerben wollte oder weil einem der Schrei des Kindes zuwider wäre. So gesehen ist einer, der kein Gefühl *xin* des Mitleids hat, kein Mensch.« (2A6)

Nicht mehr in der Rolle und der spontanen Zustimmung der sozialen Umgebung, sondern in der spontanen Solidarität mit allen anderen Menschen wird hier das Wesen von Lebenserfüllung und von Legitimität menschlichen Daseins gesehen. Es ist gerade die Überwindung des Unter-

schieds zwischen den Rollen, die uns zu dem, was allen
Rollen und Beziehungen Sinn gibt, in ein Verhältnis setzt.

Eben die Reflexion darauf, dass diese gute Gesinnung
sich nicht ohne gesellschaftliches Zutun einstellt, lenkt
nun aber die politische Reflexion von Menzius' »Gegen-
spieler« Xunzi: »Allgemein gilt: dass der Mensch gut sein
will, liegt daran, dass seine Natur schlecht ist.« (23,292f.)
Das Spontane muss und kann durch das Denken bezwun-
gen werden. Die Achtung vor den Eltern und der Respekt
vor den Ahnen sind Ergebnisse eines gesellschaftlichen
Erziehungsprozesses, der durch die Natur des Menschen
nur indirekt erzwungen, nämlich zu ihrer Bändigung notwendig wird. Die Überlegung ist eine Manipulation der
Gefühle, mit dem Ziel der Herstellung von Verträglichkeit
zwischen Menschen.

Ausdruck der institutionalisierten Überlegung ist der
Staat. Doch selbst vor dem Hintergrund dieser pessimistischen Anthropologie bedeutet das ja im Umkehrschluss:
Wenn der Staat nicht auf das vernünftige Nachdenken, auf
die Reflexion über die Überwindung des Schlechten im
Menschen gegründet wird, dann wird er selbst seiner Aufgabe nicht gerecht. Damit kommt zum Abschluss, was im
Lunyu schon angebahnt war, nämlich die Überführung
sozialer in gesinnungsmäßig definierte Begriffe. Was bei
Konfuzius der »Edle« ist, war ursprünglich der Fürsten-
sohn, was der »Gemeine« ist, war ursprünglich der Angehörige einer niedrigen Schicht. Nun aber sind die inneren
Haltungen zur Anspruchsgrundlage für äußere Würden
geworden. Und von hier aus taucht dann doch sowohl bei
Menzius wie bei Xunzi der Gedanke der *illegitimen Herrschaft* und der Gesinnung und Tugend als Kriterium der
Herrschaftslegitimation auf. Menzius sagt, dass es einen
König geben könne, der nicht König ist (1A7), Xunzi be-
klagt, dass die Macht über einen Staat in den Händen eines »Gemeinen« liegen kann (9,218). So treten Gesinnung
und äußere Rollenerfüllung schließlich geradezu in einen

Gegensatz. »*Folge dem Dao, folge nicht dem Fürsten!*«, ist ein von Xunzi überlieferter Ruf, mit dem der konfuzianische Denker seine Orientierung am Machthaber zuletzt überwindet und ins Gegenteil verkehrt. *Der Edle manifestiert in seiner Gesinnung und der von ihr getragenen Lehre die Einsicht, dass auch Herrschaft auszuüben eine Rolle einzunehmen bedeutet, auf die der Herrscher verpflichtet ist und die seine Macht unter Vorbehalt stellt.* Politisch brisant wird dieser Schritt freilich nur dort, wo der Adressat eines solchen Rufes nicht der einzelne Edle ist, sondern wo die Menschen überhaupt in den Blick kommen; denn ein Verhältnis zu dem an ihm, was mehr als nur seine Rolle ist, hat eben nicht nur der edle Mensch.

c) *Rolle und Los*

Gegen kulturelle Klischees von »östlichem« Kollektivismus muss man sich letztendlich nicht im Streit über einzelne Lehrstücke, sondern viel eher durch den Verweis darauf wenden, dass die Existenz eines gesellschaftlich und politisch so machtvollen ethischen Gedankengebäudes, wie es der Konfuzianismus in seinen Denkern, Büchern, Schulen und Debatten hervorgebracht hat, selbst diese Klischees widerlegt. Die Motive der vernünftigen Einheit menschlicher Unterschiedlichkeit, der Generalisierung eigener Verhaltensmaximen – »was wäre, wenn die anderen so handelten wie ich?« – oder der Festlegung des anderen auf seine Rolle, um sich gerade dadurch in seine Sicht der Dinge hineinversetzen zu können: sie sind Implikationen der politischen Natur ethischen Denkens, mit denen der Konfuzianismus nicht »kollektivistischer« umgegangen ist als die griechische Ethik. Und gerade wenn man die Linie anerkennt, der unsere Darstellung der Transformation der griechischen in die moderne politische Philosophie folgt, dann ist es auch nicht eine singuläre geschichtliche Um wälzung namens »Aufklärung«, die Ost und West getrennt hat. Ethik, insbesondere politische Ethik ist das Grundmoment von Aufklärung überhaupt, und wo sie eine solche bewusstseinsprägende Kraft gewinnt wie im chinesischen Konfuzianismus, kann man politischen Despotismus, welchen Umfang er geschichtlich auch gehabt haben mag, nicht in despotischen Paradigmen des politischen Denkens verankert sehen wollen. Plausibler ist hingegen die Annahme, dass ein bestimmtes *Korrektiv* gegen politischen Despotismus, das für die herrschaftsbegrenzende Denkmacht der von Griechenland ausgegangenen politischen Ethik ausschlaggebend war, vom Konfuzianismus nicht in vergleichbarer Weise entwickelt worden ist. Diese Annahme kann man in der Tat, und zwar mit Blick auf die Bedeutung der Rollenethik, begründen.

In Hinblick auf ihren gesellschaftspolitischen Inhalt lassen sich die ethischen Grundgebote des Konfuzianismus als die normative Wendung der »fünf sozialen Grundbeziehungen« interpretieren, die das Rollengeflecht eines vertikalen Verantwortungsverbandes konstituieren. Sie dienen insofern der Stabilisierung einer gesellschaftlichen Struktur, die sich zwar durchaus durch die Erfüllung des Lebens des Individuums, das sie bewirkt, rechtfertigt, die aber diese Erfüllung im Aufgehen des Individuums in ihr, dieser Struktur selbst, vorgibt. Es handelt sich um die folgenden Beziehungen: (1) zwischen Herrscher und Minister (die Basis politischen Vertrauens), (2) zwischen Vater und Sohn (die patriarchalische Grundbeziehung), (3) zwischen Ehemann und Ehefrau (die familiäre Grundbeziehung), (4) zwischen älterem und jüngerem Bruder (die innerfamiliäre Staffelung der Verantwortung) und (5) zwischen Freund und Freund (das freiwillig gewählte Näheverhältnis). Was man bei aller Vorsicht gegenüber schematischen Abgrenzungen zwischen der konfuzianischen und der altgriechischen Ethik festhalten kann, ist das überaus starke Gewicht, das im Geflecht dieser Grundbeziehungen dem *familiären* Horizont, und das heißt angesichts der sozialen Realität der altchinesischen Gesellschaft, dem Verband der Großfamilie und der *Sippe* zugemessen ist.[11] Die familiäre Verwandtschaft spielt zumindest im Kontext der Rezeption des Konfuzianismus im chinesischen Recht eine Rolle, die diesen Kontext geschichtlich von dem unterscheidet, der die spätestens in der Politik des ARISTOTELES systematisch durchgeführte Trennung zwischen *oikos* und *polis*, Haus und Staat, prägt. Damit aber fällt eine, wenn nicht die entscheidende philosophische Vermittlungsinstanz zwischen Menschlichkeit und Bürgertum, die das griechische Denken der europäischen Moderne überliefert hat, im Konfuzianismus nicht oder jedenfalls systematisch unvergleichlich geringer ins Gewicht, nämlich *das Recht*.

Wiederum ist zu betonen, dass der Ausfall dieses Korrektivs keinem denkerischen Unvermögen, keinem Defizit an theoretischem Einblick in die Beziehung zwischen Politik und Ethik entspringt. Es ist *ein bestimmtes* Korrektiv, das gegenüber anderen, die der Konfuzianismus der politischen Willkür durchaus entgegengesetzt hat, zurücktritt. Zu diesen anderen zählen neben den bereits erwähnten Denkfiguren des »Weges« (*dao*) und der Goldenen Regel (*shu*) die Motive des Himmels (*tian*)[12] als objektiven Grundes der spezifisch menschlichen Natur, der Tugend (*de*) als der vom Himmel geforderten Lebenshaltung und der menschlichen Natur (*xing*) als Prinzip uni-

---

11 Die These von der allumfassenden Bedeutung der Sippe und des mit ihr verbundenen Ahnenkults als Paradigma ethischer Legitimation sozialer Lebensformen stammt wiederum von Max Weber, *Religionssoziologie*, Bd. 1, insbes. 353, 376 f. Zur Verbindung von Sippe und Literatenstand vgl. ebd. 418.

12 Roetz, *Die chinesische Ethik der Achsenzeit* (Anm. 1), 316, schreibt diesem Motiv eine Bedeutung zu, die derjenigen der westlichen Zwei-Reiche-Lehre und der »Spannung gegen die Welt« gleichkommt, in der Max Weber (vgl. zu unserem Kontext Weber, *Religionssoziologie*, Bd. 1, 495 ff.) die religiöse Quelle der kapitalistischen Lebenseinstellung verankert.

versaler Gleichberechtigung. Der Grund dafür, dass sich
mit diesen ethischen Prinzipien der Kontrolle und Begrenzung politischer Macht eine Vorstellung von der
Herrschaft des Gesetzes als Legitimationsgrund staatlicher Ordnung nicht ausbildete, muss in geschichtlichen
Faktoren gesucht werden, die auf der philosophischen
Ebene nicht mehr einholbar sind. Möglicherweise ist es
gerade das herrschaftskritische Potenzial der konfuzianischen Moralbegründung gewesen, was die chinesischen
Herrscher dazu veranlasst hat, nicht zuletzt durch die
strategische Tradition der Verbeamtung der geistigen
Führungselite dafür zu sorgen, dass in der realpolitischen
Umsetzung konfuzianischer Prinzipien der äußerliche, institutionelle Aspekt der Rollenethik durch keinen äußeren, formal einklagbaren Faktor relativiert wurde, welcher der Bedeutung der Gesinnung als ethischen Grundes
des staatlichen Gesetzes eine institutionelle Repräsentation verliehen hätte.

Dabei spielte die Bedeutung des »vertikalen« Aspekts
eine allerdings herausragende Rolle. Im chinesischen
Recht ging über Jahrtausende die verwandtschaftliche
Loyalität über das abstrakte moralische Urteil. Wer die
Straftat eines Verwandten deckte, wurde (außer im Fall
des Hochverrats) nicht bestraft; der Sohn, der den Vater
anzeigte, musste hingegen, auch wenn die Beschuldigung
den Tatsachen entsprach, die Todesstrafe gewärtigen.[13] Die
moralischen Kriterien für eine schlechte Erfüllung der Va-
terrolle waren die eine, der selbstverständliche Anspruch
des Vaters, rechtlich und gesellschaftlich dafür unbehelligt
zu bleiben, die andere Seite einer Medaille, die auch von
Konfuzius und seinen Schülern geprägt und von der staatlichen Autorität in China zur sozialen Währung erhoben
wurde. So darf man, wenn es um die rechtliche Konkretisierung des moralischen Grundgebots der Goldenen Regel

---

13 Vgl. Roetz, *Die chinesische Ethik der Achsenzeit* (Anm. 1), 100.

geht, nicht vergessen, dass es die Rolle ist, die eine Person darüber zu belehren hat, was sie von einer anderen erwarten und in welchem Licht sie die Erwartungen der anderen an sich selbst zu sehen hat.

Auch der »Bürger« im Sinne der griechischen Ethik ist Rollenträger; aber Bürger zu sein ist nicht selbst noch einmal eine Rolle, sondern bedeutet Teilhabe an den Instanzen und Verfahren, aufgrund derer das staatliche Zusammenleben geregelt wird. Und die *Regeln* dieses Zusammenlebens lassen sich in Form von Gesetzen formalisieren, die selbst noch einmal kontrollierend und begrenzend *auf den Staat angewendet* und *gegen ihn gerichtet* werden können. Eine vergleichbare Formalisierung hat es im Kontext der konfuzianischen Rollenethik nicht gegeben – ob aus prinzipiellen oder kontingent geschichtlichen Gründen, mag in unserem Kontext dahingestellt bleiben. Die politische Substanz der altchinesischen Ethik ist nicht die von Bürgern gebildete *Polis*, sondern die über die Generationen hinweg sinngebende *Sippe*. Der Respekt des Staates vor der gesellschaftlichen Bedeutung der Sippe hat sich geschichtlich in China nicht in gesetzlichen Regeln, sondern in rechtsfreien Räumen konkretisiert.[14] Auch dies ist eine Form staatlicher Herrschaftsbegrenzung, aber eben, wie gesagt, eine, die nicht auf das Verhältnis zwischen Staaten und zwischen staatlichen Gewalten zurückgewendet werden kann. Das dürfte auch damit zu tun haben, dass die konfuzianische Ethik in einer Epoche entstanden ist, in der über Jahrhunderte hinweg die Schaffung des Friedens durch Überwindung selbständiger, kleinstaatlicher Einheiten als politische Basis aller ethischen Ziele betrachtet wurde, weil zwischen diesen Einheiten heilloser Streit und ständige Unordnung herrsch-

---

14 Vgl. Karl Bünger, »Entstehen und Wandel des Rechts in China«, in: Wolfgang Fikentscher / Herbert Franke / Oskar Köhler (Hrsg.), *Entstehung und Wandel rechtlicher Traditionen*, Freiburg i. Br. / München 1980, 439–472, 458.

ten. Einen äußeren Friedenszustand gleichberechtigter und miteinander im Ausgleich lebender kleinerer staatlicher Verbände kannte man in China als politisches Ideal nicht. Je näher die Menschen zum Kaiser – das heißt ganz real zum Sitz der Macht in der Mitte des Reiches, beispielsweise in Xian oder Peking – lebten, desto mehr glaubte man, sei ihre Ordnung harmonisch und ihre Kultur vollendet, während man sich ganz buchstäblich vorstellte, dass die menschlichen Lebensformen mit Entfernung von der Mitte des Reiches der Mitte immer barbarischer werden und schließlich in tierische münden müssten.

So ist Universalität für die altchinesische Ethik nur als staatliche Eroberung bzw. Ausdehnung staatlicher Ordnungsmacht von einer zentralen Mitte auf immer weitere menschliche Gebiete hin vorstellbar. Der *Naturrechtsgedanke* in der »westlichen« Form, das heißt sowohl als Paradigma der Regelung des Verhältnisses *zwischen* öffentlichen und privaten Angelegenheiten als auch als das Konzept einer allen Staaten gleichermaßen vorgegebenen und ihre Macht insofern auch gegeneinander relativierenden und begrenzenden Ordnung, konnte so nicht gedacht werden.[15] Es gibt freilich einen bedeutenden Strang der Interpretation des chinesischen Rechts, der auf die beständige Bezugnahme hinweist, die in politischen, auch gesetzgeberischen Entscheidungen auf die vorstaatlich gewachsenen *Riten* (*li*) geherrscht hat. Wenn man von diesen normativ der Gesetzgebung vorgegebenen traditionalen Verhältnissen sagt, dass ihre »Rolle der des Naturrechts in Europa vergleichbar«[16] gewesen sei, dann kann dies gerade als Markierung der spezifischen Differenz zum Westen dienen. Das Gemeinsame ist die Funktion der traditional begründeten Kontrolle potenziell absoluter Herrschaft,

15 Vgl. zu dieser These Max Weber, *Religionssoziologie*, Bd. 1, 496.
16 Bünger, »Entstehen und Wandel des Rechts in China« (Anm. 14), 456.

das Unterscheidende aber liegt eben darin, dass die Riten prinzipiell als Quellen der *Verpflichtung* verstanden wurden, deren Erfüllung durch den ihnen unterliegenden Untertan auch vom Herrscher respektiert zu werden hatte, nicht aber als Strukturen, die Herrscher und Untertanen jenseits der Rollen, die beide einnahmen, noch einmal in ein die Pflichten begründendes Verhältnis versetzt hätten. Die normativen Vorgaben für die Gestaltung der eigenen Gemeinschaft wurden aus *deren* vergangener, nicht aus der ihr wie *allen* ihresgleichen vorgegebenen, einer sie übergreifenden Vernunft entstammenden Ordnungsleistung abgeleitet. Universalität ist für das Denken des chinesischen Konfuzianismus nur als Konsequenz einer ursprünglichen, in Herrschaftsformen der *eigenen* Gemeinschaft gegründeten Legitimität vorstellbar, die in *einer zentralen Quelle* ihren Sitz und Ursprung hat. Das Recht ist *Mittel* der Durchsetzung moralisch gegründeter Lebens- und Ordnungsformen von einem Teil der Menschheit, der sie vollendeter entwickelt hat, auf andere und potenziell immer weitere Teile. Das Recht zielt auf Durchsetzung legitimer, nicht auf die Begründung der Legitimität von Ordnung selbst. Hält man sich dies vor Augen, dann kann man wiederum ohne kollektivistische Klischees begreifen, warum der Begriff des »subjektiven Rechts«, als er im 19. Jahrhundert in die ostasiatische Rechtssprache Eingang fand, schon rein semantisch nur im Sinne von »Willkür« und »Macht« gedeutet werden konnte.[17] Dass sich staatliche Ordnung, indem sie sich gegenüber individuellen Rechtsansprüchen begrenzt, zugleich auf den Grund ihrer Existenz bezieht, dass sie sich eben darin – auch gegenüber ihresgleichen, also gegenüber anderen Staaten – *legitimiert*, ist eine Denkweise, die man in China bis heute nur schwer von dem realpolitischen Machtkontext abzulösen vermag, mit der sie in der Reali-

17 Vgl. ebd. 466.

tät internationaler Beziehungen ja durchaus auch verbunden ist.

Es ist aufschlussreich, dass etwa an der Stelle, an der in der westlichen Tradition der Naturrechtsgedanke die griechische Ethik mit der christlichen Religion in spannungsvolle Verknüpfung gebracht hat, der Konfuzianismus ein Vakuum gelassen hat, in das mit Macht der Buddhismus hineingestoßen ist. Wenn sich die Gesinnung und damit in gewisser Weise auch der Wert eines Menschen darin zeigt, wie er seine Rolle erfüllt und ihr gerecht wird, dann taucht damit die Frage auf, ob es nicht für einen Menschen die Möglichkeit geben muss, *als Ergebnis einer gut ausgefüllten Rolle in eine andere zu wechseln bzw. einen solchen Wechsel anzustreben.* Es taucht also die Dimension des *Loses* auf: Ist die Bindung an eine Rolle ein endgültiges Schicksal des Menschen oder kann er durch sein Verhalten gegenüber den Aufgaben, die ihm diese Rolle stellt, so etwas wie eine Verbesserung seines Loses, das Eintreten in eine andere Rolle erwarten? Gerade mit dem Ende der rein traditionalen Begründung der Rollenethik und dem reflexiven Stadium, das sie durch die konfuzianische Systematisierung erreicht hatte, musste der Aspekt der Vermittlung des Gehorsams gegenüber der vertikalen Gemeinschaft mit dem *Streben nach persönlicher Lebensverbesserung* auftauchen. Als soziale und kulturelle Kraft war dieses Streben selbstverständlich in der altchinesischen Welt wirksam und im Ahnenkult – man wollte ein »guter« Ahne werden – oder im Heroenkult symbolisch präsent. Eine ontologische, an die Wurzeln des Nachdenkens über gelingendes Leben rührende Dimension aber hatte es durch das konfuzianische Denken nicht erhalten. An dieser Stelle rückt der buddhistische *Wiedergeburtsgedanke* in eine charakteristische ethische und zugleich politische Funktion ein.

Die soziale Basis für die Bedeutung dieses Gedankens bestand in geschichtlich-politischen Ereignissen, in deren Zuge China nach dem Ende der Han-Dynastie von mehreren Seiten her unter Fremdherrschaft geriet. Liu Yüan (gest. 310), der erste dieser Fremdherrscher, der einen durchorganisierten Hofstaat schuf und die alte chinesische Herrschaftsordnung übernahm, wurde zum Kaiser eines Agrarlandes, und mit dieser neuen Orientierung seiner ethnischen Genossen übernahm er auch die Kultur des ihr zugrunde liegenden Gesellschaftssystems. Die unterworfenen Unterschichten freilich empfanden die neue Herrschaft als drückend und ungerecht, hatten aber keine Chance, sie geistig zu kritisieren, eben weil sie sich auf die Herrschaftsprinzipien ihrer Vorgänger stützte. Die Übernahme von abstrakten alten Prinzipien durch eine nicht mehr traditional legitimierte und respektierte Herrschaft schuf so den Erneuerungsdruck für die geistige Identität der ihr unterworfenen Schichten. Dieser Druck setzte sich in eine universalistische Wendung um. Die Grundlage dafür war der Legitimitätsverlust, den die Bezugnahme auf überpersonale Mächte durch die Übernahme der Herrschaft durch neue kulturelle und soziale Kräfte mit sich gebracht hatte. Man begegnete der Niederlage mit einer Universalisierung der eigenen Prinzipien, mit der Transformation dessen, was die eigene Gemeinschaft geformt hatte, in Forderungen gegen eine Welt, in der man sich als Repräsentant der Überwindung dessen sah, was man selbst geistig an neue, fremde Herren verloren hatte.

Die für den universalistischen Schritt entscheidende Idee, welche der Buddhismus gegenüber der konfuzianischen Rollenethik ausspielt, ist die Idee der *Erlösung*,[18] verkörpert durch den alle sonstigen menschlichen Beziehungen und Vorbilder relativierenden *Erlöser*. Sie beinhaltet:

– die Überzeugung von einem einzigartigen Menschen, der uns von den Zwängen personübergreifender Rollenmacht entlasten kann;

18 Zum Defizit des Konfuzianismus in Bezug auf den Erlösungsgedanken vgl. Weber, *Gesammelte Aufsätze zur Religionssoziologie*, Bd. 1, 514 f.

- die Grundforderungen des richtigen Verhaltens zu dessen geistiger Macht als Formen des Übersteigens eines ansonsten unausweichlichen irdischen Loses;
- die Gerechtigkeitsvorstellungen, die mit der universalen Erlösungsidee verbunden sind;
- die Relativierung all derjenigen Rollenerwartungen, die der Unterwerfung unter die eine Macht des Erlösung bringenden Menschen entgegenstehen.

Der politische Faktor, der dem Buddhismus seine gesellschaftliche Wirkung gab, hat mit der Brisanz des Gedankens des Verhaltens zum *Los* gegenüber dem zur Rolle zu tun. Die buddhistischen Mönche konnten am Kaiserhof selbst keine Wirkung entfalten, aber sie wurden zu Exponenten der Jenseitshoffnungen der unterworfenen breiten Schichten der Chinesen. Die buddhistische Wiedergeburtslehre erwies sich als revolutionär, indem sie erklärte, dass all die großen Beamten und Oberen, die so viel Unrecht gegen das Volk tun und das Volk so ausnutzen, bei der nächsten Wiedergeburt in schlechter Gestalt oder niederer Stellung geboren würden und die Strafe für alle Untaten zu leiden hätten. Die Armen aber, die zu Unrecht Böses erleiden, würden im nächsten Leben in hoher Stellung geboren werden und ein gutes Leben führen. In dieser Jenseitsperspektive und in der mit ihr unauflösbar verknüpften universalistischen Dimension des Buddhismus liegt ein entscheidender Grund dafür, dass in dem von den Fremden beherrschten chinesischen Landvolk der ethische Standpunkt in seiner Differenz gegenüber jeder politisch funktionalen Ideologie überhaupt erst erwachen und allgemeine gesellschaftliche Relevanz weit über die Zeit der Fremdherrschaft hinaus begründen konnte.

Eine ontologische Differenz zur christlichen Erlösungsvorstellung besteht nun freilich darin, dass der Buddhismus – zumindest in seiner ursprünglichen Radikalität –

eine Vorstellung von der *Existenz* des Menschen *jenseits aller* seiner Rollen nicht kennt. Es gibt zwar das *karma*, das das begrenzte Leben eines Individuums übergreift und sein Ganzes in einen Rechtfertigungskontext bringt; aber es führt doch immer wieder in eine neue Rolle. Endgültig kann der Mensch im Durchgang durch das Los, durch das er sich zu den Rollen zu verhalten vermag, diesen nur entkommen, indem er den Kreislauf der Wiedergeburten durchbricht und ins Nirwana eingeht. Freilich hat es in der Vermischung des Buddhismus mit dem Daoismus und anderen religiösen Schichten des chinesischen Bewusstseins im Laufe mehrerer Jahrtausende verschiedenste Entwicklungen gegeben, durch die Vergöttlichungen, Heiligenvorstellungen, eine Betonung des Gebetes und Paradiesvorstellungen zu einer Welt von Erlösungshoffnungen verknüpft wurden, die ihre jeweils begrenzte kulturelle Anziehungskraft entfalteten. Ein universales Prinzip wie das des christlichen Gedankens der Auferstehung, von dem ein Weltengericht als Instanz der Beurteilung des Verhaltens aller Menschen und ihrer Verbundenheit unter einem gemeinsamen göttlichen Gesetz gedacht werden könnte, ist im Buddhismus nicht entwickelt worden. Auch deshalb bleibt die kompensatorische Funktion des Losgedankens, ungeachtet ihrer geschichtlichen Wirkungsmacht, in ihrer theoretischen Bedeutung begrenzt. Sie hat das hochkomplexe Gebäude der konfuzianischen Ethik als Basis der Regelung gesellschaftlicher Beziehungen und staatlicher Herrschaft nirgendwo vollständig ersetzt, sondern sich mit ihm in vielfältiger Form ergänzt und verschlungen.[19] Der Konfuzianismus ist insofern auch

---

19 Von eminenter Bedeutung für den Gesichtspunkt des Lebens nach dem Tode ist im Konfuzianismus die Sorge um den Nachruhm, also die Wahrung des Gesichts in den Augen der künftigen Generationen; als ein sehr eindrucksvolles Beispiel des geradezu strategischen Umgangs mit diesem Ziel vgl. das »Stratagem« Nr. 18.12 bei Harro von Senger, *Strategeme. Lebens- und Überlebenslisten aus drei Jahrtausenden*, Bern/München/Wien ⁴1996, 426 f.

das geistige Vermittlungsprinzip zwischen der lebensbe-
stimmenden Funktion der Rollen und der sinnbegründen-
den Kraft moralischer Gesinnung geblieben.

5

Augustinus: Der Staat als Heimstatt
zweier Seelen

a) *Die christliche Wendung:*
Vom repräsentativen Bürger
zum Repräsentanten der Menschheit

Wir haben, wie Peter BROWN resümiert, nur »eine schwache Vorstellung vom Umfang und vom Abenteuer jener Veränderung, die unter der täuschend einfachen Überschrift vom Aufstieg des Christentums im spätrömischen Reich bekannt geworden ist« (202). Auch für die politische Theorie ist der Umschwung, dessen Angelpunkt die Bekehrung Kaiser Konstantins 312 darstellt und der sich vor allem in dem darauf folgenden Jahrhundert abgespielt hat, von einer Bedeutung, die zweifellos weltgeschichtliche Maße hat, aber dennoch nur schwer zu ermessen ist. Wie die im Ursprung griechische und später die modern-aufklärerische, so ist auch die christliche Wendung der politischen Geschichte durch die Philosophie, und zwar vor allem und exemplarisch durch die Philosophie des hl. AUGUSTINUS (354–430), zu einer Schicht unseres politischen Bewusstseins gewendet worden, die unweigerlich mit darüber entscheidet, wie wir die ethischen Begriffe, auf denen das Verhältnis zu unserem Leben beruht, verstehen.

ARISTOTELES hatte seine Verbindung von Ethik und Politik bereits vor einem nostalgischen Hintergrund entworfen: Die Welt der Polis wurde, nicht zuletzt durch seinen Zögling Alexander, vernichtet und ging in der des Imperiums auf. Warum ist mit ihr nicht eine Theorie untergegangen, die in dem spekulativen Konzept der wechselseitigen Angewiesenheit des vorbildlichen Bürgers und der die Maßstäbe der Vorbildlichkeit verwaltenden, übersichtlichen und begrenzten Gemeinschaft ganz auf den Polis-Hintergrund bezogen gewesen war? Die Antwort: Weil das Selbstverständnis der Herrschenden im Hellenismus und vor allem im Römischen Reich durch ein exemplarisches Verhältnis zueinander bestimmt wurde, in welchem die Verbindung von Ethik und Politik im aristotelischen Sinne – und damit in gewissermaßen sublimierter Weise der Horizont der Polis selbst – weitergegeben wurde. Diese Verbindung wurde geknüpft durch die Maßstäbe der *paideia*, der auf Erziehung beruhenden Bildung, durch die die politisch bestimmende Oberschicht der Gesellschaft in der politischen Ordnung der spätantiken Reiche eine über Jahrhunderte virulente, sie geistig prägende und ihre Identität bestimmende gemeinsame Weltanschauung erhielt.

Politische Rationalität hat ihr Prinzip bei Aristoteles in der Repräsentation einer gerechten Lebensweise im realen Staat. Durch sie, das heißt durch die Gesetze, die ein gerechter Herrscher seinem Staat zu geben hätte, wird der Staat selbst noch einmal repräsentativ für das, was Staaten zu gerechten, dauerhaften und menschenwürdigen Ordnungen macht. Die gerechte Lebensweise ist zwar nicht, wie bei Platon, identisch mit der Lebensform des Philosophen, aber mit dieser doch noch in einer wesentlichen Relation verbunden, nämlich über die *Erziehung*. Halb Forderung, halb Vorbild, wirkt die Idee der Glückseligkeit eines seinen Sinn in sich selbst tragenden und darstellenden Lebens noch in die Legitimitätsbedingungen des realen Staates herein. Der Mensch wird gerade auch dadurch zum vorbildlichen Staatsbürger, dass er wenigstens durch die Erziehung Anteil an einer Lebensweise bekommt, die sich durch höchste Einsicht in ewige Wahrheiten und nicht durch Leistung für die gegenwärtig existierende Gemeinschaft allein nach deren Maßstäben definiert. *Die Bildung macht den politischen Menschen mit den Maßstäben vertraut, über die auch die gegenwärtige, die real existierende Gemeinschaft nicht verfügen kann und darf.* Diese

Maßstäbe bestehen nicht in einem abstrakt diktierbaren Forderungskanon, sondern sind wesentlich indirekt verfasst. Sie finden sich in den Werken von Dichtern und Philosophen, aber nicht als deren Ergebnisse, sondern als die humane Substanz, die diesen Werken und nicht zuletzt der durch die gestifteten Sprache ihre Bedeutung über den kulturellen Umkreis hinaus verleiht, aus dem sie erwachsen waren.

Die humane Relevanz geschichtlicher Erfahrung erweist sich auf ganz eigene Weise darin, dass sie in die Form eines sprachlichen Kunstwerks gewendet wird: Dies ist die gesellschaftlich verbindliche Auffassung, aus der die Oberschicht des Römischen Reiches, vor allem in dessen östlichem Teil, ihr politisches Selbstverständnis bezogen hat, auch nachdem die von PLATON und Aristoteles überlieferten Prinzipien des Staatslebens schon längst aus der unmittelbar politischen Wirklichkeit verschwunden waren. Gegenüber dem allmächtigen Verwaltungs- und Polizeiapparat des Römischen Imperiums bildete dies zugleich ein zentrales Begrenzungs- und Kontrollinstrument, aufgrund dessen einzelne Persönlichkeiten immer noch die Interessen der Gesellschaft zu artikulieren vermochten.

»Den vornehmen Griechen wurde während ihres Studiums immer noch eingeschärft, »sich mit den Reden des Demosthenes vertraut zu machen«, und auf ähnliche Weise schulten sich ihre lateinischen Zeitgenossen an den Werken Ciceros. Dadurch wurde eine politische Sprache in das 4. Jahrhundert hineingetragen, die zur Zeit der freien griechischen Stadtstaaten und der Römischen Republik ihre volle Ausbildung erfahren hatte.« (Brown 16)

Der realpolitische Hintergrund dafür liegt nicht zuletzt in den riesigen Entfernungen des Imperiums, die nur durch ein Kulturen und Regionen übergreifendes Verständi-

gungsprinzip der herrschenden Schichten bewältigt werden konnte. Dieses bestand eben in einer gemeinsamen
Bildung, vor deren Hintergrund die herrschenden Schichten der zum Imperium gehörenden Städte und Regionen
sich mit den Statthaltern des imperialen Souveräns ethisch
und ideologisch zu verständigen vermochten. Dadurch
wurde aber auch die Basis dessen geschaffen, was unter
den institutionellen Bedingungen des faktisch geltenden
Herrschaftssystems kein Gesetz mehr sichern konnte:
Kontrolle der Machthaber, vor allem des Gesetzgebers
und seiner Vollzieher.

Herrschaft, bis hin zu der übermächtigen kaiserlichen
Befehls- und Erlassgewalt, hatte im Sinne der öffentlich
anerkannten Regeln des Umgangs gebildeter Männer untereinander, *repräsentativ* zu sein. Das Verhalten derer, die
für ihre Entscheidungen und deren Gründe souveräne Rationalität in Anspruch nahmen, sollte zugleich Urbild und
Vorbild rationalen Umgangs des Mächtigen mit sich selbst
darstellen. Herrscher zu sein war in entscheidender Hinsicht eine *Rolle*, die man ausfüllen und aus der man nicht
fallen durfte. Der Begriff des *decorum* bezeichnet jene
nicht gesetzlich gefasste und doch höchst normativ konstituierte Leistung, die dadurch den Regierenden abverlangt wurde. Machtbegrenzung hieß, den Machthaber in
eine in diesem Sinne »repräsentative Rolle« zu zwingen.
Nur vor diesem Hintergrund ist die jahrhundertelang ge-
festigte Rolle des Philosophen zu verstehen, die exemplarisch vom stoischen Weisen eingenommen wurde und die
noch bis heute unser Bild des Intellektuellen als des Gewissens der Gesellschaft mit prägt: Der Philosoph, jeder
Parteizugehörigkeit und -abhängigkeit entzogen, konnte
den Mächtigen noch direkt ansprechen, indem er im Namen eben jenes geistig-bildungsmäßigen Dekorums auf-
trat, zu dem auch dieser sich wenigstens öffentlich bekannt hatte. Die *parrhesia*, das öffentliche Rederecht als
eine der Wurzeln unserer modernen Vorstellung von freier

Meinungsäußerung, stand exemplarisch ihm, dem Verwalter der Maßstäbe vorbildlicher Begründung normativer Entscheidungen zu. Die Grundlage dafür aber war seine ethische Vorbildlichkeit, in der das platonische Ideal fortlebte. »So stand also das Bild des Philosophen immer noch an der Spitze einer imaginären Pyramide, eines verborgenen, aber beständigen Geflechts aristokratischer Einflussnahme auf den kaiserlichen Hof.« (Brown 94)

Die christliche Wendung des Verhältnisses von Ethik und Politik setzte genau bei dieser geistig-bildungsmäßigen Ordnung an, in der die platonische Repräsentationsvorstellung immer noch enthalten war, und revolutionierte sie von ihrem Kern her. Im Grunde ist man seit damals rechtfertigungspflichtig, wenn man von der antiken und der modernen Legitimationsvorstellung als von »Schichten« eines gemeinsamen politischen Bewusstseins spricht. Wir versuchen in unserer Darstellung, diese Rechtfertigung zu erbringen, indem wir den Gedanken der Repräsentation des in sich Zweckhaften im Staat als einen begreifen, der bis heute zumindest indirekt, in der Weise des Ringens um seine Kompensation, anwesend ist. Die Wendung in diese Richtung hat damals ihren Anfang genommen. An die Stelle des Philosophen trat als Bezeugung einer absoluten, in sich zweckhaften Wahrheit eine andere Lebensweise, nämlich die des Mönchs. In der ersten Hälfte des 5. Jahrhunderts vollzog sich diese geistige Revolution, die erst den gedanklichen Boden für eine christliche Theorie der Politik bereitete. Der ägyptische Mönch verkörperte im sich immer mehr Bahn brechenden öffentlichen Bewusstsein den Diener einer Wahrheit, die keine *paideia* verlangte.

Augustinus revidierte, als er 386 von der Geschichte des Lebens des hl. Antonius erfuhr, sein Selbstverständnis und schrie die Wertlosigkeit seiner ganzen Bildung hinaus: »Die Ungelehrten stehen auf und reißen den Himmel an sich, und wir mit unserer Gelehrsamkeit, sieh, wie wir uns wälzen in Fleisch und Blut!« (*Confessiones* 8,8). Die geistige Autorität wurde nicht mehr in der klassischen Bildung, sondern in den Erfahrungen des Herzens, den Leiden der Märtyrer und dem Eintreten für den Nächsten verankert. Die Entsprechung auf der ethischen Ebene war, dass der Begriff der *eudaimonia* »christlich transformiert«[1] wurde zur Kennzeichnung des beseligenden Lebens jenseits des Todes. Für die Philosophie selbst bedeutete es eine definitive *Theoretisierung*: Die letzte Wahrheit konnte seither philosophisch nicht mehr in der freundschaftlichen Existenz des Dialogs der Weisen und ihres Zusammenlebens im Streben nach dem göttlichen Wissen beheimatet sein, sondern sie wurde in der Forderung nach Letztbegründung durch rein theoretische Erkenntnis vom denkenden Individuum ganz für sich in Anspruch genommen – oder sie fiel der Skepsis gegenüber absoluten Erkenntnisansprüchen und der Wendung zum Dezisionismus und Voluntarismus zum Opfer.[2]

Mit der Theoretisierung des Wahrheitsbegriffs geht eine radikale Verschiebung des Horizontes vor sich, durch den »repräsentatives« Menschsein definiert wird. Ethische Vorbildlichkeit konkretisiert sich nicht mehr in erster Linie im Verhältnis des Bürgers zu seiner Gemeinschaft, sondern gegenüber *der Menschheit* als ganzer. Man darf allerdings, wenn man dies festhält, die Pointe des christlichen Begriffs der *Nächstenliebe* nicht unter den Tisch fallen lassen. Nächstenliebe ist eine konkrete Tugend, die sich an bestimmten Nöten und Aufgaben zu bewähren hat; sie ist keine abstrakt-schwärmerische »Menschenliebe«, die nichts kostet und im Betroffenheitsgestus endet. Die Erfahrung der Jahrhunderte, in denen das Bekenntnis

1 Vgl. Robert Spaemann, *Philosophische Essays*, Stuttgart 1983, 97.
2 Ausführlich hat die Differenz zwischen antikem und neuzeitlichem Verständnis der Existenzweise des Philosophen herausgearbeitet Pierre Hadot, *Philosophie als Lebensform. Geistige Übungen in der Antike*, Berlin ²1991, insbes. 171 f.

zu Gott als dem Grund der Nächstenliebe dem Christen
das Leben kosten konnte, war auch den Bischöfen, die im
Zuge der christlichen Wendung des Römischen Reiches
Macht und öffentliche Verantwortung erlangten, noch gegenwärtig. Wenn sie ihre Stellung nun aus der Sorge um
»alle« Menschen und nicht mehr aus ihrer Funktion im
Kontext einer spezifisch politischen Gemeinschaft legiti-
mierten, dann war dies im konkreten Konfliktfall mit der
Stellungnahme für einen ganz bestimmten Kreis politisch
relevanter Adressaten dieses Anspruchs verbunden. Dieser
Kreis war selbstverständlich nicht die »Menschheit«, aber
eben auch nicht mehr primär derjenige der politischen
Bürgerschaft. Es waren, je nach der zu bewältigenden Situation, diejenigen, die Liebe, das heißt Hilfe, nötig hatten. So reklamierten die Bischöfe das Recht, für die Gesellschaft zu sprechen, insbesondere, wenn sie sich für
»die Armen« einsetzten.

Der Horizont der distributiven Gerechtigkeit wurde
von dem der Polis abgelöst und idealiter auf die Menschheit als ganze, faktisch auf die christlichen Vorstellungen
vom richtigen Zusammenleben zwischen Menschen über
alle staatlichen und gesellschaftlichen Grenzen hinweg,
übertragen. Die »Menschheit« als ganze erscheint wiederum auf der abstrakt-theoretischen Ebene, nämlich in der
Lehre vom »Reich Gottes«, das freilich nicht von dieser
Welt ist und das in ihr diejenigen, die ihm angehören,
nicht in äußerlich darstellbarer Weise, sondern nur in dem
guten Willen, der ihre Gesinnung und ihr Gewissen
durchdringt, verbindet – der Gedanke, dessen neuzeitliche
Transformation in den leibnizschen »Gottesstaat« und in
Kants »Reich der Geister« entscheidende Etappen auf
dem Weg der Trennung von Moral und Recht gebildet hat.
Den philosophisch richtungweisenden Anfang dieses Weges aber setzt Augustinus.

b) *Das Modell der friedlichen Koexistenz*

Die anfängliche politische Grunderfahrung der christlichen Kirche ist die des staatlichen Unrechts, der jahrhundertelangen Verfolgung und der Abwehr des Versuchs staatlicher Einflussnahme auf ihr dogmatisches Selbstverständnis. Darum gehört die Abgrenzung gegenüber den Ansprüchen des Staates zum christlichen Selbstverständnis; aber sie besteht nicht in irrationaler Abwehr, sondern im Gegenteil in einer politischen Selbstbewusstwerdung, einer *Politisierung der eigenen Lebensform*. Um sich gegen den Staat zu behaupten, ist eine politische Organisation des kirchlichen Lebens unausweichlich: Diese Einsicht tritt im christlichen Bereich an die Stelle, an der PLATON und ARISTOTELES das gelingende Leben als die Verfassung einer gemeinschaftlichen Ordnung des individuellen Lebens im realen Staat verankert hatten. Die Entpolitisierung der glücklichen Seele geht einher mit der Politisierung der sie auf ihrem Weg auf Erden tragenden Gemeinschaft. Das ist der Hintergrund für AUGUSTINUS' epochale Entgegensetzung von irdischem und »himmlischem Staat«, *civitas terrena* und *civitas Dei*.

Nicht nur das Leben, sondern auch der Denkweg dieser gewaltigen Persönlichkeit ist durch radikale Brüche gekennzeichnet. Unter den Umbrüchen seines Denkens ist der wichtigste wohl derjenige, mit dem er sich von jener Idee abwandte, die man zunächst hinter einem Begriff wie dem des »Gottesstaates« vermuten würde – und die ihm von manchem, der nur den Titel seines Hauptwerkes kennt, bis heute unterstellt wird. Augustinus ist über eine bestimmte Strecke seines Denkweges hinweg tatsächlich von der Annahme ausgegangen, politische Philosophie auf ein theologisch erkennbares Gesetz Gottes gründen zu können, aus dem sich die Ordnung der staatlichen Gemeinschaft mit unmittelbarer Verbindlichkeit ableiten ließe.[3] Der so gegründete »Gottesstaat« wäre also die Vereinigung von Theologie und Politik in einem für sakrosankt erklärten irdischen Staatsgefüge. Das Werk »Vom Gottesstaat«, mit dem Augustinus den Weg der politischen Ethik bis in die Moderne gewiesen hat, ist aber gerade das Dokument seiner radikalen Revision jener ursprünglichen Annahme. Es war wohl die fundamentale Ernüchterung über Wesen und Anspruch des Staates, in dem er lebte, des Römischen Reiches also, die ihn in den 90er-Jahren des vierten Jahrhunderts dazu brachte, im Begriff der *civitas Dei* präzise die Grenze zu definieren, welche die Identifikation *jeder* irdischen Organisation, also auch der real existierenden Kirche,[4] vor allem aber des weltlichen Staates, mit dem Gesetz Gottes ausschließt.

Der entscheidende gedankliche Schritt bestand dabei in der Trennung zwischen *lex divina* und *lex naturalis*. Der göttliche Wille verlangt vom Menschen, das natürliche Gesetz zu befolgen; aber, so der Kern der Revision seiner früheren Auffassung, er ist mit diesem nicht identisch. Die *lex divina* ist und bleibt Gottes *Wille* und, wie es dann THOMAS VON AQUINS Konzeption in der *Summa Theologica* bestimmt, Gottes *Heilsplan*; aber sie ist nicht unmittelbar im Inhalt jener *lex naturalis* wiederzufinden, nach der sich die *lex civilis*, die staatliche Ordnung zu richten hat. Dies ist eine entscheidende, direkt auf HOBBES vorausweisende Wendung, welche das Verhältnis von Politik und Ethik fortan im innersten Kern bestimmt hat. Sie bedeutet für die Politik, dass der Staat als die Ordnung des Zusammenlebens von Guten und Bösen, Gerechten und Ungerechten gestaltet werden, dass er also auf der Koordination von Interessen aufbauen muss, in denen die Bürger jenseits ihrer letzten Auffassungen vom Guten und

3 Vgl. die Darstellung von R. A. Markus in: J. H. Burns (Hrsg.), *The Cambridge History of Medieval Political Thought*, Cambridge University Press 1988, 108 ff.
4 Vgl. etwa *De civitate Dei* XVIII,48 f.

Gerechten noch verbunden sind; Augustinus, nicht erst
die Neuzeit, definiert das uns alle diesseits der metaphysischen Wahrheiten verbindende Interesse, an dem der Staat
sich auszurichten hat, als das Interesse an *Frieden und Sicherheit*. Und für die Ethik bedeutet die augustinische
Wendung, dass die Ordnung der natürlichen Dinge und
die Ordnung der menschlichen Handlungen auf getrennte
Quellen zurückgeführt werden müssen, dass es also nicht
die menschliche Natur, sondern ein auf ihre praktische
Umsetzung gerichteter *Wille* ist, von dem her wir die
Differenz zwischen sittlichem und unsittlichem Handeln
rekonstruieren müssen. Die unmittelbare Verbindung
zwischen dem staatlichen Willen und der menschlichen
Natur, wie sie ungeachtet aller differenzierten Verhältnis-
bestimmungen zwischen Gesetz und Gerechtigkeit von
den großen antiken Philosophen doch gezogen worden
war, ist damit für immer gekappt worden, und der Gedanke des gelingenden Lebens hat sich fortan von ihr lösen
und aus eigener Kraft bis zu den Toren des modernen
Staates durchschlagen müssen.

Die *Entpolitisierung der Idee der Glückseligkeit* bedeutet vor allem den Bruch mit der antiken Vorstellung von
einem *offensichtlich*, d.h. auch öffentlich sichtbar gelingenden menschlichen Leben. Gelingendes Leben »führt«
nach Platon und Aristoteles nicht zu einem Endziel, sondern *ist*, als Verlauf, *mit diesem Ziel identisch*. Hiergegen
erklärt Augustinus im 19. Buch von *De civitate Dei* im
Zuge der Bilanz der vorchristlichen philosophischen Le-
benslehren alle Versuche »der Sterblichen [...], mit denen
sie sich bemüht haben, sich selbst eine Glückseligkeit
in der Unseligkeit dieses Lebens zu schaffen«, für »nichtige
Auffassungen«, denen das christliche Grundprinzip, dass
»die wahre Glückseligkeit [...] Gott geben wird«, unüber-
brückbar entgegensteht (19,1). Welche Lebensweise die
wahrhaft glückselige ist, kann von Menschen überhaupt
nicht gesagt werden. »Denn erst das Endgut selbst, wenn

es erreicht ist, macht den Menschen alsbald glückselig.«
(19,2) Alles irdische Leben, aller Erwerb von Tugenden
und alle Rationalität sind in dieser Hinsicht noch einmal
Mittel zu einem sie übersteigenden Zweck: »Das höchste
Gut ist das ewige Leben und das äußerste Übel ist der
ewige Tod. Um jenes zu erlangen, um diesem zu entgehen,
müssen wir recht leben.« (19,4) Eine in sich absolut gelingende, nicht noch einmal aus sich heraus auf ein höheres
Dasein verweisende Lebensweise kann es so nicht mehr
geben. Der Philosoph verschwindet endgültig aus der
Sphäre der Repräsentation glückseligen Lebens auf Erden.
Augustinus zitiert Gal. 3,11: »Der Gerechte lebt aus dem
Glauben«, und 1. Kor. 3,20: »Der Herr kennt die Gedanken der Weisen in ihrer Nichtigkeit.« Die Denkfigur der
Selbsttranszendenz des Menschen wird damit dem Wissen
entzogen und zum Gegenstand des Glaubens. Der sich
selbst auf das absolut Gute hin transzendierende Mensch
ist nicht mehr das Legitimationsprinzip des weltlichen
Zusammenlebens; *nicht die Überwindung der Spannung*
zwischen gelingendem und nicht gelingendem Leben ist
mehr das Konstitutionsprinzip von Gemeinschaft, sondern
sie, die Spannung, selbst.

Die alte Scheidung zwischen dem selbstlosen und dem
korrupten Herrscher wird nun auf alle Menschen und auf
zwei einander entgegenstehende Gemeinschaften übertragen. Es gibt ein Volk Gottes und es gibt ein Volk, dem es
nur um sich selbst geht, so »dass ungeachtet der Zahl und
Größe der Völker, ihrer verschiedenen Sitten und Gebräu-
che, der Vielfalt ihrer Sprachen, Waffen und Trachten unter den Bewohnern des Erdkreises doch nicht mehr als
zwei bestimmte Arten menschlicher Gemeinschaften existieren, die wir«, so Augustinus, »gestützt auf unsere
Schriften, mit Recht zwei Staaten nennen können. Der
eine besteht aus den Menschen, die nach dem Fleische leben, der andre aus denen, die nach dem Geiste leben. Jeder
der beiden strebt den seiner Art gemäßen Frieden an, und

wenn er ihn erlangt, genießt tatsächlich jeder dieser beiden
Staaten auch den ihm gemäßen Frieden« (14,1). Diese
»Zwei-Reiche-Lehre« hat weder den Sinn, den realen
Staat zu vergöttern – die einzige reale Gemeinschaft, die
überhaupt den Anspruch der »civitas Dei« erheben kann,
ist »die erlöste Familie des Herrn Christus, der pilgernde
Staat des Königs Christus« (1,35), d. h. die Kirche – noch
ihn zu verteufeln; ein Staat, der nach christlichen Grundsätzen geführt und von seinen Bürgern angenommen
wird, könnte sich »mit seinem ganzen Glück des gegenwärtigen Lebens schmücken und sich in seligster Macht-
entfaltung zum Gipfel des ewigen Lebens aufschwingen«
(2,19). Der Staat ist somit nicht mehr Urbild gelingenden
Lebens, aber doch notwendige und natürliche Heimstatt
desjenigen irdischen Prozesses, den der Christ um seines
Lebenszieles willen durchzustehen hat und von dem her
seine insofern begrenzte, aber unauflösbare Verantwortung für jene Heimstatt rührt. Nur weil *civitas Dei* und *civitas diaboli* im beständigen Kampf miteinander liegen
und weil kein Mensch mit Sicherheit wissen kann, ob er
und wer überhaupt von Gott zum Heil auserwählt ist,
muss der reale Staat in seiner unauflösbaren Spannung
existieren. Gerade als Staat repräsentiert er sowohl die
zum Heil gelangende Seele als auch die desjenigen, der die
Chance zum Heil vertut. Nicht der Sieg der einen über die
andere Seite, sondern das Prinzip ihrer irdischen Koexistenz ist Grundlage seiner Legitimation. Dieses Prinzip
aber ist: *der Friede.*

Die entscheidende Weichenstellung geschieht im 19.
Buch von *De civitate Dei*, wo Augustinus erwägt, ob man
nur einem gerecht regierten Gemeinwesen den Titel
»Staat« zusprechen dürfe. Er zitiert die Definition CICE-
ROS (*De re publica* 1,48 f.), wonach der Staat Sache des
Volkes, das Volk aber eine durch das Recht geeinte Menge
von Menschen sei. Da nun Recht auf Gerechtigkeit beruht
– womit Augustinus auf Aristoteles' Prinzip zurückgreift,

dass das rechte Gesetz dasjenige ist, das in jedem rechten Staat gilt und der rechte Staat um des gelungenen Lebens willen besteht –, bedeutet diese Definition, dass man eigentlich nur dort von »Staat« sprechen dürfte, wo gerechte Menschen zusammenleben. Nur müsste man, so Augustinus, dann zu dem Ergebnis kommen, dass die meisten realen Staaten und insbesondere der römische niemals Staaten gewesen seien (19,21). Dann müsste man überall dort, wo nicht die himmlische, sondern die irdische Gemeinschaft das Leben der Menschen zusammenhält, von gesetzlich organisierten Räuberbanden statt von Staaten sprechen. Und dagegen wendet er sich nun mit dem Argument, dass es doch zwischen dem Volk der Gerechten und dem der Ungerechten eine für den Staat verpflichtende Gemeinsamkeit gibt, nämlich den Wunsch nach Frieden. Nicht die Differenz, sondern die *Koexistenz* zwischen Gerechtigkeit und Ungerechtigkeit bestimmt nun, wofür der Staat gerechterweise zu realisieren und welchen Grenzen er zu unterwerfen ist.

»Der Friede des himmlischen Staates ist die bis ins letzte geordnete und völlig einträchtige Gemeinschaft des Gottgenusses« (19,13) der zur Erfüllung ihres Lebens gelangten Gerechten. Nur sie erfahren wirklich, was der Sinn des Friedens ist. Aber nicht nur sie streben nach Frieden, sondern insofern Friede rein formal einen Zustand der Ruhe und Ordnung bedeutet, strebt ihn jedes irdische Wesen an. Naturen, so Augustinus, wären »keine Naturen […], würden sie ihren Bestand nicht auf irgendeinen Frieden gründen« (19,13). Auch die unseligen Naturen streben nach Eintracht und Kompromiss in der Nutzung der irdischen Güter, und die letzte Verankerung ihrer Friedfertigkeit besteht darin, dass sie Schmerz und Tod vermeiden wollen. Hier klingen genau die Themen an, aus denen dann bei MACHIAVELLI und HOBBES der Staat seine neuzeitliche Begründung erfahren wird: Die Relativität vernünftigen Handelns auf die faktischen Interessen der Menschen, Todesfurcht als letzte Basis der sozialen Verständigung, vor allem aber auch ein Naturverständnis, das nicht mehr von dem Gedanken allgemeiner, Mensch und Natur verbindender Zielhaftigkeit getragen ist, sondern vom Prinzip des Gleichgewichts der Kräfte oder auch der Stabilität als Grundtendenz des Wirklichen. Nicht mehr der »natürliche Ort«, nach dem alles strebt, sondern das dynamische Gleichgewicht, in dem es nach Gesetzen gehalten wird, ist das Wesen der Natur.

»Jeder Gebrauch der zeitlichen Dinge strebt im irdischen Staat nach dem Gewinn des irdischen Friedens und im himmlischen Staat nach dem Gewinn des ewigen Friedens.« (19,14) Aber Realität muss man beiden Strebungen zugestehen. Wo sich der irdische Frieden durchsetzt, fehlt die Seligkeit, aber auch da ist Gottes Ordnung am Werk, deren Gefüge wir niemals zu durchschauen vermögen. Auch die verweltlichten Staaten werden von Gott geschaffen und gelenkt (5,21; 4,33). Darum ist auch noch die schlechte Regierung von Gott, und es muss eine andere Repräsentation des Gerechten in ihr geben als nur die Regierung des gerechten Herrschers. Solange der weltliche Staat nicht das Herz des Menschen ausrotten will, in dem die Verbindung zum himmlischen Staat wohnt, und solange er der Kirche als der Gemeinschaft der im himmlischen Staat Verbundenen einen irdischen Platz einräumt, muss er als eine von Gott gewollte Realität akzeptiert werden, die man als Christ zwar zu verändern bestrebt sein kann, der man aber nicht die Legitimation absprechen darf. Unter diesen Voraussetzungen muss der Gerechte »auch den schlechtesten und, wenn es sein muß, auch den schändlichsten Staat […] erdulden«, um »sich in jener heiligsten und erhabensten Kurie der Engel, in jenem himmlischen Staat, wo Gottes Wille das Gesetz ist, gerade durch diese Duldsamkeit den Adelsplatz zu bereiten« (2,19).

Und so *verschwindet* schließlich *die Gerechtigkeit zugunsten des Friedens aus der Definition des Staates.* »Der

Friede im Staat ist die geordnete Eintracht der Bürger in bezug auf Befehlen und Gehorchen.« (19,13) – »Der Friede für alle Dinge ist die Ruhe der Ordnung. Ordnung ist die Verteilung der gleichen und ungleichen Dinge, die jedem seinen Platz zuweist.« (Ebd.) Hier wird der Friede, die Erhaltung der Ordnung auch schon zum Definitionsbestandteil dessen, was bei Aristoteles die austeilende Gerechtigkeit genannt und auf das Urteil des vorbildlich lebenden Menschen gegründet wurde. Ciceros Definition des Volkes wird von Augustinus durch eine neutralere ersetzt: »Volk ist die durch gemeinsame einträchtige Schätzung der Dinge geeinte Vereinigung einer vernünftigen Menge.« (19,24) So gesehen, ist jede Gemeinschaft, die nicht aus Tieren, sondern aus vernünftigen Wesen besteht, ein Volk, egal ob sie nun hohe oder niedrige Dinge schätzt, und ihre Repräsentanten werden ihre Stellung dadurch erhalten, dass sie das schätzen, was ihre Untergebenen schätzen. Die Reiche der Römer, die der Babylonier, Assyrer und Ägypter, sie alle müssen, auch wenn ihnen die Gerechtigkeit fehlt, doch als Gemeinschaften von Völkern anerkannt werden, weil sie politisch geeinigt und sozial wenigstens so weit homogen konstituiert waren, dass sie den Frieden nach innen zu sichern vermochten.

Wie aber unterscheidet sich dann der Staat noch von der Räuberbande? Die Antwort von Augustinus weist auf das Grundprinzip des neuzeitlichen Völkerrechts voraus, denn sie lautet: *nur graduell* und *nur in Bezug auf die äußeren Angelegenheiten.*

»Was sind schließlich Reiche ohne Gerechtigkeit andres als große Räuberbanden, da doch Räuberbanden auch nichts andres sind als kleine Reiche? Sie sind eben eine Schar von Menschen, geleitet vom Willen eines Führers, die durch einen Gesellschaftsvertrag (›pacto societatis‹) zusammengehalten werden und die Beute nach einem Gesetz der Übereinkunft verteilen. Wächst eine solche

üble Bande durch den Beitritt verworfener Menschen
derart an, dass sie Gebiete besetzt, Niederlassungen
gründet, Staaten erobert und Völker unterwirft, dann
legt sie sich ganz unverhüllt den Namen ›Reich‹ bei, den
ihr die Öffentlichkeit deshalb um so lieber zugesteht,
weil ihr auf solche Weise ihre Habgier nicht verwehrt
wird, sondern sich nur die Straflosigkeit erhöht. Darum
war auch die Antwort fein und wahr, die ein ertappter
Seeräuber jenem großen Alexander gab: Der König
fragte, wie er denn dazu käme, das Meer unsicher zu
machen. Da sagte der Mann in seinem freimütigen
Stolz: ›Machst du es mit dem Erdkreis anders? Ich freilich mit meinem winzigen Schiff werde Räuber genannt,
aber dich mit der großen Flotte nennen sie den siegreichen Feldherrn.‹«   (4,4)

Mehr als tausend Jahre später sollte dann Jean BODIN die
grundlegende moderne Definition des Staates dahingehend geben, dass ein Staat im Gegensatz zu einer Räuberbande durch eine Gemeinschaft gebildet wird, »die wir
rechtmäßig Feinde im Kriegsfall nennen«.[5] Die Schwelle
zwischen dem Terroristen und dem Staatsmann wird am
Ende durch nichts anderes als die internationale Anerkennung gebildet.

c) *Die Pflichten des Herrschers*

Unsere Darstellung verfolgt die geschichtlichen Stationen,
an denen sich epochale denkerische und begriffliche Entscheidungen vollzogen haben, nur so weit, wie dies zur
Rekonstruktion der ethisch relevanten Schichten unseres
heutigen politischen Bewusstseins unbedingt nötig ist; wir

---

5 Jean Bodin, *Six Livres de la République* (1583), Kap. I,1 (dt.: *Sechs Bücher
über die Republik*, Stuttgart 1976, 9).

können die wirkliche geschichtliche Entwicklung und Bedeutung insbesondere der mittelalterlichen politischen Philosophie in diesem Rahmen nicht einholen. Wir müssen uns auf einige wenige Markierungen fundamentaler Brückenschläge und Weichenstellungen auf dem Weg von der vormodernen zur modernen Legitimationsvorstellung des staatlichen Zusammenlebens beschränken. Wo ist die augustinische Abkehr von der aristotelischen Definition des guten Staates noch einmal gedanklich fundiert worden, wie hat man sie mit der gleichwohl festgehaltenen und übernommenen Grundkonzeption der aristotelischen Ethik zu vereinbaren versucht und wo hat sie letztendlich diese Konzeption gesprengt und den Aufbau der neuen, modernen Lehre von der ethischen Legitimation des Staates angestoßen?

Kontinuität und Wandel, welche die mittelalterliche gegenüber der aristotelischen politischen Ethik bestimmen, sind nirgendwo inniger verzahnt als in der Denkfigur der *lex naturalis*. Sie begründet einerseits die Verantwortung, die der Staat auch nach AUGUSTINUS noch gegenüber der Idee der Gerechtigkeit hat und andererseits doch auch die Unabhängigkeit, die das Konzept der Legitimität staatlicher Ordnung gegenüber seiner antiken Fundierung in der Figur des gerechten Herrschers durch ihn gewonnen hat. Philosophisch wie theologisch ist es klar, dass die Verpflichtung des christlichen Herrschers weit über die Aufgabe der Friedenssicherung hinausgeht. Es gibt Gesetze, die der Herrscher jenseits seiner Verantwortung für die friedliche Koexistenz im Staat zu befolgen hat. Diese sind keine staatlichen, sondern sie werden in der – von der stoischen Tradition ins Christentum übernommenen – Idee des Naturrechts, also in der *ewigen Ordnung* verankert. Die »*lex aeterna*« ist nach Augustinus die Vernunft oder der Wille Gottes, der die natürliche Ordnung zu bewahren befiehlt und zu zerstören verbietet. Im Eintreten für die natürliche Ordnung also *gehorcht* der gute Herr-

scher der eigentlichen, der göttlichen Quelle der Gerechtigkeit. Aber: Gehorsam ist etwas anderes als Auslegung
oder sogar Verkündigung. Die Frage, worin der wahre
Gehorsam des Herrschers gegenüber seiner metaphysischen Verpflichtung beruhe, wird zur Frage, welche real
existierende Ordnung *nicht* der vorgegebenen idealen,
sondern der *Forderung* entspricht, diese zu bewahren.

Über den *Grund* der natürlichen Ordnung kann es unter christlichen Voraussetzungen keinen Dissens geben,
aber darüber, wie man diesem Grund gerecht zu werden,
*wie man den göttlichen Willen in das menschliche Gesetz
zu übersetzen habe,* durchaus. Denn der Mensch kann, so
die klassische Bestimmung bei THOMAS VON AQUIN (*Summa theologiae* 1–2,19.10), nicht den göttlichen Willen als
solchen verkörpern, sondern er kann nur das wollen, »von
dem Gott will, daß er es will«. Zwar gibt es Normen, in
denen wir das natürliche und damit das ewige Gesetz vor
uns gestellt sehen. Zu ihnen gehören ganz elementar die
Goldene Regel (vgl. Mt. 7,12), aber auch die Zehn Gebote,
die Nächstenliebe, die Gerechtigkeitsprinzipien des »*suum
cuique*« und »*neminem laede*« und vieles mehr. Man kann
und muss auch die gesamte Ordnung, in der diese Urnor-
men zusammenhängen, als ein einziges großes Gesetz bezeichnen. Aber das ändert alles nichts daran, *dass sich der
Vorgang, durch den dieses Gesetz in konkrete Normen unseres Zusammenlebens überführt wird, nicht selbst in Form
konkreter Normen explizieren lässt.* Auf diesen Vorgang
jedoch kommt alles an, sobald man die Frage stellt, woran
der Anspruch des Herrschers, seiner Verpflichtung gegen
das ewige Gesetz gerecht geworden zu sein, zu messen ist.
Die Antwort der christlichen politischen Ethik lautet: an
seiner – und damit *unserer* – *Vernunft* und an *seinem* –
und damit *unserem* – *Gewissen.*

Der Herrscher vernimmt, wie jeder Mensch, den göttlichen Willen in seinem Gewissen, und dem Herrscher
wird, wie jedem Menschen, der Inhalt des guten Handelns

im Gegensatz zum bösen durch die Vernunft »vorgestellt«.[6] In der Trennung zwischen göttlichem Anspruch
und menschlicher Prüfungskompetenz der Ordnung irdischen Zusammenlebens besteht daher die Pointe der für
den Weg von der Vormoderne zur Moderne so entscheidenden Denkfigur der *lex naturalis* – und damit übrigens
auch das letzte Kriterium, an dem »nichtwestliches« politisches Denken zu messen ist, wenn es auf seine Vereinbarkeit mit der »westlichen« und, geschichtlich betrachtet,
auch »christlichen« Trennung zwischen religiöser und politischer Ethik hin geprüft wird. In dieser Trennung – und
gerade nicht in ihrer Relativierung – besteht ebenso die
Pointe der klassischen Definition des Gewissens als *des
ewigen Gesetzes, wie es dem Menschen in die Brust geschrieben ist* (vgl. Augustinus, *Epistolae*, 157,15 im Rückbezug auf Röm. 2,15) Das Gewissen ist die eigentümliche
Form, in der einem endlichen Vernunftwesen das ewige
Gesetz zugänglich wird. Es wäre also unsinnig, im Gewissen noch einmal eine sittliche Instanz sehen zu wollen, mit
der das Individuum dem Gesetz gegenübertreten oder sich
von ihm emanzipieren könnte.

Es mag sein, dass ein Mensch sich auf sein Gewissen beruft, um den Ausnahmecharakter einer Situation darzule-
gen, in der er sich befindet und in der er nicht nach der
Regel handeln kann, der alle anderen folgen. Aber eben
wenn er dafür das Gewissen ins Feld führt, erhebt er den
Anspruch, dass jeder andere *an seiner Stelle* ebenso zu
handeln hätte wie er, dass es also einen *objektiven Grund*
für die Ausnahme gibt, zu der er sich verpflichtet sieht.
Dieser Grund kann, wie in dem Beispiel, das Thomas von
Aquin an einer berühmten Stelle seiner Handlungstheorie
in der *Summa Theologiae* anführt, in verwandtschaftli-

---

6 Thomas von Aquin, *Summa Theologiae*, I–II,19,5: Das sittliche »Objekt«
des Handelns, also der Inhalt, der es zu einem guten oder schlechten Handeln macht, wird uns »von der Vernunft […] vorgestellt«.

chen Beziehungen oder sonstigen »Garantenstellungen«
bestehen, so dass es einen objektiven Konflikt zwischen
den sittlichen Verpflichtungen verschiedener Menschen
gibt. »So hat beispielsweise ein Richter einen guten Willen, wenn er die Tötung des Verbrechers will, weil es gerecht ist; der Wille eines anderen aber, etwa von dessen
Ehefrau oder Sohn, der nicht will, daß er hingerichtet
wird, insofern die Tötung in der Natur schlecht ist, ist
ebenfalls gut.« (I–II,19.10) Gerade und nur wenn es eine
objektive Grundlage für unser aller Gewissen gibt, ist die
Berufung auf die Stimme des Gewissens etwas anderes als
eine nackte Willensbekundung und individuelle Interes-
senäußerung. Nur dann kann es sein, dass es zu den sittlichen Pflichten eines Herrschers gehört, auf die besonderen Umstände Rücksicht zu nehmen, unter denen Individuen, die demselben objektiven Gesetz verpflichtet sind
wie er, ein Recht auf besondere Behandlung haben. Wer
sich auf sein Gewissen beruft, erhebt also, auch und gerade wenn er eine Ausnahme reklamiert, ethischen *Wahrheitsanspruch.*

Wo Wahrheit beansprucht wird, muss jedoch auch Irrtum möglich sein, und eben dies ist die Grundaussage der
bei Thomas von Aquin entwickelten Lehre vom *irrenden
Gewissen.* Sie muss von der Frage möglicher objektiver
Gewissenskonflikte strikt getrennt werden. Es ist denkbar,
dass besondere Umstände die besondere Regelung eines
Einzelfalls verlangen, aber die Frage, ob eine derartige Situation wirklich gegeben ist, muss selbst wieder auf der
Basis objektiver Kriterien entschieden werden. Der individuelle und situationsbezogene Spielraum, den das Gewissen hat, beruht selbst auf einer objektiven Grundlage,
nämlich auf dem Sprung zwischen *lex aeterna* und *lex hu-
mana*, den der Gehorsam gegenüber der *lex naturalis* immer nur zu bewältigen, niemals aber aufzuheben beanspruchen kann. Die ewige Ordnung, so bestätigt Thomas
von Aquin 800 Jahre nach *De civitate Dei* noch einmal die

augustinische Trennung, zielt auf das Seelenheil, die irdische auf Ruhe und Frieden (S. Th. I–II,98.1).[7] Aber die Forderung, diesen Sprung *richtig*, dem Menschen und seiner Natur gemäß zu bewältigen, ist selbst wiederum eine objektiv, eben durch die *lex naturalis* vorgegebene. Für »Garantenstellungen« und sittliche Näheverpflichtungen muss es daher Kategorien geben, über die eine Gesellschaft wiederum Einigkeit erzielen muss, wenn die Berufung auf das individuelle Gewissen nicht doch das Eingangstor für Willkür und Anarchie darstellen soll. Damit aber stellt sich wieder das Urproblem, das wir im Verhältnis von Ethik und Politik stets antreffen: Wer *repräsentiert* in der staatlichen Realität die sittliche Vernunft, die über die Forderungen der natürlichen Ordnung entscheiden muss? Die Denkfigur der Pflichten des Herrschers kann die aristotelische Lehre von den naturgegebenen sittlichen Verhältnissen als Basis gerechter Staatsgesetze nur bis an die Grenze bewältigen, die durch diese Fragestellung gezogen wird. Und die augustinische Trennung von göttlichem Willen und natürlichem Gesetz drängt mit ihr nun doch auf die Loslösung von der aristotelischen Denkweise.

Der dafür entscheidende denkerische Schritt hat sich vor dem Hintergrund der großen machtpolitischen Auseinandersetzungen zwischen geistlicher und weltlicher Gewalt im Hochmittelalter abgespielt. In diesen Kämpfen ging es zuletzt gerade um das Problem der Repräsentation der ewigen Wahrheit im irdischen Staat. Wenn der von Gott eingesetzte Herrscher Pflichten gegenüber einer ihm vorgegebenen ewigen Ordnung hat, dann entscheidet sich an der Frage, ob er diesen Pflichten gerecht wird, nicht nur seine sittliche, sondern auch seine politische Qualifi-

---

7 »Um des *Friedens unter den Menschen und der Tugend willen*«, heißt es freilich »aristotelischer« in S. Th. I–II,95.1, »war es daher notwendig, dass Gesetze erlassen wurden«.

kation, und es kommt alles darauf an, wer politisch dazu
berufen ist, diese Frage zu beantworten. In der Wende
vom 13. zum 14. Jahrhundert erhob das Papsttum noch
einmal mit – von den Realitäten freilich nicht gedeckter –
Macht diesen Anspruch. Die geistliche Gewalt, so statuiert Papst Bonifaz VIII. 1302 in der Bulle »Unam Sanc-
tam«, richtet über die weltliche, wenn diese nicht gut, das
heißt in Übereinstimmung mit dem ewigen Gesetz handelt. Die geistige Revolution, die von der mittelalterlichen
in die moderne politische Ethik hinüberleitet, entspringt
der theoretischen Antithese zu dieser Position, wie sie von
den philosophischen Verteidigern des kaiserlichen Souve-
ränitätsanspruchs, zu denen schon Dante (gest. 1321) ge-
hörte, vor allem von Marsilius von Padua (gest. 1342)
und Wilhelm von Ockham (gest. zwischen 1347 und
1349) ausgearbeitet worden ist. Sie greifen dazu einerseits
auf den Bruch zurück, den die augustinische gegenüber
der aristotelischen Staatsdefinition herbeigeführt hatte,
zum anderen aber gehen sie auch gegenüber Augustinus
noch einen ebenso entscheidenden Schritt weiter, und dieser neue Schritt ist es, der eigentlich schon bis in unsere
heutigen Konzeptionen politischer Ethik hineinspringt.

Vollzogen hatte diesen Schritt, dessen fundamentale
theoretische Voraussetzungen wir in unserem Rahmen
nicht thematisieren können,[8] schon vor den genannten
Verteidigern des Kaisertums Johannes Duns Scotus
(1265/66–1308). Die *lex aeterna* wird bei ihm von der *lex
naturalis* nicht mehr nur abgetrennt, sondern sie verschwindet als Denkidee überhaupt, und an ihre Stelle tritt
der – noch – ewige Gesetz*geber*, der *legislator aeternus*.
Die Ordnung der Welt und damit auch die sittliche Ordnung, der unser aller und zuletzt auch das Handeln des
Herrschers unterworfen ist, ist nicht mehr das Abbild der

---

8 Vgl. vertiefend Ernst-Wolfgang Böckenförde, *Geschichte der Rechts- und
Staatsphilosophie. Antike und Mittelalter*, Tübingen 2002, 269 ff.

göttlichen Vernunft, sondern des göttlichen Willens; was wir als natürliches Gesetz vorfinden, ist der in Regeln verwandelte Akt einer ursprünglichen, aus Liebe hervorgegangenen Entscheidung, und es wäre unsinnig anzunehmen, dass diese Entscheidung selbst noch einmal Regeln gefolgt wäre, denen ja ansonsten Gott selbst noch hätte gehorchen müssen. Dieser Gedanke liegt dann der Verteidigung der kaiserlichen Souveränität gegen den geistlichen Machtanspruch zugrunde: Es gibt kein ewiges Gesetz, aufgrund dessen unser Gehorsam gegenüber dem natürlichen Gesetz noch einmal zu richten wäre, sondern es gibt eine ewige Quelle des Guten, die sich in der richtigen, ihr gehorchenden Gesetz*gebung* zeigt. Und die Frage, wer nun diese ewige Quelle des Guten in der irdischen Gesetzgebung repräsentiert, verschiebt sich damit auf das Problem *der möglichen Korrektur, der Kontrolle und letztlich – der Einsetzung des irdischen Gesetzgebers.*

Erst in Verbindung mit dieser Wendung bekommt nun der genannte Rückgang auf die augustinische Sicht vom Staat plötzlich seine geschichtliche Sprengkraft. »Pacto societatis«, so hatte Augustinus dem Staat beschieden, sei die menschliche Gemeinschaft verbunden, die ihn trägt. Nicht mehr die gemeinsam *vor*gegebene Idee vom guten Leben definiert demnach das gelungene Zusammenleben, sondern der gemeinsam *gesetzte* Bestand an übereinstimmenden Interessen und Bedürfnissen. Die Pflichten des Herrschers müssen also in Beziehung auf den so konstituierten Aufgabenbereich gesehen werden. Das ewige Gesetz auf Erden zur Geltung zu bringen heißt für ihn, den von seinen Untertanen gesetzten Willen zur Gestaltung ihres Lebens gemäß der natürlichen Ordnung zu gestalten. Entfällt nun das ewige Gesetz als theoretische Bastion der Überprüfung des Herrschers auf diesen Gehorsam, dann stehen wir auf einmal vor einem Vakuum, in das seine faktische Gewalt quasi sich selbst legitimierend einzufließen droht. Wenn die gute göttliche Quelle im realen Staat überhaupt nicht mehr repräsentiert wäre, dann könnte und müsste offenbar der Herrscher selbst definieren, worin sein Gehorsam gegenüber Gott besteht.

Die *potentia Dei absoluta*, von der dann Scotus ausgeht,[9] bahnt sich schon als Denkfigur der theoretischen Legitimation eines von metaphysischen Begrenzungen gelösten staatsrechtlichen Absolutismus an – auch wenn man mit dem Schlagwort vom »Voluntarismus« den differenzierten Positionen insbesondere Ockhams nicht gerecht wird. Ockham tritt zwar im Kontext der zeitgenössischen Auseinandersetzungen für die originäre Legitimität der weltlichen gegenüber der päpstlichen Gewalt ein, aber nicht etwa für deren unableitbare Gründung im Willen eines personifizierten Souveräns; auch er betont noch einmal, dass legitime Herrschaft dem Volk und nicht dem Machthaber zu dienen hat. Es zeigt sich, dass unter der christlichen Voraussetzung, dass alle Macht von Gott stammt, die realpolitische Repräsentation einer durch objektive Pflichten begrenzten Herrschermacht, die nicht mehr im weltlichen Machtanspruch des Papstes verankert wird, letztendlich auf eine Konsequenz hin drängt, die den eigentlichen Übergang von der antiken zur modernen Staatsvorstellung herbeiführt: An die Stelle der *von Natur aus zusammengehörigen Polisgemeinschaft* tritt als Repräsentantin der Entscheidung, welcher sich die Legitimität des Herrschers als des keinem ewigen Gesetz mehr verantwortlichen Gesetzgebers verdankt, *die durch vertraglichen Willen gestiftete Gesellschaft derer, die von ihm regiert werden.* Die kaiserliche Macht, so Ockham, ist von Gott, aber durch Menschen. »*Was alle betrifft, muß von allen verhandelt werden*; daß jemand allen vorgesetzt wird, berührt alle; also muß das durch alle verhandelt werden.« (*Dialogus* III,2,3 c.6). Der Kaiser regiert auf-

9 Vgl. Johannes Duns Scotus, *Ordinatio* I dist. 44 qu. 1 (*Opera omnia*, Bd. 6, Vatikanstadt 1963, 365).

grund der Gesetzgebungsmacht, auf die das Volk verzichtet und die sie ihm übertragen hat. Damit ist der Weg zu Hobbes eingeleitet, also zu dem Prinzip, mit dem die Pflichten des Herrschers zu Pflichten gewendet werden, die er nicht mehr nur *gegenüber* den von ihm regierten Menschen, sondern *aufgrund seiner Einsetzung durch sie* hat.

Eigentliche geschichtliche Wirkung entfaltet die Sicherung der Unabhängigkeit der weltlichen gegenüber der geistlichen Gewalt freilich dadurch, dass zu der Zeit, zu der Marsilius von Padua und Wilhelm von Ockham das Volk als die eigentlich die Regierungsgewalt einsetzende Instanz postulieren, der Anspruch des römischen Kaisers, von Deutschland aus die weltliche Macht überhaupt zu organisieren, offenkundig obsolet geworden ist. Es ist klar, dass es eine Vielzahl von Gesellschaften gibt, an denen man auch empirisch zeigen kann, dass sich die Herrschaft über sie dem Willen der Menschen verdankt, die ihnen folgen. In »den meisten Fällen«, so grenzt Marsilius von Padua im *Defensor pacis* (1,9) die normale Staatlichkeit gegenüber dem Bild von Gottesherrschaft des Alten Testaments ab, »und fast überall bildet Gott die Regierungen durch den Geist der Menschen, denen er die Entscheidung über eine solche Einsetzung überlassen hat«. Der menschliche Geist aber betätigt sich politisch vor allem, indem er nicht nur Gesetze erlässt, das heißt, »Regeln für das Gerechte und Nützliche [...], die durch menschliche Autorität aufgestellt sind« (1,10), sondern vor allem, indem er den Gesetzgeber selbst einsetzt. »Gesetzgeber oder erste und spezifische bewirkende Ursache des Gesetzes ist das Volk oder die Gesamtheit der Bürger oder deren Mehrheit durch ihre Abstimmung oder Willensäußerung, die in der Vollversammlung der Bürger in einer Debatte zum Ausdruck gekommen ist« (1,12).

In der Begründung dieser Definitionen und Thesen schließt sich Marsilius immer wieder Aristoteles an, aber der Horizont des Gedankens von Legitimation, auf den er sich stützt, hat sich durchaus radikal gewandelt. Gut, so definiert er unter Berufung auf Aristoteles, ist das Gesetz, das nicht dem privaten, sondern dem allgemeinen Nutzen dient; aber die Entscheidung darüber, *ob* um des privaten oder des öffentlichen Wohls willen regiert wird, fällt nicht mehr in der Seele des Herrschers, sondern in den äußeren Institutionen, die die Entscheidung vollziehen.

> »*Dessen* Wahrheit wird am sichersten beurteilt und *dessen* Nutzen für die Allgemeinheit am sorgfältigsten beachtet, worauf die Gesamtheit der Bürger mit Verstand und innerer Anteilnahme ihre Aufmerksamkeit richtet. Einen Mangel an der Gesetzesvorlage kann nämlich eine größere Zahl eher bemerken als ein Teil von ihr [...]. Ferner wird aus dem ganzen Volk heraus der Nutzen des Gesetzes für die Allgemeinheit schärfer beachtet, weil niemand sich wissentlich schadet [...].«   (1,12)

Das Interesse und die Eigenverantwortung des Einzelnen ist es letztlich, wodurch die Legitimität des Gesetzes gegründet und wovon her darüber entschieden wird, ob der Herrscher seine Pflichten gegenüber dem Grund seiner Herrschaft erfüllt oder nicht. Damit aber ist eigentlich schon die Fragestellung eröffnet, an der die neuzeitliche Theorie der subjektiven Rechte ansetzt: die Frage nach den angeborenen Ansprüchen der Menschen gegenüber jeder durch sie eingesetzten Herrschaft.

Hobbes: Der Bürger als Produkt des Staates

a) *Die Trennung von Ethik und Wissenschaft*

Mit dem Schlagwort der »Entdeckung des Ich« (RICHARD FRIEDENTHAL) in Renaissance und Reformation ist ein mindestens ebenso komplexer Vorgang bezeichnet wie die christliche Wendung des Politikverständnisses im spätrömischen Reich. »Entdeckt« wurde natürlich keine Tatsache, sondern eine neue Möglichkeit der Betrachtung des Menschen und seines Verhältnisses zur Wirklichkeit. In erster Linie wurde ein neues *Kriterium* entdeckt, von dem her zu bestimmen ist, woran und wie Wahrheit zu erkennen ist. Und für dieses Kriterium gab es durchaus wieder ein außerhalb des »Ich« gelegenes Paradigma, nämlich die Evidenz mathematischer Einsicht. Die eigentliche Innovation, die zu einer Neubestimmung dessen zwang, als was wir uns selbst zu betrachten haben, lag in der Freilegung der ungeahnten Möglichkeiten der Beherrschung natürlicher Zusammenhänge durch die Anwendung mathematischer Strukturen auf sie. Die Entdeckung der analytischen Geometrie durch DESCARTES führte in Verbindung mit der Neuentwicklung der experimentellen Methode durch Galilei zur fundamentalen Umgewichtung des Verhältnisses zwischen den traditionellen ethischen Bestimmungen des Menschseins und den Chancen, die man in der Gestaltung einer Zukunft zu sehen glaubte, die auf ganz *neues, erst zu findendes Wissen* gestützt sein sollte. Die neue Methode, für die das Entdecken und das entdeckende Ich in dieser Weise konstitutiv verknüpft wurden, war die Methode der mathematischen Wissenschaft, die als Schlüssel zur antitelelogisch, vielmehr kausalistisch verstandenen Natur angesehen wurde. Descartes' programmatisches Bekenntnis im *Discours de la méthode* von 1637: »so fand ich mich gleichsam gezwungen, selbst meine Führung zu übernehmen« (Abh. 17), ist nicht verstehbar ohne seine Forderung, die Mathematik oder eben eine Methode, die dieselbe sichere Erkenntnis liefert wie die mathematische, als die einzige Garantin intersubjektiver Übereinstimmung überall dort anzuwenden, wo bisher fruchtlose philosophische Auseinandersetzungen geführt worden waren, die nichts ergeben hatten, worüber nicht gestritten würde und was folglich nicht zweifelhaft wäre.

An die Stelle der alten Auffassung von der natürlichen Zielverfasstheit des Menschen als eines politischen Wesens tritt bei Descartes als Aufgabenhorizont der wissenschaftlichen Methode ein neues, ganz anders geartetes Ziel. Theoretisches Wissen ist definiert durch einen ganz und gar nicht theoretischen, sondern rein praktischen Zweck: uns »zu Herrn und Eigentümern der Natur zu machen« (Abh. 58). Unter »Natur« ist hier natürlich nicht mehr jenes proportionale Geflecht verstanden, in dem Aristoteles alle nichtkünstlichen Wesen als durch ihre Art bestimmte Individuen eingeordnet hatte. Eine eigentliche »Natur des Menschen« ist unter dem von Descartes geprägten Naturbegriff nicht mehr vorstellbar. Denn der Mensch ist nun, und zwar als Ich, gerade dasjenige, was der Natur als dem Inbegriff der kausal determinierten, durch alle Zeitpunkte des Verlaufs ihrer Existenz hindurch festgelegten Gegenstände entzogen ist und gegenüber steht. Zwischen *gelingendem Menschsein* und der *Vollendung des Systems möglichen Wissens* als Schlüssel zur Beherrschung der nichtmenschlichen Gegenstandswelt besteht ein spekulatives Wechselverhältnis. Jeder Mensch, so Descartes in den *Principes de la philosophie*,[1] strebt im Prinzip nach der Gesamtheit des der Menschheit möglichen Wissens, und

---

1 René Descartes, *Principes de la philosophie*, in: *Œuvres et lettres*, Paris 1953, 549–690, Vorwort (558f.).

dieses Streben wird sich uns immer mehr offenbaren, je sicherer wir darin sein können, auf dem Weg zur umfassenden Welterkenntnis fortzuschreiten und an das Ziel dieses Weges zu gelangen. Die eigentliche Legitimation unserer Methode liegt in der Zukunft: Forschung auf theoretischer und Fortschritt in der Beherrschung der Natur auf praktischer Ebene bilden die Holme der Leiter, auf deren Sprossen wir immer weiter dem Ziel der allgemeinen menschlichen Wohlfahrt entgegensteigen. »Die *Vernunft* ist der *Schritt*, die Mehrung der *Wissenschaft* der *Weg* und die Wohlfahrt der Menschheit das *Ziel*«, so drückt HOBBES (L 5,37) den gleichen Zusammenhang aus. Und auch nach KANT ist die Wissenschaft noch auf dem Weg zu ihrem »Hauptzwecke, der allgemeinen Glückseligkeit« (KrV B 879). Das Ziel, das dem Menschen den Sinn des Lebens weist, ist nur durch das Wissen der gesamten Menschheit, also der Gattung zu erreichen. Ein anderes, im Individuum angelegtes und jenseits des naturwissenschaftlichen Wissens erreichbares »Ziel« steht nicht mehr zur Debatte. Das Urthema der Ethik scheint der Philosophie abhanden gekommen zu sein.

Neben der Wendung zur neuen Idee des wissenschaftlichen Wissens standen selbstverständlich gesellschaftliche und politische Umwälzungen im Hintergrund dieser neuen Vorstellung vom Ziel des menschlichen Daseins. Entscheidend ist, *dass der objektive Glücksbegriff der aristotelischen Tugendethik aufgegeben wurde*, und zwar nicht aus Gründen einer Entmoralisierung, sondern im Kampf gegen überkommene Autoritäten. Objektives Glück, das ja von Aristoteles sogar so weit rationalisiert worden war, dass er vom vorbildlichen Menschen erwartete, ein allgemeinverbindliches Urteil darüber abzugeben, was überhaupt Lust sei und was nicht, wurde im Zuge der Kritik unhinterfragbarer Autoritäten als ein ideologisches Konzept verstanden, mit dem diejenigen, die sich zur Herrschaft über andere berufen sehen, ihr Interesse an der

Ausübung dieser Herrschaft in einen ethischen Wahrheitsanspruch transformieren. Indem jedem einzelnen Individuum die Macht zugesprochen wird, über sein Glück
selbst zu entscheiden und es auf eigenen Wegen zu finden,
entfällt die Idee des praktischen Wissens zugunsten einer
zweckrationalen Zuordnung der beiden Glieder, die nach
Aristoteles gerade nicht die für die Vermittlung von Politik und Ethik entscheidenden waren, nämlich des theoretischen, im neuzeitlichen Sinne also *naturwissenschaftlichen* und des poietischen, das heißt im neuzeitlichen Sinne
des *technischen* Wissens.

Aus diesen Voraussetzungen ergibt sich auch das Projekt Hobbes': Die Staatslehre aus der Ethik herauszulösen
und zum Gegenstand einer wissenschaftlichen Theorie
von der »zweiten Natur«, von einer *durch herstellende
Kunst herbeizuführenden sozialen Wirklichkeit* zu machen, auf die sich erstmals eine poietische[2], also herstellende Wissenschaft vom Menschen zu richten vermag. Es
geht darum, das herzustellen, wodurch der Mensch erst in
eine Lebensweise gelangt, die sich zum Gegenstand exak-
ter Wissenschaft von den praktischen Angelegenheiten
machen lässt: *einen mit absoluter Exaktheit funktionierenden Staat*. Hobbes' *Leviathan* von 1651 realisiert auf der
politisch-praktischen Ebene jenes spekulative Wechselverhältnis, das schon Descartes zwischen gelingendem
Menschsein und Vollendung des Systems möglichen Wissens im Prinzip hergestellt hatte. Mit der Abwendung
vom teleologischen Naturkonzept kann Objektivität hinsichtlich menschlichen Glücks nur noch von der Wissenschaft erwartet werden. Glück bedeutet darum, weil der
Einzelne als nach Befriedigung strebendes Naturwesen
der einzig mögliche Gegenstand einer exakten Wissenschaft ist, aus rein theoretischen Gründen zunächst nichts
anderes als *subjektive Zufriedenheit* bzw. genauer: das un-

2 Zum Begriff vgl. oben Kap. 1a.

aufhörliche Jagen nach ihr. Wenn Menschen etwas, das sie als subjektives Glück empfinden, überwinden sollen, dann kann dies nur einen Grund haben, nämlich die wissenschaftlich bewiesene Einsicht, dass ihr Glück nur scheinbar ist und langfristig oder verborgen ihren Interessen schadet. Und auch die Interessen selbst stehen nicht mehr zur Disposition einer an objektiven Normen orientierten Ethik, sondern sind wiederum Gegenstand der Wissenschaft. Was wir wirklich wollen und wer wir wirklich sind, müssen wir uns, wenn Mathematik und Naturerkenntnis weit genug gekommen sind, vom Wissenschaftler sagen lassen. »Aufklärung« bedeutet wesentlich auch Aufklärung über uns selbst durch eine nicht von uns als Personen, sondern von der kollektiven Denkbemühung der Menschheit getragene allmähliche Durchdringung der Gesetze der Natur.

Nicht Ethik, wohl aber Moral hat bei Descartes noch einen spezifischen, nämlich vorläufigen Platz als *morale provisoire*: Solange der Fortschritt der Menschheit zum auf Wissen gestützten Glück noch nicht abgeschlossen ist, solange wir also noch nicht mit beweisbarer Sicherheit sagen können, was unseren Interessen dient, müssen wir uns gewissermaßen subsidiär an die überkommenen moralischen Regeln halten, die uns Kirche und Gesellschaft vermitteln. Natürlich können und müssen auch sie wiederum zum Gegenstand der Wissenschaft gemacht werden; aber wo sie noch nicht durch Naturgesetze, die ihren Wert beurteilen lassen, bestätigt oder widerlegt sind, bleiben sie als vorläufige Richtlinien in Kraft. Hobbes hingegen, der der Überzeugung war, dass die traditionelle politische Philosophie (wie er in den *Elements of Law*[3] sagt) eher ein »Traum als eine Wissenschaft« gewesen war, hat sich mit diesem vorsichtigeren Standpunkt nicht zufrieden gege-

3 Thomas Hobbes, *The Elements of Law. Natural and Political*, hrsg. von F. Tönnies, University of Exeter Press 1966, I.1.1.

ben, sondern die praktischen Angelegenheiten auf eine
Basis zu stellen beansprucht, die vom Fortschritt der Na-
turwissenschaften unabhängig zugänglich sein, zugleich
jedoch eine quasi-naturwissenschaftliche Sicherheit bieten
sollte.

Der entscheidende inhaltliche Gesichtspunkt für dieses
Projekt war kein neuer, sondern derjenige, der durch AU-
GUSTINUS schon seit einem Jahrtausend der politischen
Philosophie beigegeben war, nämlich *Frieden und Sicherheit als Legitimationskriterien des realen Zusammenlebens*. Was den Frieden gefährdet und was die menschlichen Angelegenheiten unberechenbar macht, ist nach
Hobbes ein und dasselbe. Es besteht nicht im Wissens-
mangel, in der Unkenntnis über objektives Glück, sondern im Gegenteil in der Überforderung des Wissens als
Quelle subjektiver Bedürfnisbefriedigung. Die Quelle des
Unfriedens besteht darin, dass Menschen ihre privaten,
vor allem religiösen Überzeugungen für Gegenstand möglichen Wissens, für allgemein verbindliche Wahrheiten
halten und sie mit Autorität zu diktieren und in die Wirklichkeit umzusetzen versuchen. Dabei gibt es für Autorität auf der praktischen Ebene genauso eine subjektive
Wahrheitsinstanz wie die persönlich gewonnene Einsicht
auf der theoretischen, nämlich das *Gewissen*. Nur drückt
das Gewissen eben die persönliche *Überzeugung* vom
Sinn des Lebens und nicht eine objektiv gewisse Wahrheit
aus. Deshalb brauchen wir als Ergänzung zu dieser subjektiven moralischen Überzeugung auf der Ebene der politischen Angelegenheiten eine ebenso exakte, alle Menschen verbindende Instanz, wie sie die Mathematik auf der
rein theoretischen Ebene darstellt. Weil, was zum Sinn eines menschlichen Lebens gehört, nicht diktiert werden
kann, sondern Sache der innersten Überzeugung des Einzelnen ist – der »Glaube der Menschen und ihr inneres
Denken sind nämlich Befehlen nicht unterworfen, sondern nur dem […] Wirken Gottes« (L 26,219) –, ist die

Konsequenz: Wahrheits*überzeugung* in diesem subjektiven Sinn *kann nicht Prinzip des Zusammenlebens sein*. Die Macht, die die Gesetze des Zusammenlebens konstituiert, kann kein Fundament haben, das auf der Erkenntnis von Wahrheit im Sinne objektiven Glücks beruht, weil es eine allgemeine praktische Wahrheit hinsichtlich der Lebensführung der Menschen – jedenfalls der Führung ihres irdischen Lebens – nicht gibt. Wer behauptet, im Besitz solcher Wahrheit zu sein, ist ein Feind und Störer des Zusammenlebens, ein Wegbereiter des Bürgerkrieges. Nicht auf Wahrheitsüberzeugung, sondern allein auf den Willen zum Zusammenleben kann daher das Gesetz gestützt werden, das die menschlichen Angelegenheiten zu einer berechenbaren Gesamtheit fügt. Und der Staat hat sich nicht vor dem Gewissen, sondern vor dem *Willen* der Menschen zum Zusammenleben und vor der Notwendigkeit zu verantworten, dieses Zusammenleben friedlich zu organisieren. Hieraus folgt der berühmt-berüchtigte Satz, der in der lateinischen Fassung des *Leviathan* stand und mit Hobbes für immer verbunden geblieben ist: »authoritas, non veritas, facit legem«.[4]

Der Staat wird von Hobbes nicht mehr als Vollendung der, sondern als *Antithese zur menschlichen Natur* gesehen. Der Staat ist kein Verhältnis, in dem Menschen von Natur aus zueinander stehen; sondern er wird zur Schutzeinrichtung vor der jedem einzelnen Menschen von Natur aus durch den anderen drohenden *Gefahr*, das heißt für Hobbes vor allem der Gefahr des gewaltsamen Todes, für die neuzeitliche Staatstheorie fortan aber auch der Gefahr, sich diktieren lassen zu müssen, wie und wofür man zu leben hat. Nicht Erkenntnis meiner *Bestimmung*, sondern

---

4 Thomas Hobbes, *Opera philosophica omnia*, Bd. 3: *Leviathan*, Nachdr. der Edition 1839–45, Scientia Aalen, Bd. 3, 202. Vgl. dazu Hermann Lübbe, »Dezisionismus – eine kompromittierte politische Theorie«, in: H. L., *Praxis der Philosophie. Praktische Philosophie. Geschichtstheorie*, Stuttgart 1978, 61–77, 65 f.

Kontrolle und Abwehr möglicher *Fremdbestimmung* ist es, was mich mit anderen Menschen auf der staatlichen Ebene verbindet. Zwar können Menschen die ethische Autorität anderer anerkennen und sich nach deren Prinzipien richten; aber wenn das der Fall ist, dann handeln sie auf Grund ihres eigenen Gewissens und ihrer privaten Angelegenheiten. Öffentliche Gewalt kann auf Ethik nicht gestützt werden, weil Ethik auf persönlicher Überzeugung und damit auf Meinung beruht.

b) *Die Entmoralisierung der Politik*

Was begründet unter diesen Voraussetzungen die repräsentative Stellung von Menschen, die im Staat herrschen sollen? Es kann nicht mehr darum gehen, den *guten* Herrscher zu finden, sondern denjenigen, der das gefährliche menschliche Streben, welches darauf gerichtet ist, anderen die eigene Lebensauffassung zu diktieren, am besten zu *kontrollieren* vermag. An die Stelle der Ethik hat das Wissen um den Menschen zu treten, und zwar um den Menschen, *wie er ist, nicht wie er sein sollte.* Dies ist die Ausgangsvoraussetzung der begrifflichen Revolution, die HOBBES hinsichtlich der Frage, wozu der Staat da sei, vollzogen hat und die für die politische Philosophie bis heute richtungweisend geblieben ist. Sie betrifft den klassischen Begriff des *ius naturale*, des »von Natur Rechten«. Nicht mehr ein objektives Ziel, sondern die Triebtotalität jedes Individuums wird zur Ausgangsbasis des politischen Handelns und des ihm angemessenen exakten Wissens. Es gibt, so Hobbes, »kein *finis ultimus* […] oder *summum bonum* […], von welchen in den Schriften der alten Moralphilosophen die Rede ist. Auch kann ein Mensch, der keine Wünsche mehr hat, so wenig weiterleben wie einer, dessen Empfindungen und Vorstellungen zum Stillstand gekommen sind. Glückseligkeit ist ein ständiges Fortschreiten des Verlangens von einem Gegenstand zu einem anderen, wobei jedoch das Erlangen des einen Gegenstandes nur der Weg ist, der zum nächsten Gegenstand führt.« (L 11,75)

Gerade das, was nach der antiken und mittelalterlichen Theorie die größte Gefährdung des menschlichen Lebens ist, nämlich die *pleonexia*, das unstillbare Streben nach immer mehr, wird nun zur Basis der Politik und nach Hobbes zum grundlegenden und jedem Staat vorausgehenden *Recht* des Menschen. Machtstreben, unersättliche Ausdehnungsdynamik, Gier, Hass und Sicherheitsbedürfnis sind die Kräfte, die die Ordnung unseres Zusammenlebens indirekt legitimieren. Diese rechtfertigt sich nicht mehr dadurch, dass sie uns zum uns allen gemeinsamen Guten führt, sondern dadurch, dass sie uns vor dem Schlechten, das uns von unseren Mitmenschen droht, beschützt. Die Menschen empfinden, so Hobbes, am Zusammenleben keinen Genuß, »wenn es keine Macht gibt, die dazu in der Lage ist, sie alle einzuschüchtern« (L 13,95). Eben eine solche Macht aber haben die Menschen dadurch eingesetzt, dass sie untereinander – nicht etwa mit ihr – den *Vertrag* geschlossen haben, in dem sie alle ihr ursprüngliches Recht aufgegeben und sich zum Gehorsam gegen den »Leviathan«, den »sterblichen Gott«, verpflichtet haben (L 18,134). Darum ist der Staat durch die absolute Macht gerechtfertigt, das menschliche Streben, das darauf gerichtet ist, immer mehr zu haben und sich immer weiter auszudehnen, niederzuschlagen und mit absoluter Sicherheit zu beherrschen. Wo der Staat nicht das Gewaltmonopol hat, herrscht der »Naturzustand«, und das ist der »Krieg aller gegen alle«, in dem »der Mensch dem Menschen ein Wolf« ist (vgl. *De cive*, Widmung, Vorwort und Kap. 1).[5]

---

5 Davon, dass »ein lebenslanger Krieg aller gegen alle Staaten besteht«, sprechen Platons *Nomoi* 625e. Auch *homo homini lupus* ist eine antike Sentenz, die man seit Plautus kennt.

Das *ius naturale*, also den vorgesetzlichen Grund des Gesetzes, definiert Hobbes nun nicht mehr als eine objektive Ordnung, als das den Menschen durch seine Natur gegebene Gesetz, sondern als etwas, das jeder gesetzlichen Ordnung vorausgeht und dennoch ein Recht ist, letztlich als *das Recht des Stärkeren*. Er definiert es als »die Freiheit eines jeden, seine eigene Macht nach seinem Willen zur Erhaltung seiner eigenen Natur, das heißt seines eigenen Lebens, einzusetzen und folglich alles zu tun, was er nach eigenem Urteil und eigener Vernunft als das zu diesem Zweck geeignetste Mittel ansieht« (L 14,99). Was sich mit dieser Definition philosophiegeschichtlich ereignet, ist nicht die Durchsetzung von Amoralität und Zynismus gegen die Ethik, sondern die strikte Trennung von Moral und Politik und die Zuordnung der ersteren zu den menschlichen Privatangelegenheiten und der letzteren zu den Gegenständen eines Wissens, das absoluten Exaktheitsanspruch erhebt. Es handelt sich um ein antithetisches, in seinem Kern spezifisch neuzeitliches, nämlich subjektivistisches Grundanliegen, das unter zwei Aspekten von größter Tragweite ist.

Zum einen soll die totale Identifikation allen vorstaatlichen Rechts mit dem ganz individuellen Recht des Stärkeren jeden positiven Anspruch einer höheren, überindividuellen Gesetzesordnung, die doch wieder nur über das Gewissen zu vermitteln und damit bürgerkriegsverdächtig wäre, ausschließen. Man muss sich ja die Frage stellen: Warum spricht Hobbes nicht einfach, wie später Locke, von der *Macht* des Stärkeren, die durch den Staat gebändigt werden muss? Warum hat er sich jener Verteufelung ausgesetzt, die ihn fast auf den Scheiterhaufen gebracht hätte und die ihn bis heute oft als den zynischen Vertreter der Normativität des Faktischen erscheinen lässt? Warum funktionalisiert er einen klassischen Begriff, der die Brücke zwischen Ethik und Politik bildete, als Kernbegriff des Modells der Entmoralisierung der Politik? Die Antwort ist: Nur durch diese totale »Besetzung« des Begriffs des natürlichen Rechts konnte er jeden neuen Anspruch einer metaphysischen, den Subjektivismus relativierenden und nach seiner Auffassung wieder in den Bürgerkrieg führenden *Moralisierung* des Rechts im Keim ersticken. Mit der Definition des natürlichen Rechts als Recht des Stärkeren wurde jeder Repräsentationsanspruch einer nicht auf staatlichen Gesetzen beruhenden Institution gegenüber dem Menschen aus dem politischen Bereich prinzipiell verbannt. Der Einflussbereich jeder das Wissen der Bürger beanspruchenden Macht muss danach vom Staat genauso kontrolliert werden wie die Gewaltausübung aller Individuen.

Noch entscheidender aber ist der zweite Aspekt: Mit der hobbesschen Konzeption der natürlichen Freiheit wird durch die Interpretation des den Staatsbürger konstituierenden Macht*verzichts* als *Rechts*verzicht und damit als *Rechts*akt dem Gesetzgeber und der Exekutive doch eine Grenze gezogen. Der Verzicht aller anderen setzt sie als einzig übrig bleibende Machtinstanz ein; aber indem er sich als Rechtsverzicht versteht, konstituiert er zugleich die aus ihm hervorgehende Macht selbst wiederum als rechtliche, das heißt als eine, zu deren Legitimationsbedingungen es gehört, *sich des Grundes ihrer Einsetzung zu erinnern.* Das ist eigentlich die Quintessenz der Funktionalisierung des Rechtsbegriffs für den vorstaatlichen Sinn des Gesetzes. Der Staat verdankt seine Macht eben nicht der Natur, sondern einer Entscheidung des Menschen, und er rechtfertigt sich aus der Anstrengung, mit der er diese gegen die weiter bestehende menschliche Natur aufrechterhalten und sichern kann. Von dieser strukturellen Funktion her muss Hobbes' Konstruktion des »Naturzustandes« gesehen werden. Die Frage ist nicht, ob er mit seiner »pessimistischen« Sicht vom wesentlich asozialen Menschen Recht habe; sondern die Frage ist, welche Ausgangsbedingungen politischer Rationalität durch diese Be-

stimmungen begründet werden sollen. Es geht Hobbes
darum, jede denkbare politische Streitigkeit entscheidbar
zu machen und zu halten, also unentscheidbare Streitfra-
gen prinzipiell aus dem Bereich des Politischen zu verbannen. Jede Berufung auf ein dem Staat gegenüber zu reprä-
sentierendes Prinzip seiner Legitimation muss ausgeschlossen werden; allein der Staat kann und darf die
Macht haben zu definieren, was der Mensch durch den
Schritt ins gesellschaftliche Leben aus seiner Natur gemacht hat. *Deshalb muss jede Berufung auf die Natur des
Menschen als mögliches Korrekturprinzip staatlicher Gesetzgebung ausgeschlossen sein.*

Mit dieser Feststellung stehen wir jedoch nicht etwa am
Ende, sondern eigentlich am Anfang der Aufgabe, die
sich die hobbessche Theorie der Legitimität staatlicher
Ordnung gesetzt hat. Die Natur des Menschen ist als
ethisches *Korrektur*prinzip unserer Gesetze von der Sze-
ne abgetreten; aber als Schlüssel zur Lösung der entscheidenden politischen Aufgabe, vor die wir in dessen ungeachtet immer noch und immer wieder gestellt sehen, nämlich der Aufgabe, die *richtigen*, das heißt die dem Sinn des
Staates und damit auch seiner Erhaltung dienenden Gesetze zu *finden*, tritt sie durch die Hintertür wieder mit
aller Macht auf die Bühne. Es ist im hobbesschen System,
anders als im Rechtspositivismus, nicht so, dass jeder
Rückgang auf das, was der Mensch jenseits des Staates ist,
also auch auf seine Vernunft, aus den Bedingungen gelingender Gesetzgebung ausgeschlossen werden müsste.
Vielmehr legt gerade die »Vernunft [...] die geeigneten
Grundsätze des Friedens nahe, auf Grund derer die Menschen zur Übereinstimmung gebracht werden können«
(13,98). Und diese Grundsätze des Friedens, von denen
alle Ordnung des Zusammenlebens sich legitimiert und
die dem Staatsvertrag erst seinen Sinn geben, werden nun
von Hobbes mit dem Begriff belegt, der sich als das geistige Band von den vorhergegangenen auch noch um die

von ihm bewirkte Revolution des politischen Denkens schlingt.

c) *Die Paradoxie des »natürlichen Gesetzes«*

Mit der Idee der Gründung des Staates auf einen Vertrag seiner Bürger hat HOBBES zwar keinen geschichtlichen Anfang, wohl aber einen Höhepunkt der Staatstheorie gesetzt. Auf freiwilliger, aus Eigeninteresse der Bürger geschlossener Vereinbarung beruht nach der hobbesschen Theorie, und seit diese sich in der politischen Philosophie durchgesetzt hat, die ganze Legitimität der Staatsmacht. Es gibt keine höhere Instanz mehr, auf die der Staat seine Existenz gründen könnte, aber auch keine, auf die der Bürger sich gegen ihn zu berufen vermöchte. Der Staat hat das Gewaltmonopol, aber »die Verpflichtung der Untertanen gegen den Souverän«, so Hobbes im 21. Kapitel des *Leviathan,* »dauert nur so lange, wie er sie auf Grund seiner Macht schützen kann« (171). Das natürliche Recht ist, in heutiger Ausdrucksweise, ein »subjektives Recht«, also eine Anspruchsposition des Individuums, die nicht Reflex einer übergeordneten objektiven Gesetzesordnung ist. Damit begründet Hobbes das Prinzip, das sich dann im 18. Jahrhundert geschichtlich durchgesetzt hat, dass das subjektive Recht des Individuums unabhängig von jedem Gesetz – vom staatlichen wie vom »natürlichen« – existiert und das quasi die ontologische *conditio sine qua non* des staatlichen, also des bürgerlichen Gesetzes darstellt. Dieses subjektive Recht ist – und anders lässt es sich tatsächlich nicht denken, wenn man die hobbesschen anthropologischen Voraussetzungen macht – das Recht des »Wolfes«, welcher der Mensch im Naturzustand seinen Mitmenschen ist. Der Staat beruht weder auf der Gewährung noch auf der Gewährleistung dieses Rechts, sondern darauf, dass die Menschen auf seine Ausübung *verzichten*

und auf gegenseitigen Vertrag von »Wölfen« zu Bürgern
werden.

Erst unter dieser Voraussetzung lässt sich nun aber das
zentrale, die gesamte Struktur der hobbesschen Theorie
bestimmende Problem überhaupt nachvollziehen, zu dessen Lösung seine Konzeption der Souveränität und seine
Zuordnung von Politik und Ethik gebildet worden sind.
Denn wenn es keinerlei vorstaatliche Verpflichtung des
Herrschers gibt, auf Grund derer die Bürger ihm gegenüber ihre Rechte geltend machen können, dann stellt sich
die Frage, wodurch denn die Bürger, wenn sie den allein
zur Wahrung ihrer Rechte gebildeten Staat gegründet haben, noch vor seiner absoluten Macht geschützt sind. Mit
dem Prinzip: »*authoritas, non veritas facit legem*« stellt
sich dieses Problem in voller Schärfe. Denn das staatliche
Gesetz ist durch keinerlei höhere Rechtsinstanz in Frage
zu stellen. Es gilt, sobald es vom Souverän formal korrekt
beschlossen und bekannt gemacht worden ist, allein kraft
Setzung (L 26,207). Jeder Versuch, seine Geltung noch
von den ethischen Auffassungen der ihm unterworfenen
Bürger abhängig zu machen, würde in den Bürgerkrieg
führen. Insofern teilt Hobbes die für den Rechtspositivismus charakteristische Abscheu vor der Relativierung der
Geltung des staatlichen Gesetzes. Aber seine Position ist
trotzdem nicht rechtspositivistisch. Sie wäre es nur, wenn
er zwischen natürlichem Recht und bürgerlichem Gesetz
keine Vermittlungsgröße zulassen würde. Eben diese Rolle aber spielt, ungeachtet der strikten Komplementarität
zum natürlichen Recht, die Denkfigur des »natürlichen
Gesetzes«.

Der Staat entsteht nach Hobbes nicht *aus* der Natur des
Menschen, sondern *wegen* ihr, das heißt zu ihrer Bändigung. Durch die Errichtung einer Verfassung und eines
Systems bürgerlicher Gesetze treten die Menschen aus
dem Zustand des Krieges aller gegen alle, der immer sofort nach dem Zusammenbruch von Staatsmacht wieder

hervortritt, in einen Zustand des friedlichen Zusammenlebens über, den sie rechtmäßig nie wieder verlassen können. Zum Frieden kommt es auf Grund der Gleichheit der Menschen, die letztlich darin besteht, dass jeder Angst davor haben muss, von anderen getötet zu werden – und sei es nur, weil er schlafen muss und es Hinterlist und Bündnisse gibt (L 13,94; *De cive* 1,3). Weil es diese letzte Angewiesenheit aufeinander gibt, ist der Übertritt in den Zustand des bürgerlichen Friedens dem Menschen trotz seiner natürlichen Aggressivität möglich. Allerdings wäre es aussichtslos, auf diesen Zustand zu hoffen, wenn es nicht bestimmte *Eigenschaften* des Menschen gäbe, die friedensförderlich sind und über deren Durchsetzung gegen die ihnen entgegenstehenden Kräften gerade nicht die Natur entscheidet.

Zu diesen »Eigenschaften« rechnet nun Hobbes ausdrücklich die Billigkeit, die Dankbarkeit und alle moralischen Tugenden bis hin zur Gerechtigkeit. Hier (L 26,205) tauchen die Grundelemente der vorneuzeitlichen Ethik, die Tugenden, als Triebkräfte politischer Ordnung in seinem System auf, allerdings unter einer ganz bestimmten Voraussetzung. Denn diese guten Eigenschaften stehen für Hobbes neben den schlechten, die zum Krieg aller gegen alle führen, und es hat keinen Sinn, den Menschen für seine Eigenschaften zu tadeln oder zu loben, da sie doch alle zu seiner Natur gehören. Tadel und Lob werden erst sinnvoll, wenn es gelingt, die friedensfördernden Eigenschaften so umzuwandeln, dass sie vom Menschen verlangt, *eingefordert* werden können. Und diese Umwandlung kann nur der Machthaber leisten, der aufgrund seines politischen Willens einen Friedenszustand herbeizwingt. Der Ausdruck dieses Friedenszustands sind die Gesetze seines Staates, und sie allein geben Menschen das *Recht*, von anderen Menschen zu verlangen, was sie zu tun und was sie zu lassen haben. Durch das *bürgerliche Gesetz* und seinen Zwang *werden* die friedensfördernden Eigenschaften des

Menschen zu natürlichen *Gesetzen*, werden sie also zu dem, *worauf wir uns*, wenn wir das bürgerliche Gesetz anwenden, *über es hinaus berufen dürfen*. Es muss erst einmal Frieden herrschen, dann und nur dann zeigt sich, *warum die Menschen dazu verpflichtet sind, ihn zu halten*. Mit dem politischen Willen und der faktischen Macht, den Frieden vermöge monopolisierter Gewaltausübung durchzusetzen, würde auch das Recht erlöschen, von Menschen Friedfertigkeit zu verlangen. Insofern – und das ist die ganz eigene Pointe der hobbesschen Aufnahme des uralten Topos der *lex naturalis* – decken sich natürliches und bürgerliches Gesetz: »Das Gesetz der Natur und das bürgerliche Gesetz schließen sich gegenseitig ein und sind von gleichem Umfang. [...] Bürgerliches und natürliches Gesetz sind keine verschiedenen Arten, sondern verschiedene Teile des Gesetzes, wobei der eine – geschriebene – Teil bürgerlich, der andere – ungeschriebene – natürlich genannt wird.« (L 26,205)

Dass es ein natürliches Gesetz gibt, ändert nach Hobbes nichts an der positivistischen Konstitution des bürgerlichen Gesetzes: An dessen Geltungskraft ist, wenn es einmal erlassen ist, mit ethischen Erwägungen nicht zu rütteln. Wer es ändern will, muss sich auf den politischen Weg seiner Ersetzung durch ein anderes Gesetz machen. Aber mit der Denkfigur des natürlichen Gesetzes wird die Einsicht festgehalten, dass das positive Gesetz zwar Grund seiner *Geltung*, aber nicht seines *Inhalts* ist. Die natürlichen Gesetze sind für Hobbes die Maßstäbe, nach denen wir zu fragen haben, wenn es darum geht, *welche* positiven Gesetze wir brauchen. Es handelt sich bei ihnen nicht um einen Normenkatalog, der zu den bürgerlichen Gesetzen in Konkurrenz stünde, sondern um die *bürgerlichen Gesetze selbst, insofern sie ihren Sinn erfüllen*. Das ist der präzise Sinn der Konstruktion, wonach das bürgerliche und das natürliche Gesetz einander vollständig ausschließen (als geschriebener und ungeschriebener Teil) und trotzdem miteinander zusammenfallen. Hier stoßen wir wieder auf das in seiner Vorstellung von Natur und Kultur niedergelegte *paradoxe* Grundverhältnis der Definition des Menschen bei Hobbes. Die *Gesetze*, die es dem Menschen erlauben, auf die für ihn spezifische Weise mit seinen natürlichen Anlagen umzugehen, *werden* zu eben diesen, also zu *Natur*gesetzen, durch einen nicht aus ihnen ableitbaren und insofern *kulturellen* Akt.

Dieses paradoxe Grundverhältnis bildet die entscheidende Schwelle, über die im hobbesschen Modell die antike Idee des guten Staates als des Wächters der gerechten Ordnung in die Neuzeit hinübergleitet. An sich unterliegt der Souverän als solcher keiner Forderung nach Gerechtigkeit, denn Gerechtigkeit besteht nach Hobbes in nichts anderem als in der Einhaltung von Verträgen (L 15,113). Verträge aber gelten erst, wenn es bürgerliche Gesetze gibt. Vor schrankenloser Willkür des Staates schützt uns somit nur das eine zentrale Postulat, *dass eben der Souverän seine Herrschaft über uns verliert, wenn er uns nicht mehr schützen kann*. Die Pointe des ganzen hobbesschen Modells der »natürlichen Gesetze« besteht nun eigentlich darin, dass der Souverän gezwungen ist, *unsere* Frage, wie *wir* vor seiner potenziellen Allmacht geschützt sind, *sich selbst* als die Frage zu stellen, wie *er* sich seinerseits vor der Gefahr, sein Herrschaftsrecht über uns zu verlieren, schützen kann. Hobbes stellt sie als die Frage nach der »Sicherheit des Volkes«, und seine Antwort ist ethisch ungleich aufgeladener als man sich nach den betont »realistischen« und szientistischen Ausgangspositionen der Theorie vorgestellt hätte. Denn durch diese systematisch grandios eingebaute Hintertür kommt die alte Unterscheidung zwischen gerechter und ungerechter Herrschaft auch ins Gebäude des modernen Staatsmodells herein:

»Die Sicherheit des Volkes verlangt [...] von demjenigen oder denjenigen, die die souveräne Gewalt innehaben, daß alle Schichten des Volkes gleichermaßen gerecht behandelt werden [...]. Denn darin besteht die Billigkeit, der ein Souverän ebenso unterworfen ist wie einer der Geringsten aus seinem Volk, da sie eine Vorschrift des natürlichen Gesetzes ist.« (L 30,262)

Die Frage, wann und bis wohin der Staat uns schützen kann, beantworten eben *die natürlichen Gesetze*, von denen hier die Rede ist. In demselben Geschehen, in dem der Souverän die absolute Macht ergreift, führt er notwendig das aus machtlosen Gegebenheiten in Zwangsgesetze über, was uns allein vor seiner Macht zu schützen vermag. Was ist das? Im 14. und 15. Kapitel des *Leviathan* erhalten wir die Antwort.

Das erste natürliche Gesetz, das Hobbes nennt, ist einer der simpelsten und zugleich tiefsten Sätze der politischen Philosophie. Frei übersetzt lautet er: *Halte den Frieden, solange du ihn haben kannst, doch wenn du kämpfen musst, dann kämpfe mit allen Mitteln* (vgl. *De cive* 2,2). Mit diesem Gesetz ist die letzte Begründung des modernen Staates formuliert. Der Frieden, den er seinen Bürgern gewährleistet, ist sein oberstes Gebot; kann er ihn uns nicht mehr sichern, verliert er seine Legitimation. Das ist letztlich die Ursache, warum die radikalste Infragestellung des modernen Staates konsequent zum Terrorismus führt. Man kann diesen Staat nicht moralisch delegitimieren, denn er stützt sich auf kein moralisches Prinzip. Nur indem man zeigt, dass er unfähig ist, seine Bürger vor dem gewaltsamen Tod zu schützen, kann man seine eigentliche Legitimität in Frage stellen, und eben das ist das Prinzip des Terrorismus. Darum auch darf der Staat nur zu einem Zweck das Opfer seiner Bürger fordern, nämlich zu dem, die Ordnung zu erhalten, die sie alle vor dem gewaltsamen Tod zu schützen vermag. Der Gehorsam gegen den Staat und die Respektierung seines absoluten Gewaltmonopols sind die unrelativierbare Voraussetzung seiner Legitimierbarkeit, ganz unabhängig von der Frage nach seiner Regierungsform. Der demokratische Staat muss sie ebenso fordern wie die absolute Monarchie.

Das zweite natürliche Gesetz hat im Kern die Goldene Regel zum Inhalt.

> »*Jedermann soll freiwillig, wenn andere ebenfalls dazu bereit sind, auf sein Recht auf alles verzichten, soweit er dies um des Friedens und der Selbstverteidigung willen für notwendig hält, und er soll sich mit soviel Freiheit gegenüber anderen zufrieden geben, wie er anderen gegen sich selbst einräumen würde.*«   (L 14,100)

Das heißt, der Bürger behält eine Rechtssphäre, die im Kern durch Freiheit bestimmt ist, und die er nur einschränkt, damit der Staat entstehen kann. Eine legitime bürgerliche Ordnung entsteht dadurch, dass das vorstaatliche Recht des Menschen gebrochen, aber nicht vernichtet wird. Dieser Bruch setzt voraus, dass die Menschen die Macht, die hinter ihrem naturwüchsigen Recht auf alles stand, aufgeben und sie auf den Souverän übertragen, der durch diese Machtübertragung erst entsteht (L 17,134). Die Macht des Souveräns ist die ihm von uns unwiderruflich übertragene Wolfsmacht; aber daraus folgt gerade nicht, dass das Recht, auf dem er beruht, das Wolfsrecht wäre, das wir im vorstaatlichen Zustand hatten. Das vorstaatliche Recht wurde, wie Hobbes im 28. Kapitel des *Leviathan* ausdrücklich hervorhebt, dem Staat »nicht übertragen« (237).[6] Es wurde ihm zwar notgedrungen

---

6 Dies ist auch eine Klarstellung gegenüber der missverständlichen Passage im 15. Kapitel (110), bei der die Worte »auf einen anderen« sich auf andere Individuen beziehen und nicht auf den Souverän. (Vgl. hierzu auch Kap. 17,134 und 18,137, wo Hobbes klarstellt, dass ich auf den Staat nur das »Recht mich zu regieren« und das »Recht meine Person zu verkörpern« übertragen kann, nicht jedoch das Recht auf alles, das es nach der Logik seines Modells in Bezug auf einen Souverän überhaupt nicht geben kann.)

»überlassen«, dies aber in den »ihm durch das natürliche Gesetz gezogenen Grenzen« (ebd.), die ja, sobald er existiert, mit den positiven Gesetzen umfangmäßig zusammenfallen. Der Souverän ist bei Hobbes nicht der Verwalter, sondern der Überwinder des Rechts des Stärkeren. Er hat es nicht gegen die Individuen seinerseits zu organisieren, sondern er hat es auf Grund der ihm von den Individuen übertragenen Macht, mit der sie sich selbst eingeschränkt haben, aus den menschlichen Verhältnissen zu verbannen. Er kann sich also nicht auf die vorgesetzliche Sphäre berufen, weder in der für uns gefährlichen Hinsicht, dass er unser Wolfsrecht gegen uns wenden könnte, noch in der Weise, wie sie in der antiken Theorie angenommen worden war, nämlich indem er sich auf vorgesetzliche sittliche Verhältnisse stützt. Auf *etwas* Vorgesetzliches allerdings muss er zurückgehen, und darum bilden die natürlichen Gesetze, wie Hobbes sie weiter beschreibt, doch die Anknüpfung an den Naturrechtsgedanken.

Das dritte natürliche Gesetz (L 15,110) formuliert bereits einen der klassischen Inhalte des Naturrechts: *pacta sunt servanda*. Hier tritt nun schon eine Wendung gegenüber dem Prinzip ein, wonach der Souverän an Gerechtigkeit, wenn diese im Halten von Gesetzen besteht, nicht gebunden sein könne. »Gerechtigkeit, das heißt Erfüllung von Verträgen und jedem das Seine geben«, heißt es nun plötzlich im 26. Kapitel des *Leviathan*, »ist eine Anordnung des natürlichen Gesetzes«. Mit dem Modell ist das nur in Einklang zu bringen unter der Präzisierung, dass die natürlichen Gesetze freilich keine Gesetze sind, sondern solche erst werden, »wenn einmal ein Staat errichtet ist, [...] nicht vorher, da sie staatliche Befehle und so auch bürgerliche Gesetze sind« (L 26,205). Der Widerstand gegen die Staatsgewalt ist *per definitionem* ungerecht. Der Friede ist gebunden an die existierenden Institutionen, die Revolution ist *per definitionem* unmenschlich. Umgekehrt aber gilt: Die Gesetze, die die Menschen sich machen, werden unter Bedingungen des politischen Friedens als die Gesetze konstituiert, die ihrer Natur entsprechen und die einen Zustand herbeiführen, der es wert war, gesetzlich gesichert zu werden. Was immer dem Machthaber an Begrenzungen auferlegt ist, es wird neben den institutionellen Vorkehrungen von den Eigenschaften abhängen, die Menschen überhaupt dazu befähigen, in einer Friedensordnung zusammenzuleben. Auf diese Eigenschaften, nicht auf vorgesetzliche Verhältnisse im aristotelischen Sinne, muss sich nun der Souverän nach Hobbes stützen.

Das zeigt sich in den folgenden natürlichen Gesetzen, mit denen Hobbes zunächst an die vormodernen Tugendkonzepte anschließt. Das vierte Gesetz befiehlt uns *Dankbarkeit*, das fünfte *Entgegenkommen* gegen die anderen Mitmenschen, das sechste befiehlt uns die *Verzeihung* früherer Angriffe, sofern der Angreifer Reue zeigt, das siebte den *Verzicht auf Rache* und das achte schließt *Beleidigung* aus. Das neunte allerdings, das Gesetz gegen *Hochmut*, führt den unrelativierbaren Bruch mit der antiken und mittelalterlichen Herrschaftstheorie herbei: »*Jedermann soll den anderen für Seinesgleichen von Natur aus ansehen.*« Dass es Menschen gibt, die zum Herrschen und andere, die zum Dienen geboren sind, das war – nach Hobbes' nicht ganz korrekter Bezugnahme auf Aristoteles[7] – das Prinzip der vorneuzeitlichen Staatslehre. »Dies widerspricht« aber, so Hobbes, »nicht nur der Vernunft, sondern auch der Erfahrung. Denn es sind nur wenige so dumm, dass sie sich nicht lieber selbst regieren als von anderen regieren lassen würden […]. Und wenn deshalb die Natur die Menschen gleich geschaffen hat, so muss diese Gleichheit anerkannt, oder aber, wenn die Natur Men-

---

7 Immerhin sind die Bürger nach Aristoteles diejenigen, die Herrschen *und* Gehorchen lernen müssen, das Gehorchen freilich nur gegenüber ihresgleichen; vgl. Aristoteles, *Politik* 1277b und oben Kap. 3a.

schen ungleich geschaffen hat, die Menschen sich jedoch
für gleich halten und nur zu gleichen Bedingungen in den
Friedenszustand eintreten wollen, diese Gleichheit ein-
geräumt werden.« (L 15,118) Es folgen noch weitere Gesetze, die Hobbes schließlich mit allen unter dem einen
Satz der Goldenen Regel zusammenfasst: »*Füge einem anderen nicht zu, was du nicht willst, dass man dir zufüge.*«
(L 15,120 f.)

Was sind das nun für merkwürdige Gesetze, die nach
Hobbes in seinem Modell vorgegebener Definition keine
Gesetze sein können, bevor sie nicht in die bürgerlichen
Gesetze eingehen? Im 15. Kapitel des *Leviathan* fasst
Hobbes sie zusammen als: Gerechtigkeit, Dankbarkeit,
Bescheidenheit, Billigkeit und Mitleid. Das heißt – *die
Tugenden.* Den natürlichen Gesetzen zu folgen, so seine Definition, ist Tugend, das Gegenteil davon Laster
(L 15,122). Die natürlichen Gesetze sind »unveränderlich
und ewig, denn Ungerechtigkeit, Undankbarkeit, Anma-
ßung, Hochmut, Unbilligkeit, Begünstigung und anderes
mehr können niemals rechtmäßig gemacht werden« (121,
vgl. L 26,218). Es sind also unveränderliche Gesetze, die
doch keine Gesetze sind, so lange es keinen Staat gibt. Wie
geht das zusammen? Nun, es geht zusammen in der entscheidenden Wendung und Präzisierung, die dem Naturrechtsgedanken dadurch gegeben wird, dass Hobbes ihn
mit dem Gedanken der notwendigen Selbstbegrenzung
des *bürgerlichen Gesetzes* verbindet. »Unter *bürgerlichen
Gesetzen* verstehe ich Gesetze, zu deren Beachtung die
Menschen nicht deshalb verpflichtet sind, weil sie Glieder
dieses oder jenes besonderen Staates, sondern überhaupt
eines Staates sind.« (L 26,203) Diese entscheidende Stelle
sagt also sehr wohl, dass der Souverän, obwohl er alles
kann, doch seiner Natur nach niemals alles darf, sondern
durch die zentralen Voraussetzungen begrenzt ist, aufgrund derer die Menschen überhaupt einen Staat bilden.
An dieser Stelle setzt sich der klassische Gedanke der »be-

fehlenden Vernunft«, des *dictamen rationis* in die neuzeitliche Staatstheorie hinein fort. Denn die natürlichen Gesetze sind die Verbindung zwischen den »friedensfördernden Eigenschaften« der Menschen, die von ihrer Natur
her dem Krieg aller gegen alle entgegengerichtet sind, und
jener Kraft, die uns in den Staat hineinbringt und durch
ihn hindurch unsere Natur verwandelnd wirkt: der Vernunft.

Der entscheidende Schritt, mit dem Hobbes die natur-
rechtliche Tradition in ein Modell integriert, das ihrem ursprünglichen philosophischen Umfeld an sich entgegengesetzt ist, besteht in der *Trennung zwischen der abstrakten
Souveränität als theoretischer Figur und ihren konkreten
Repräsentanten.* Nicht die absolute Souveränität des Staates, aber alle Personen, die in ihrem Namen handeln, haben sich vor dem Willen der Bürger, der diesen Staat gegründet hat, zu verantworten. *Die natürlichen Gesetze
sind die bürgerlichen Gesetze, insofern sie das beinhalten,
was jeden Staat vor den in ihm lebenden Menschen legitimiert.* Hier liegt eine entscheidende, von Hobbes unaus-
drücklich seinem ganzen Modell zugrunde gelegte Differenz zwischen Individuum und Staat, die umso größere
Tragweite hat, als er ansonsten die Parallelen zwischen
beiden nicht genug betonen kann. Für den Staat gilt etwas
von Natur aus, das für den Menschen nur gilt, wenn und
sobald es Staaten gibt: *Er darf nicht alles, was er kann.*
Der Staat, der gegen die natürlichen Gesetze verstößt, verstößt gegen die Bedingungen seines Überlebens. Und das
hat wesentlich damit zu tun, dass der Staat seine Einheit,
damit seine Existenz im Gegensatz zum Individuum
durch ein Verhältnis erlangt, welches eine Differenz zwischen Können und Dürfen begründet, nämlich durch *Repräsentation.*

Insofern ist das Wort »Souverän« doppeldeutig: Es bezeichnet die omnipotente, in der Wurzel ihres Willens un-
fassbare und unkorrigierbare politische Gewalt, die das

absolute Gewaltmonopol in den menschlichen Beziehungen ausübt, aber zugleich den oder die Vertreter, die Repräsentanten, in deren Handeln allein sie real werden kann und deren Wille jederzeit auf den Willen der Menschen zurückgezogen werden muss, denen seine oder ihre Einsetzung verdankt ist. »Die *Aufgabe* des Souveräns, ob Monarch oder Versammlung«, so Hobbes im Kapitel über die »Aufgabe der souveränen Vertretung«,

>»ergibt sich aus dem Zweck, zu dem er mit der souveränen Gewalt betraut wurde, nämlich der Sorge für die *Sicherheit des Volkes*. Hierzu ist er kraft natürlichen Gesetzes verpflichtet, sowie zur Rechenschaft vor Gott, dem Schöpfer dieses Gesetzes, und nur vor ihm. Mit ›Sicherheit‹ ist hier aber nicht die bloße Erhaltung des Lebens gemeint, sondern auch alle anderen Annehmlichkeiten des Lebens, die sich jedermann durch rechtmäßige Arbeit ohne Gefahr oder Schaden für den Staat erwirbt.« (L 30,255)

Dieser chamäleonartige Begriff der »Sicherheit des Volkes«, der im 30. Kapitel des *Leviathan* so unvermittelt eingeführt wird, stellt keineswegs eine Hilfskonstruktion dar, sondern er ist in der politischen Logik des Kontraktualismus fest verankert. Es wäre ja eben alles andere als rational, wenn die Menschen ihre natürliche Handlungsmacht zum Zweck der Sicherung ihres Lebens gegenseitig einschränken würden, nur um einen Machthaber einzusetzen, der ihre Sicherheit dann noch viel radikaler bedrohte als alle natürlichen Feinde. Die natürlichen Gesetze begründen also das *vernünftige Vertrauen* der Bürger in die Fähigkeit der Vertreter der souveränen Gewalt, sich zu den Überlebensbedingungen ihrer Herrschaft in ein rationales Verhältnis zu versetzen, dessen Reflex dann die Verpflichtung zur Wahrung der »Sicherheit des Volkes« darstellt. Damit hat Hobbes den Ort markiert, an dem die

Legitimation des politischen Handelns von nun an immer begründet werden müssen wird: die Differenz zwischen der allmächtigen Souveränität und ihren auf das Vertrauen der Bürger angewiesenen Repräsentanten. Die Spannung von Politik und Ethik erscheint in der Dialektik, die sich aus der so fundierten Forderung ergibt.

Das legitimatorische Vakuum des modernen Rechtsstaates und seine Kompensation: Locke und Rousseau

a) *Die eudaimonistische Spur*

Mit der Bekräftigung der ethischen Grundlage des positiven Gesetzes ist die größtmögliche Annäherung des hobbesschen Modells an die ethische Tradition erreicht – und mit ihr der Punkt, an dem es seinen entscheidenden Grundgedanken, nämlich *den Kontraktualismus, ad absurdum zu führen droht*. Die ganze Pointe des Vertragsgedankens im Gegensatz zur Begründung des Staates aus der Natur des Menschen besteht ja in der These, *dass der Grund der Geltung unserer Gesetze* und also ihr Rechtscharakter gerade erst *durch die Staatsgründung entsteht*. Die Annahme, dass wir in den bürgerlichen, insofern sie den natürlichen Gesetzen entsprechen, noch die Logik repräsentiert finden, die den Menschen zum friedenswilligen Wesen gemacht hat, scheint aber notwendig auch eine Aussage über einen in der Natur des Menschen angelegten Grund des Staatsvertrags zu enthalten. Die Erklärung dafür, dass die Menschen friedenswillig geworden sind, lautet doch nun offenbar, dass sie an einem bestimmten Punkt ihrer Entwicklung die Gesetze befolgt haben, aufgrund derer sie einsehen mussten, dass das staatliche Zusammenleben ihren Interessen förderlicher ist als der chaotische Krieg aller gegen alle. Und diese natürlichen Gesetze werden jetzt auch vom Staat, wenn seine positive Gesetzgebung sich ihnen vernünftigerweise anpasst, befolgt. Mit dieser Konsequenz aber wäre *der Kontraktualismus aufgegeben*, was Hobbes klar gesehen und weshalb er sie strikt verweigert hat. Die natürlichen Gesetze mögen »an sich« ewig und unveränderlich sein, aber *als Gesetze* gelten sie erst, seit wir in den Staatszustand eingetreten sind, das heißt, sie sind Gesetze erst durch ihre Positivierung und insofern durch den Staatsvertrag. Im reinen Naturzustand sind sie, so Hobbes, gar keine Gesetze, sondern friedensfördernde Eigenschaften der Menschen bzw. »Weisungen der Vernunft« (*dictamina rationis*), die uns zum inneren Wunsch nach einem Friedenszustand »hinlenken«, aber niemandem das Recht dazu geben, einem anderen gesetzlich etwas vorzuschreiben (Vgl. L 26,205 und 15,122).

Diese Konsequenz ist für Hobbes unvermeidlich; aber mit ihr scheint nun der Akt der *Staatsgründung* hinter einem Schleier der Irrationalität zu versinken. Wenn die Tugenden oder die friedensfördernden Eigenschaften des Menschen im Naturzustand nicht hinreichend stark sind, die Gewalt der Leidenschaften zu überwinden, die den Menschen gegenüber seinesgleichen zum Wolf machen, wie kann man dann verstehen, worin die vernünftige Einsicht bestand, die uns in den Staat übertreten ließ? Die ursprünglich kontrahierende Vernunft hätte ja, um den Sinn der Überwindung des natürlichen »Krieges aller gegen alle« einsehen und den möglichen Erfolg der Einrichtung eines Staates begründen zu können, den Grund schon kennen müssen, aus dem es geboten ist, bürgerliche Gesetze zu schaffen – jenen Grund also, der durch die Schaffung dieser Gesetze erst entsteht. Sie hätte die Unterscheidung zwischen gelingendem und nicht gelingendem Zusammenleben schon machen müssen, bevor es die rationalen Kriterien dieser Unterscheidung gab. So scheint es nun vollends rätselhaft zu werden, woher sie die Weisungen, denen sich die Staatsgründung verdankt, genommen haben sollte. Die Rationalität der Staatsgründung wird *unfassbar*. Zugleich aber ist klar, dass dieses Rätsel, das an die Grenze der hobbesschen Konzeption von Politik führt, in ihr nicht ungelöst bleiben darf. Denn wenn wir keine Antwort auf die

Frage haben, warum wir mit unseren Mitbürgern in einen
gemeinsamen Staat eingetreten sind, dann bleibt das für
uns *unfassbar*, was jenseits der Zwangsgewalt uns dazu
bringt, uns an die Gesetze dieses Staates zu halten. Denn
die natürlichen Gesetze sind auch und wesentlich das, was
man später die »vertragsexternen Voraussetzungen des
Vertrages« genannt hat.[1] »Das Einhalten von Verträgen«,
so Hobbes, »ist [...] eine Regel der Vernunft [...] und folglich ein natürliches Gesetz« (L 15,113).

Bevor man die Frage diskutiert, ob und inwieweit der
hobbessche Kontraktualismus fähig ist, das Rätsel der Unfassbarkeit des Übertritts der Menschen in den bürgerlichen Zustand, vor das er sich aufgrund seiner theoretischen Fundamente notwendig gestellt sieht, noch zu lösen, muss man in jedem Fall die *Tragweite* anerkennen,
mit der er in Gestalt dieses Rätsels die Aufgabe der Ethik
unter den Bedingungen modernen Politikverständnisses
formuliert hat. Indem die Denkfigur des »natürlichen Gesetzes« die politische Gesetzgebung dazu verpflichtet, die
ethischen Bedingungen ihrer Legitimität in die positiven
Gesetze zu integrieren, verpflichtet sie *überkreuzend* die
Moralphilosophie dazu, den Anspruch auf die rationale
Begründbarkeit ethischer Forderungen in der Form gesetzlicher Bedingungen gelingenden Zusammenlebens zu
explizieren. Die Moralphilosophie ist *nach* Thomas Hobbes wesentlich *politische Philosophie* geworden; das heißt,
die Darlegung der Bedingungen gesetzlichen Zusammenlebens wandelt sich von einem *Thema* der *Anwendung*
oder wenigstens der gleichursprünglichen Ergänzung ethischer Theorie zum *Prinzip* der Moral*begründung* überhaupt. *Vernünftige Gesetzesförmigkeit des Handelns wird
zum Paradigma der Rekonstruktion eines moralischen*

---

1 Vgl. mit Bezugnahme auf Emile Durkheim die Analyse von Wolfgang Kersting, »Zur Logik des kontraktualistischen Arguments«, in: Volker Gerhardt (Hrsg.), *Der Begriff der Politik. Bedingungen und Gründe politischen
Handelns*, Stuttgart 1990, 218.

Verhältnisses des Menschen zu seinem Leben. Die beiden
Hauptvarianten der modernen Moralbegründung, die
kantische Konzeption eines logischen und die regelutilitaristische Formulierung eines hedonistischen *Universalisierungs*kriteriums der Handlungsbeurteilung, setzen als
nicht weiter ableitbare Ausgangsentscheidung, als, wie es
bei KANT heißt, »äußerste Grenze aller praktischen Philosophie« (GMdS BA 113), das Faktum voraus, dass der
Mensch sich entscheiden kann, sich als Repräsentant aller
vernünftigen Wesen zu betrachten, das heißt ein universales Gesetz zum Bestimmungsgrund seiner Handlungen
zu machen.

Die so inspirierte universalistische Mission der Ethik
hat Kant vor allem in seiner äußerst verwickelten Weise
der Reformulierung des *Person*begriffs aufgenommen.
Person zu sein heißt nach Kant, zum Kreis der Wesen zu
gehören, *vor denen* sich ein vernünftiges Wesen, *wenn* es
sich gemäß einem universalen Gesetze selbst bestimmen
will, *rechtfertigen* können muss. Denn eben hierin, im
Respekt vor dem Personsein anderer, besteht nach Kant
die Würde oder das »Vorrecht« des Menschen, das heißt:
in dem durch eine freie und unableitbare Entscheidung
selbstgesetzten Zwang, »seine Maximen jederzeit aus dem
Gesichtspunkt seiner selbst, zugleich aber auch jedes andern vernünftigen als gesetzgebenden Wesens (die darum
auch Personen heißen) nehmen zu müssen« (BA 83). Die
»moralische Person« wird in der Rechtslehre der »Metaphysik der Sitten« definiert als »nichts Anders, als die Idee
der a priori *vereinigten Willkür* Aller« (MdS AB 102).

Aber auch der große ethische Kontrahent Kants, der
Regelutilitarismus rekonstruiert Moral als Inhalt einer
freien Willensentscheidung des Individuums, sein Handeln gemäß einer *Regel* zu beurteilen, deren Verallgemeinerung das Glück der größtmöglichen Menge steigern
würde. Seine Pointe gegenüber dem *Handlungs*utilitarismus besteht gerade darin, dass die Entscheidung für diese

Regelgebundenheit des individuellen Handelns als zweites
selbständiges Grundkriterium neben das Prinzip der Nut-
zenoptimierung für alle Betroffenen tritt und nicht etwa
aus ihm abgeleitet wird. Wer ein Kind aussetzt, handelt
nach regelutilitaristischer Auffassung schlecht, weil er etwas tut, das, *wenn alle es sich zur Regel machten*, die gesellschaftliche Glücksbilanz mindern *würde*. Die Frage,
ob alle es sich *wirklich* zur Regel machen *werden*, wenn
man selbst es in einem Einzelfall tut, ist nur für den
Handlungs-, nicht für den Regelutilitaristen relevant. Der
Regelutilitarist akzeptiert als nicht weiter reduzierbares
Beurteilungskriterium des Handelns die Frage, ob, *wenn
jeder so handelte*, das Glück gemehrt und das Leid ver-
mindert *würde*. Dass man überhaupt diese Frage stellt:
was wäre, wenn jeder so handelte wie ich? ist ein Faktum,
das ethisch dann nicht mehr abgeleitet werden kann, sondern als faktische – und damit politische – Realisierungsbedingung moralischen Handelns vorausgesetzt werden
muss.

Nicht in den ethischen Implikationen des politischen,
sondern in dieser *politischen Voraussetzung des ethischen
Diskurses* liegt die eigentliche Pointe des hobbesschen
Kontraktualismus. Mit den »natürlichen Gesetzen« hat
Hobbes dasjenige an der staatlichen Ordnung bezeichnet,
wodurch es ihr nicht nur gelingt, die Bedingungen gelingenden Zusammenlebens in sich zu integrieren, sondern
in Bezug worauf sie sogar noch die Verantwortung für die
Erhaltung der Bedingungen übernimmt, unter denen der
Mensch überhaupt fähig bleibt, sein Leben als etwas zu
betrachten, um dessen Gelingen es ihm geht. Hierin, also
in einer fundamentalen Gemeinsamkeit der *Aufgabenstellung*, nicht der Lösungsidee, liegt die Verbindung zwischen dem modernen und dem vormodernen Brücken-
schlag zwischen Politik und Ethik. Die Pointe der Lehre
von den »natürlichen Gesetzen« besteht darin, dass die
Bedingungen, unter denen Menschen sich gemeinsam zu

ihrem Leben als einem möglicherweise gelingenden verhalten können, als solche interpretiert werden müssen, die
in das staatliche Gesetz transformiert werden müssen, aus
ihm jedoch prinzipiell nicht hervorgehen und ableitbar
sein können. Darum gibt es eine nicht moralische, sondern genuin *rechtliche* Sphäre, das heißt, eine solche, die in
der staatlichen Gesetzgebung ihre Konkretisierung finden
muss, die aber zugleich nicht in dieser aufgeht und insofern eine spezifisch *ethische* Sphäre bleibt. Das heißt, es ist
die Sphäre, in der sich die Legitimität des Staates wesentlich in den Formen konkretisiert, in denen er sich von den
Bürgern an das erinnern lässt, was der Sinn seiner Existenz ist und was seinen Gesetzen als deren vorgesetzliche,
aber sie zu Gesetzen erst machende und in ihnen zu re-
gelnde Bedingung unterliegt.

Der hobbessche Rechtsbegriff schließt es aus, dass man
die Erkenntnis dieser Bedingungen jemals aus einer philosophischen Theorie gewinnen könnte. Sie bleiben prinzipiell dem politischen *Streit* überlassen, und daher wird es
immer ein Vakuum geben, in dem der moderne Staat seine
Legitimität gerade in der Sphäre findet, in der die Bürger
einander über seine Legitimation *uneinig* und trotzdem
entschlossen sind, diese Uneinigkeit in ebenso über die
Legitimation dieses Staates entscheidenden Formen aus-
zutragen und *in die Einigkeit über seine Gesetze hinein zu
überführen*. Die Legitimation des modernen Rechtsstaates
vollzieht sich *im* (das heißt keineswegs: *als*) Verfahren der
unabschließbar dem politischen Streit ausgesetzten Füllung des Vakuums, welches die Denkfigur der »natürlichen Gesetze« uns lässt – also der Gesetze, die prinzipiell
erst nach Staatsgründung und nach Erlass von positiven
Gesetzen Verbindlichkeit erlangen und sich insofern im
durch sie herbeigeführten Gelingen des Staatslebens rechtfertigen. Das legitimatorische Vakuum ist nicht das letzte
Wort, aber es ist auch durch kein Machtwort überwindbar. Das Umgehen mit ihm entscheidet über die Kunst des

modernen Staates, die Bedingungen seiner Legitimation in
seinen Gesetzen und durch deren Entwicklung in sich zu
wahren. Die moderne Ethik aber hat einen ihrer wesent-
lichsten Bestimmungsfaktoren darin, dass sie *in diesen
Streit eingetreten* – oder, wenn man so will: von Hobbes
in ihn hineingezogen worden – ist.

Der Streit um die Füllung des so gelassenen legitimatorischen Vakuums bestimmt die Auseinandersetzung um
die ethische Legitimation des modernen Staates. *Die Frage, wie der Staat den Grund, aus dem oder um dessentwil-
len die Menschen in ihm leben, in seinen Gesetzen zur
Geltung zu bringen hat, wird zur entscheidenden Vermitt-
lungsfrage zwischen Politik und Ethik.* Wo sie nicht gestellt wird, ist der ethische Standpunkt entweder zugunsten rein politischer Akzeptanzerwägungen suspendiert
oder eine vormoderne Form der Legitimation politischen
Zusammenlebens intendiert. Im spezifisch modernen Sinne wird somit die Ethik in Form einer Frage politisch relevant, die sich nicht durch eine Theorie, sondern allein in
der Verständigung der Bürger und damit in der politischen Auseinandersetzung *beantworten* lässt; dass sie freilich überhaupt beantwortet werden *muss,* dass sie also im
politischen Raum *gestellt* wird: Dies zu begründen ist der
inhaltliche Kern und es zu erreichen die prinzipielle Verantwortung der ethischen *Theorie* im modernen Staat.

Wenn die Zuordnung zwischen natürlichem und bürgerlichem Gesetz im Sinne Hobbes' ernst genommen
wird, darf man nicht erwarten, dass diese Frage, warum
wir in dem Staat, in dem wir leben, leben wollen und leben sollen, jemals außerhalb des genuin politischen Berei-
ches abschließend beantwortet werden könnte. Genau das
ist unmöglich, *wenn die Gesetze, die uns zum Eintritt in
den Staat veranlassen, vor diesem Eintritt keine Gesetze
sind.* Wenn das richtig ist, dann werden die Erfahrungen,
die der Mensch innerhalb seines Staates macht, immer erst
mit darüber entscheiden, was er als Sinn seines Eintritts in

diesen Staat entdecken und lernen kann. Will man aber
das, was er dabei *erst* entdeckt, den staatlichen Gesetzen
schon zugrunde legen, bevor und indem man sie macht,
dann muss man unweigerlich darüber, was der Mensch als
den Sinn seines Lebens und seines Zusammenlebens mit
anderen betrachtet, eine Aussage treffen, bevor er diese
Aussage selbst bestätigen kann. Und hierin liegt die eudaimonistische, das heißt die Spur, die der vormoderne *objektive Glücksbegriff* auch in den Bedingungen des modernen Staates und in der diese formulierenden ethischen
Theorie hinterlassen hat. Hierin auch gründet letztendlich
die ethische Qualität der Parteien, die den politischen Willen und die Entwicklung des modernen Staates prägen. Sie
machen Aussagen über den Sinn des Zusammenlebens,
den die Menschen in dem Staat, der ihnen die private Entscheidung über den Sinn ihres individuellen Lebens prinzipiell überlässt, suchen werden und suchen müssen, damit dieser Staat sich vernünftig den Forderungen seiner
Bürger anpassen kann.

Das *demokratische* Prinzip besteht darin, dass sie selbst
ihre Aussagen über diesen Sinn wieder dem Urteil der
Bürger zur Überprüfung geben müssen. Aber die aus diesem Prinzip selbst nicht mehr ableitbare *ethische* Grund-
komponente auch der demokratischen Politik hat ihren
Kern darin, dass die an die repräsentative Stellung im Staat
drängenden Kräfte an der Antizipation dessen, was der
Bürger über den Sinn seines staatlichen Lebens sagen
wird, nicht vorbeikommen dürfen. Die ethische Mindestforderung an den demokratischen Rechtsstaat ist, dass in
seiner Gesetzgebung die Kräfte wirksam werden müssen,
die seine Bürger dazu veranlassen und befähigen, sich die
Frage vorzulegen, warum sie eigentlich als Menschen, deren Leben einen verantwortbaren Sinn hat, gerade in ihm
zusammenleben und weiter zusammenleben wollen. Diese
Mindestforderung hat eine notwendige Implikation, nämlich die, dass sich die Parteien im Ringen um die demokra-

tische Gesetzgebung darüber einig sind, *dass* es einen solchen Sinn gibt; sie impliziert aber gerade *nicht*, dass sich
diese Einigkeit der Parteien in Form einer mit Wissensan-
spruch auftretenden Theorie zu realisieren hätte. Sie stellt
sich vielmehr ein in der *Uneinigkeit* darüber, worin dieser
Sinn besteht. Wo die Differenzen verschiedener Parteien
sich noch als Differenzen hinsichtlich dessen verstehen
lassen, was die Regierten von der politischen Ordnung als
deren notwendigen Beitrag zu den Gelingensbedingungen
ihres Lebens erwarten, dort gibt es eine ethisch identifi-
zierbare Dimension politischer Programmatik.

b) *Die Denkfigur der vorstaatlichen »Grundrechte«*

Die für unser heutiges Verständnis von der Legitimation
des Rechtsstaates ausschlaggebende Idee der »Grundrechte«, die durch die politische Ordnung nicht »gewährt«,
sondern »gewährleistet« werden, hat sich wesentlich in
einem Verfahren der denkerischen Trivialisierung des verwickelten hobbesschen Modells herausgebildet; diese Trivialisierung ist vor allem John LOCKE zu verdanken. In
dem Maße, in dem er die philosophische Substanz des
Kontraktualismus simplifiziert hat, hat er geschichtlichen
Weltruhm erlangt und ist zum »geistigen Vater der neuzeitlichen Repräsentationssysteme«[2] geworden.

Bei Locke vermischen sich die beiden Sphären wieder,
deren Trennung die Pointe des hobbesschen Modells gebildet hatte, nämlich den Naturzustand und das natürliche
Gesetz. »Im Naturzustand herrscht ein natürliches Gesetz, das für alle verbindlich ist«, heißt es im *Second Trea-
tise of Government* von 1690. Im folgenden Satz identifi-

---

2 Wolfgang Nonnenmacher, *Die Ordnung der Gesellschaft. Mangel und
Herrschaft in der politischen Philosophie der Neuzeit: Hobbes, Locke,
Adam Smith, Rousseau*, Weinheim 1989, 72.

ziert Locke zwar dieses Gesetz mit der Vernunft (»Reason, which is that Law [...]«[3]), die alle Menschen lehrt, »wenn sie sie nur um Rat fragen wollen, daß niemand einem anderen, da alle gleich und unabhängig sind, an seinem Leben, seiner Gesundheit, seiner Freiheit oder seinem Besitz Schaden zufügen soll«. Aber die Frage, aus der die ganze Originalität wie Problematik des hobbesschen Modells entspringt, nämlich *die Frage nach dem Grund, aus dem die Menschen auf die Weisung der Vernunft hören,* ist für Locke von vornherein beantwortet.

> »Alle Menschen nämlich sind das Werk eines einzigen allmächtigen und unendlich weisen Schöpfers, die Diener eines einzigen souveränen Herrn, auf dessen Befehl und in dessen Auftrag sie in die Welt gesandt wurden. Sie sind sein Eigentum, denn sie sind sein Werk, von ihm geschaffen, daß sie solange bestehen, wie es ihm gefällt, nicht aber, wie es ihnen untereinander gefällt.« (2. Abh. § 6,6 f.)

Darum also, weil schon im Naturzustand keinem von uns das Recht zusteht, darüber zu entscheiden, wie lange ein anderer existieren soll, verbietet uns der Staat, wenn wir in ihn eingetreten sind, das Töten – womit die Pointe des hobbesschen Modells ins Gegenteil verkehrt ist.[4] Die philosophische Brisanz der hobbesschen Naturzustandsidee löst sich in Luft auf, indem Locke eben nicht den Verzicht der Individuen auf das »natürliche Recht«, sondern den auf ihre »natürliche Macht« als die Konstitutionsbedingung der Staatsordnung postuliert (2. Abh. § 87,65).

Lockes Folgerungen bestehen freilich in ganz ähnlichen Normen wie bei HOBBES; nur entstehen sie nicht erst

---

3 John Locke, *Two Treatises of Government*, hrsg. von P. Laslett, Cambridge University Press 1966, 289.
4 Weshalb nach Locke auch im Naturzustand schon rechtmäßig gestraft wird, vgl. 2. Abh. § 12,11.

durch den Staat, sondern fordern schon seine Errichtung und begründen ihn somit auch, und zwar *theologisch*. Gewiss ist »theologisch« hier nicht so zu verstehen, als würde Locke sich mit seiner gesamten Theorie auf Offenbarung stützen. Aber es ist doch so, dass er ein bestimmtes Bild von der sozialen Natur des Menschen auf Intuitionen gründet, die er, wenn er nicht auf Gott zurückgreifen würde, als unableitbare Basis seiner Folgerungen hinstellen und zu erkennen geben müsste. Insofern sagt Kersting, hier wirkten, wie auch an anderen Stellen des lockeschen Werks »in geradezu mittelalterlicher Eintracht das Natürliche, das Vernünftige und Gottes Willen zusammen […], um das Richtige zu bestimmen«.[5] Wenn es überhaupt philosophisch fruchtbar sein soll, sich mit Lockes System zu beschäftigen, muss man versuchen, die Intuitionen, von denen er in dieser theologischen Wendung ausgeht, herauszuarbeiten.

Nach Locke haben die Menschen im vorstaatlichen Zustand vollkommene Freiheit und vollkommene Gleichheit, woraus die Rechte auf Freiheit und Selbstbestimmung, auf Gleichbehandlung und auf Eigentum sowie darauf folgen, sich herrenloses Gut einseitig ohne die Zustimmung der anderen Menschen unter einer bestimmten Voraussetzung anzueignen. Besonders diese letzte Voraussetzung ist entscheidend, um die Intuitionen Lockes zu erkennen: Es handelt sich um das Postulat, dass man sich das, was einem gehört, durch nutzungsorientierte Bearbeitung aneignet. Es ist nicht ein abstraktes Verhältnis, sondern eine konkrete Leistung, durch die der Mensch Eigentum erwirbt, eben *die Arbeit*. (2. Abh. §31,25) Aus dieser Grundidee folgt eigentlich ganz natürlich die Annahme des objektiven Preises einer Ware, die dann noch Adam SMITH übernommen hat und die in MARX' Theorie des

---

5 Wolfgang Kersting, *Die politische Philosophie des Gesellschaftsvertrages*, Darmstadt 1994, 111.

Mehrwertes zentrale Bedeutung gewonnen hat.[6] Es folgt
daraus auch die merkwürdige These, dass der Mensch Ei-
gentümer seiner eigenen Person sei (2. Abh. §44,35). Er
wird zu der Ware, als die ihn später dann Marx durch den
Kapitalismus gemacht sah, nach Locke schon im Verhältnis zu sich selbst.

Entscheidend ist auch die Intuition, dass der Staat seine
Legitimation für Locke nicht aus der Überwindung und
Verbannung des ursprünglichen Rechts der Individuen
hat, sondern eher aus seiner Verwaltung. So wie er ihre
Strafgewalt, die sie auf Grund des »natürlichen Gesetzes«
schon im Naturzustand haben, von ihnen übernimmt und
gewissermaßen organisiert, so übernimmt er auch das sie
alle antreibende Interesse, das ihnen von Natur aus eignet,
nämlich: durch Zusammenwirken ihre Freiheit und ihren
Wohlstand zu vergrößern. Er wird damit indirekt zum
Agenten ihres Strebens nach Glück. Was den Staat legitimiert, ist letztendlich seine Übernahme der Kooperations-
bereitschaft und der rationalen Nutzenkalkulation arbeits-
fähiger Individuen, die an ihrem wirtschaftlichen Erwerb
und der Steigerung ihrer Lebensqualität interessiert sind.
Politische Gesellschaft kann es, so Locke, nicht geben,
»ohne daß es in ihr eine Gewalt gibt, das Eigentum zu
schützen und zu diesem Zweck die Überschreitungen aller, die dieser Gesellschaft angehören, zu bestrafen [...]«
(2. Abh. §87,65). Zwar gehören zum »Eigentum« in diesem Sinne außer dem Besitz auch Leben und Freiheit (vgl.
ebd.), aber eben damit postuliert Locke normativ orientierende Strukturen, die der Staat zu schützen und also
offenbar aus dem Naturzustand schon zu übernehmen
hat. Es wäre sonst auch nicht einzusehen, warum Menschen, von denen Locke sagt, dass sie das Gesetz der Natur zwar klar verstehen, aber durch ihr Interesse beeinflusst nicht zu akzeptieren fähig sind (§124,96), im Staat

6 Vgl. unten Kap. 11a.

sich an die Gesetze halten sollten und warum sie überhaupt ihr Interesse darauf richten sollten, in einen Staat
überzutreten.

Letztlich muss Locke *die Gesellschaft* als diejenige Instanz postulieren, in der die Voraussetzungen für die Inte-
ressenbändigung der Einzelnen geschaffen werden, womit
er ein genuin politisch nicht mehr ableitbare Grundlage
für die Erklärung und damit letztlich auch die Legitimation des Staates eingesetzt hat. Die Gesellschaft tritt dem
Souverän, der durch den Staatsvertrag eingesetzt wird, als
schon formierter Interessenverband gegenüber, der ihm
konstitutive Bedingungen gestellt hat. Es sind gerade diese
Interessen und die hinter ihnen offenbar stehende gesellschaftliche Macht, ohne die der Schritt in den Staat überhaupt unvernünftig wäre.

>Als wenn die Menschen, als sie den Naturzustand ver-
ließen und in die Gesellschaft eintraten, übereingekom-
men wären, dass alle, mit Ausnahme eines einzigen, unter dem Zwang von Gesetzen stehen und dass er allein
im Besitz aller Freiheit des Naturzustandes bleiben solle
– die durch Gewalt noch vergrößert würde und der
durch Straflosigkeit alle Zügel gelassen wären. Dies hie-
ße, die Menschen für so töricht halten, daß sie zwar zu
verhüten suchen, was ihnen Marder oder Füchse antun
könnten, aber glücklich sind, ja, es für Sicherheit halten,
von Löwen verschlungen zu werden.< (2. Abh. §93,71)

Die wichtigste Sicherung, die dem Staat von Grund auf
eingebaut ist, ist nach Locke das *Mehrheitsprinzip*:

>So ist der Anfang und die tatsächliche Begründung ei-
ner politischen Gesellschaft nichts anderes als die Übereinkunft einer der Mehrheitsbildung fähigen Anzahl
freier Menschen, sich zu vereinigen und sich einer solchen Gesellschaft einzugliedern. Dies und einzig dies

gab oder vermochte den Anfang zu geben für jede rechtmäßige Regierung auf der Welt.«   (2. Abh. § 99,76)

Damit sie »der Mehrheitsbildung fähig« sind, müssen Menschen offenbar die Koordination ihrer Interessen auf der vorstaatlichen Ebene schon gelernt und das Problem des Zusammenlebens insofern prinzipiell schon bewältigt haben, und die normativen Strukturen, die diesem Prozess zugrunde liegen, werden durch das Mehrheitsprinzip in den Institutionen des Staates legitimatorisch verankert. Denn der Mehrheitsbeschluss selbst kann ja nicht die Legitimationsbasis desjenigen Verbandes sein, der den Mehrheitsbeschluss erst fasst; Rousseau wird diese Problematik wieder aufgreifen.

In einem freilich entspricht das lockesche ganz dem hobbesschen Modell, nämlich darin, dass die Konstruktion der Problemstellung das Abziehbild seiner Lösungsidee, also seiner Auffassung vom Sinn politischer Ordnung ist. Der Naturzustand ist nach Locke ambivalent: Einerseits gibt es die auf gegenseitige Unterdrückung und Vernichtung gerichtete zerstörerische Potenz des Menschen, aber andererseits gibt es die Kraft, die uns langfristig zur Überwindung und Beherrschung dieser gefährlichen Tendenz führen kann, und zwar handelt es sich bei ihr um eine *ökonomische* Dynamik. Konfliktpotenziale, wie sie den Menschen vor dem Staat, das heißt unabhängig von ihm immer schon kennzeichnen, können, jenseits aller staatlichen Rechtsinstitutionen, durch *gemeinsame Arbeit* entschärft und tendenziell gelöst werden. Denn die Wirtschaft hat es nicht mit der gerechten Verteilung, sondern mit der Steigerung des Verteilbaren zu tun. Das Paradigma dieser indirekt ethisch virulenten Dynamik ist die Nutzung von Land. Denn dort, wo derjenige, »der sich durch seine Arbeit Land aneignet«, dadurch das gemeinsame Vermögen der gesamten Menschheit vermehrt (2. Abh. § 37,29, vgl. § 40), entsteht die Möglichkeit, dass alles das, was unsere Konflikte zu lösen vermag, durch uns geschaffen wird. Darum erklärt Locke die »Erschließung des Landes und seine richtige Nutzung« als »die große Kunst aller Regierung« (2. Abh. §42,34). Zugleich ist die Inbesitznahme von Land auch der paradigmatische Akt, mit dem ein Mensch seinen Eintritt in den Staatsvertrag bezeugt. Wer Land erhält, »muß es unter den Bedingungen in Besitz nehmen, an die es gebunden ist, d.h., er muß sich gleich jedem anderen Untertan der Regierung jenes Staates unterwerfen, unter dessen Rechtsprechung es steht.« (2. Abh. §120, 93)[7]

Es muss also auch bei Locke etwas wirken, wodurch der Mensch auf künstliche Weise aus den natürlichen Bahnen heraustritt, ohne dass er jedoch dadurch eine Gesetzlichkeit schaffen würde, die im radikalen, philosophisch entscheidenden Sinne, wie bei Hobbes, einer künstlichen Leistung entspringt und doch ontologisch mit der Naturgesetzlichkeit auf eine Ebene kommt. Lockes Lösung lautet: Dies ist keine politische, sondern *ökonomische* Gesetzlichkeit. Und das Ereignis, das mehr als alle anderen die Möglichkeit des Übertritts in den Staatszustand erklärt, weil die ihm entspringenden Gesetze uns nicht wirklich aus der ursprünglichen, primären Naturgesetzlichkeit lösen, ist *die Erfindung des Geldes* (vgl. 2. Abh. §48,37). Durch sie wird es möglich, das Axiom, dass der Mensch nur das zu Recht als Eigentum erwirbt, was er seiner Arbeit verdankt, mit dem Ziel der koordinierten und im Prinzip schrankenlosen Ausdehnung unseres Wohlstandes und unseres Besitzes zu vereinbaren. Denn indem wir das Geld gewissermaßen als einen Speicher dessen, was wir durch unsere Arbeit geleistet haben, erschaffen, können wir jetzige Arbeit in späteren Konsum umsetzen und durch Produktion dem, was an möglichem Eigentum auf

---

7 Zur Kritik an dieser »konkludenten« Variante des Kontraktualismus vgl. Kersting, *Die politische Philosophie des Gesellschaftsvertrages* (Anm. 5) 139.

der Erde schon vorhanden ist, ganz Neues hinzufügen, das es ohne diese Erschaffung des Geldes nie gegeben hätte. Wo diese Erfindung nicht gemacht ist – wo also, wie nach Locke in Amerika, »der König eines großen und fruchtbaren Landes« schlechter wohnt, sich nährt und kleidet, als ein Tagelöhner in England (2. Abh. §41,33) –, dort kommt eben jener Fortschritt in der Aneignung der Annehmlichkeiten des Lebens nicht zustande, den wir eigentlich sichern, wenn wir den Staatsvertrag schließen. Denn mit der durch das Geld und die ihm zugrunde liegende bürgerliche Konvention geschaffenen Möglichkeit, sich mehr anzueignen als zur Deckung der unmittelbaren Lebensbedürfnisse notwendig ist, erwachsen unter den Menschen auch erst die über den Naturzustand hinausführenden Konflikte, zu deren Bewältigung die staatliche Ordnung wesentlich dient (vgl. 2. Abh. §§46 ff.).

Es ist also eigentlich der Gedanke *vom gemeinsamen ökonomischen Vorteil*, der nach Locke die Vernunft der Menschen auch unabhängig von staatlichem Diktat zur Zusammenarbeit bewegen kann. Man kann hier an das *Gesetz vom komparativen Kostenvorteil* denken: Wenn eine Gruppe von Menschen alles schneller und günstiger produzieren kann als eine andere Gruppe, so ist es trotzdem rational für sie, mit der anderen in Handelsaustausch zu treten, weil in der Zeitspanne die sie darauf verwendet, ein bestimmtes Produkt herzustellen, das sie der schwächeren Gesellschaft zu geben bereit ist, in dieser schwächeren Gesellschaft eine ökonomische Leistung erstellt werden kann, die so viele Güter schafft, dass die stärkere, wenn sie diese importiert, statt sie selbst zu produzieren, noch einen Gewinn davon hat. Ein solches Gesetz ist kein Naturgesetz, es entsteht aber auch nicht erst durch die Gründung des Staates. Es ist ein ökonomisches Gesetz, das in der menschlichen Natur quasi potenziell wirksam ist, so dass der Staat seine wesentliche Aufgabe in der Organisation des Geldverkehrs und der Wirtschaft findet,

ohne dass man sagen könnte, dass die für diese Bereiche
entscheidenden Ereignisse (Geldschaffung und Warenpro-
duktion) etwas wären, das erst durch die Staatsentstehung
real geworden ist.

Diese bei Locke intuitiv vollzogene Gründung der Logik des modernen Staates auf die Eigenart der ökonomischen Gesetze ist von größter geschichtlicher Bedeutung
gewesen, was aber nichts daran ändert, dass Locke sie mit
seinem Gedankengebäude in die Natur des Menschen hi-
neinlegt. Ihr liegt die Annahme zu Grunde, *dass der
Mensch von Natur aus auf die Ausdehnung seines Eigentums und auf die beständige Steigerung seines Wohlstandes
angelegt sei.* So postuliert Locke, dass »zwar die Dinge
der Natur allen gemeinsam gegeben sind, daß jedoch die
große Grundlage des Eigentums im Menschen selbst« liegt
(2. Abh. § 44,35); so dass der Schlüssel zur Erfüllung des
göttlichen Wortes »seid fruchtbar und mehret euch und
erfüllet die Erde« darin liegt, dass nach Locke »die Fortschritte in den Künsten und Wissenschaften und die Annehmlichkeiten des Lebens« zum entscheidenden Aufga-
benfeld des Staates und der ihm von Natur aus vorgegebenen Verpflichtung gegenüber dem Menschen werden.
*Lösung von Verteilungskonflikten durch Steigerung des
Verteilbaren*: das ist das Rezept, womit der Staat nach Locke der Natur des Menschen gerecht wird, einer Natur
freilich, die hier gerade nicht mehr im antiken Sinne als
eine statische verstanden wird, die jedem Menschen in seiner Person vollumfänglich gegeben ist, sondern als eine,
die immer nur im ständigen Fortschrittsstreben der
Menschheit, insofern diese eine sich entwickelnde Gattung ist, bei der jede Generation die vorherige übertreffen
möchte, erfüllbar ist.

c) Die Konstruktion des »allgemeinen Willens«

LOCKE hat die natürlichen Ausgangsbedingungen des Staatsvertrages schon nicht mehr als »Zustand« der menschlichen Verhältnisse, sondern als Prozess konstruiert und so das Moment in die politische Theorie eingeführt, das dem Ringen um die politische Ethik fortan seinen eigentlichen Schauplatz geboten hat: das Moment der *Geschichte.* ROUSSEAU hat die sozialen und ökonomischen Schlüsselereignisse, deren Funktion der Übertritt der Menschen in den Staatszustand nach Locke gewesen ist, dann nur mit umgekehrtem Vorzeichen gewertet. Aber auch für ihn steht an der Stelle, an der bei HOBBES die »natürlichen Gesetze« politische Ordnung orientieren, eine komplexe Geschichte, auf die man sich besinnen muss. »Es wäre deshalb gut«, so heißt es im *Contrat Social,* »bevor man den Akt untersucht, durch den ein Volk einen König erwählt, denjenigen zu untersuchen, durch welchen ein Volk zum Volk wird« (CS I,5,16). Die Stelle steht im Kontext einer Bezugnahme auf Hugo GROTIUS, aber sie führt ebenso in den Kern der Auseinandersetzung mit Locke, denn hier geht es um die nicht per Mehrheitsbeschluss herbeizuführende Legitimationsbasis des Mehrheitsprinzips. »In der Tat, woraus entstünde, es sei denn, die Wahl war einstimmig, ohne eine vorausgehende Übereinkunft die Verpflichtung für die Minderheit, sich der Wahl der Mehrheit zu unterwerfen, und woher haben hundert, die einen Herrn wollen, das Recht, für zehn zu stimmen, die keinen wollen?« Man muss also, gegen Hobbes, zwischen der Einsetzung eines Souveräns und dem Akt unterscheiden, durch den die Gemeinschaft, die diese Einsetzung vornimmt, sich schon gebildet hat. »Denn da dieser Akt dem anderen notwendigerweise vorausgeht, ist er die wahre Grundlage der Gesellschaft.« (Ebd.)

Indem Rousseau, anders als Locke, die hobbessche Problematik wieder deutlich formuliert, dass nämlich das

Gemeinwesen durch den totalen Verzicht der Menschen auf ein ihnen vorher zustehendes *Recht* zustande kommt (CS I,8,22), stellt sich ihm auch die Schwierigkeit des legitimatorischen Vakuums mit ihrer ganzen Radikalität dar. Die Einheit der Bürger, die in den staatlichen Institutionen auf eine diesen noch einmal entzogene und gegenübergestellte Weise repräsentiert wird, nennt Rousseau den allgemeinen Willen (*volonté générale*). Durch ihn entsteht eine ontologisch einzigartige Entität, ein »gemeinschaftliches Ich« (CS I,6,18). »Diese öffentliche Person, die so aus dem Zusammenschluß aller zustande kommt, trug früher den Namen Polis, heute trägt sie den der *Republik* oder der staatlichen Körperschaft, die von ihren Gliedern *Staat* genannt wird, wenn sie passiv, *Souverän* wenn sie aktiv ist« (CS I,6,18 f.). Das bedeutet: *Das Volk selbst ist der Souverän*. Die Regierung agiert allein in seinem Auftrag.

»So haben diejenigen durchaus recht, die behaupten, daß der Akt, durch den sich ein Volk Oberhäuptern unterwirft, keinerlei Vertrag ist. Es handelt sich ausschließlich nur um einen Auftrag, ein Amt, bei denen diese als einfache Beamte des Souveräns in dessen Namen die Macht ausüben, die er ihnen anvertraut hat und die er einschränken, abändern und zurücknehmen kann, wenn es ihm gefällt [...].«   (CS III,1,62)

Damit ist einerseits die Verantwortung des Staates vor seinen Bürgern zementiert: »Wir alle« sind dieser Staat, denn indem wir ihm gehorchen, gehorchen wir dem uns von uns selbst gegebenen Gesetz. Dies ist es, was »allein den Menschen zum wirklichen Herrn seiner selbst macht; denn der Antrieb des reinen Begehrens ist Sklaverei, und der Gehorsam gegen das selbstgegebene Gesetz ist Freiheit« (CS I,8,23). Aber so total diese Rückbindung der politischen Legitimität des Staates an den Willen seiner Bürger ist, so vollständig vernichtet sie andererseits jeden

Spielraum, innerhalb dessen das tatsächliche Handeln des Staates mit diesem Grund seiner Legitimität in Widerspruch treten könnte. »Der Souverän ist, allein weil er ist, immer alles, was er sein soll.« (CS I,7,21) Wenn »wir alle« der Staat sind, dann erfahren wir durch den Staat offenbar auch, was wir »wirklich wollen«. »Damit [...] der Gesellschaftsvertrag keine Leerformel sei, schließt er stillschweigend jene Übereinkunft ein, die allein die anderen ermächtigt, daß, wer immer sich weigert, dem Gemeinwillen zu folgen, von der gesamten Körperschaft dazu gezwungen wird, was nichts anderes heißt, als daß man ihn zwingt, frei zu sein.« (Ebd.)[8]

Indem der Staat sich allein aus dem Willen seiner Bürger legitimiert, erhebt er zugleich den Anspruch, diesen Willen in allem, was er tut, auch wiederum zu *repräsentieren* und scheint so zum Richter in eigener Sache werden zu müssen. Wie aber sind diese beiden Seiten noch zusammenzuhalten? Einerseits handelt die Regierung völlig im Auftrag der Regierten, andererseits sind die Gesetze des Staates *per definitionem* Ausdruck des diesem Auftrag zugrunde liegenden Willens der Regierten. Auf die Differenz zwischen Regierung und Gesetzgeber auszuweichen, ist letztlich auch keine Lösung. Die ursprüngliche verfassunggebende Instanz – Rousseau entzieht sie in recht kryptischen Wendungen geradezu der menschlichen Sphäre (CS II,7,44) – taucht im konkreten Staatshandeln überhaupt nicht auf, und die Realisierung der Verfassung in der staatlichen Gesetzgebung vollzieht sich doch wieder als Teil des Auftrags, den die Bürger ihren Repräsentanten erteilen müssen. So formuliert Rousseau das hobbessche Paradox und die These von der Unfassbarkeit der Staatsentstehung noch einmal ganz direkt:

8 In der Strafe, so heißt es dann in der Rechtsphilosophie von Hegel, »wird der Verbrecher als Vernünftiges *geehrt*«, denn sie ist es, wofür er sich in seiner Tat entschieden hat; die Strafe wird so »als *sein* eigenes *Recht* enthaltend angesehen« (RP § 100).

»Damit ein werdendes Volk die gesunden Grundsätze
der Politik schätzen und den grundlegenden Ordnungen der Staatsraison folgen kann, wäre es nötig, dass die
Wirkung zur Ursache werde, dass der Gemeinsinn, der
das Werk der Errichtung sein soll, der Errichtung selbst
vorausgehe und daß die Menschen schon vor den Gesetzen wären, was sie durch sie werden sollen.« (CS
II,7,46)

Damit sind wir wieder bei der Frage angelangt, wie die
Theorie noch mit dem Problem fertig werden kann, dass
der von ihr entworfene Staat einen Zweck voraussetzt, zu
dem ihn die Bürger gegründet haben, dass er aber selbst
definieren muss, worin dieser Zweck besteht – und dass er
sich gerade in diesem Vorgang vor seinen Bürgern legitimieren muss. Wie kann der Missbrauch des Vakuums ver-
hindert werden, in dem die legitimatorische Verbindung
zwischen Regierungs*auftrag* und Staats*vertrag* sich offenbar zu bewähren hat?

Nun, an dieser Stelle bleibt unserer Auffassung nach
nur eine Art von Antwort übrig, die für jeden, der die Eigenart des philosophischen Denkens noch nicht kennt,
zunächst wie eine Ausflucht anmutet, die aber in Wirklichkeit jene Grenze zwischen Theorie und Praxis zieht,
deren Nachvollzug den gesamten Sinn des philosophischen Nachdenkens über das Gute ausmacht. Das Wesen
dieser spezifisch philosophischen Art von Antwort besteht darin, dass sie eine Frage nicht beantwortet, sondern
zurückweist.

Wer die Frage, wie das legitimatorische Vakuum des
modernen Rechtsstaates zu überwinden sei, *an die Theorie* richtet, hat diese Theorie nicht verstanden; und dass
man die Theorie verstanden hat, zeigt sich umgekehrt daran, dass *man selbst* die *Erwartung*, die sich in jener Frage ausdrückte, *überwindet*. Könnte die philosophische
Theorie das Problem der richtigen Vermittlung zwischen

Staatsvertrag und Regierungsauftrag lösen, dann wäre genau das überflüssig, dessen Notwendigkeit durch diese Theorie begründet wird: die Differenz zwischen Volk und Regierung, zwischen der souveränen Gewalt und ihren beauftragten Agenten. Dann müsste der Philosoph, der die verlangte theoretische Antwort zu geben fähig wäre, selbst an die Stelle von Regierung und Volk treten und den Herrschaftsanspruch der Vernunft – sprich: der Theorie – erheben. Eben derjenige, der das tut, denkt vormodern. An dieser Stelle muss man sich in der Tat zwischen PLATON und HOBBES *entscheiden* – entscheiden freilich mit guten Gründen, und diese Gründe findet man im Durchgang durch die Geschichte der politischen Ethik, wie sie von Platon ausgegangen ist.

Wenn der hier vorgetragene Gedanke richtig ist, dann verwechselt, wer jenseits der jetzt erreichten Grenze von der philosophischen Einsicht die Erkenntnis des richtigen Staatshandelns erwartet, entweder politische Philosophie mit naturwissenschaftlicher Theorie – eben dies ist MARX passiert[9] – oder er will zurück zur Polis mit teleologisch-metaphysischer Legitimation. Auf unsere Frage, wie denn die Lücke zwischen Staatsvertrag und Regierungsauftrag zu schließen sei, lautet also die Antwort: *tua res agitur!* Genau dann, wenn »wir der Staat sind«, müssen wir diese Frage dort beantworten, wo wir als Souverän in Aktion treten. Genau darin, dass sie und nur sie – und nicht »die Ethik« – die Antwort auf die ethisch begründete Frage finden *muss*, besteht die ethische Begründung republikanischer und demokratischer Regierungsgewalt. Wo wir diese Gewalt ausüben, sei es dass wir regieren oder Regierungen wählen oder Regierungen ablösen, kommt es für die ethische Legitimität unseres Zusammenlebens darauf an, dass wir uns der Aufgabe stellen, die hier bezeichnet wurde. Es ist eine Aufgabe,

9 Vgl. unten Kap. 10b.

die von der politischen Philosophie nur markiert, nicht
gelöst werden kann.

Nicht, dass das philosophische Geschäft dadurch einfacher würde. Das »Markieren« der Aufgabe ist eben das,
worum wir im ganzen bisherigen Gedankengang gerungen
haben und weiter ringen werden. Indirekt haben darum
alle die Denker gerungen, deren Bahnen wir hier zu folgen
versuchen, und Rousseau ringt darum insbesondere in
Form seiner Unterscheidung zwischen *Gemeinwille* und
Gesamtwille. Im Gemeinwillen sind der Staat und die
Bürger zur Einheit verbunden, der Gesamtwille hingegen
ist ein Produkt der *Sonderwillen* der Bürger, insofern sie
zur Identifikation mit dem Gemeinwillen gerade nicht gelangen. Gesamtwille entsteht überall, wo Sonderinteressen
sich zu politisch wirksamen Vereinigungen bündeln, deren
Wille »ein allgemeiner hinsichtlich seiner Glieder und ein
besonderer hinsichtlich des Staates« (CS II,3,31) wird.
»Um wirklich die Aussage des Gemeinwillens zu bekommen, ist es deshalb wichtig, daß es im Staat keine Teilge-
sellschaften gibt und daß jeder Bürger nur seine eigene
Meinung vertritt« (ebd.) – und das heißt letztlich: seine
Meinung bezüglich des Gemeinwillens.

Auf die Erhaltung des Gemeinwillens muss alle Regierungsgewalt gerichtet sein, aus ihm legitimiert sie sich. Soweit sie es nicht tut, verrät sie ihren Auftrag.

»Wenn es schließlich so weit käme, daß der Fürst einen
Sonderwillen hätte, der tatkräftiger wäre als der des
Souveräns, und daß er sich in seiner Hand liegenden
öffentlichen Gewalt bediente, um diesem Sonderwillen
in der Weise zu gehorchen, daß man sozusagen zwei
Souveräne hätte, einen de jure und einen de facto – in
diesem Augenblick würde die soziale Einheit zerbrechen, und die politische Körperschaft wäre aufge-
löst.«   (CS III,1,66)

Aber wenn »wir alle der Staat sind«, dann scheitert das Gemeinwesen auch an uns allen, wenn *wir* unserem Sonderinteresse folgen.

> »Wenn schließlich der Staat seinem Untergang nahe ist und nur noch als eingebildete und leere Form besteht, wenn das gesellschaftliche Band in allen Herzen gerissen ist, wenn das niedrigste Interesse die Stirn hat, sich mit dem geheiligten Namen des Gemeinwohls zu schmücken: dann verstummt der Gemeinwille, alle werden von verborgenen Beweggründen geleitet werden und äußern ihre Meinung nicht mehr wie Bürger [...] und unter dem Namen von Gesetzen bringt man fälschlicherweise unbillige Verordnungen durch, die nur das Sonderinteresse zum Ziel haben.«   (CS IV,1,113)

Woran aber erkennt man nun den Gemeinwillen? Eine abstrakte Antwort kann die Philosophie, wie wir eben sagten, nicht geben. Die konkrete Antwort gibt: die *Geschichte*. Und das heißt eben nicht: eine »Theorie« der Geschichte, sondern die geschichtsbewusste Einschätzung der Situation, in der und aus der politisch gehandelt werden muss. Die Entgegensetzung des Gemeinwillens gegen den Gesamtwillen kann ja so weit gehen, dass ein einzelner Bürger, wie General de Gaulle im Jahre 1940, den Anspruch erhebt, den Gemeinwillen gegen die legal amtierende Regierung und den artikulierten Volkswillen selbst zu repräsentieren. Recht kann ihm darin nur die Geschichte geben, das heißt die Geschichte, die er aufgrund dieses Anspruchs mit schreibt. Geschichtliche Verantwortung begrenzt auch das Mehrheitsprinzip: Droht eine systemgefährdende Partei legal an die Macht zu kommen, muss ein demokratischer Staat sie verbieten und notfalls vernichten. Im Normalfall freilich wird das Handeln im Sinne des Gemeinwillens über das Mehrheitsprinzip und die Kontrolle der Regierenden durch die Regierten kon-

182 Locke und Rousseau

kretisiert werden; aber auch dann besteht politischer Weit-
blick im Kern in der nüchternen Erkenntnis dessen, was
»an der Zeit ist«, und was diesen Blick verstellt, sind die
Sonderinteressen. Im Umgang mit dieser Problematik sind
Geschichtskenntnis und Menschenkenntnis gar nicht zu
trennen. Die Verbindung beider hat Rousseau nun allerdings in einer sehr eigentümlichen theoretischen Anstrengung noch einmal zu begreifen versucht: Seine Theorie der
menschlichen Natur gestaltet sich als eine *Geschichtsphilosophie*, die »vermutlich der originellste Beitrag Rousseaus
zur modernen Sozialphilosophie«[10] geworden ist. Sie findet sich vor allem in seinem *Diskurs über die Ungleichheit*
von 1755, der insofern noch einen philosophischen
Schlussstein für die in vieler Hinsicht offene Konzeption
des *Contrat Social* bildet.

Im guten Zustand, in dem der Gemeinwille die politische Ordnung trägt,

> »sind alle Triebkräfte des Staates gesund und einfach,
> seine Grundsätze sind klar und einleuchtend, es gibt
> keine verwickelten, widersprüchlichen Interessen [...].
> Ein derart regierter Staat braucht sehr wenig Gesetze,
> und sooft es nötig wird, neue zu erlassen, ist die Not-
> wendigkeit hierfür allgemein sichtbar. Wer sie als erster
> vorschlägt, spricht nur aus, was alle schon gefühlt haben
> und weder Intrigen noch Beredsamkeit kommen in Fra-
> ge, um als Gesetz durchzubringen, was jeder schon zu
> machen beschlossen hat, sobald er sicher ist, daß die an-
> deren ebenso handeln werden wie er.« (CS IV,1,112)

Dieses Idealbild vom gut geordneten Staat im *Contrat Social* enthält indirekt den Leitfaden zur Beantwortung der
Frage, wann und weshalb es von der politischen Realität
verfehlt wird. Zwei Hauptkomponenten lassen sich fest-

---

10 Nonnenmacher, *Die Ordnung der Gesellschaft* (Anm. 2) 244.

stellen: Zum einen stimmt mit der Gesetzgebung schon etwas nicht, wenn sie sich beständig durch neue Herausforderungen gezwungen sieht, sich an die Ansprüche der Bürger anzupassen, und zum anderen hängt die Bereitschaft der Bürger, im Sinne des Ganzen zu handeln, offenbar ab von ihrem Vertrauen in die Bereitschaft ihrer Mitbürger, dasselbe zu tun. *Anspruchsinflation* und *gegenseitiges Misstrauen*: die Frage nach der geschichtlichen Logik am Grunde des Ringens um den Gemeinwillen ist die Frage nach dem Ursprung und dem Zusammenhang dieser beiden Grundfaktoren seiner Negation.

Rousseaus Geschichtsphilosophie ist, wie für die Anthropologie der Kontraktualisten typisch, in ein Modell vom vorstaatlichen Verhältnis der Menschen zueinander, also vom »natürlichen Menschen« gekleidet. In umgekehrter Bewertung, aber der Sache nach in Weiterführung von Locke, lässt Rousseau diesen Naturzustand durch ein entscheidendes Ereignis in zwei qualitativ getrennte Phasen zerfallen. In der ersten Phase, im »reinen Naturzustand« (2. Disc. 2,193), war der Mensch der edle Wilde, der völlig in seinen unmittelbaren Triebbedürfnissen aufging, weder Sprache noch Vernunft hatte und statisch an einen tierähnlichen Kreislauf der Generationen gebunden blieb. Untereinander lebten die »hommes sauvages« in diesem Zustand relativ friedlich, weil sie faul, genussorientiert und sich der Zeit nicht bewusst waren. Allerdings gab es nach Rousseau auch hier schon einen vorwärts treibenden Faktor, der die Ausbreitung des Menschengeschlechts und auch die Mühseligkeiten, die daraus für die Sicherung der Nahrung und die Auseinandersetzungen mit Tieren erwuchsen, bedingte (2. Disc. 2,175 ff.). Dieser Faktor ließ den Menschen allmählich den Tieren überlegen werden, und im *Vergleich* mit ihnen wurde er sich dessen auch bewusst. »So brachte der erste [vergleichende] Blick, den er auf sich selbst warf, die erste Regung von Hochmut in ihm hervor« (2. Disc. 2,177).

Dieser Unterschied von Mensch und Tier bestand und besteht offenbar in einer *Fähigkeit zur Entwicklung*, und sie ist es, der wir unsere Eigenart, aber zugleich auch unsere Eitelkeit verdanken. Rousseau nennt sie mit einem für alle Weiterungen seiner Geschichtsphilosophie entscheidenden Begriff die *perfectibilité*. Damit ist wieder eine Schaltstelle bezeichnet, in der ein Wort Revolution betreibt. Denn dieser Neologismus »ist Rousseaus begriffliche Antwort auf die *sociabilité* der Tradition«.[11] Die soziale Veranlagung, die politische Natur des Menschen im aristotelischen Sinne, war als Vervollkommnung gedacht, die sich prinzipiell an jedem Angehörigen der Menschheit zu jeder Zeit realisieren können muss, sodass man zu allen Zeiten zwischen dem vorbildlichen und dem weniger gelingenden Leben von Menschen zu unterscheiden vermag. Sie war gedacht als das eudaimonistische Kriterium objektiven Glücks, von dem her jeder geschichtliche Zustand der Menschheit noch einmal ein ethisches Maß bekommt. Rousseau hingegen wirft sofort die Frage auf, ob die »Perfektibilität« nicht »die Quelle allen Unglücks des Menschen ist«, so »daß sie es ist, die ihn, vermöge der Zeit, aus jenem ursprünglichen Zustand fortzieht, in dem er ruhige und unschuldige Tage verleben würde; daß sie es ist, die, indem sie mit den Jahrhunderten seine Einsichten und seine Irrtümer, seine Laster und seine Tugenden zum Aufblühen bringt, ihn auf die Dauer zum Tyrannen seiner selbst und der Natur macht« (2. Disc. 1,105).

Der Maßstab, an dem solch eine pessimistische Betrachtung gewonnen wird, ist ersichtlich nicht mehr die einzelne Person im Verhältnis zu ihrem Leben als einem gelingenden Ganzen; sondern es ist eigentlich die *Menschheit als sich geschichtlich entwickelnde Gattung*. Gehetzt und

---

11 Heinrich Meier in seinen Erläuterungen zur von ihm edierten Ausgabe von Jean-Jacques Rousseau, *Diskurs über die Ungleichheit. Discours sur l'inégalité*, Paderborn [u. a.] ⁵2001, 103 f.

unersättlich werden wir erst im Streben nach Verbesserung gegenüber allen und allem Vorherigen, und dass der ganze Erfolg dieses Strebens uns nicht glücklicher, sondern unglücklicher macht, kann man auch erst im geschichtlichen Blick über die Entwicklung des Menschengeschlechts hinweg ermessen. »Der Bürger [...], immer aktiv, schwitzt, hetzt und quält sich unablässig, um sich noch mühsamere Beschäftigungen zu suchen; er arbeitet bis zum Tode, er läuft ihm sogar entgegen, um zu leben sich in den Stand zu setzen, oder er entsagt dem Leben, um die Unsterblichkeit zu erlangen.« (2. Disc. 2,267 f.) Könnte der Mensch im vergesellschafteten Zustand sich mit den Augen der ursprünglichen reinen Wilden sehen, dann würde er sofort aus dieser Unglücksgeschichte aussteigen. Aber eben für diesen Blick ist er, wenn er aus dem »reinen Naturzustand« herausgefallen ist, blind, und zwar aufgrund der unwiderruflichen Veränderung, durch die seine Perfektibilität zum Ausgangspunkt des Antagonismus und des Unfriedens wurde. Diese Veränderung, die von der ersten zur zweiten Phase des Naturzustands führte, bestand in der Errichtung des *Eigentums*.

»Der erste, der ein Stück Land eingezäunt hatte, und es sich einfallen ließ, zu sagen: *dies ist mein* und der Leute fand, die einfältig genug waren, ihm zu glauben, war der wahre Gründer der bürgerlichen Gesellschaft. Wie viele Verbrechen, Kriege, Morde, wie viel Not und Elend und wie viele Schrecken hätte derjenige dem Menschengeschlecht erspart, der die Pfähle herausgerissen oder den Graben zugeschüttet und seinen Mitmenschen zugerufen hätte: ›Hütet euch auf diesen Betrüger zu hören; ihr seid verloren, wenn ihr vergesst, dass die Früchte allen gehören und die Erde niemandem.‹ Aber mit großer Wahrscheinlichkeit waren die Dinge damals bereits an dem Punkt angelangt, an dem sie nicht mehr bleiben konnten, wie sie waren; denn da diese Vorstel-

lung des Eigentums von vielen vorausliegenden Vorstellungen abhängt, die nur nach und nach haben entstehen
können, bildet sie sich nicht auf einmal im menschlichen Geist. Man musste viele Fortschritte machen, viele
Fertigkeiten und Einsichten erwerben und sie von Generation zu Generation weitergeben und vergrößern,
ehe man bei diesem letzten Stadium des Naturzustandes
angelangte.«   (2. Disc. 2,173)

Auf den »reinen« folgt also der »gesellschaftliche« Naturzustand, der zwar traurig, aber unrevidierbar ist und auf
dessen verhängnisvolle Konsequenzen die Gründung des
Staates erst die vernünftige Reaktion darstellt. Eben die
Konsequenzen des gesellschaftlichen Zustandes sind es, an
denen sich die Gesetzgebung orientieren muss, wenn sie
den Gemeinwillen, der eine Art Widerschein des ursprünglich versöhnten Zustandes der Urmenschen darstellt, *gegen sie* zur Geltung bringen will. Der Staat ist die
politische Reaktion auf die Not des Menschen,[12] die der
Einzelne nicht wenden und die er nur durch Gründung
einer gemeinschaftlichen Form der Wiedererinnerung an
die ursprüngliche Versöhntheit mit seinesgleichen konter-
karieren kann. Die ruinöse Verkettung in immer neue,
sich auseinander hervortreibende Anspruchskonkurrenz
kann der Staat nicht überwinden, aber er kann die Logik
seiner Entwicklung aus dem Verständnis für ihre Ursache
schöpfen und daraus die Orientierung seiner eigenen Entwicklung gewinnen.
    Die Ursache für den Schritt von der ursprünglichen in
die gesellschaftliche Phase des menschlichen Naturzustandes, die Ursache für die uns immer weiter vorantreibende

---

12 »Das Menschengeschlecht, herabgewürdigt und niedergeschlagen, nicht
mehr in der Lage, auf seinem Weg umzukehren oder auf die unglückseligen
Errungenschaften, die es gemacht hat, zu verzichten, und durch den Missbrauch der Fähigkeiten, die es ehren, nur an seiner Schande arbeitend,
brachte sich selbst an den Rand seines Ruins.« (2. Disc. 2,213)

und unglücklich machende Anspruchskonkurrenz besteht nach Rousseau in der *Eitelkeit*, das heißt in der Orientierung des Menschen an dem Bild, das er in den Augen der anderen abgeben will. »Dies ist in der Tat die wahre Ursache all dieser Unterschiede: Der Wilde lebt in sich selbst, der soziable Mensch weiß, immer außer sich, nur in der Meinung der anderen zu leben; und sozusagen aus ihrem Urteil allein bezieht er das Gefühl seiner eigenen Existenz.« (2. Disc. 2,269) Damit tritt an die Stelle der unbefangenen Selbstliebe (*amour de soi*) des Wilden die *Eigenliebe*, der *amour propre* des vergesellschafteten Menschen.

»Die Selbstliebe ist ein natürliches Gefühl, das jedes Tier dazu veranlasst, über seine eigene Erhaltung zu wachen, und das, im Menschen von der Vernunft geleitet und durch das Mitleid modifiziert, die Menschlichkeit und die Tugend hervorbringt. Die Eigenliebe ist nur ein relatives, künstliches und in der Gesellschaft entstandenes Gefühl, das jedes Individuum dazu veranlasst, sich selbst höher zu schätzen als jeden anderen, das den Menschen all die Übel eingibt, die sie sich wechselseitig antun, und das die wahrhafte Quelle der Ehre ist.«   (CS Anm., 369)

Hier klingt das Motiv, mit dem CICERO einst davor warnte, der Vernünftige dürfe nicht der Natur anderer folgen,[13] neu an. In der Eigenliebe liebt man nicht sich selbst, sondern das, wofür man von den anderen geliebt werden möchte – und man liebt es, *weil* man von den anderen geliebt, das heißt: beneidet werden möchte. Damit aber ist auch die Wurzel des gegenseitigen Misstrauens, das die Bürger von der Einstimmung in den Gemeinwillen abschneidet, freigelegt: Man weiß nicht, ob die anderen sich nicht nur deshalb an die Erfordernisse des Gemeinwohls

13 Vgl. oben Kap. 3d.

halten, weil sie glauben, dass man selbst sich an sie hält. Die Anspruchskonkurrenz, die aus dem gesellschaftlichen Misstrauen hervorgeht, ist eigentlich eine *Angstkonkurrenz*: Sobald man nicht mehr glaubt, dass die anderen einem glauben, dass man ans Gemeinwohl glaubt, kann man nur noch versuchen, sie zu überwachen und ihnen dort, wo das nicht möglich ist, in der Durchsetzung des eigenen Sonderwillens zuvorzukommen.

So wenig man die Färbung, die Rousseau dem modernen Bewusstsein mit seiner zum grandiosen Wort gewordenen Sehnsucht nach einem unwiederbringlich verlorenen Ursprung gegeben hat, aus den theoretischen Ausgangspunkten des neuzeitlichen Staatsmodells ableiten kann, so tief ist in diesem Modell doch die Konsequenz verwurzelt, die zu der bei Locke und vor allem bei Rousseau eingeleiteten geschichtlichen Wendung führt. Das Paradox im Innersten unseres politischen Daseins ist nicht gedanklich, sondern nur im geschichtlichen Handeln aufzulösen, womit indirekt eine philosophische Aussage über das Verhältnis von Geschichte und Gedanke, von Grund und Begründung getroffen ist, der wir in unserem Kontext nicht weiter nachspüren können.[14] *Der Grund, der es rechtfertigt, dass wir in unserem Staat leben, ist in dem, was aus ihm hervorgeht, sich zu bilden noch im Begriff.* Und das, woran er sich zu bilden hat, sind nicht Gedanken, sondern Ereignisse und geistige Mächte. Aus dieser Einsicht heraus suchte Rousseau als erster der modernen Staatsdenker konsequent nach den Ereignissen, die uns noch tiefer bestimmen als unsere Natur.[15] »Wer sich daran wagt, ein Volk zu errichten, muß sich imstande fühlen, so-

---

14 Sie wird zu entfalten versucht in meinem Buch: *Geistesmacht und Menschenrecht. Der Universalanspruch der Menschenrechte und das Problem der Ersten Philosophie*, Freiburg i. Br. / München 1994.

15 Wie Rousseau im 2. Disc. (1,167) ausdrücklich erklärt, sind es Zufälle, die die Entwicklung des menschlichen Geistes bestimmt haben. Der Perfektibilitätsbegriff ist nicht teleologisch verfasst.

zusagen die menschliche Natur zu ändern.« (CS II,7,43)
Aber solch ein Gesetzgeber ist eine theoretische Figur, die
eigentlich aus der Philosophie über die Sphäre des
Menschlichen hinausweist: »Es bedürfte der Götter, um
den Menschen Gesetze zu geben.« (Ebd.) Für Rousseau
war das ein Bekenntnis zur Tragik unseres politischen Daseins. Hinter Eigentum und Eigenliebe, die uns in den
vergesellschafteten Zustand geführt haben, gibt es kein
Zurück; der reale Gesetzgeber kann nur im Ringen um die
Vernünftigkeit seiner Gesetze versuchen, mit der Dynamik, in der sie sich gegenseitig auseinander hervor- und
immer weitertreiben, Schritt zu halten und diese so gut
wie möglich zu steuern.

So ist mit HOBBES' legitimatorischem Vakuum an der
Wurzel des modernen Rechtsstaates der Ethik – und damit, vermittelt durch die Denkfigur der »natürlichen Gesetze«, dem Gedanken des gelingenden Lebens – die Aufgabe vorgezeichnet, die nicht mehr darin besteht, den
Grund legitimer Politik zu denken, sondern sich in die
Kämpfe hineinzubegeben, aus denen er sich im unaufhör-
lichen Wechselspiel mit den Herausforderungen der Geschichte bildet. *Die Ethik selbst wird politisch.* Dazu muss
sie sich zunächst der Dimension der Geschichtlichkeit am
Grunde des menschlichen Selbstverhältnisses stellen; dass
sie sich auch dieser gegenüber selbst zu bewahren hat und
in ihr nicht aufgehen darf, hat sie allerdings erst noch lernen müssen.

Kant: Menschsein als Bürgertum

a) *Die Trennung von Recht und Moral*

Wie für eine ganze Reihe zentraler Termini KANTS, die von juristischem Ursprung sind, so gilt auch für seine Charakterisierung des Menschen als »Bürger zweier Welten«, dass es sich bei ihr nicht um eine bloße Metapher, sondern um einen Hinweis auf die strukturelle Eigenart der Vernunft handelt. Als Vernunftwesen gehören wir nach Kant einem »Reich der Geister« an, in dem es keine Untergebenen, sondern nur Oberhäupter gibt und das wesentlich durch ein von uns selbst gegebenes Gesetz konstituiert ist. *Autonomie* bedeutet präzise, dass wir diesem von uns selbst gegebenen Gesetz unterworfen sind, es also als Grund unseres Handelns *zu den Naturgesetzen* als den ohnehin gültigen Erklärungsfaktoren *noch hinzutritt.* Es befreit uns nicht etwa von diesen, sondern engt den Spielraum, welchen sie lassen, ein bzw. erlaubt eine zu ihnen komplementäre Schließung dieses Spielraums. Wer Autonomie verweigert, wird dadurch nicht von jedem gesetzlichen Zwang frei, sondern unterliegt dann nur gewissermaßen subsidiär jenen heteronomen, also fremdbestimmten Determinanten, die für jeden Naturgegenstand gelten. Faktoren wie Gier, Furcht oder Eitelkeit ergreifen aufgrund des natürlichen Egoismus und der triebhaften Strukturen unserer animalischen Konstitution von uns Besitz wie von jedem anderer Lebewesen und resultieren, soweit sie aus denselben Naturgesetzen wie die Reaktionsweisen solcher anderer Lebewesen abgeleitet werden können, aus denselben Ursachen wie bei ihnen. Trotzdem sind wir »Bürger« und nicht bloße Objekte der Naturwelt, weil wir diese Heteronomie jedenfalls nicht vollständig zulassen müssen, sondern die natürlichen Antriebe von anderen partiell überlagern zu lassen fähig sind. Zugang zu der Welt der nicht natürlichen Gesetze verleiht uns ein Gefühl, das nur der Mensch kennt, weil es sich auf etwas bezieht, das es nur für Menschen gibt: das Gefühl der Achtung vor dem uns von uns selbst gegebenen Gesetz, dem *Sittengesetz*.

Der von DESCARTES vollzogene und in HOBBES' politischer Theorie in seine praktischen Konsequenzen entfaltete Bruch mit dem antiken Naturbegriff wird von Kant bereits als selbstverständlich vorausgesetzt. Darüber darf nicht hinwegtäuschen, dass bei ihm nun doch wieder von der »Natur des Menschen« die Rede ist. Charakteristischerweise hat er einmal erklärt, dass diese Natur des Menschen von ROUSSEAU »entdeckt« worden sei.[1] Es gibt bei Kant allerdings einen fundamentalen Schritt über Hobbes hinaus, durch den diese scheinbare Rückwendung zu einem klassischen Topos ermöglicht wird, aber dieser Schritt ist ein Schritt in die Richtung Rousseaus, die sich von dem antiken Verständnis vom gelingenden Leben radikal abwendet. Anders als Hobbes geht es Kant nicht um die Errichtung einer quasi-naturwissenschaftlichen Gesetzlichkeit mit reinen Machtmitteln, um den Bereich der Naturgesetze gewissermaßen auf den Menschen zu übertragen und die Unsicherheit, die ansonsten in unserem Leben herrschen würde, zu kompensieren. Kant geht vielmehr davon aus, dass es eine zu den Naturgesetzen komplementäre zweite Gesetzlichkeit gibt, die nicht von unserer politischen Macht, sondern von unserer vernünftigen Einsicht getragen ist. Aber wenn er den autonomen Charakter unserer Vernünftigkeit so betont, dann muss man

---

1 Von Rousseau ist Kant in seinen gedanklichen Ursprüngen zutiefst beeinflusst gewesen: »Nach Newton und Rousseau ist Gott gerechtfertigt« heißt es dort (AA 8,630), wo Rousseau auch die Entdeckung der Natur des Menschen zugeschrieben wird. Vgl. zu diesem Verhältnis Ernst Cassirer, *Das Problem Jean-Jacques Rousseau*, Darmstadt 1975, 29.

sich klarmachen, dass »Selbstgesetzgebung« in seinem
Denken nicht nur bedeutet, dass der Mensch, sondern immer auch, dass sie, *die Vernunft*, sich diese Gesetze
»selbst« gebe. Es ist eigentlich die Macht der Vernunft, die
in uns als sie selbst »praktisch wird«, wie Kant sagt.

Hierin liegt der entscheidende Bruch mit dem vormodernen Natur- und Vernunftdenken. Die Natur des Menschen zeigt sich nicht am vernünftigen Leben individueller
Personen, sondern sie konkretisiert sich in der Spannung,
in der jeder von uns als triebbestimmtes »empirisches
Subjekt« den Forderungen einer allgemeinen Vernünftigkeit begegnet, die aller und also auch unserer Natur entgegengesetzt ist. Das aber bedeutet, *dass keiner von uns jemals in seiner konkreten Existenz das wird repräsentieren
können, was Vernunft eigentlich verlangt*. Sie begegnet
uns als die unendliche Forderung, der wir immer nur im
Augenblick guten Handelns, nie aber im Ganzen eines mit
sich einigen Lebens genügen können. Die Menschheit, insofern sie wirklich vernünftig ist: das bleibt für Kant eine
Idee, die jederzeit gegen die bestehenden Zustände mit der
Forderung auftritt, die Vernunft erst neu und wieder
wahrhaft herbeizuführen. Ich finde sie in meiner Brust
vor, aber sie bleibt ein mir letztendlich fremder Bote aus
einer in die Zukunft verweisenden Welt.

Kant knüpft also durchaus an den klassischen Topos des
Gesetzes, das dem Menschen in die Brust geschrieben ist,
an. Das Sittengesetz verbindet uns als Vernunftwesen miteinander. Autonomie bedeutet nicht etwa Freiheit von Beschränkungen des Individuums, sondern umgekehrt Freiheit von den Beschränkungen, die mir als Vernunftwesen
durch meine Individualität gezogen sind. Als Vernunftwesen bin ich allgemeiner Geist, als Individuum bin ich ego-
zentrische und egoistische Natur. Mich sittlich zu bestimmen heißt, mich als Individuum zu überwinden. Dennoch
ist das Gesetz, dem ich dabei gehorche, von Kant nicht im
augustinischen Sinne als dem Menschen vorgegebenes Ge-

bot gedacht, sondern hier kommt nun das Modell Rousseaus entscheidend ins Spiel. Das Gebot, das mich als menschliche Person fähig macht, meine Individualität zu überwinden, ist das Gebot der *Menschheit*. Zwar denkt Kant die Menschheit nicht als biologische Gattung, sondern als »homo noumenon«, als personifizierte Idee, als praktische Vernunft, die das »Tier« Mensch domestiziert, das, »wenn es unter andern seiner Gattung lebt, *einen Herrn nötig hat*« (*Idee* A 396). Und was die Menschheit von mir verlangt, ergibt sich nicht aus dem geschichtlichen Prozess ihres natürlichen und kulturellen Voranschreitens, sondern allein aus der Logik des vernünftigen Bedenkens meiner Handlungen. Die Menschheit fordert von mir, mich zu fragen, ob der Grundsatz, aus dem ich handle, jederzeit zur Grundlage einer allgemeinen Gesetzgebung gemacht werden könnte. Sie fordert also von mir, *repräsentativ für alle Vernunftwesen und damit als vernünftiger Repräsentant aller Menschen* zu handeln. Der geschichtliche Aspekt scheint hier völlig irrelevant zu sein. Dass er es aber nicht ist und dass die Frage, was die Menschheit denn anderes sein könne als die auf dem Weg zu ihrer Vervollkommnung befindliche Gattung, so nicht loszuwerden ist, das zeigen im Ansatz bereits Kants späte politische und geschichtsphilosophische Schriften und das ist der Ausgangspunkt für seine Rezeption bei HEGEL und MARX. Indem Kant *das Verhältnis der menschlichen Person zur Menschheit als bürgerliches* denkt, trägt er den geschichtlichen Aspekt in seinen Begriff der Vernunft unweigerlich hinein.

Kants politische Philosophie lässt sich unter dem Aspekt der prinzipiellen *Verteidigung des legitimatorischen Vakuums* des Staates im hobbesschen Sinne verstehen. Die Trennung von moralischer Überzeugung und rechtlicher Form des Zusammenlebens, die bei Hobbes als Ergebnis eines politischen Dezisionsaktes rekonstruiert wurde, versucht Kant als notwendige Struktur des Verhältnisses zwi-

schen vernünftigen Personen zu denken. Das Gesetz, das
den Menschen aus dem Naturzustand heraushebt, zwingt
ihn nach Kant zugleich dazu, mit seinesgleichen in eine
Verbindung zu treten, die den Naturzustand voraussetzt
und in gewisser Weise konserviert, nämlich eine Verbindung des *Zwangs*. Das Recht, das die Beziehungen der zur
Sittlichkeit und damit auch zur Moral fähigen Personen
regelt, ist eine Zwangsordnung, und zwar nicht akziden-
tell, sondern essenziell:

> »das Recht darf nicht als aus zwei Stücken, nämlich der
> Verbindlichkeit nach einem Gesetze und der Befugnis
> dessen, der durch seine Willkür den andern verbindet,
> diesen dazu zu zwingen, zusammengesetzt gedacht
> werden, sondern man kann den Begriff des Rechts in
> der Möglichkeit der Verknüpfung des allgemeinen
> wechselseitigen Zwangs mit Jedermanns Freiheit unmit-
> telbar setzen [...].«   (MdS AB 35 f.)

»Recht und Befugnis zu zwingen bedeuten also einerlei«
(MdS AB 36). Das Recht ist die Ordnung, die dadurch *definiert* ist, dass die ihr unterworfenen Wesen sich durch
nichts binden lassen als allein durch den Willen, mit ihresgleichen zusammenzuleben, dass dieser Wille aber auch
mit Zwang und Gewalt durchgesetzt und insofern in der
menschlichen Gesellschaft immer schon erzwungen ist,
wenn eines ihrer Glieder in sie hineinwächst.

Das Recht ist durch diesen Zwangscharakter von der
Moral eindeutig geschieden. Den Staat braucht auch ein
Volk von Teufeln, so ein berühmtes Diktum Kants, wenn
sie nur zusammenleben wollen und Verstand haben. (*Zum
ewigen Frieden*, A 60) Die innere Einstellung eines Menschen zu seinen Mitmenschen ist für die Ordnung des Zusammenlebens grundsätzlich irrelevant (mit gewissen
Ausnahmen wie Arglist im Falle bewusster Täuschung
usw.), sondern es kommt allein auf die Bereitschaft an,

sich zur Einhaltung dieser Ordnung zwingen zu lassen. Ob wir uns aus Gier und Furcht oder aus moralischer Einstellung an die Gesetze unseres Landes halten, spielt für das Problem der Legitimität keine Rolle.

»Rechtslehre und Tugendlehre unterscheiden sich also nicht sowohl durch ihre verschiedenen Pflichten, als vielmehr durch die Verschiedenheit der Gesetzgebung, welche die eine oder die andere Triebfeder mit dem Gesetze verbindet. Die ethische Gesetzgebung (die Pflichten mögen allenfalls auch äußere sein) ist diejenige, welche nicht äußerlich sein *kann*; die juridische ist, welche auch äußerlich sein kann.«   (MdS AB 17)

Darum unterscheidet Kant hinsichtlich der inneren Einstellung des Menschen zu seinem Handeln zwischen den Haltungen der *Moralität* und der *Legalität*.

»[Die] Gesetze der Freiheit heißen, zum Unterschiede von Naturgesetzen, *moralisch*. Sofern sie nur auf bloße äußere Handlungen und deren Gesetzmäßigkeit gehen, heißen sie *juridisch*; fordern sie aber auch, dass sie (die Gesetze) selbst die Bestimmungsgründe der Handlungen sein sollen, so sind sie *ethisch*, und alsdann sagt man: die Übereinstimmung mit den ersteren ist die *Legalität*, die mit den zweiten die *Moralität* der Handlung.«   (MdS AB 7)

Der Staat als Zwangsordnung setzt als Prinzip der Einstellung seiner Bürger zu ihrem Handeln nur die Legalität voraus. Ganz in der augustinischen Tradition definiert Kant den Staat als »die Vereinigung einer Menge von Menschen unter Rechtsgesetzen« (MdS A 164; B 194 f.), wobei das Recht nichts anderes vollzieht als die Austarierung und Sicherung der Freiheitsspielräume von Individuen. Das allgemeine Rechtsgesetz lautet: »handle äußerlich

so, dass der freie Gebrauch deiner Willkür mit der Freiheit
von Jedermann nach einem allgemeinen Gesetze zusammen bestehen könne« (MdS AB 34). Für die Trennung
von Recht und Moral ist entscheidend, dass Freiheit hier
als äußere Freiheit verstanden und strikt auf diesen
Aspekt begrenzt wird, also als »Unabhängigkeit von eines
anderen nötigender Willkür«. Diese Freiheit nennt Kant
das »einzige, ursprüngliche, jedem Menschen, Kraft seiner
Menschheit, zustehende Recht« (MdS AB 45). Er kehrt
damit zu Hobbes' These, dass es nur ein einziges vorstaatliches Recht geben könne, zurück.

Kants Grundgedanke der Verbindung von Ethik und
Politik kann so formuliert werden: Wenn der Staat durch
seinen Zwangscharakter definiert ist, also als der alleinige
Verwalter äußeren Zwangs,[2] dann kann seine *Legitimation*
nicht noch einmal in einem Zwang begründet sein, denn
dies müsste ja entweder der Zwang eines anderen Staates
oder ein Zwang von anderer Art sein. Ersteres würde nur
das Problem verschieben, letzteres die Trennung von
Recht und Moral wieder aufheben und die Ideologisierung des Zusammenlebens herbeiführen, denn dann könnte wieder Streit ausbrechen, ob der Staat den ihm übergeordneten Zwang richtig in die Gesetze transformiert habe.
Während also der Staat seine Zwangsgewalt nicht durch
einen *übergeordneten* Zwang rechtfertigen kann, kann er
sie doch wiederum auch nicht *unabhängig* von Zwang begründen, wenn anders sein rechtliches Wesen gerade in ihrer Ausübung bestehen soll. Daraus folgt: Der Zwang, der
den Staat rechtlich legitimiert, kann nur der Zwang sein,
gegen den er agiert. Der Staat kann sich daher gegen jeglichen Widerstand auf die ihm als Staat und nicht von irgendeiner höheren Instanz her zukommende Zwangsge-

---

2 Weshalb es auch kein Widerstandsrecht des Volkes oder einzelner gegen
den Staat gibt, »denn nur durch Unterwerfung unter seinen allgemein-ge-
setzgebenden Willen ist ein rechtlicher Zustand möglich« (MdS A 176)

walt berufen, aber – und das ist die eigentliche Pointe – auch *nur* auf diese. Er kann eben auch nicht selbst die Rolle des Ordners und Lenkers der menschlichen Beziehungen beanspruchen, sondern er hat der Diener eines vernünftigen Zusammenlebens zu sein, der die Eigenart und Lebensziele der Menschen respektiert und die Funktionsfähigkeit der Institutionen erhält.

Dieser Verzicht des Staates auf einen über die Erhaltung der reinen Zwangsordnung hinausgehenden Einfluss auf die menschlichen Beziehungen ist der eigentliche Inhalt der *Vertrags*idee:

> »es ist eine *bloße Idee* der Vernunft, die aber ihre unbezweifelte (praktische) Realität hat: nämlich jeden Gesetzgeber zu verbinden, dass er seine Gesetze so gebe, als sie aus dem vereinigten Willen eines ganzen Volks haben entspringen *können*, und jeden Untertan, sofern er Bürger sein will, so anzusehen, als ob er zu einem solchen Willen mit zusammengestimmt habe.« (*Gemeinspruch* A 250)

Der Staat ist legitimiert als der Grenzzieher, der die Zustimmung der Menschen zum Zusammenleben als die Bedingung durchsetzt, unter der sie die Art ihres Lebens selbst bestimmen und ohne Beurteilung ihrer moralischen Einstellung gestalten können. Der Staat geht nicht aus Zwang hervor, sondern aus dem Willen der Menschen, sich gegen Zwang zu schützen, und aus der Einsicht, dass dieser Wille nur durch die Vereinigung aller Einzelwillen möglich ist, deren Grundsatz lautet:

> »man müsse aus dem Naturzustande, in welchem jeder seinem eigenen Kopfe folgt, herausgehen, und sich mit allen anderen, (mit denen in Wechselwirkung zu geraten er nicht vermeiden kann), dahin vereinigen, sich einem öffentlich gesetzlichen äußeren Zwange zu unterwerfen,

also in einen Zustand treten, darin jedem das, was für das Seine anerkannt werden soll, gesetzlich bestimmt und durch hinreichende Macht (die nicht die seinige, sondern eine äußere ist) zu Teil wird, d. i. er solle vor allen Dingen in einen bürgerlichen Zustand treten [...].« (MdS A 163; B 193 f.)

Die Vereinigung der Einzel- zum Gesamtwillen ist genau dann und insoweit das Legitimationsprinzip des Staates, als sie einen negativen, zwangsabwehrenden Grundsinn hat. Der Allgemeinwille im Rousseauschen Sinne endet, wo der Schutzcharakter des Gesetzes endet. Wo kein Eingriff in die Freiheit des Menschen, »sein *eigener Herr* (sui iuris) zu sein« (MdS AB 45), vorliegt oder droht, hat das Gesetz keine Rechtsgrundlage. Die Definition: »eine jede Handlung ist recht, die oder nach deren Maxime die Freiheit der Willkür eines jeden mit jedermanns Freiheit nach einem allgemeinen Gesetze zusammen bestehen kann« (MdS AB 33), ist also unabtrennbar von einer Definition des Unrechts, als dessen Abwehr allein das Recht zu legitimieren ist: »wenn ein gewisser Gebrauch der Freiheit selbst ein Hindernis der Freiheit nach allgemeinen Gesetzen (d. i. unrecht) ist, so ist der Zwang, der diesem entgegengesetzt wird, als *Verhinderung* eines *Hindernisses der Freiheit* mit der Freiheit nach allgemeinen Gesetzen zusammenstimmend, d. i. recht« (MdS AB 35). In dieser klassischen Definition ist das Wesen des gesetzlichen Rechts auf seine exakteste Formel gebracht: Es rechtfertigt sich präzise durch den Zwang, den es *abwendet* – und den es mit seinen, den Mitteln äußeren Zwangs, abzuwenden *vermag.*

Wir berühren nunmehr den Kern dessen, was schon im Kontext von POPPERS Platonkritik[3] als der entscheidende Schritt von der antiken zur modernen Konzeption politi-

3 Vgl. oben Kap. 2b.

scher Legitimität angekündigt wurde. Es ist wahr: Für die neuzeitliche Theorie der Verknüpfung von Politik und Ethik kommt es letztendlich nicht auf die moralische Qualität der Herrschenden, sondern auf die Institutionen und Mechanismen der Kontrolle ihrer Herrschaftsausübung an. Eben deshalb besteht wirkliches Verständnis für die Bedingungen politischer Legitimität dann, wenn zwischen den Gesetzgebern und den den Gesetzen unterworfenen Staatsbürgern Einigkeit darüber besteht, dass die Wirksamkeit des Staates dort ihre legitime Grenze hat, wo er vor Unrecht schützt. Hier liegt der gute Sinn des Streits, der in republikanischen Verhältnissen regelmäßig darüber ausbricht, ob Gesetzesvorhaben wirklich nötig sind und ob nicht die schon bestehenden Gesetze ausreichen. Die Grundrechte im modernen Staat haben wesentlich die Funktion, diese Erinnerung an die Beweislastverteilung zu Lasten des Gesetzgebers zu institutionalisieren.

Aber gerade bei Kant wird deutlich, dass die dieser Legitimationskonzeption zugrunde liegende Trennung von Moral und Recht nicht den Sinn hat, den ethischen Gesichtspunkt aus dem Horizont staatlichen Handelns herauszunehmen, sondern im Gegenteil: Indem der Staat seinem eigenen Handeln konstitutionelle Grenzen zieht, begrenzt er, eben weil er das Monopol ihrer Durchsetzung hat, in *konstitutiver* Weise auch die Ordnung des äußeren Zwangs, *damit* jenseits dieser der moralische Gesichtspunkt überhaupt erst zum Tragen kommen kann. Die Sicherung der Rechtsspielräume der Bürger gegen nötigende Willkür ist weit mehr als nur ein »Haltmachen« der staatlichen Gewalt vor ihrer Privatsphäre; sie setzt vielmehr erst jenen Bereich frei, der von jeglicher äußerer Nötigung freigehalten werden muss, damit er den *Sinn* jenes Freihaltens real zu begründen vermag.

Ernst CASSIRER hat diesen von LEIBNIZ' Konzept der Repräsentation der göttlichen in der menschlichen Freiheit in Kants »Reich der Geister« übernommenen Gedan-

ken, »dass das Prinzip, welches die Grenze der staatlichen
Machtbefugnisse bezeichnet, zugleich die ideelle Rechtfertigung des Staates in sich schloß«,[4] als die neuzeitliche
Grundidee von politischer Legitimität überhaupt charakterisiert. Das gerade ist die eigentliche Kunst des Staates:
durch die ihm aufgegebene äußere Zwangsordnung hindurch, also in den Grenzen, die er sich und damit ihr
setzt, das Unerzwingbare sichtbar zu machen und freizusetzen, das den Menschen zum Repräsentanten der Vernunft in der Sinnenwelt macht. Sie ist gefährdet, sobald
der Gesetzgeber anhebt oder sobald von ihm erwartet
wird, sich durch Leistungen zu legitimieren, die mit äußerer Zwangsgewalt gar nicht herbeigeführt werden können
– sei es auf wirtschaftlichem, auf kulturellem oder gar moralischem Gebiet. Die institutionelle Bekräftigung der
Grundrechte erinnert daher auch die Gesellschaft daran,
dass sie vom Staat nicht verlangen darf, was nicht äußerlich erzwingbar ist. Wer sich für diese Erinnerung stark
macht, muss keinen »liberalistischen« Standpunkt vertreten, sondern die Einsicht verteidigen, dass im bürgerlichen
Rechtsstaat nicht aufgrund ideologischer Dezisionen, sondern prinzipieller Konstitutionsbedingungen auch soziale
und kulturelle Ansprüche, deren Erfüllung man als Bürger
vom Zusammenleben im Staat erwartet, letztlich in Freiheitsgewährleistungen ihre Legitimationsbasis haben.[5]

---

4 Ernst Cassirer, *Freiheit und Form. Studien zur deutschen Geistesgeschichte*,
  Darmstadt ⁴1975, 318.
5 Zum Verhältnis von sozialen und Freiheitsgewährleistungen mit der Interpretation der Grundrechte als Abwehrrechte bzw. Gestaltungsaufträge im
  modernen Staat vgl. Ernst-Wolfgang Böckenförde, »Die sozialen Grundrechte im Verfassungsgefüge«, in: *Staat, Verfassung, Demokratie. Studien
  zur Verfassungstheorie und zum Verfassungsrecht*, Frankfurt a. M., 1991,
  146–158, insbes. 149, sowie: »Grundrechtstheorie und Grundrechtsinterpretation«, ebd. 115-145, insbes. 139 f.

b) *Die Politisierung der Ethik*

Mit der Trennung von Recht und Moral ist die *lex natura-lis* nicht etwa verabschiedet. Man findet sie wieder in der Entwicklung, die bei KANT die *Ethik* nimmt. Das natürliche Gesetz kehrt bei Kant, noch bis in den Rückgriff auf den durch HOBBES hindurchgegangenen Topos des *dictamen rationis* hinein, im innersten Kern der Moralbegründung, als Charakterisierung des äußerlich schlechthin Unerzwingbaren wieder, nämlich als das »Grundgesetz der reinen praktischen Vernunft«, als der *kategorische Imperativ*. Das Interesse an einer *guten staatlichen Ordnung* wird nach der Trennung von Recht und Moral zwar nicht mehr zu einer Angelegenheit der Ableitung politischer aus moralischen Prinzipien werden können. *Aber es erweist sich als eine notwendige Eröffnungsbedingung der Begründung der moralischen Prinzipien selbst.* Der Staat ist in die Prinzipien sittlichen Handelns bei Kant bereits hineingedacht, die Fundierung der Ethik hat unaufhebbar politische Züge.

Zunächst ist Sittlichkeit bei Kant im Gegensatz zur bloßen Handlungsfreiheit bestimmt. »Je mehr ein Mensch kann moralisch gezwungen werden, desto freyer ist er [...].« (*Vorlesungen über Moralphilosophie* AA 27/1,268) Moralität unterscheidet sich als Haltung eindeutig von Legalität. Moralisch bin ich, wenn ich mich an die vorgegebene Gesetzesordnung nicht nur halte, also »pflichtgemäß« handle, sondern wenn ich mich an sie aus einem ganz bestimmten Grund halte, nämlich um ihrer selbst willen. Dann handle ich »aus Pflicht« (KpV A 144). Wer nur legal handelt, für den ist die Triebfeder eigentlich aus anderen, nämlich Naturgesetzen, bestimmt: Angst vor Strafe, Eitelkeit oder Lohnerwartung beruhen auf der natürlichen Trieb- und Interessenstruktur des homo sapiens. Wer moralisch handelt, dem wird das Gesetz, das alle Menschen miteinander verbindet, selbst zur Triebfeder.

Auf dieser Ebene, der Ebene der Gesinnung, herrscht also völliger Gegensatz zwischen bloß rechtlich orientiertem und moralischem Handeln.

Die Trennung zwischen Legalität und Moralität darf nun aber andererseits nicht verwechselt werden mit der schon genannten zwischen moralischen und juristischen *Gesetzen*. Man kann sich zu moralischen Gesetzen legalistisch und zu juristischen moralisch verhalten. Wer einem Bedürftigen hilft, befolgt kein juristisches, sondern ein moralisches Gesetz; er erfüllt keine durch das staatliche Gesetz fixierte Pflicht gegenüber einem eindeutigen Anspruchsgegner, sondern eine nicht eindeutig konkretisierte Pflicht, die nach Kant nur »für Maximen« gilt, also die Pflicht, hilfsbereit zu sein. Trotzdem kann es sein, dass er solch eine moralische Pflicht nicht aus moralischer Gesinnung, sondern etwa deshalb befolgt, weil er sich dadurch eine Reputation bei seinen Mitbürgern verschafft, die ihm sonstige materielle Vorteile bringt. Umgekehrt gibt es den Menschen »rechtlicher Gesinnung«, der sich an die zwangsbewehrten Gesetze seines Landes nicht aus Angst vor Strafe, sondern aus Achtung vor seinen Mitmenschen hält. Rechtliche Gesetze sind solche, die sich erzwingen lassen, aber man muss sich nicht wegen des Zwangs an sie halten.

Der Unterschied zwischen moralischen und juristischen Gesetzen muss daher dem zwischen Legalität und Moralität inhaltlich vorausgehen. Moralische Gesetze sind Vorschriften, die uns zu einer bestimmten Gesinnung verpflichten, juristische Gesetze hingegen verpflichten uns zu konkreten Handlungen gegenüber bestimmten Personen. Kant nennt Pflichten, die konkrete Handlungen eindeutig vorgeben (z. B. ein gegebenes Versprechen zu halten), vollkommene Pflichten und unterscheidet sie wieder in vollkommene Pflichten des Menschen gegen sich selbst (z. B. sich nicht zu verstümmeln, selbst zu befriedigen, selbst zu töten) und gegen andere. Die juristischen Geset-

ze umfassen grundsätzlich den Bereich der vollkommenen
Pflichten gegen andere. Die legalistische Haltung kann,
wie gesagt, gegenüber allen Pflichten eingenommen werden. Aber *möglich* wird sie nur dadurch, dass es innerhalb
der Pflichten einen klar umgrenzten Teilbereich gibt, der
die juristischen Gesetze bestimmt. Denn der Legalist ist
jemand, der die Haltung, die genügt, um die vollkommenen Pflichten gegen andere zu gewährleisten, zu seiner
Grundhaltung gegenüber allen Pflichten, also auch gegenüber denjenigen macht, die allein aus einer solchen Haltung heraus zwischen Menschen nicht entstanden und
nicht zu begründen wären. Der Unterschied zwischen
moralischen und juristischen Gesetzen, zwischen konkreten Handlungs- und abstrakten Gesinnungspflichten muss
zuerst da sein, damit eine legalistische Einstellung entstehen kann, die ihn ignoriert. Wenn aber die legalistische
Einstellung als Gegensatz zur moralischen definiert ist,
dann setzt auch diese, die moralische Einstellung, jenen
Unterschied schon voraus. Moralisch verhält sich, wer ein
Gesetz um seiner selbst willen, also aus Achtung vor der
Idee der in ihm vereinigten Menschheit, befolgt. Aber um
ein Gesetz um seiner selbst willen achten zu können, muss
man überhaupt erst einmal wissen, was ein Gesetz ist;
man muss seine Geltung und seine Wirkung in der gesellschaftlichen Lebenswelt und damit in der Welt äußeren
Zwangs *erfahren* haben.

Das Paradigma des äußeren Zwangsgesetzes aber ist
nach Kant das Gesetz, welches vollkommene Pflichten gegen andere Menschen regelt, also *das juristische Gesetz*.
Was es überhaupt heißt, zu etwas verpflichtet zu sein, das
nicht von selbst geschieht, das erfahren wir als Menschen
primär durch die Ordnung koordinierten gegenseitigen
Zwangs, in die wir allein durch den Willen, mit anderen
Menschen zusammenzuleben, eingetreten sind. Moralität
erwächst erst als eine Leistung unseres Bewusstseins, vermöge derer wir zwischen dem allein aus der Koordination

des Zusammenlebens heraus entstandenen Zwang und
dem ihm zugrunde liegenden Gesetz zu unterscheiden lernen. Erst indem wir diese Abstraktionsleistung erbringen,
werden wir fähig, dem Zwang auch dort zu folgen, wo er
faktisch gar nicht besteht. Wenn ich Versprechen halte,
obwohl der, dem ich es gegeben habe, mich juristisch gar
nicht dazu zwingen könnte, habe ich verstanden, was es
heißt, moralisch zu sein. Aber diese Überwindung des
rein juristischen Zwangs setzt ihn eben als ihre Eröffnungsbedingung schon voraus.

»So gebietet die Ethik, dass ich eine in einem Vertrage
getane Anheischigmachung, wenn mich der andere Teil
gleich nicht dazu zwingen könnte, doch erfüllen müsse;
allein sie nimmt das Gesetz (*pacta sunt servanda*), und
die diesem korrespondierende Pflicht aus der Rechtslehre als gegeben an. Also nicht in der Ethik, sondern
im *Ius*, liegt die Gesetzgebung, dass angenommene Versprechen gehalten werden müssen.«   (MdS AB 16)

Es gibt also für Kant eine strukturelle Abhängigkeit der
Ethik vom Recht, die wir bis in den Kern seiner Moralbegründung hinein verfolgen können. Zwar ist das Grundgesetz der reinen praktischen Vernunft, der kategorische
Imperativ, von dem her sowohl das Recht als auch die
Ethik als auch die Trennung beider ihre letzte Fundierung
erfahren, selbst natürlich kein juristisches Gesetz. Dass
ich nur aus Maximen heraus handeln solle, die sich jederzeit zur Grundlage einer allgemeinen Gesetzgebung machen ließen, ist eine Regel, die meine innerste Einstellung
betrifft, den »guten Willen« als das einzig in der Welt und
außerhalb derselben denkbare uneingeschränkt Gute. Das
Grundgesetz der reinen praktischen Vernunft statuiert
also eine Verpflichtung gegen mich selbst, die mir ein
juristisches Gesetz nie auferlegen könnte. Ob ich wirklich um der Würde der Menschheit willen und nicht aus

Angst vor Strafe oder Lohnerwartung handle, das weiß nur ich selbst im Augenblick der Entscheidung; niemand kann es mir und ich kann es niemandem a posteriori beweisen. Und insofern jegliches Bewusstsein von Pflicht zuletzt die Verpflichtung des Menschen gegen sich selbst voraussetzt – »denn setzet: es gebe keine solchen Pflichten, so würde es überall gar keine, auch keine äußere Pflichten geben« (MdS A 64) –, gilt nach Kant selbstverständlich, dass der letzte Grund aller und also auch der Rechtspflichten in einem ethischen und nicht in einem juristischen Gesetz besteht. Es gilt, dass auch die dem juristischen Gesetz entspringenden Pflichten »bloß darum, weil sie Pflichten sind, mit zur Ethik gehören« (MdS AB 16); »die Ethik trägt also summarisch die ganze Lehre des Rechts« vor (*Vorlesungen über Moralphilosophie* AA 27/1,163).

Aber all dies gehört auf eine bestimmte Ebene, die durch eine andere wesensnotwendig ergänzt wird. Die Möglichkeit, gesetzlichen Zwang zugunsten der freien Einstimmung in das alle Menschen verbindende Grundgesetz der reinen praktischen Vernunft zu überwinden, ist die letzte Legitimationsbasis auch des Rechts; aber damit solche Legitimation sich vollziehen kann, muss es das, was in ihr überwunden wird, eben das auf juristischem Zwang begründete äußere Zwangsgesetz, schon geben. Wir müssen also die Ebene der Legitimation von derjenigen der Eröffnung trennen: Während alle, auch die vollkommenen Pflichten des Menschen gegen andere Menschen, erst durch den guten Willen und den ihn explizierenden kategorischen Imperativ legitimiert werden, wird das Verhältnis, innerhalb dessen diese Legitimation stattfindet, doch prinzipiell durch eine Rechtsordnung eröffnet. *Der kategorische Imperativ kann nur eine Ordnung legitimieren, durch die zuvor schon ein Verhältnis zwischen Menschen eröffnet worden ist, innerhalb dessen der kategorische Imperativ erst Begründungswirkung entfalten kann.* Diese

Wechselbeziehung hat Kant im Auge, wenn er sein Grundgesetz der reinen praktischen Vernunft in der Schrift *Zum ewigen Frieden* (A 82) als »Rechtsprinzip« bezeichnet. Er hält damit im Grunde eine *politische Leistung* fest, die der Logik aller ethischen Legitimation als Realbedingung innewohnt.

Sobald man den kategorischen Imperativ auf konkrete Handlungen anzuwenden versucht, wird einem die konstitutive Bedeutung schnell klar, die der in sich klar geschlossene Bereich der vollkommenen Pflichten des Menschen gegen andere für diese Anwendung hat. Der kategorische Imperativ verbietet ja strikt, aber eben auch nur Handlungen, denen eine Maxime zugrunde liegt, die sich nicht verallgemeinern lässt, das heißt, von der man nicht ohne logischen Selbstwiderspruch denken kann, dass alle Menschen sie befolgten. Stelle ich mir vor, dass alle die Maxime befolgen zu stehlen, wo immer es möglich ist, dann muss ich mir eine Gesellschaftsordnung vorstellen, in der es die Institution Eigentum nicht mehr gibt, in der man aber eben darum auch nicht mehr stehlen kann. Wenn alle ständig den anderen wegzunehmen bereit sind, was diese nicht mit faktischer Gewalt festzuhalten vermögen, dann hat es gar keinen Sinn mehr, davon zu sprechen, dass jemandem etwas »gehört«; und wo niemandem etwas gehört, kann es auch keinen Diebstahl mehr geben. Das heißt, dass die Maxime, zu stehlen, wo immer es geht, sich logisch aufhebt. Jede Handlung von mir, die dieser Maxime folgt, steht daher unter der Bedingung, dass die anderen ihr nicht folgen, und ist insofern parasitärer Natur. Sobald ich bereit bin, das, was ich tue, an der Frage zu messen, was wäre, wenn alle der Maxime folgten, aus der diese Handlung folgt, sind deshalb eine Reihe von Handlungen aus rein logischen Gründen ausgeschlossen: Diebstahl, Betrug, Ehebruch, Lüge usw.

Es gibt in der Gesellschaft bestimmte Erwartungspositionen, die nicht wegfallen dürfen, damit all diese Begriffe noch einen Sinn »haben«, etwa die Erwartung, dass das, war mir gehört, von der Gesellschaft gegen seine Entwendung geschützt wird, also die Institution des Eigentums. Diese Institution aber ist ursprünglich eine rechtliche: Sie setzt den Unterschied von Person und Sache, sie setzt die Regelung des Erwerbs von Sachen durch Personen, sie setzt Regeln des Eigentumsübergangs usw. voraus. Und sie setzt vor allem auch voraus, dass die Menschen ihr Handeln überhaupt in den Kategorien bestehender rechtlicher Verhältnisse zu sehen und zu beschreiben bereit sind. Wenn ich es schlicht ablehne, meine Handlung als »Diebstahl« bezeichnen zu lassen und stattdessen von »Wegnahme« oder »sozialem Ausgleich« spreche, dann läuft der kategorische Imperativ leer: Ich kann mir durchaus denken, dass alle allen ständig etwas wegnehmen, ohne dass dadurch das Verhältnis des faktischen Besitzes, das dafür vorausgesetzt ist, logisch aufgehoben würde. Man könnte sich in solchen Verhältnissen seines Besitzes nie sicher sein, aber es gäbe ihn doch noch. Das heißt: Kants Grundgesetz der reinen praktischen Vernunft ist auf konkrete Handlungen nur anwendbar, wenn bestimmte rechtliche Institutionen als Ausgangsbasis des ethischen Nachdenkens und der Moralbegründung anerkannt werden. Ich kann die ethische Legitimität der Institutionen meiner Gesellschaft nur überprüfen, indem ich das faktische Bestehen dieser Institutionen als Eröffnungsbedingung meines Denkens zunächst einmal hinnehme und von jedem anderen denkenden Subjekt ebenfalls einfordere.

Diese politische Eröffnungsbedingtheit teilt Kants Grundgesetz der reinen praktischen Vernunft durchaus mit der regelutilitaristischen Verallgemeinerung der Folgenabschätzung von Handlungen. Mit dem Prinzip, dass eine Handlung ethisch daraufhin zu beurteilen sei, ob die ihr zugrunde liegende die Glücksbilanz der von der Handlung Betroffenen mehre, lässt sich die Frage nach dem moralischen Wert einer Handlung nicht entscheiden, solange nicht feststeht, wie diese Handlung zu beschreiben sei, also ob beispielsweise die Organentnahme zum Zweck der Transplantation als Tötung einer noch lebenden Person, deren Hirnfunktionen definitiv erloschen sind, oder als Verwertung von Leichenteilen zu klassifizieren ist. Die Formulierung der Regel hängt von der Handlungsbeschreibung, also von der vorgängigen Verständigung über den Typus ab, dem die einzelne Handlung unterfällt. Diese Verständigung aber vollzieht sich in gesellschaftlichen und, wenn es um die Gesetzgebung geht, im spezifischen politischen Raum.

Hier zeigt sich eine für die Bestimmung des Verhältnisses von Politik und Ethik entscheidende Konsequenz des hobbesschen Vakuums: Es handelt sich um eine Rationalitätslücke, die sich gerade aus dem hobbesschen Rätsel der Unfassbarkeit der Staatsgründung ergibt und von der Politik her nunmehr in politisch konstituierte Ethik hineingetragen wird. Die Bedingungen für die Verständigung und Beschreibung der Typen unseres Handelns, die, wie gesagt, den Anwendungsbedingungen der wichtigsten ethischen Begründungsmodelle zugrunde liegt, vollzieht sich auf einem Feld, das seit Hobbes dem systematischen Zugriff der Ethik in ganz eigentümlicher Weise verschlossen ist. Die Typisierung, das heißt die Artgliederung unseres Handelns geschieht in jenem gesellschaftlichen Raum, der durch die Trennung von Recht und Moral der moralischen Reflexion entzogen ist, aber dieser Trennung selbst wieder in der Begründungsdimension voraussgeht, insofern er eine Eröffnungs- und damit Ergänzungsbedingung von Moralbegründung darstellt.

Die Entscheidung darüber, *was das eigentlich ist, was wir tun*, vollzieht sich im interessegeleiteten Vorfeld der ethischen Reflexion, also im Prozess der öffentlichen Meinungsbildung. Terrorist oder Freiheitskämpfer, Asylant oder Wirtschaftsflüchtling, Leistungsträger oder Besserverdienender, Sozialmissbrauch oder Gerechtigkeitslücke, Begabtenförderung oder Elitenbildung: Ob eine Gesellschaft überlebensfähig ist, erweist sich an ihrer Kraft zu jenem *Deskriptionskonsens*, durch den die normativen Fragen schon entschieden sind, wenn sie dem ethischen Diskurs vorgelegt werden. Wo der Deskriptionskonsens nicht erreicht ist, wo man über die richtige Beschreibung von Handlungen streitet, da wird der ethische Diskurs nur als interessegeleitete Unterstützung des einen oder anderen politischen Lagers wahrgenommen; und das bedeutet, dass er die entscheidende Leistung nicht erbringen kann, welche die Naturstaatslehre ihm gerade überlassen und gestellt hatte, nämlich Kriterien des Angelegtseins richtigen menschlichen Zusammenlebens im naturgemäßen Leben des Individuums zu erstellen, von denen her auch der gesellschaftliche Deskriptionskonsens erst noch ethisch beurteilbar wird.

Nicht in den ethischen Implikationen des politischen, sondern in dieser politischen Voraussetzung des ethischen Diskurses liegt, wie wir schon sagten, die Problematik von Hobbes' Kontraktualismus, die sich bis in Kants Trennung von Moral und Recht hineinzieht. Wenn es nicht gelingt, den Dezisionismusverdacht gegen die Denkfigur des »natürlichen Gesetzes« zu entkräften, dann pflanzt dieser sich in den Ideologieverdacht gegen jede Form ethischer Reflexion fort, die auf die bestehende Gesetzgebung und gesellschaftliche Definitionspraxis relativ ist. Genau an dieser Stelle hat Hegels Kritik an Kant angesetzt. Wir brauchen als ergänzende Theorie der Moralbegründung nun eine Theorie der Entwicklung des politischen Bewusstseins der Gesellschaft, ohne die die Moral selbst im Dezisionismus zu enden droht.

Vor diesem Hintergrund kann man nun auch das angesichts der Trennung von Recht und Moral zunächst überraschende Diktum Kants in der Schrift *Zum ewigen Frieden* verstehen: »Die wahre Politik kann also keinen Schritt tun, ohne vorher der Moral gehuldigt zu haben« (A 91; B 97f.). So drastisch kehrt die Ethik in die Aufgabenstellung einer Politik zurück, die sich bewusst ist, dass ihre Gesetzgebung Verantwortung für die Bewahrung von Zuständen trägt, in denen Menschen noch moralisch, d.h. als Repräsentanten ihres ganzen Geschlechts handeln können.

Hegel: Bürgertum als Ziel der Geschichte

a) *Geschichte als konkrete Wahrheit*

KANTS Geschichtsphilosophie schließt noch an die traditionelle Auffassung an, dass es etwas Natürliches an uns ist, das uns zwingt, über unsere und die Natur aller anderen Wesen hinauszugehen, und er nennt diese in unserer Natur angelegte Spannung die »ungesellige Geselligkeit« des Menschen. »Dank sei also der Natur für die Unvertragsamkeit, für die mißgünstig wetteifernde Eitelkeit, für die nicht zu befriedigende Begierde zum Haben, oder auch zum Herrschen! Ohne sie würden alle vortrefflichen Naturanlagen in der Menschheit ewig unentwickelt schlummern.« (*Idee* A 393 f.) Der Schritt aus der Natur in die Vernünftigkeit, durch den wir erst zu unserer wirklichen Willensbestimmung fähig geworden sind, muss sich in bestimmtem Sinne gegen unsere ursprünglichen Willensregungen vollzogen haben; vernünftiges Menschsein resultiert aus geschichtlichen Prozessen der Selbstüberwindung und Selbstüberschreitung, die den Individuen, welche sie getan haben, in ihrer ganzen Bedeutung gar nicht erwünscht und nicht durchschaubar sein konnten. Hier kündigt sich der für HEGEL zentrale Gedanke an, dass die Selbsttranszendenz des Menschen etwas ist, das sich wesentlich auch gegen seinen Willen oder, als die »*List der Vernunft*« (VPG 49), hinter seinem Rücken realisiert.

Hegels Ausgangspunkt freilich ist die Kritik am »*leeren Formalismus*«, in dem Kants Moralbegründung endet, wenn sie nicht von der Explikation des moralischen Standpunkts in den Begriff konkreter Sittlichkeit transformiert wird (RP §135). Diese Kritik hebt darauf ab, dass der kategorische Imperativ seine Anwendungsvoraussetzungen aus der konkreten politischen Wirklichkeit, also aus den bestehenden Institutionen und den mit ihnen verknüpften Handlungsregeln nimmt, ohne diese selbst noch einmal legitimierend einholen zu können.

> »Daß *kein Eigentum* stattfindet, enthält für sich ebensowenig einen Widerspruch, als daß dieses oder jenes einzelne Volk, Familie usf. nicht existiere oder daß überhaupt *keine Menschen leben.* Wenn es sonst für sich fest und vorausgesetzt ist, dass Eigentum und Menschenleben sein und respektiert werden soll, dann ist es ein Widerspruch, einen Diebstahl oder Mord zu begehen; ein Widerspruch kann sich nur mit etwas ergeben, das ist, mit einem Inhalt, der als festes Prinzip zum voraus zugrunde liegt.« (Ebd.)

Stützt man sich als Mensch allein auf den formellen Willen, das Gesetz um seiner selbst willen zu erfüllen, so macht man sich von der Faktizität des Gesetzes abhängig. Gleiches gilt aber vom gegenteiligen Prinzip, sich nur nach den Folgen des Handelns zu richten, wodurch man sein Tun zur Funktion der Interessen und Strebungen anderer machen würde. »Der Grundsatz: bei den Handlungen die Konsequenzen verachten, und der andere: die Handlungen aus den Folgen beurteilen und sie zum Maßstabe dessen, was recht und gut sei, zu machen – ist beides gleich abstrakter Verstand.« (RP § 118) Mit dem Begriff des Abstrakten ist sowohl der Kern von Hegels Kritik einer von der Reflexion auf Recht und Staat abgehobenen Moralbegründung bezeichnet als auch indirekt schon sein eigenes Grundprinzip genannt, von dem her Ethik und Politik ihre Verbindung finden, nämlich das Prinzip des Konkreten.

Zentrale Aufgabe einer philosophischen Theorie der Moral ist nach Hegel die Vermittlung zwischen den bei-

den abstrakten Standpunkten tierischer Individualität und
vernünftiger Allgemeinheit, die Kant nebeneinander gesetzt hat. Der Ort dieser Vermittlung ist das Gewissen der
Person. »Das *Gewissen* drückt die absolute Berechtigung
des subjektiven Selbstbewußtseins aus, nämlich *in sich*
und *aus sich* selbst zu wissen, was Recht und Pflicht ist«
(RP § 137). Die Vermittlung scheitert, wenn man von der
konkreten Gestalt und Realität personalen Gewissens abstrahiert, ebenso aber auch, wenn man von dem Anspruch
des Gewissens abgeht, sich an dem objektiven, die Person
überschreitenden Recht und der Pflicht zu orientieren,
also ein ethisches *Wissen* zu sein und daher *Wahrheit* vo-
rauszusetzen. Das Gewissen erhebt notwendig den Anspruch, dass, »was es so weiß und will, in *Wahrheit* Recht
und Pflicht ist« (ebd.). Die traditionelle Lehre, dass das
Gewissen sein Maß am objektiven Gesetz hat und es daher die Möglichkeit gibt, dass der Mensch in Übereinstimmung mit seinem Gewissen und trotzdem schlecht handelt, wird hier noch einmal neu bekräftigt und zur Bestätigung des Grundanspruchs des Rechtsstaates gewendet.

> »Das Gewissen ist daher diesem Urteil unterworfen, ob
> es *wahrhaft* ist oder nicht, und seine Berufung nur *auf*
> *sein Selbst* ist unmittelbar dem entgegen, was es sein
> will, die Regel einer vernünftigen, an und für sich gülti-
> gen allgemeinen Handlungsweise. Der Staat kann des-
> wegen das Gewissen in seiner eigentümlichen Form, d. i.
> als *subjektives Wissen* nicht anerkennen [...].«   (Ebd.)

Insofern steht der Staat für das, was an sich gut ist, und
das Gewissen hat sich, indem es dies für sich übernimmt,
vor ihm zu verantworten. Andererseits aber muss der
Staat, wenn er zu bestimmen hat, worin das an sich Gute
besteht, nicht auf abstrakte Forderungen zurückgehen, auf
eine *lex aeterna* oder göttliche Gebote, sondern vielmehr
gerade auf das, wodurch der Wahrheitsanspruch des indi-

viduellen Gewissens ebenso wie seine eigene, die Gestalt des modernen bürgerlichen Rechtsstaates, erst möglich geworden sind. Bei dieser Quelle seiner ethischen Legitimität aber handelt es sich wesentlich um den *geschichtlichen* Prozess seiner eigenen Emanzipation *von* abstrakten Forderungen.

Dem Staat ist nach Hegel in der Geschichte der Menschheit etwas gelungen, was das Individuum, das in ihm lebt, nunmehr durch ihn für sich selbst nachvollziehen kann, nämlich eben die Befreiung von der abstrakten Unterwerfung unter heteronome Moralinstanzen.

> »Der Mensch ist als Gewissen von den Zwecken der Besonderheit nicht mehr gefesselt, und dieses ist somit ein hoher Standpunkt, ein Standpunkt der modernen Welt, welche erst zu diesem Bewußtsein, zu diesem Untergange in sich gekommen ist. Die vorangegangenen sinnlicheren Zeiten haben ein Äußerliches und Gegebenes vor sich, sei es Religion oder Recht; aber das Gewissen weiß sich selbst als das Denken, und daß dieses mein Denken das allein für mich Verpflichtende ist.« (RP § 136)

Kant hat also demnach das Ziel und Ergebnis eines konkreten Prozesses als abstraktes Prinzip formuliert und gerade dadurch die Konkretisierung der sich aus diesem Prinzip ergebenden Forderungen verstellt. Was er eigentlich als den Inhalt der wahrhaft menschlichen Freiheit und damit der Moral freilegen wollte, war die einmalige und konkrete geschichtliche Leistung, in der sich dieser Prozess vollzogen hat. Wenn der Mensch sich in Freiheit selbst bestimmt, orientiert er sich an dem Prozess, der ihm diese Selbstbestimmung erlaubt hat, ja der in dieser Selbstbestimmung eigentlich besteht. Selbstbestimmung ist nicht ein abgegrenzter Aspekt einer singulären Handlung, sondern ein die ganze Menschheit übergreifender Prozess, an dem ich durch jede selbstbestimmte Handlung teilhabe, weil er auch dadurch, dass ich ihn voraussetze, erst zu dem wird, wodurch meine Voraussetzung gerechtfertigt ist.[1]

Vor diesem Hintergrund steht Hegels Bestimmung der Weltgeschichte als »die Entwicklung des Bewusstseins des Geistes von seiner Freiheit« (VPG 86)[2] und der Anschluss an Rousseaus Topos der »Perfektibilität« als Vermittlung zwischen menschlicher Natur und Geschichte:

> »in der Natur geschieht nichts Neues unter der Sonne
> [...]. Nur in den Veränderungen, die auf dem geistigen
> Boden vorgehen, kommt Neues hervor. Diese Erschei-
> nung am Geistigen ließ in dem Menschen eine andere
> Bestimmung überhaupt sehen als in den bloß natürli-
> chen Dingen [...], nämlich eine wirkliche Verände-
> rungsfähigkeit, und zwar zum Besseren – ein Trieb der
> *Perfektibilität*.« (VPG 74)

Hegels Idee ist also, das große neuzeitliche Gedanken-konstrukt, den freiwilligen Zusammenschluss der Menschen zu einem sie rechtlich verbindenden Ganzen, auf die geschichtlichen Faktoren hin zu untersuchen, die seiner Verwirklichung zu Grunde liegen. Was die Theorien von HOBBES und Kant gefordert haben, das kann ein Mensch gerade nicht um solch abstrakter Theorien willen erfüllen, sondern nur aufgrund eines Verhältnisses zu seinen Mitmenschen, das er konkret erlebt und das ihm die wirkliche Begründung der abstrakten Forderung nach persönlicher

---

1 »Die Person aber weiß als denkende Intelligenz jene Substanz als ihr eige-nes Wesen [...], schaut sie als ihren absoluten Endzweck in der Wirklich-keit sowohl als erreichtes *Diesseits* an, als sie denselben durch ihre *Tätigkeit hervorbringt* [...]« (E III § 514).
2 Vgl. dazu Reinhart Klemens Maurer, *Hegel und das Ende der Geschichte*, Freiburg/München ²1980, insbes. den Beitrag »Teleologische Aspekte der Hegelschen Philosophie«.

Freiheit lebendig vor Augen stellt. Insofern kann man sagen, dass Hegel im Gegenzug gegen die abstrakten Theorien der Neuzeit eine »aristotelisierende« Rückwendung
vornimmt und politische Legitimität an die konkrete geschichtliche Erfahrung bindet, anders ausgedrückt: die
Bindung an den geschichtlichen Hintergrund als die *hinreichende* Verifikationsbedingung aller theoretischen Legitimationsprinzipien hervorhebt. Die theoretischen Argu-
mentationssysteme haben dagegen immer nur den Status
notwendiger Bedingungen der Einsicht in die Legitimität
jener realen Freiheitsverhältnisse, denen man niemals nur
deshalb angehört, weil man frei sein will, sondern weil
man Freiheit als etwas *Gutes* erkannt hat, das man *für alle*
will, mit denen man im Streben nach einem guten Zusammenleben verbunden ist, denen man ihnen *Gutes* will.
»Die frei sich wissende *Substanz*, in welcher das absolute
Sollen ebenso sehr *Sein* ist«, so heißt es 1830 in der *Enzyklopädie der philosophischen Wissenschaften*, »hat als Geist
eines *Volkes* Wirklichkeit« (E III §514).

Der Unterschied zu Aristoteles muss freilich ebenso herausgestellt werden. Er ergibt sich aus der Doppeldeutig-
keit des Wortes »geschichtlich«, das sich entweder auf eine
bestimmte Etappe oder auf den alle Etappen umgreifenden Prozess, auf den Weg der Menschheit überhaupt beziehen kann. Der geschichtliche Hintergrund der aristotelischen Theorie war die griechische Polis und mit ihr jener
griechische »Sonderweg«, ohne welchen die Erfahrung der
Freiheit nicht auf uns gekommen wäre. So gesehen, bezeichnet das Wort »geschichtlich« also eine bestimmte
Zeitepoche, die den Begriffen einer Theorie innewohnt.
Aus der Angewiesenheit auf einen in diesem Sinne geschichtlichen Hintergrund kann nach Hegel auch keine
philosophische Theorie heraus. Die Philosophie ist

> *ihre Zeit in Gedanken erfasst.* Es ist ebenso töricht zu
> wähnen, irgendeine Philosophie gehe über ihre gegen-

wärtige Welt hinaus, als, ein Individuum überspringe seine Zeit, springe über Rhodus hinaus. Geht seine Theorie in der Tat drüber hinaus, baut es sich eine Welt, *wie sie sein soll*, so existiert sie wohl, aber nur in seinem Meinen – einem weichen Elemente, dem sich alles Beliebige einbilden läßt.« (RP Vorrede, 26)

Damit scheint der Anspruch jeglichen philosophischen Denkens und also auch der Ethik radikal relativiert.

Aber Hegels Konzeption der Geschichte enthält auch in dieser Hinsicht bereits wieder den Gegensinn, in dem die umfassende Bedeutung des Prozesses verankert ist, als welcher die Wahrheit sich realisiert; dieser Gegensinn ist vor allem in dem Begriff des »Substantiellen« festgehalten: »Der Geist ist […] auf dem Theater, auf dem wir ihn betrachten, in der Weltgeschichte, in seiner konkretesten Wirklichkeit«, und diese, als »der Verlauf seiner Entwicklung ist das Substantielle« (VPG 29). Das »Substantielle«: das ist eben jener in der griechischen Polis erstmals gewachsene geschichtliche Grund, der sich, transformiert in philosophische Begriffe mit überzeitlichem Anspruch, von da an immer neu aus seiner Epoche in eine andere hinüber fortpflanzt, um in gewandelten Institutionen wiederzuerscheinen, bis er schließlich im Gewissen des sich über diesen geschichtlichen Zusammenhang bewusst gewordenen Subjekts mit der Ordnung des modernen Rechtsstaates in jene vollständige Übereinstimmung gelangt, die von der – Hegelschen – Philosophie expliziert wird. Dies ist der zweite, umfassende Sinn, in dem Philosophie »geschichtlich« ist: ihre Weise, ihre Zeit in Gedanken zu fassen, führt gerade dazu, dass diese Zeit sich in künftige Zeit hinein übersetzt, es also zu einem geistigen Organismus kommt, dessen Logik und Folgerichtigkeit Menschen von dem *Ziel* her fassbar wird, das ihn trägt. Daher und insofern steht die Philosophie »der Form nach über ihrer Zeit, indem sie als das Denken dessen, was der substantielle Geist

218 Hegel: Bürgertum als Ziel der Geschichte

derselben ist, ihn sich zum Gegenstande macht«.[3] Sie ist
»die innere Geburtsstätte des Geistes, der später zu wirklicher Gestaltung hervortreten wird«.[4]

Wahrheit und Geschichte sind so vermittelt im Begriff
des *Geistes*. Der Geist ist dasjenige, was ungeschrieben der
politischen Realität jeder Etappe und der sie auf den Begriff bringenden Theorie innewohnt, und zwar nicht als
eine abstrakte Formel, die doch auf irgendeine Weise in einer noch feineren Theorie oder durch noch höhere Einsicht formuliert werden könnte, sondern nur als der geschichtliche Prozess, durch den alle Theorien mit der
Wirklichkeit dialektisch zu einem Gang verbunden sind,
an dessen Ende die konkrete Freiheit des modernen Menschen und seines Staates steht. Der geschichtliche Aspekt
der griechischen politischen Ethik bestand also in zweierlei: Einmal hat sie die konkret erlebte Freiheit ihrer Zeit in
Begriffe(n) aufgehoben, zum anderen hat sie den Prozess
angestoßen, durch den dieser »aufhebende« Zusammenhang zwischen Theorie und politischer Realität bis heute
weitergegeben wurde. Hegel nennt diesen im zweiten Sinne geschichtlichen Prozess die *Bildung*: Das »Hervortrei-
ben der Allgemeinheit des Denkens ist der absolute Wert
der *Bildung*« (RP §20). Bildung ist das Konkretwerden
des Geistes, in dessen Verlauf der Mensch seine eigene
Freiheit als den Ort der Erfüllung aller Forderungen erfährt, die ihm zunächst in den abstrakten Prinzipien der
Religion, der Moral und der philosophischen Theorien
vorgesetzt werden mussten, über die er durch die Forderung nach rationaler Begründung schließlich hinausge-
langt ist.

Die Vollendung der Bildung, wie sie von der griechischen Polis ausging, nennt Hegel die *Aufklärung*: sie ist

---

3 Georg Wilhelm Friedrich Hegel, *Vorlesungen über die Geschichte der Philosophie 1*, Bd. 18, Frankfurt a. M. 1969, S. 74.
4 Ebd., S. 75.

der endgültige Bruch mit dem Glauben, sie zerstört ihn als das fremde, jenseits liegende Reich des Wesens, als »*reines Sehnen*«, dessen »Wahrheit ein leeres Jenseits, dem sich kein gemäßer Inhalt mehr finden lässt«, ist (*Phän.* 423). Eine wichtige Rolle spielt bei Hegel jedoch auch der diesem vorausgehende und für die Geschichte ebenso unentbehrliche Bruch, durch den das Christentum den Einzelnen aus seiner substanziellen Aufgehobenheit in der Polis herausgeschleudert und damit eine Bildung in Ablösung von dieser Eingebundenheit erst möglich gemacht hat. Durch das Christentum ereignet sich »die Versöhnung und die Befreiung des Geistes, indem der Mensch das Bewusstsein vom Geiste in seiner Allgemeinheit und Unendlichkeit erhält« (VPG 386). Dieser ganze geschichtliche Weg aber: die Freiheitserfahrung des in die Polis eingebundenen Subjekts, die Entzweiung zwischen ihm und seiner Gemeinschaft und die Wiederherstellung ihres Zusammenhangs durch die Neubegründung der politischen Gemeinschaft aus dem seiner Freiheit bewusst gewordenen, d.h. aufgeklärten Willen des Subjekts, dieser Weg also ist der geschichtliche Hintergrund, von dem her alle Legitimationsprinzipien unseres Zusammenlebens verstanden werden müssen.

Hegel vertraut damit die Verbindung von Politik und Ethik einer Gratwanderung an, deren Absturzgefahren sich in der Folge auf vielfältige Weise, nicht zuletzt bei MARX, erweisen sollten: Wir müssen uns der Einsicht stellen, *dass die Wahrheit unserer ethischen Prinzipien sich nur vor dem Hintergrund und in notwendiger Ergänzung eines konkreten Staatswesens zu zeigen vermag, dessen Aufbau wir doch nicht unmittelbar aus diesen Prinzipien abzuleiten vermögen.* Die Forderung, nach Maximen zu handeln, die sich zur Grundlage einer allgemeinen Gesetzgebung machen ließen, bleibt bestehen, aber sie bildet nur noch ein Durchgangsstadium im Vollzug meiner geistigen Identifikation mit einem die ganze Menschheit umgreifen-

den Prozess der Gestaltung des Zusammenlebens, von
dem her sie und mit ihr der gesamte Standpunkt der Moralität erst ihre Rechtfertigung erhält. Meine moralischen
Überzeugungen und ihre ethische Rechtfertigung stehen
nicht in einer Ableitungs-, sondern in einer durch die Geschichte vermittelten gegenseitigen Wechselbeziehung:
Richte ich meine moralischen Überzeugungen an den Er-
öffnungs- und Erhaltungsbedingungen des Staates aus, der
sich dem konkreten geschichtlichen Prozess, welcher von
der griechischen Freiheitserfahrung über das Christentum
zur Aufklärung geführt hat, verdankt, so gelange ich in
ein Verhältnis zu meinen Mitmenschen, aufgrund dessen
die Wahrheit des Inhalts dieser Überzeugungen vernünftig
aufgezeigt und begründet werden kann. Die konkrete
staatliche Ordnung unseres Zusammenlebens und die Rationalität unserer moralischen Überzeugungen verdanken
sich einem sie beide übergreifenden und noch tragenden
Zusammenhang, der erst als ganzer bestimmt, was Wahrheit ist. Die Forderung, so zu handeln, dass die Begründung meines Handelns von allen Menschen eingesehen
werden kann, ist also nicht aus noch höheren abstrakten
Prinzipien zu begründen, aber sie ist auch nicht ein in sich
evidentes letztes Axiom, sondern sie konkretisiert sich als
die Forderung, das Zusammenleben mit allen anderen
Menschen so zu gestalten, dass diese in ein Verhältnis zueinander und zu mir treten, aufgrund dessen sie mein
Handeln als für sie repräsentativ anzuerkennen vermögen.
*Damit wird die Politik zum irreduziblen Feld der Konkre-
tisierung der Ethik.* Die politisch konkretisierte Ethik
nennt Hegel *Sittlichkeit*.

b) *Die gesellschaftliche Verantwortung des Staates*

HEGEL hat die Gratwanderung zwischen Ethik und Geschichte, zu der uns das Prinzip des konkreten Denkens
in seinem Sinne zwingt, in der berühmt-berüchtigten Be-

stimmung zum Ausdruck gebracht, nach der das politische Denken der Versuch sei, »den *Staat als ein in
sich Vernünftiges zu begreifen und darzustellen*« (RP Vorrede, 26). Das heißt insbesondere, dass die Institutionen
des Staates als »*die* entwickelte und verwirklichte Vernünftigkeit« zu verstehen sind (RP § 265). Und um den
letzten Anklang abstrakter Forderung zu beseitigen, der
aus solchen Formeln immer noch sprechen könnte, heißt
es ausdrücklich, und zwar im Rückgriff auf Platon: »Was
vernünftig ist, das ist wirklich; und was wirklich ist, das
ist vernünftig.« (RP Vorrede, 24) Nimmt man dies mit
den diversen Charakterisierungen des Staates als Gang
Gottes oder (seiner Idee) als »wirklichen Gottes« (vgl.
RP § 258) zusammen, so scheint hier die irrationale Über-
ordnung der Macht über die Vernunft auf die Spitze
gehoben und Hobbes noch geschichtlich überhöht worden zu sein. Nur durch die Reflexion auf Hegels spekulative Denkweise kann man diese Überspitzung vermeiden.

Für Hegel sind die Konstruktionen des Wesens des
Menschen, wie Aristoteles, Hobbes und Rousseau sie
vorgenommen haben, gleichermaßen abstrakt. Es gibt weder ein asoziales noch ein soziales, aber auch nicht im Sinne der kantischen Kompromissformel ein »ungesellig-ge-
selliges« Wesen des Menschen. Was es aber bis heute gibt
und geschichtlich geben musste, damit die heutige Zeit
werden konnte, das ist und war *die Identifikation von
Menschen mit ihrer konkreten Gemeinschaft.* Nicht weil
wir »den Menschen« lieben, sondern weil wir mit bestimmten, konkreten Menschen zusammengehören, treten
wir in Verhältnisse ein, die sich durch die Forderung
menschlicher Zusammengehörigkeit konstituieren. Die
Geschichte, die zu der Entstehung dieses Staates geführt
hat, ist selbst durch die Identifikation von Menschen mit
ihrer Gemeinschaft sowie durch den Entzug und die
Übertragung solcher Identifikation auf andere, neue Gemeinschaften gebildet worden.

Ohne diesen Prozess der Bildung staatlicher Identität wären auch die Theorien nicht entstanden, mit Hilfe derer wir heute die Frage nach der Legitimität oder Illegitimität politischen Handelns stellen. Wir überprüfen unseren Staat daraufhin, ob er im Einklang mit vernünftigen Prinzipien steht, die durch die Geschichte seiner Bildung hindurch auf uns gekommen sind. Von Überprüfung kann aber selbstverständlich nur die Rede sein, wenn der Zusammenhang von Geschichte und Vernunft nicht *per definitionem* feststeht, sondern wenn er gerade dort, wo es um die Wahrheit von Legitimationsansprüchen geht, in Frage steht. Darum muss zwischen dem faktischen Verlauf der Geschichte und der Logik, die diesen Verlauf bestimmt hat, dem »Geist«, strikt unterschieden werden. Der Staat erhebt den Anspruch, auf den Prinzipien (weiterhin) zu basieren, die durch die Geschichte hindurch zu seiner Bildung geführt haben. Ist dieser Anspruch nicht zu halten, so bedeutet dies, dass er gar nicht *wirklich* der Staat ist, *für den er sich hält*. Er ist dann seiner selbst, seinem vernünftigen Anspruch entfremdet und muss sich erst noch als derjenige, der er zu sein beansprucht, verwirklichen. Wer also diesen Staat für legitim hält und seinerseits Ansprüche an diese Legitimität knüpft, muss sich vor der Vernunft rechtfertigen können. Wer das nicht kann und trotzdem die Macht ausübt, der repräsentiert in Wahrheit nicht diesen Staat. *Dass das Wirkliche vernünftig ist, bedeutet also immer auch, dass, was wirklich sein will, sich vor der Vernunft zu rechtfertigen hat.* Dass das Vernünftige wirklich ist, bedeutet freilich auch, dass Vernunft nicht abgelöst von Geschichte formuliert werden kann.

Wer die Unvernünftigkeit bestehender Institutionen behauptet, muss den Grund seiner Behauptung in der Reflexion auf die Geschichte und die realen Bedingungen der Erhaltung und Weitergabe dieser Institutionen rechtfertigen können. Dazu kommt es auf ihren Zusammenhang mit der Geschichte, aber auch ihren Zusammenhang untereinander an, und für diesen Zusammenhang kommt dem Staat wiederum eine fundamentale Bedeutung zu. Er ist zwar einerseits nur eine unter mehreren Dimensionen des geschichtlich gewachsenen Zusammenlebens der Menschen; darum hat er das Recht als sein Konstitutionsprinzip (ganz im Sinne Kants) primär am Unrecht, also an der Störung von Verhältnissen zu orientieren, deren Sittlichkeit er nur anerkennen kann. Aber ihm kommt andererseits für die Erhaltung und geschichtliche Bildung dieser anderen Verhältnisse eine sie übergreifende *Verantwortung* zu.

Die drei Dimensionen, in denen die Zusammengehörigkeit der Menschen nicht als Forderung postuliert, sondern als sittliche Wirklichkeit geschichtlich konkret erfahren wird, sind die *Familie*, die *bürgerliche Gesellschaft* und das *Volk*, das den Staat trägt. Die sittliche Verantwortung des Staates besteht darin, die je eigentümliche Form, in der die Zusammengehörigkeit der Menschen in diesen Dimensionen real wird, zu respektieren und zu schützen. Hegel spricht von der sittlichen Substanz, die der »*wirkliche Geist*« einer Familie und eines Volks« sei (RP § 156). Die Eigentümlichkeit der Familie als sittliche Wirklichkeit zu respektieren heißt für den Staat, die Liebe konkreter Individuen zur Basis ihrer institutionellen Verpflichtung gegeneinander zu machen. Die Liebe ist »Empfindung, das heißt die Sittlichkeit in Form des Natürlichen; im Staate ist sie nicht mehr: da ist man sich der Einheit als des Gesetzes bewußt, da muß der Inhalt vernünftig sein, und ich muß ihn wissen« (RP § 158). Diese Fundierung der Familie ist gerade in ihrer Abgrenzung vom Staat bedeutsam, und zwar in beiden Richtungen. Sie zieht sowohl einem emotionalen Vaterlandsverständnis als auch der Verankerung der Ehe im sakramentalen oder im juristischen Formalismus eine Grenze, die so vor Hegel nicht ethisch ver-

ankert worden war. Die Ehe ist nach Hegel »die rechtlich
sittliche Liebe« (RP § 161), durch die aus mehreren Personen eine einzige, neue entsteht, und sie stellt damit die natürliche Basis für das auch im Staat entscheidende Bewusstsein des Menschen dar, durch die Aufgabe seiner individuellen Interessen einem Allgemeinen zu dienen, von
dem her er konkret den Sinn seines ursprünglichen Verzichts erfährt; die Familie ist insofern »sittliche Substanz«
in elementarster Bedeutung. Der Staat hat ihre Auflösung
in letzter Konsequenz zu ermöglichen, muss diese freilich
»aufs höchste erschweren und das Recht der Sittlichkeit
gegen das Belieben aufrechterhalten« (RP § 163). Er
schützt hier also ein Verhältnis, das er vernünftig niemals
ersetzen oder garantieren könnte, ohne das er aber als
Verband füreinander eintretender und zueinander gehö-
render Menschen nicht lebensfähig wäre. Er erhält in diesem anderen seiner selbst die Eröffnungsbedingungen seiner eigenen Ordnung. Hier also findet er die erste Aufgabe auf einem Feld jenseits aller reinen Sicherheits- und
Freiheitsgewährleistung im hobbesschen Sinne.

Eine weit umfassendere Funktion kommt der »bürgerlichen Gesellschaft« in ihrer Eigentümlichkeit zu, die Hegel nun in klare Differenz zum Staat bringt. Es handelt
sich bei ihr um einen »vermittelnden Zusammenhang«
zwischen den besonderen Interessen ihrer Mitglieder, der
diesen als solcher gar nicht zu Bewusstsein kommt. In
ihr »ist jeder sich Zweck, alles andere ist ihm nichts«
(RP § 182). Gerade das egoistische Streben der Einzelnen
aber bringt eine Ordnung hervor, die sie in Abhängigkeit
voneinander versetzt, wie kein hierarchisch und sakral
fundierter Staat sie herbeizuführen vermag. Die Zwänge
dieser Gesellschaft ruhen nicht mehr auf dem Glauben an
abstrakte Normen, sondern auf konkreten Notwendigkei-
ten der Aufrechterhaltung gegenseitiger Tausch- und Ver-
trauensverhältnisse, und eben als solche werden sie vom
Staat erkannt und rational gestaltet. Dabei besteht seine

Verantwortung zunächst darin, die Zwänge der »unsichtbaren Hand« in ihrer Eigendynamik wirken zu lassen, so dass sich zwischen den Marktteilnehmern »das richtige Verhältnis im Ganzen von selbst herstellt«, andererseits aber für eine »Ausgleichung« der Interessen der Konsumenten und Produzenten zu sorgen, die es nur durch eine »mit Bewußtsein vorgenommene Regulierung« geben kann (RP § 236). Der Staat muss elementare Prinzipien der Tausch-, Preis- und Lohngerechtigkeit gegen die unmittelbare Kraft der Marktmechanismen zur Geltung bringen, wenn die langfristigen Bedingungen eines funktionierenden Marktes daran hängen.

Im Gegensatz zur Familie sind es auf der Ebene der bürgerlichen Gesellschaft also bewusste und rationale Entscheidungen, die das Individuum dazu bringen, für das Wohl anderer und das Funktionieren des Ganzen da zu sein; aber es sind eben Entscheidungen, die indirekt, nicht mit der Intention auf dieses allgemeine Wohl getroffen werden. Die »hinter dem Rücken« des Individuums zustande kommende Allgemeinheit verwandelt zugleich die selbstbezogene Arbeit dieses Individuums in einen Legitimationsakt des sie verantwortenden Staates, der diesem eine eigene Legitimitätsdimension verleiht, die ihn von allen allein auf direktem Zwang beruhenden Systemen unterscheidet. Hier liegt ein entscheidender Sprung, den Kant in seiner Unterscheidung von Recht und Moral offenbar vorausgesetzt, aber als geschichtliche Wendung nicht reflektiert hat. »Die Schöpfung der bürgerlichen Gesellschaft gehört [...] der modernen Welt an, welche allen Bestimmungen der Idee erst ihr Recht widerfahren läßt« (RP § 182), eben auch denjenigen, die nur unabhängig von oder sogar gegensätzlich zum direkten Willen des Handelnden gegeben werden.

Seine Verantwortung gegenüber diesen irrationalen und nichtintentionalen Schichten seiner Legitimation nimmt der Staat aber nach Hegel nur wahr, wenn er zugleich eine

Haltung der Bürger freizusetzen und zu erhalten vermag, die ihn direkt und intentional erfaßt, und zwar in der von KANT wie schon von HOBBES noch gänzlich ausgesparten Grunddimension seiner *Konkretheit*. Nur dadurch wird er zum rationalen und bewusst intendierten Prinzip, in dem allein die tiefer gelagerten Formen der Verallgemeinerung persönlicher Interessen ihre Verankerung finden können. Die bürgerliche Gesellschaft geht man ein, weil man auf Gesellschaft angewiesen ist, um seine Interessen verfolgen zu können, das heißt: auf *eine* Gesellschaft. Den Staat als »die Wirklichkeit der sittlichen Idee« (RP § 257) hat man aber überhaupt nicht in seiner Substanz erfasst, wenn man ihn als *irgend*einen Staat betrachtet; gerade insofern würde er sich eben von der Gesellschaft nicht unterscheiden lassen. Die Haltung, in der man den Staat in seiner Wirklichkeit in das eigene Interesse aufnimmt, sich also mit ihm als *diesem* identifiziert, bestimmt Hegel als die Rechtschaffenheit:

> »Das Sittliche, insofern es sich an dem individuellen durch die Natur bestimmten Charakter als solchen reflektiert, ist die *Tugend*, die, insofern sie nichts zeigt als die einfache Angemessenheit des Individuums an die Pflichten der Verhältnisse, denen es angehört, *Rechtschaffenheit* ist.«   (RP § 150)

Rechtschaffen aber ist man, weil man sich an die Gesetze seines Landes nicht um seinet-, aber auch nicht um ihretwegen, sondern *um dieses Landes willen* hält. Die Basis dafür ist letztlich wiederum das *Vertrauen*, dass das, worum es einem im eigenen Leben und das, worum es dem eigenen Land geht, letztendlich eins sind. Diese Grundhaltung des Vertrauens in die Konvergenz des Ganzen mit dem eigenen Besonderen nennt Hegel *Patriotismus* (vgl. RP § 268). »Dies ist das Geheimnis des Patriotismus der Bürger [...], daß sie den Staat als ihre Substanz wissen, weil er ihre besonderen Sphären, deren Berechtigung und deren Autorität wie deren Wohlfahrt, erhält« (RP §289).

Die Verantwortung der Exekutive besteht dann freilich darin, dass gegenüber den partikulären gesellschaftlichen Interessen ein allgemeines Staatsinteresse festgehalten wird. Nur in der gemeinsamen Verpflichtung gegenüber dem eigenen Land als demjenigen, dem man seine Freiheit verdankt, wird der geschichtlich konkrete Hintergrund aller möglichen Vermittlung des eigenen Willens mit dem seiner Mitmenschen erfasst. Wo die Menschen zu dieser Haltung unfähig sind, gibt es für eine Aufgabe des Sonderinteresses und damit für die habituelle Basis aller Moral keine adäquate Grundlage mehr. Ob sie aber zu ihr fähig sind, hängt wesentlich von der geschichtlichen Tiefe des Selbstverständnisses eines Staates und seiner Institutionen und Repräsentanten ab. Die Bedingungen zu schaffen und zu erhalten, unter denen Menschen den Beitrag zu erkennen vermögen, den gerade ihr Land zum geschichtlichen Weg der Entwicklung des Bewusstseins der Freiheit geleistet hat und unter denen sie und ihre Mitbürger weiter zu dieser Entwicklung beizutragen fähig sind: das ist die gesellschaftliche Verantwortung des Staates.

c) *Die Frage nach dem Ende der Geschichte*

Hegel bürdet der Geschichtsphilosophie eine gewaltige Last auf. Was von Aristoteles bis Kant als empirisch bedingter Anwendungs- und Abrundungsaspekt der legitimatorischen Ansprüche zwischen Regierenden und Regierten gesehen wurde, ist bei Hegel gerade das alle Empirie überschreitende und insofern metaphysische Grundprinzip. Besonders in der *Phänomenologie des Geistes* hat er seine Bezeichnung für das Thema der Metaphysik schlechthin, nämlich das Einigwerden von Substanz und Subjekt so interpretiert, dass es sich als die Konvergenz und den schließlichen Übergang zwischen »Geschichte der Bildung der Welt« (*Phän.* 32) und »Geschichte der *Bildung* des Bewußtseins« (*Phän.* 73) darstellt: »Die Aufgabe, das Individuum von seinem ungebildeten Standpunkte aus zum Wissen zu führen, war in ihrem allgemeinen Sinn zu fassen und das allgemeine Individuum, der selbstbewußte Geist, in seiner Bildung zu betrachten« (*Phän.* 31). Hegel will letztlich die Trennung zwischen Erkenntnis und Gegenstand in einem geschichtlichen Weg aufheben: Das Nachdenken über das Prinzip der Welt ist selbst eine Stufe auf dem Weg, den dieses Prinzip in seiner konkreten Individualität durchläuft und auf der es sich in der Entzweiung zwischen sich als abstraktem Erkenntnisgegenstand und sich als nach Erkenntnis suchendem und sich in der Erkenntnis allgemein machendem Subjekt vorfindet.

Diese Grundkonzeption durchdringt aber auch die Rechts- und Staatsphilosophie. Der Staat ist »objektiver Geist«, d. h. er ist eine Wirklichkeit, die nur durch die Übereinstimmung der Willen, ja des Lebens seiner Angehörigen zustande kommt, und zwar durch eine bewusste und auf diesen Gegenstand gerichtete Übereinstimmung. Wo diese herrscht, ist der Geist selbst als Staat wirklich: »Nur als im Bewußtsein vorhanden, sich selbst als existierender Gegenstand wissend, ist er der Staat.« (RP §258) Unter dieser Voraussetzung ist er aber eine höhere und konkretere Wirklichkeit als jeder nach Art und Maß bestimmbare Naturgegenstand, denn er ist der konkreten Einzigartigkeit jenes Ganzen näher, das zuletzt den Inbegriff der Wirklichkeit und damit der Wahrheit bildet. Dieses Ganze ist *per definitionem* nicht wieder Unterfall einer Art von Mehreren, und je mehr die Existenz eines Wirklichen innerhalb dieses Ganzen an seinem Verhältnis zu sich als einem Unverwechselbaren und Einmaligen hängt, desto wahrer und wirklicher ist es. Insofern nun das Ganze zu sich ein Verhältnis nur im Durchlaufen seines We-

ges, in der Überwindung einer es ursprünglich von sich
selbst entfremdenden Entzweiung gewinnt, ist das zuletzt
Wirkliche und Wahre selbst eine Geschichte und ist die
Philosophie der Geschichte und der sie bildenden konkreten Gestalten zugleich die einzig adäquate Metaphysik.

Die gewaltige Bedeutung, die in Hegels Konzeption der
Geschichte als dem konkreten Prinzip sittlicher Erkenntnis gegeben wird, bringt ein ebenso gewaltiges »Ab-
schlussproblem« mit sich. Wenn die Philosophie »den *Stu-
fengang* der Entwicklung des Prinzips, dessen *Gehalt* das
Bewusstsein der Freiheit ist«, darstellt (VPG 77) und
wenn sie sich selbst aus dem Übergang der diesen Gang
tragenden Substanz in das ihn als Ganzen denkende Subjekt legitimiert, dann muss sie den Gang des Geistes zur
Bildung seines Selbstbewusstseins notwendigerweise als
abgeschlossen interpretieren. Würde sie nur aus der bisherigen Geschichte Schlüsse ziehen und diese in praktische
Forderungen an unsere künftige Weltgestaltung umsetzen
wollen, so wäre die Pointe der hegelschen Methode gerade
verfehlt, denn das Denken würde so zur abstrakten ethischen Forderung gewendet und damit wieder auf den moralischen Standpunkt zurückversetzt. Einer solchen Auffassung widerspricht schon im Ansatz die berühmte Zuordnung von Realität und Idealität in der Vorrede der
»Rechtsphilosophie«, mit der Hegel das Denkbarwerden
des geschichtlichen Bildungsprozesses geradezu als Defi-
nitionskriterium seines Abschlusses markiert und damit
jeglichen Moralismus aus der Philosophie verbannt.

»Um noch über das *Belehren*, wie die Welt sein soll, ein
Wort zu sagen, so kommt dazu ohnehin die Philosophie
immer zu spät. Als der *Gedanke* der Welt erscheint sie
erst in der Zeit, nachdem die Wirklichkeit ihren Bil-
dungsprozess vollendet und sich fertig gemacht hat.
Dies, was der Begriff lehrt, zeigt notwendig ebenso die
Geschichte, dass erst in der Reife der Wirklichkeit das

Ideale dem Realen gegenüber erscheint und jenes sich dieselbe Welt, in ihrer Substanz erfasst, in Gestalt eines intellektuellen Reichs erbaut. Wenn die Philosophie ihr Grau in Grau malt, dann ist eine Gestalt des Lebens alt geworden, und mit Grau in Grau lässt sie sich nicht verjüngen, sondern nur erkennen; die Eule der Minerva beginnt erst mit der einbrechenden Dämmerung ihren Flug.«   (RP 27 f.)

Muss man also, wenn man den Staat aus der Entwicklung des Bewusstseins der Freiheit zu seiner institutionellen Konkretisierung im modernen Rechtsstaat legitimiert, das »Ende der Geschichte« behaupten? Die marxistisch inspirierte Hegel-Interpretation von Alexandre Kojève hat diesen Schluss auf prominente Weise gezogen.[5] Mit der modernen Gründung der politischen Ordnung auf das mit seinesgleichen zu versöhnende Individuum sei der Endpunkt der staatlichen Entwicklung erreicht und die Aufgabe der Philosophie in die der globalen Organisation der Güter- und Leistungsverteilung übergegangen. Diese Interpretation des Gedankens des Übergangs der Substanz zum Subjekt vollständiger Selbstbewusstwerdung verwechselt freilich den Geist als geschichtlichen Träger dieses Prozesses mit dem *Menschen* und dessen Selbstschöpfung.[6] Bei Hegel kann »Ende der Geschichte« nicht etwa Ende aller Konflikte zwischen Menschen oder geschichtlichen Mächten heißen. Nicht die Geschichte der Träger, sondern die der *Bildung* des Geistes kommt mit seiner Selbstbewusstwerdung in freier Individualität zu Ende. Aber ist damit nicht doch zumindest impliziert, dass in Bezug auf alle noch auftauchenden politischen Konflikte

5 Alexandre Kojève, *Introduction à la lecture de Hegel*, Paris 1947 (dt.: *Hegel. Eine Vergegenwärtigung seines Denkens. Kommentar zur Phänomenologie des Geistes*, hrsg. von Iring Fetscher, Frankfurt a. M. ⁴1996).
6 Vgl. Reinhart Klemens Maurer, *Hegel und das Ende der Geschichte. Interpretationen zur »Phänomenologie des Geistes«*, München 1980.

philosophisch mehr oder weniger eindeutig festlegbar ist, ob ihre Lösung im Einklang mit dem Lauf der in ihrer Logik verstandenen Geschichte steht oder diesem gegenüber ein retardierendes Moment bildet? Ist Hegels Bestimmung, dass die Aufklärung, wo sie sich als »geistige Macht« (RP §359) gegen das sie zunächst fürchtende »wirkliche Gemüt« gewaltsam durchsetzt, sich in einem von der »Genossenschaft Freier ausgehenden *weltlichen* Reiche« (ebd.) als ein seine Gründungsgewalt im Nachhinein legitimierendes und diese insofern aufhebendes Vernunftgeschehen behauptet hat, nicht doch gleichbedeutend mit der Konsequenz, dass alles, was fortan im politischen Ringen nicht dem Kampf von Menschen um ihre Anerkennung als Freie und Gleiche dient, der Logik der Geschichte widersprechen und von ihr verschlungen werden wird? Und hat Hegel, wenn es so ist, nicht tatsächlich ein geschichtsphilosophisches Dogma im Selbstverständnis des modernen Rechtsstaates freigelegt?

Eben weil es keine metaphysische, überzeitliche Legitimationsbasis dieses Staates gibt, weil er sich seit HOBBES wesentlich aus seiner Macht, sich im Einklang mit der freien Zustimmung seiner Bürger am Leben zu erhalten, rechtfertigt, wohnt ihm als letzter Horizont seiner Selbstvergewisserung der Glaube inne, dass *alle* Menschen auf der Welt, wenn man sie nur frei entscheiden lässt, eine Ordnung in seinem Sinne und von seiner Art errichten werden. Gehen wir nicht gerade im weltweiten Einsatz für die Durchsetzung der Menschenrechte stillschweigend davon aus, dass Menschen dort, wo sie sich diesem Einsatz widersetzen, *noch* nicht zum vollen Bewusstsein ihrer geistigen Macht als Legitimationssubjekte politischer Ordnung gekommen sind bzw. daran gehindert werden, zu diesem Bewusstsein zu kommen – und dass sie, wenn man ihnen nur freie Rede, freie Presse, freie Ausreise und Freiheit von Not und Diskriminierung gewährleistet, unserem Einsatz für all dies letztendlich frei zustimmen wer-

den? Nicht erst Hegel, sondern schon Kant hatte ja den bürgerlichen Rechtsstaat als das nicht mehr zu verändernde Subjekt der Arbeit an der Herbeiführung einer endgültigen internationalen Ordnung betrachtet – sogar im Sinne eines »ewigen Friedens«, von dem bei Hegel keine Rede ist. Wo die Menschenrechte heute als Grundlage »jeder menschlichen Gemeinschaft, des Friedens und der Gerechtigkeit in der Welt« beschworen werden, dort wird staatliche Ordnung auch und nicht zuletzt aus dem Glauben an einen künftigen Weltzustand legitimiert, in dem der ganze Erdball bezeugen wird, dass es richtig war und bleibt, in ihr zu leben. Und insofern wird, nicht als Theorie, aber als Überzeugung, das Ende der Geschichte antizipiert.

Marxismus: Bürgertum als Klassenstandpunkt

a) *Bürgertum als System entfremdeten Daseins*

MARX lernte den Hegelianismus in Berlin bereits in der
Form kennen, die durch die »Linkshegelianer« (u. a. Heine, Börne, Bruno Bauer) und die Religionskritik Feuerbachs entwickelt worden war. Feuerbach sah die Religion
als einen Selbstverrat, durch den die Menschen das, was an
humanen Fortschrittschancen in ihren Beziehungen angelegt ist, in eine unerreichbare jenseitige Welt projizieren,
um sich mit einer Realität abzufinden, die hinter diesen eigentlichen Möglichkeiten zurückbleibt. Gegen Ideale wie
den kantischen »*homo noumenon*« die wahren Möglichkeiten des Menschen, die sich in ihnen zugleich äußern
und verkennen, zurückzugewinnen: das ist das über HEGEL auf ROUSSEAU zurückverweisende ideologiekritische
Programm, mit dem der junge Marx an Feuerbach angeknüpft hat. Der Grundbegriff, der diesen Rückbezug
trägt, ist der Begriff der *Entfremdung*. Die Denkfigur als
solche ist uralt: PLOTIN fasst sie im Bild von der Verbannung der Seele, die durch die von ihr selbst geschaffenen
Zeit hindurch zu sich zurückzukehren bestrebt ist,[1] die
antike Gnosis bezieht den platonischen Gedanken der
Wiedererinnerung eben auf die Selbstentfremdung des
Menschen als deren Gegenstand,[2] Rousseau »materialisiert« sie im »homme sauvage« des »reinen Naturzustandes«. Dass wir als Menschen in einem Zustand des Getrenntseins von unserem wahren Wesen sind, durch den
wir hindurch müssen, ist die grundlegende Denkweise

---

1 Plotin, Über Ewigkeit und Zeit, *Enneade* 3,7, Frankfurt a. M. 1995.
2 Vgl. Hans Jonas, *Gnosis und spätantiker Geist*, Bd. 1: *Die mythologische Gnosis*, Göttingen 1964, 96 f.

auch in FICHTES geschichtsphilosophischen Schriften, und nicht zuletzt liegt das Entfremdungsmodell Hegels *Phänomenologie des Geistes* zugrunde, bei der Marx' politische Philosophie ansetzt, um freilich den strikt antiutopistischen Konsequenzen der hegelschen Rechtsphilosophie radikal entgegenzutreten.

Nach Hegel findet sich der Geist, wenn er einmal als Person aus der unmittelbaren Einheit mit der sittlichen Substanz herausgetreten ist, in einer Welt wieder, die er als von seinesgleichen geschaffen und dennoch nicht von ihm approbiert als Entfaltungsraum seiner Entäußerung gelten lassen und mit sich zu versöhnen versuchen muss. »Die Welt dieses Geistes«, so Hegel in der *Phänomenologie*, »zerfällt in die gedoppelte: die erste ist die Welt der Wirklichkeit oder seiner Entfremdung selbst; die andere aber die, welche er, über die erste sich erhebend, im Äther des reinen Bewußtseins sich erbaut.« (*Phän.* 362 f.) Für Marx jedoch war der ganze Begriff eines sich in Welt und Bewusstsein spaltenden Geistes das Produkt eines Denkens, das selbst Ausdruck entfremdeter gesellschaftlicher Verhältnisse ist. Dass der Mensch sich »über Wolken seinesgleichen dichtet«, dass er im Kern seines Selbstverhältnisses die Zerrissenheit zwischen der Realität seiner gesellschaftlichen Situation und ihrer Idealisierung vorfindet, muss, so wandte Marx gegen Feuerbach ein, an der Zerrissenheit jener gesellschaftlichen Realität selbst liegen – und kann auch nur durch deren Überwindung verändert werden.

Neben der Religion bildet für Marx die »idealistische Philosophie« – sprich: Hegel – das geistige Hauptprodukt der Selbstentfremdung des menschlichen Bewusstseins unter der Bedingung des materiellen Lebensprozesses der bürgerlichen Gesellschaft. Neben dieses geistige tritt als ebenso machtvolles Pendant der Inbegriff des *sinnlichen* Produkts dieser gesellschaftlichen Verhältnisse, der »materielle sinnliche Ausdruck des *entfremdeten menschlichen*

Lebens«, nämlich: das »*materielle*, unmittelbar *sinnliche* Privateigentum« (ME Erg.-Bd. 1,537). Die bürgerliche Gesellschaft ist gerade nicht der unabänderliche soziale Status am Ende der Geschichte, sondern ein Durchgangsstadium, das sich materiell auf die Institution des Privateigentums, geistig aber genau auf das stützt, was in der hegelschen Theorie gewissermaßen als der Glaube an die bürgerliche Gesellschaft dokumentiert ist. Dieser Glaube des Bürgers an die ethisch-politische Legitimität der Verhältnisse, in denen er lebt, steht auf einer Ebene mit Religion und idealistischer Philosophie: Er ist Ausdruck herrschender materieller Verhältnisse.

Ein solcher Ausdruck oder »Überbau« realer sozioökonomischer Macht- und Produktionsverhältnisse ist im marxschen Verständnis jede Theorie, insofern sie partikuläre gesellschaftliche Kräfte, von denen sie beherrscht und getragen wird, als universale theoretische Prinzipien verschleiert, durch die sie sich zu legitimieren meint. Mit seiner These vom ideellen »Überbau« spitzt Marx Hegels Gedanken des Konkreten weiter zu: Was wir über »den« Menschen sagen, drückt immer *bestimmte*, also partikuläre Verhältnisse aus, die in unserem Rücken uns selbst determinieren, und das Bewusstsein, das sich aus diesem Zusammenhang heraus bildet, missversteht seine eigene Bedingtheit, es ist seiner selbst *entfremdet*.

»Die Gedanken der herrschenden Klasse sind in jeder Epoche die herrschenden Gedanken, d.h. die Klasse, welche die herrschende *materielle* Macht der Gesellschaft ist, ist zugleich ihre herrschende *geistige* Macht [...]. Zu einer Zeit z.B. und in einem Lande, wo königliche Macht, Aristokratie und Bourgeoisie sich um die Herrschaft streiten, wo also die Herrschaft geteilt ist, zeigt sich als herrschender Gedanke die Doktrin von der Teilung der Gewalten, die nun als ein ›ewiges Gesetz‹ ausgesprochen wird.« (ME 3,46)

Die philosophische *Reflexion* auf die Interessenbedingt-
heit eines Bewusstseins hat den Sinn, dieses aufzuheben,
es in ein neues Stadium zu führen. Will Marx diesen Anspruch halten, dann muss er aber, um mit dem eigenen
Modell in Einklang zu bleiben, auch seine eigene Reflexion als Ausdruck sich anbahnender neuer Herrschaftsverhältnisse deuten. Das ist der Grundinhalt seiner Interpretation der kapitalistischen Gesellschaft: Diese erzeugt
nach Marx aus sich die neuen Kräfte, welche mit ihren eigenen entfremdeten Lebensverhältnissen auch die Grundlage jener sozialen Verhältnisse überwinden, die die neuzeitlichen Staatstheoretiker mit dem kontraktualistischen
Modell erklären zu müssen glaubten: das *Eigentum.*

»Das Privateigentum treibt allerdings sich selbst in seiner
nationalökonomischen Bewegung zu seiner eignen Auflösung fort, aber nur durch eine von ihm unabhängige,
bewußtlose, wider seinen Willen stattfindende, durch die
Natur der Sache bedingte Entwicklung, nur indem es das
Proletariat *als* Proletariat erzeugt, das seines geistigen
und physischen Elends bewußte Elend, die ihrer Entmenschung bewußte und darum sich selbst aufhebende
Entmenschung. Das Proletariat vollzieht das Urteil, welches das Privateigentum durch die Erzeugung des Proletariats über sich selbst verhängt [...]. Wenn das Proletariat siegt, so ist es dadurch keineswegs zur absoluten Seite
der Gesellschaft geworden, denn es siegt nur, indem es
sich selbst und sein Gegenteil aufhebt. Alsdann ist eben-
sowohl das Proletariat wie sein bedingender Gegensatz,
das Privateigentum, verschwunden.«   (ME 2,37 f.)

Marx analysiert also den Zustand des Menschen in dem
modernen Rechtsstaat, den Hegel für die ethische Wirklichkeit ausgegeben hatte, als einen entfremdeten.[3] Die ka-

3 Vgl. John M. Maguire, *Marx's Theory of Politics*, Cambridge University
  Press 1978, 27, 144.

pitalistische Gesellschaftsordnung hat gegenüber dem Anspruch des sie politisch sichernden Staates eine Eigenlogik, durch die dessen Anspruch als Täuschung entlarvt
wird, als Verschleierung der Tatsache, dass es sich bei ihm
um einen *Klassenstaat* handelt, um »die organisierte Gewalt einer Klasse zur Unterdrückung einer andern« (ME
4,482). Der Anspruch dieses Staates ist auf die Realisierung der Würde des Menschen gerichtet, auf den Respekt
vor dem nur Menschen zukommenden Recht. Würde und
Recht des Menschen aber setzen voraus, dass das am
Menschen, was ihn von allen nichtmenschlichen Objekten
unterscheidet, zum Prinzip zwischenmenschlichen Handelns gemacht wird. Der absolute Unterschied von
Mensch und Natur muss in den sozialen Verhältnissen repräsentiert sein, wenn diese ethischen Anspruch erheben
wollen. Genau dies ist nach Marx in der kapitalistischen
Gesellschaft nicht der Fall. Denn sie basiert darauf, dass
gerade die Auseinandersetzung des Menschen mit der Natur, durch die er sich ihr gegenüber als Subjekt konstituiert, mit den Objekten dieser Natur auf einen Nenner
gebracht, mit ihnen austauschbar gemacht wird, nämlich
die *Arbeit*.

Die Herabwürdigung der menschlichen Person zu einer
materiellen Kraft dadurch, dass ihre Auseinandersetzung
mit der Natur zu einer Ware gemacht wird, ist für Marx
der Grund der Entfremdung des heutigen Menschen von
seinen sinngebenden Möglichkeiten. Indem die Arbeits-
kraft zur Ware gemacht wird, wird die gesamte Person zur
bezahlbaren Ware, geht ihr Leben in einem Zusammenhang der Nützlichkeit für das Gewinnstreben anderer auf.
Menschliche Arbeit, so Marx in seinen *Ökonomisch-philo-
sophischen Manuskripten* von 1844 (ME, Erg.-Bd., 1,517),
ist »die *Vergegenständlichung des Gattungslebens des
Menschen*«; sie ist zielbewusste Auseinandersetzung mit
der Natur, um das dabei Produzierte zu genießen. Arbeit
verliert ihren humanen Anspruch, wenn der Zusammen-

hang zwischen Produktion und deren Nutzung verloren geht, wenn man nicht mehr arbeitet, um das Produzierte zu nutzen, sondern um weiter arbeiten zu dürfen. Dann wird der Mensch sich selbst zum Mittel seines Gattungslebens (vgl. ebd.) und fällt auf die tierische Stufe zurück, und die Verantwortung dafür tragen die Mechanismen, die ihn in diese Abhängigkeit versetzen. Wir werden von den Produkten unserer Arbeit getrennt und verlieren den Sinn unseres Lebens. Unsere gattungsmäßige Verbundenheit geht gerade dadurch verloren, und in der egoistischen Vereinzelung tritt gerade jener Kampf aller gegen alle ein, den nach seinem Selbstverständnis der neuzeitliche Staat aus der Welt schaffen wollte.

Der »naturwüchsige« Zustand, von dem aus HOBBES seine Staatskonstruktion entworfen hatte, ist nach Marx gerade das Produkt einer gesellschaftlichen Entscheidung, nämlich der Teilung unserer Arbeit im Sinne ihrer Umorganisation zu einem System, in dem die Ordnung der *Stärke der besonderen Interessen* zur allgemeinen Lebensweise erhoben wird und die Kräfte, die zur Herstellung dieses Zustands gebraucht werden, denen, die sie zur Verfügung stellen, als eine ihnen fremde und sie beherrschende Machtkonstellation entgegentreten. Die *Teilung der Arbeit* in das System der Berufe und Branchen wie auch in geistige und körperliche Arbeit erzeugt ein undurchsichtiges System, das sich seinen Trägern entzieht, sodass,

> »solange die Menschen sich in der naturwüchsigen Gesellschaft befinden, solange also die Spaltung zwischen dem besonderen und gemeinsamen Interesse existiert, solange die Tätigkeit also nicht freiwillig, sondern naturwüchsig geteilt ist, die eigne Tat des Menschen ihm zu einer fremden, gegenüberstehenden Macht wird, die ihn unterjocht, statt dass er sie beherrscht. Sowie nämlich die Arbeit verteilt zu werden anfängt, hat Jeder ei-

nen bestimmten ausschließlichen Kreis der Tätigkeit, der ihm aufgedrängt wird, aus dem er nicht heraus kann; er ist Jäger, Fischer oder Hirt oder kritischer Kritiker und muß es bleiben, wenn er nicht die Mittel zum Leben verlieren will.«   (ME 3,33)

Gegenüber dieser gesellschaftlichen Zerrissenheit bleibt, so Marx, jeder gemeinschaftliche Anspruch des Staates ein Zeugnis der Entfremdung. Das heißt, die Berufung auf das Recht des Menschen, auf den Willen des Volkes oder auf die Sicherung des Friedens ist nur eine Verschleierung der eigentlichen Tatsache, dass nämlich die Menschen aus den herrschenden gesellschaftlichen Verhältnissen entweder nicht heraustreten wollen oder aber können. Keine Analyse der ihnen in diesen Verhältnissen beigebrachten Werte und Normen wird sie aus der Entfremdung herausführen. Vielmehr müssten sie umgekehrt zuerst von den entfremdeten Verhältnissen befreit sein, um menschliche Werte und Normen entwickeln zu können, die dann freilich nicht mehr als Ideale, sondern als die realen Handlungsmaßstäbe des gesellschaftlichen Zusammenlebens Geltung erlangen würden. Die Voraussetzung dafür müsste sein, dass der aus den dann erreichten versöhnten Verhältnissen gewonnene Zustand bereits jetzt in einer, ja in der entscheidenden sozialen Macht anwesend und durch sie wirksam wird. Siegt diejenige Klasse, deren Interesse in nichts anderem als der Aufhebung aller Klassenunterschiede besteht, dann kommen individuelle Sinnfindung und Entäußerung an gemeinschaftliche Tätigkeit wieder im Sinne des ursprünglichen konkreten Arbeitens zusammen. »Erst auf dieser Stufe fällt«, so postulierte Marx schon in der *deutschen Ideologie* von 1845/46, »die Selbstbetätigung mit dem materiellen Leben zusammen, was der Entwicklung der Individuen zu totalen Individuen und der Abstreifung aller Naturwüchsigkeit entspricht [...]. Mit der Aneignung der totalen Produktivkräfte

durch die vereinigten Individuen hört das Privateigentum
auf.« (ME 3,68)

Dazu freilich ist es notwendig, dass *jedes* besondere Interesse der Möglichkeit beraubt wird, sich durch Herrschaft über Produktionsmittel die Arbeit der anderen
Menschen ohne Rücksicht auf deren Interessen zunutze
zu machen. So wird es den Menschen möglich, ein von
fremden Bedürfnissen freies Leben zu führen, sodass »die
Gesellschaft die allgemeine Produktion regelt und mir
eben dadurch möglich macht, heute dies, morgen jenes zu
tun, morgens zu jagen, nachmittags zu fischen, abends
Viehzucht zu treiben, nach dem Essen zu kritisieren, wie
ich gerade Lust habe, ohne je Jäger, Fischer, Hirt oder
Kritiker zu werden« (3,33). Auf die Macht, welche in ihrem eigenen Interesse zugleich die Geschichte als ganze
vorantreibt, und auf das sie konstituierende Bewusstsein
kommt daher alles an: Sie definiert die konkrete Aufgabe,
durch die Wirkliches und Denken zur Einheit kommen.
»Die Befreiung der Arbeit muß«, so Marx 1875 in der *Kritik des Gothaer Programms*, »das Werk der Arbeiterklasse
sein, der gegenüber alle andren Klassen *nur eine reaktio-
näre Masse* sind« (19,22). Das freilich wird erst möglich
werden, wenn die Gesellschaftsordnung eine höhere *kom-
munistische* Ordnung erhalten hat:

> »nachdem mit der allseitigen Entwicklung der Individu-
> en auch die Produktionskräfte gewachsen sind und alle
> Springquellen des genossenschaftlichen Reichtums vol-
> ler fließen – erst dann kann der enge bürgerliche
> Rechtshorizont ganz überschritten werden und die Ge-
> sellschaft auf ihre Fahnen schreiben: Jeder nach seinen
> Fähigkeiten, jedem nach seinen Bedürfnissen!« (ME
> 19,21)

Die explosive Wucht des marxschen Denkens gründet
in der seltsamen Spannung zwischen der nachgerade ro-

mantischen Vision unentfremdeten individuellen Daseins
auf der einen und der Beschwörung totaler, über jeden
Einzelwillen hinweggehender Mächte auf der anderen Seite. Will man diese Spannung und ihre Konsequenzen, die
letztlich im Untergang des Rechtsstaates in einer totalita-
ristischen Utopie bestehen, begreifen, dann muss man sich
Marx' Theorie der Geschichte zuwenden.

b) *Die Naturalisierung der Geschichte*

MARX beanspruchte »wissenschaftliche« Erkenntnis nicht
nur der ökonomischen, sondern auch der Gesetze der
Geschichte. Den zweiten Band seines Hauptwerks *Das
Kapital* wollte er Darwin widmen, was dieser mit Hinweis auf seine wirtschaftswissenschaftliche Ignoranz höf-
lich ablehnte, nicht ohne dem Verfasser zum Einsatz für
das, was er als beider Ziel ansah, dem Beitrag zum Fortschritt der menschlichen Erkenntnis, Glück zu wünschen.
Marx' Größe und Tragik haben ihre gemeinsame Wurzel
in seiner Verwirrung des Verhältnisses von Natur und
Geschichte. Marx selbst lehnte zwar, je reifer sich sein
Denken in der engen Verbindung mit Engels entwickelte,
eine Gleichsetzung von Natur und Geschichte ab; aber er
identifizierte sie indirekt doch auf der Ebene der sie objektiv bestimmenden *Erklärungsprinzipien*. Die Gesetze
der Dialektik gelten in der Gesellschaft ebenso wie in der
Natur; es gibt, so Marx im ersten Band des *Kapital*, ein
»Naturgesetz ihrer Bewegung«, dem die Gesellschaft
nicht entkommen kann (ME 23,15). Der Fehler der ihm
und ENGELS vorhergehenden Wirtschaftstheoretiker hatte
nach Marx nur darin bestanden, dass sie die ökonomischen Gesetze mit statisch verstandenen Naturgesetzen
gleichgesetzt hatten; aber das hieß für ihn nur, dass sie
nicht gesehen hatten, dass es sich um die Gesetze der
Wandlung, nicht der unveränderlichen Gestalt menschli-

cher Austauschbeziehungen handelte. Die Begeisterung
für Engels' mit naturwissenschaftlichem Erkenntnisanspruch auftretende Nationalökonomie war es, was nach
1844 Marx' Freundschaft mit ihm und seine lebenslange Bewunderung für ihn begründete. Die kausalistische
Vorstellung, dass Gesetze eine abstrakte Macht sind, die
den Zeitverlauf auch auf dem Gebiet der menschlichen
Verhältnisse determinieren, übernahm Marx damit aber
indirekt von der vorhegelschen Naturauffassung. Er verstand nunmehr Geschichte als eine gesetzlich, nämlich
»dialektisch« determinierte Abfolge von Klassenkämpfen
auf dem Weg zu einem unrevidierbaren Abschluss; in
diesem Sinne dachte er, gemessen an Hegel, gerade undialektisch.

Dialektik ist für HEGEL die Grundgestalt der menschlichen Selbsttranszendenz: Der Anspruch, eine Gestalt
der Wirklichkeit vernünftig durchdrungen zu haben, ist
gleichbedeutend mit dem Anspruch, über sie hinausgestie-
gen zu sein und auf sie als überwundene zurückzublicken.
Erkenntnis reflektiert eine Tat.

> »Die Geschichte des Geistes ist seine *Tat*, denn er ist
> nur, was er tut, und seine Tat ist, sich [...] zum Ge-
> genstande seines Bewusstseins zu machen, sich für sich
> selbst auslegend zu erfassen. Dies Erfassen ist sein
> Sein und Prinzip, und die *Vollendung* eines Erfassens
> ist zugleich seine Entäußerung und sein Übergang.
> Der, formell ausgedrückt, von *neuem* dies Erfassen
> erfassende und, was dasselbe ist, aus der Entäuße-
> rung in sich gehende Geist ist der Geist der höheren
> Stufe gegen sich, wie er in jenem ersteren Erfassen
> stand.« (RP § 343)

Hegels Grundüberzeugung ist, dass das Bedenken der
Wirklichkeit das Grundprinzip ihrer Veränderung ist und
dass durch solche Veränderung Geschichte ihre Richtung,

also ihren Sinn bekommt. »Dialektik« ist die Charakterisierung dieses Grundverhältnisses zwischen menschlichem Denken und sozialer und politischer Entwicklung.

Aus dieser Wechselbeziehung wird bei Marx eine einseitige Abhängigkeit des Denkens von einer es determinierenden materiellen Bewegung, die »dialektisch« nur insofern ist, als sie wesentlich aus *Antagonismen*, aus sich aus sich selbst erzeugenden Widersprüchen zwischen gesellschaftlichen Kräften hervorgeht. Seine Untersuchung der hegelschen Rechtsphilosophie, so schrieb Marx 1858, habe zu dem Ergebnis geführt,

> »dass Rechtsverhältnisse wie Staatsformen weder aus sich selbst zu begreifen sind, noch aus der so genannten allgemeinen Entwicklung des menschlichen Geistes, sondern vielmehr in den materiellen Lebensverhältnissen wurzeln, deren Gesamtheit Hegel [...] unter dem Namen ›bürgerliche Gesellschaft‹ zusammenfasst, dass aber die Anatomie der bürgerlichen Gesellschaft in der politischen Ökonomie zu suchen sei.«   (ME 13,8)

Die philosophische Reflexion richtet sich auf *einen Widerspruch, der in sozio-ökonomischen Gesetzmäßigkeiten gründet*: das ist die eindeutig von Hegel abgekehrte marxsche Theorie des *Grundes* des Verhältnisses von Geschichte und Denken. Die bürgerliche Gesellschaft wird von einer bestimmten Klasse gewollt und drückt deren Machtstellung und Machtanspruch im Staat aus; aber ihre Überwindung kommt nicht durch Reflexion auf sich selbst zustande, sondern durch Kräfte und Wirkungen, die in der Reflexion nur beschrieben und als unabänderliche Determinanten anerkannt werden können.

Die Klasse ist als eine Gruppe von Personen in einer Gesellschaft definiert, deren Leben durch einen gemeinsamen ökonomischen Status in dieser Gesellschaftsordnung bestimmt wird.

»In der gesellschaftlichen Produktion ihres Lebens gehen die Menschen bestimmte, notwendige, von ihrem
Willen unabhängige Verhältnisse ein, Produktionsverhältnisse, die einer bestimmten Entwicklungsstufe ihrer
materiellen Produktivkräfte entsprechen. Die Gesamtheit dieser Produktionsverhältnisse bildet die ökonomische Struktur der Gesellschaft, die reale Basis,
worauf sich ein juristischer und politischer Überbau
erhebt, und welcher bestimmte gesellschaftliche Be-
wusstseinsformen entsprechen. Die Produktionsweise
des materiellen Lebens bedingt den sozialen, politischen und geistigen Lebensprozess überhaupt. Es ist
nicht das Bewusstsein der Menschen, das ihr Sein, sondern umgekehrt ihr gesellschaftliches Sein, das ihr Bewusstsein bestimmt. Auf einer gewissen Stufe ihrer
Entwicklung geraten die materiellen Produktivkräfte
der Gesellschaft in Widerspruch mit den vorhandenen
Produktionsverhältnissen oder, was nur ein juristischer
Ausdruck dafür ist, mit den Eigentumsverhältnis-
sen, innerhalb derer sie sich bisher bewegt hatten. Aus
Entwicklungsformen der Produktivkräfte schlagen diese Verhältnisse in Fesseln derselben um. Es tritt dann
eine Epoche sozialer Revolution ein. Mit der Veränderung der ökonomischen Grundlage wälzt sich der
ganze ungeheure Überbau langsamer oder rascher
um.«   (Ebd.)

Die Pointe von Hegels Begriff des Konkreten, also die
Einheit von Einsicht und Gegenstand dieser Einsicht in
der Selbstbewusstwerdung rationalen Daseins, geht bei
Marx wieder verloren. Die philosophische Einsicht richtet
sich auf die ökonomischen Gesetze ebenso wie auf die
Naturgesetze, sodass ihr der Ablauf der Geschichte nicht
anders vorgegeben ist als der der Natur. Engels hat dies
dann radikal formuliert:

»Die gesellschaftlich wirksamen Kräfte wirken ganz wie die Naturkräfte: blindlings, gewaltsam, zerstörend, solange wir sie nicht erkennen und mit ihnen rechnen. Haben wir sie aber einmal erkannt, [...] so hängt es nur von uns ab, sie mehr und mehr unserm Willen zu unterwerfen und vermittelst ihrer unsre Zwecke zu erreichen. Und ganz besonders gilt dies von den heutigen gewaltigen Produktivkräften. Solange wir uns hartnäckig weigern, ihre Natur und ihren Charakter zu verstehn – und gegen dieses Verständnis sträubt sich die kapitalistische Produktionsweise [...] – solange wirken diese Kräfte sich aus, trotz uns, gegen uns, solange beherrschen sie uns [...]. Aber einmal in ihrer Natur begriffen, können sie in den Händen der assoziierten Produzenten aus dämonischen Herrschern in willige Diener verwandelt werden [...]. Mit dieser Behandlung der heutigen Produktivkräfte [...] tritt an die Stelle der gesellschaftlichen Produktionsanarchie eine gesellschaftlich-planmäßige Regelung der Produktion nach den Bedürfnissen der Gesamtheit wie jedes einzelnen.«   (ME 19,222 f.)

Die Geschichte wird zu einem zweiten abstrakten Bereich neben der Natur, von dieser nur graduell unterschieden durch die weitergehende Manipulierbarkeit ihrer Kräfte für menschliche Zwecke.

Der wesentliche Unterschied zu Hegel ist, dass das Ziel dieser Manipulation und die Kräfte, die seiner Erreichung zugrunde liegen, getrennt bleiben. Die Theorie legitimiert sich nicht durch den Anspruch, das Ende der Geschichte zu repräsentieren, sondern sie legitimiert sich von einem Ende her, das erst noch herbeigeführt werden muss – und zwar wesentlich durch die *politische Anwendung* der in der Theorie enthaltenen Einsicht in den Ablauf dieser Geschichte. Der abschließende Klassenkampf, das »letzte Gefecht« wird Zustände herbeiführen, von denen aus die

Wahrheit der Theorie, die ihm zugrunde liegt, allen Menschen einleuchten kann und wird.

> »Indem die kapitalistische Produktionsweise mehr und mehr die große Mehrzahl der Bevölkerung in Proletarier verwandelt, schafft sie die Macht, die diese Umwälzung, bei Strafe des Untergangs, zu vollziehen genötigt ist [...]. *Das Proletariat ergreift die Staatsgewalt und verwandelt die Produktionsmittel zunächst in Staatseigentum.* Aber damit hebt es sich selbst als Proletariat [...] auf und damit auch den Staat als Staat.« (Engels, ebd.)

Oder kürzer: »Die Geschichte ist der Richter – ihr Urteilsvollstrecker der Proletarier« (Marx, *Londoner Rede 1856*, ME 12,4).

Im Begriff des Proletariers ist der Anspruch, das Ende der Geschichte als nicht etwa schon eingetretenes, sondern erst noch herbeizuführendes zu repräsentieren, implizit enthalten. Denn der Übergang von einem Stadium der Geschichte in ein anderes vollzieht sich nach Marx dadurch, dass sich die Menschen, die aufgrund objektiver ökonomischer Faktoren eine Klasse bilden, dieser Zusammengehörigkeit auch bewusst werden. Diese Bewusstwerdung herbeizuführen ist die Sache einer politischen Organisation. Damit wird der alte Begriff der *Praxis* in seiner Substanz revolutioniert: Nicht mehr, wie bei Aristoteles, das gelingende Leben des menschlichen Bürgers im guten Staat, aber auch nicht die »Tat des Geistes« im Sinne der hegelschen Freiheitsgeschichte, sondern das revolutionäre Handeln einer politisch konstituierten Gruppe, einer *Partei*, definiert nun den Inhalt guten Handelns, das heißt revolutionärer »Praxis«. Die Organisation, die die erst noch herbeizuführende letzte Einheit der Menschen, das herbeizuführende Ende der Geschichte ins Bewusstsein der zu dessen Herbeiführung berufe-

nen Klasse hebt und diese Klasse dadurch erst konstituiert, erkämpft sich in der siegreichen proletarischen Revolution das Recht, an die Stelle des Staates zu treten.
Diese die Menschheit in ihrem dynamischen Schritt zum
Ende der Entwicklung repräsentierende Organisation ist
die Partei der Arbeiterklasse, deren entschiedenster Teil,
die Kommunisten, wiederum durch die Einsicht der
marxschen Theorie definiert wird. »Die Kommunisten«,
so heißt es schon im Manifest der Kommunistischen Partei von Marx und Engels, sind »der entschiedenste, immer weiter treibende Teil der Arbeiterparteien aller Länder; sie haben theoretisch vor der übrigen Masse des Proletariats die Einsicht in die Bedingungen, den Gang und
die allgemeinen Resultate der proletarischen Bewegung
voraus.« (ME 4,474)

Marx hat in Stellungnahmen, die sich durch sein ganzes
Leben ziehen und in jahrelangen Phasen direkten politischen Engagements nie einen Zweifel darüber gelassen,
dass er vom sozialen Kampf einer weltanschaulich begründeten »proletarischen« Partei den Weg zur Revolution erwartete. Die »Partei Marx«, als die er die Kommunisten seit 1846 bezeichnete, war nie ein Kampfkader im
späteren leninistischen Sinne, aber doch eine geschlossene,
elitäre, mit Machtanspruch auftretende Gruppe, deren
Mitglieder er autokratisch auszusuchen, auszustoßen und
auf ihre ideologische Akzeptabilität hin zu beurteilen beanspruchte.[4] Ob das Ende der Geschichte wirklich erreicht ist, entscheidet der Mensch nicht, indem er für sich
den Fortschritt im Bewusstsein der Freiheit für vollendet
anerkennt und ihn von allen anderen Menschen, insofern
sie durch rechtsstaatliche Institutionen die Chance dazu
erhalten, noch erwartet, sondern indem er sich an dem
Kampf, der ihm selbst erst noch diese Vollendung seines
Selbstverhältnisses zu bringen verspricht, aktiv beteiligt

4 Vgl. Wolfgang Schieder, *Karl Marx als Politiker*, München 1991, 135 ff.

und die Welt so verändert, dass der Anspruch der diese Veränderung postulierenden Theorie bewahrheitet wird. So bewahrheitet die Geschichte, wenn sie im Sinne der sich auf sie berufenden Theorie gestaltet wird, die Theorie, die diese Gestaltung herbeiführt. *Zwischen dem Sieg im politischen Kampf und der Rechtfertigung der diesen Kampf rechtfertigenden Wahrheit gibt es keine Differenz mehr. Der Kampf ist in dem Sinne total, dass er durch den Sieg sein Recht herbeiführt.*

c) *Der Klassenstandpunkt und seine Selbstüberwindung*

Man kann die neomarxistischen Positionen, wie sie etwa LUKÁCS[5] und SARTRE[6] eingenommen haben, als den Versuch interpretieren, die Überwindung des bürgerlichen Standpunkts als Grundlage des Klassenbegriffs festzuhalten, ohne in die Willkür eines sich durch seinen Sieg über den Klassengegner rechtfertigenden ideologischen Totalanspruchs zu verfallen. Lukács sieht es als die entscheidende Forderung an den Marxismus an, die alleinige Legitimation des proletarischen Kampfes durch die Theorie der Geschichte in ihrer Einseitigkeit zu überwinden und sie durch den Entwurf einer spezifisch proletarischen Praxis zu ergänzen. Den verdinglichten Lebensformen der bürgerlichen Gesellschaft müssen solche entgegengesetzt werden, die den geschichtsübergreifenden Anspruch des Proletariats nicht theoretisch, sondern praktisch erkennbar machen. Aufgrund dieser exemplarischen Lebensformen, nicht einer bloßen theoretischen Konstruktion, muss die Bewusstseinsveränderung der objektiv zusammengehörigen Menschen zustande kommen, durch die sie auch

5 Georg Lukács, *Geschichte und Klassenbewusstsein*, Berlin 1923.
6 Jean-Paul Sartre, *Kritik der dialektischen Vernunft*, Paris 1962.

subjektiv zum proletarischen Standpunkt übergehen. Wo dies geschieht, kann sich die humane Legitimität des proletarischen Anspruchs *durch die Zustimmung der von ihm in Anspruch genommenen Menschen* zeigen.

Wie aber sieht die geschichtsübergreifende Lebensform aus? Eine abstrakte, auf ethischen Prinzipien und Ideen beruhende Antwort kann es, wenn die Ideologiegebundenheit der Ethik weiterhin angenommen werden soll, nicht geben. Die einzige Weise, aus einem zeitgebundenen und insofern ideologischen Standpunkt heraus die Überwindung der geschichtlichen Begrenzungen und der Ideologiebehaftetheit des eigenen Wahrheitsanspruchs zu gewinnen, besteht für das Proletariat nach Lukács in dem Entwurf einer Praxis, die zur *Überwindung aller Klassenstandpunkte*, also auch desjenigen des Proletariats, führt – und das heißt: zur Überwindung der Klassen und der Klassengesellschaft selbst. »Das Proletariat vollendet sich erst, indem es sich aufhebt, indem es durch Zuendeführen seines Klassenkampfes die klassenlose Gesellschaft zustande bringt.« (Lukács 256) In der radikal unterschiedlichen Weise, gesellschaftliche Beziehungen zu organisieren und ökonomische Verhältnisse zu humanisieren, erringt das Proletariat erst seine endgültige Legitimität und Identität im Kampf gegen die inhumanen bürgerlichen Verhältnisse. Wo es diesen Unterschied nicht leben kann, wird es selbst dem Vernunftanspruch seiner Weltsicht nicht gerecht und bleibt es von seiner Wirklichkeit entzweit.

»Damit ist die einzigartige Funktion, die das Klassenbewusstsein für das Proletariat im Gegensatz zu seiner Funktion für andere Klassen hat, bestimmt. Eben weil das Proletariat sich als Klasse unmöglich befreien kann, ohne die Klassengesellschaft überhaupt abzuschaffen, muss sein Bewusstsein, das letzte Klassenbewusstsein in der Geschichte der Menschheit, einerseits mit der Enthüllung des Wesens der Gesellschaft zusammenfallen, andererseits eine immer innigere Einheit von Theorie und Praxis werden. Für das Proletariat ist seine »Ideologie« keine Flagge, unter der es kämpft, kein Deckmantel der eigentlichen Zielsetzungen, sondern die Zielsetzung und die Waffe selbst.« (Ebd. 245)

Diese Position hat auch einer der bedeutendsten Philosophen des 20. Jahrhunderts übernommen, der in den Jahren des Zweiten Weltkriegs Stalinist geworden war und nach 1945 mit Sartre zusammen für eine gewisse Zeit als der intellektuelle Repräsentant des Kommunismus in Frankreich galt, Maurice MERLEAU-PONTY. In *Humanismus und Terror* schreibt er 1947:

»Eine Gesellschaft ist nicht der Tempel jener Wert-Idole, die auf dem Gipfel ihrer Monumente oder in ihren Verfassungstexten stehen, sie ist das wert, was in ihr die Beziehungen des Menschen zum Menschen wert sind. Es geht nicht allein darum, was die Liberalen im Kopfe haben, sondern darum, was der liberale Staat innerhalb und außerhalb seiner Grenzen in Wirklichkeit tut. Die Reinheit seiner Prinzipien spricht ihn nicht frei, sie verurteilt ihn, wenn es sich zeigt, dass sie nicht in die Praxis eingeht. Um eine Gesellschaft zu erkennen und zu beurteilen, muss man zu ihrer inneren Substanz vordringen, zu den menschlichen Bindungen, aus denen sie besteht und die zweifellos von den rechtlichen Verhältnissen abhängen, aber auch von den Formen der Arbeit, von der Art zu lieben, zu leben und zu sterben.«[7]

In einem spektakulären Wandlungsprozess hat Merleau-Ponty sich nach 1950 vom Marxismus abgewendet und in

---

7 Maurice Merleau-Ponty, *Humanismus und Terror* [1947], Frankfurt a. M. 1966, Bd. 2, 8.

seinen *Abenteuern der Dialektik* von 1955 die bis heute tiefgründigste Kritik an ihm geübt. Seine Hauptthese ist, dass die Verselbständigung der Gewalt und Unterdrückung im kommunistischen Staat kein taktisches Zwischenstadium und keinen Verrat an der marxistischen Lehre darstellt, sondern als gedankliche Konsequenz darin angelegt ist (76). Es gebe bei MARX einen Zwiespalt von Dialektik und Naturalismus, genauer zwischen dem aufklärerischen Optimismus, dass die Verdummung der menschlichen Existenz zu einer materiellen Kraft überwindbar sei (42) und dem deterministischen Geschichtsmodell, in dem Marx diesen Optimismus zu begründen beansprucht (vgl. 79). Die soziale Kritik entfremdeter menschlicher Beziehungen ist gegen die theoretischen Konsequenzen, die von Marx und den Kommunisten daraus gezogen worden sind, festzuhalten. Sie ist im Prinzip gegen die ökonomistische, auf der Entindividualisierung und Egalisierung der heutigen Lebensformen im bürgerlichen Rechtsstaat beruhende Entfremdung weiterhin einzusetzen. Marx hat insofern richtig gesehen, dass die Lebensform des Proletariats zu seiner Zeit – und damit, um es zugespitzt zu sagen, die Lebensform des Normalbürgers unserer Zeit – eine Anklage gegen den Legitimationsanspruch unseres Staates ist, die man als nachdenkender Mensch nicht hinnehmen kann.

Auch 1955 rechtfertigt Merleau-Ponty die Rolle der Kommunistischen Partei damit, dass sie die Menschen vertrete, deren entfremdetes Leben durch die Spielregeln des modernen liberalen Rechtsstaates verfestigt und deren Interessen in ihm unberücksichtigt bleiben würden (272). Aber mit der Ideologie, auf die diese Rolle gestützt ist, hat er gebrochen. Sie ruht schon bei Marx auf einem deterministischen Geschichtsmodell, das Merleau-Ponty »naturalistisch« nennt, weil es ersichtlich am neuzeitlichen Modell des Naturgesetzes orientiert ist. Es gibt keine geschichtliche Garantie für die Überwindung von Entfrem-

dung, und vor allem gibt es keine Garantie dafür, dass eine
Klasse, der die Befreiung aus der Entfremdung gelingt,
sich nicht gegen die humanen Ziele kehren könnte, die ihren Kampf gerechtfertigt haben (vgl. 106). Eben diese Garantie aber hat der Kommunismus geben wollen, und er
hat konsequent die einzige Form ihrer Einlösung realisiert, nämlich das Verbot, sie in Frage zu stellen. Sobald
eine Klasse zum Repräsentanten des Geschichtsverlaufs
gemacht wird, bedeutet dies nichts anderes, als dass deren
Repräsentanten sich für unkontrollierbar erklären, oder
genauer: dass sie den Erfolg im Kampf um die Macht als
die einzige Kontroll- und Rechtfertigungsinstanz anerkennen. Das Gelingen der Revolution wird zum Kriterium der Richtigkeit ihrer Durchführung. Die revolutionä-
ren Kräfte rechtfertigen ihren Kampf mit dem Geschichtsverlauf, der ihn notwendig macht, während sie ihr Bild
vom Verlauf der Geschichte mit dem Erfolg ihres Kampfes rechtfertigen. Das entscheidende Prinzip ist hier das
der *Ideologisierung der Politik*: Wer sich der Revolution
nicht anschließt, definiert sich damit als nicht zur Klasse
der Träger der Revolution gehörig. Wer den vorausgesag-
ten Geschichtsverlauf nicht mit herbeizuführen bereit ist,
macht sich eben dadurch zum Reaktionär. Damit aber ist
die Einsicht in die Geschichte durch *Ideologie* ersetzt.
Denn »Ideologie« heißt: *Die Lehre definiert den Kreis, der*
über ihre Richtigkeit zu entscheiden hat.

Merleau-Ponty geht nun so weit, diese Ideologisierung
der Politik mit der Forderung nach Revolution schlechthin gleichzusetzen und diese Forderung für schlechthin irrational zu erklären. Wer in Verhältnissen, die auf der äußeren Zustimmung der Staatsbürger aufgebaut sind, die
Revolution, fordert, entzieht seiner Position die Basis
möglicher vernünftiger Rechtfertigung, denn es gibt keine
Revolution, die sich selbst in Frage stellt (89). Die Abschaffung des liberalen Staates müsste die Frage nach ihrer
Berechtigung, wenn sie wirklich revolutionär sein soll,

dem Urteil der von ihr betroffenen Bürger entziehen. Dialektik jedoch, als vernünftige Einsicht in den Verlauf der Geschichte, setzt voraus, dass eine geschichtliche Entscheidung von den von ihr Betroffenen in Freiheit anerkannt wird. »Ohne Opposition und ohne Freiheit gibt es keine Dialektik, und in einer Revolution fehlt es immer für geraume Zeit an Opposition und Freiheit. Daß alle bekannten Revolutionen degenerierten, ist kein Zufall; sie können nämlich niemals als etabliertes Regime das sein, was sie als Bewegung waren« (250).

Wer das Ende der Geschichte proklamiert, entzieht seinen politischen Kampf dem Urteil derer, für die er ihn zu führen beansprucht. Ein Ende der Geschichte, so Merleau-Ponty (30), kann es nicht geben, weil es keine Durchdringung des Menschen durch Erkenntnis gibt, weil also die geschichtliche Erfahrung darin besteht, aus dem *Gewordenen* zu *lernen*, worin seine Berechtigung bestand. Die Lehre, die bestimmte gesellschaftliche Kräfte zum Träger des Kampfes um die Überwindung von Entfremdung erklärt, bleibt gegenüber dem Urteil der Angehörigen der so bezeichneten Gruppe prinzipiell hypothetisch und hat sich vor ihrem Urteil zu rechtfertigen. Darum kann es nach Merleau-Pontys Verständnis von Kommunismus nur die Aufgabe einer Kommunistischen Partei sein, den Angehörigen des Proletariats Zugang zum politischen Leben zu verschaffen; dies ist eine Kennzeichnung, mit der man den Kampf der Arbeiterbewegung und der Sozialdemokratie eher verbindet als den Kommunismus. Philosophisch lautet unser Fazit aus den Abenteuern der marxistischen Dialektik, dass die im Zeichen eines humanistischen Anspruchs erfolgende Rückbindung der Geschichte an die Natur dann irrational wird, wenn sie einen *Begriff* von Natur voraussetzt, der das nicht in sich integrieren kann, was allein Humanität in der Natur begründen kann, nämlich die spezifisch *menschliche*, das heißt die *vernünftige Natur.*

Die gesellschaftliche Kompensation: Geschichte als Fortschritt

a) *Die Dialektik der Aufklärung*

Für das Scheitern des Marxismus als konkret-geschichtlichen Legitimations- und Repräsentationsentwurfs muss man neben der Naturalisierung des Geschichtsbegriffs noch eine zweite, die ökonomische Achillesferse des marxschen Denkens verantwortlich machen: Marx ging von einer *objektiven Preistheorie*, der Arbeitswertlehre, aus. Nach ihr hängt der Wert einer Ware »objektiv« vom in ihr verarbeiteten Material und der für ihre Herstellung aufgebrachten Arbeit ab, während die subjektive Preistheorie davon ausgeht, dass es so etwas wie einen »wirklichen« Wert der Ware einfach nicht gibt; Angebot und Nachfrage sind es, die den Preis bestimmen. Marx' Begriff des *Mehrwerts* als desjenigen Teils des Wertes einer Ware, der dem sie produzierenden Arbeiter vorenthalten und vom Unternehmer zur Erhaltung des entfremdenden Produktionssystems verwendet wird, hat nur im Rahmen einer objektiven Preistheorie Sinn. Denn mit der Anwendung der objektiven Wertlehre auf den Lohn wird die menschliche Arbeit nun selbst als die »Ware« berechenbar, zu welcher sie nach Marx' Gesellschaftsanalyse durch den Kapitalismus gemacht wird. Um den eigentlichen Wert einer Ware zu schaffen, ist eine bestimmte Menge »gesellschaftlich notwendiger Arbeit« erforderlich; der Lohnarbeiter ist jedoch durch seine Lebensbedingungen gezwungen, sich dem Kapitalisten zu »verkaufen«, der ihm das Existenzminimum gewährleistet, ihn aber dazu zwingt, mehr zu arbeiten, als »objektiv« dafür notwendig wäre, welche »Mehrarbeit« sich dann in dem

»Mehrwert« vergegenständlicht, der dem Kapitalisten zu-
fällt. Das Modell setzt natürlich voraus, dass die politischen Zustände tatsächlich dafür sorgen, dass der Lohnarbeiter, weil er keine andere Lebensmöglichkeit findet,
den Lohn akzeptieren muss, der ihm gerade so viel ein-
trägt, dass er am Leben bleiben und weiter arbeiten kann.
Der Kapitalist muss dann als »korrekten« zu zahlenden
Lohn den niedrigsten Reallohn ansetzen, zu dem der Arbeiter aus der Reservearmee der Arbeitslosen rekrutiert
werden und zu dem er sich reproduzieren kann. Die
Schaffung von Maschinen vergrößert weiterhin die Herrschaft der Kapitalisten über die ausgebeuteten Arbeiter.
Massenelend und Pauperisierung sind die notwendige
Folge.[1]

Dass und wie die marxistischen Theoretiker dieses Gedankengebäude den Tatsachen angepasst haben, die sich
in eine andere Richtung entwickelten, kann man als Beleg
für die »Immunität« der gesamten Theorie gegen em-
pirische Widerlegung, also für ihre Unwissenschaftlich-
keit ansehen; aber die Grenzlinie zwischen Wissenschaft
und Philosophie verdankt ihr produktives und kreatives
Moment nicht zuletzt derartigen Anpassungsprozes-
sen. Der Lebensstandard der Arbeiter in Industrieländern ist seit den Zeiten, als der 24-jährige ENGELS die
furchtbare »Lage der arbeitenden Klasse in England«
beschrieben hat, stetig verbessert worden, das politische
System des modernen Staates hat ihnen, ohne dass die
Revolution im marxschen Sinne es hinweggefegt hätte,
soziale Sicherungen geschaffen und ihre Interessen-
vertretung in sich integriert. Sowohl mit der Voraussage allgemeiner Verelendung als auch mit der, dass in
sozialistischen Systemen Geld und Märkte allmählich ver-

1 Zum in sich geschlossenen, logisch deduzierenden, aber empirisch nicht begründeten Charakter dieser Gedankenkonstruktion vgl. Joel Carmichael,
Karl Marx – The Passionate Logician, New York 1967, 221 ff.

schwinden würden, ist die marxsche Ökonomie durch die
Tatsachen widerlegt worden. Und selbst in den sowjeti-
schen Wirtschaftssystemen ist man seit Stalin dazu übergegangen, das Anreiz- und Bewertungssystem menschlicher Arbeit nach ihrer gesellschaftlich relevanten Er-
tragsleistung, nicht nach dem Maß der in sie geflossenen
Arbeit auszurichten.

Das marxistisch inspirierte Denken hat auf diese Entwicklung, grob gesprochen, in zwei Richtungen reagiert.
Die eine, die man die *globalisierende* nennen könnte,
wird durch das Schlagwort »Imperialismus« beleuchtet.
Vor allem mit Lenin ist die These verbunden, die »reifen
kapitalistischen Länder« würden, um ihr System zu erhalten, zur imperialistischen Ausbeutung der Kolonial-
völker übergehen. Die Prosperität des Kapitalismus setze
die Ausbeutung neuer Rohstoffe voraus. Um einen
Rückgang der inländischen Kaufkraft und die Entstehung einer Massenarbeitslosigkeit zu verhindern und um
das aus der Akkumulation im Inland resultierende Ab-
sinken der Profitraten hinauszuschieben, müssten die reifen kapitalistischen Länder umfangreiche Auslandsinves-
titionen vornehmen, an der Steigerung von Spannungen,
der Erhöhung der Rüstungskosten und der Etablierung
eines kalten Krieges interessiert sein und den weltweiten
Handel zu einem System der immer neuen Erzeugung
von Bedürfnissen und Rekrutierung von Märkten einsetzen. Nach dieser Theorie wird also die Verelendung
und Abhängigkeit der breiten Massen von einem nationalen zu einem globalen Phänomen, und die relative
Verbesserung der Zustände in den Industrieländern ist
nur eine Funktion der Selbsterhaltung der kapitalistischen Machtverhältnisse, weshalb die Revolution ihr
endgültige Gestalt nur als »Weltrevolution« erlangen
kann.

Die andere Richtung, die für die Entwicklung der politischen Ethik im 20. Jahrhundert von erheblich größerer

Bedeutung gewesen ist, könnte man als die *sozialpsychologische* bezeichnen. In ihren theoretischen Innovationsleistungen, insbesondere der Ideologiekritik und der kritischen Gesellschaftstheorie, hat sie den ökonomischen Horizont des Marxismus gesprengt. Die »objektive« Verankerung des Entfremdungsbegriffs in wirtschaftlichen Ausbeutungsstrukturen weicht gewissermaßen seiner subjektiven Verwendung zur Kritik des geistig verelendeten, für die Interessen des Systems ausgebeuteten *Bewusstseins* der lohnabhängigen Menschen. Die objektive Arbeitswertlehre wird, ökonomisch gesehen, der Bedeutung der Kategorie des Grenznutzens für die Konstitution des Warenpreises nicht gerecht. Mit der subjektiven Preistheorie, die den Markt konsequent als das System der preiskonstituierenden Relation von Angebot und Nachfrage auffasst, hat der Utilitarismus den Siegeszug auf seinem eigentlichen Terrain, eben in der Nationalökonomie, angetreten. Der Wert einer Ware wird letztlich durch das Bedürfnis des Käufers konstituiert, an diese Ware zu kommen. Ein »objektives« Maß für dieses Bedürfnis gibt es nicht.

Hierin siegt noch einmal der subjektive Glücksbegriff der modernen Ethik und Anthropologie, der dem hobbesschen politischen Modell zugrunde liegt, auch in der Ökonomie. Die Produktionsentscheidungen des Unternehmers werden so zum Spiegel der Bedürfnisprioritäten der Gesellschaft. Aber diese Prioritäten selbst, das also, was Menschen als ihr subjektives Glück empfinden, kann und muss zum Gegenstand theoretischer Reflexion gemacht werden. Kritik an Entfremdung als politischer Struktur des Lebens im Kapitalismus kann unter diesen Bedingungen immer noch als Kritik an der gesamten Gesellschaft und dem sie tragenden Bewusstsein konkretisiert werden. Und in dieser kritischen Konfrontation des Begriffs von subjektivem Glück, den jeder von uns hat, mit seinen uns nicht genügend bewussten Determinanten treffen wir wieder, wenigstens *ex negativo*, auf die Spur der Bemühung, den in der Neuzeit ausgeblendeten Aspekt der Frage nach einem nicht rein subjektiven Maß des Glücks zumindest zu *kompensieren.*

Dies kann man als den Hintergrund und methodologischen Ausgangspunkt des Anspruchs einer *kritischen Gesellschaftstheorie* verstehen, der es darum geht, gerade den subjektivistischen Aspekt der Fundierung politischer Normativität im neuzeitlichen Staatsmodell in seiner Dialektik freizulegen. Was der subjektive Glücksbegriff dem Zugriff einer normativ orientierten Theorie entzieht, das ist zugleich dasjenige, was dem Bewusstsein der Bürger eines Staates entzogen sein muss, der das ihm eigene legitimatorische Vakuum aus ihrer Zustimmung zu seiner faktischen Konstitution zu kompensieren beansprucht. So entsteht das Projekt, *eine gegenüber sowohl der juristischen als auch der ökonomischen Theorie selbständige Sozialtheorie aufzubauen, die sich gerade an der Entwicklung des Bewusstseins der Gesellschaftsmitglieder orientiert und den Anspruch erhebt, diese mit philosophischer Grundlage voranzutreiben.* Der homo oeconomicus, den die subjektive Werttheorie voraussetzt, wird nicht auf der ökonomischen Ebene kritisiert, doch seine reale Grundlage, die bürgerliche und im Sinne Marx' kapitalistische Gesellschaft, wird ihrerseits einer Kritik unterworfen, die auf die freie Entscheidung des bürgerlichen Subjekts setzt, sich aufgrund dieser Kritik zu verändern.

Als ebenso spektakulärer wie kryptischer Ausgangspunkt dieses Programms erscheint heute die *Dialektik der Aufklärung* von HORKHEIMER und ADORNO, 1944 in Amerika geschrieben und einige Jahrzehnte später in Europa eruptiv wirksam geworden. In ihr hatten beide das geschichtsphilosophische Gerüst entworfen, von dem her sich die sozialwissenschaftliche Arbeit und die gesellschaftskritische Brisanz ihres Frankfurter »Instituts für

Sozialforschung« verstand.[2] Die Grundthese des Buches ist, *dass zwischen Aufklärung und Mythos ein dialektisches Verhältnis besteht*: Die gesellschaftlichen Organisationsformen des Zusammenlebens, durch die der Mensch der modernen Welt sich die private Freiheit gegenüber den öffentlichen Ansprüchen eines objektiven Glücks- und teleologischen Lebensbegriffs sichert, tendieren dazu, das Leben des Einzelnen jener Heteronomie zu unterwerfen, gegenüber der ihn diese Organisationsformen in seinen Freiraum ursprünglich zu sichern den Sinn hatten. Industrie und Technik, eigentlich Mittel der Grundlegung eines selbstbestimmten Lebens, treten als selbst unbeherrschbare Mächte der Bestimmung dieses Lebens in es ein. Die Identifikation mit dem, was der Mensch zum gesellschaftlichen Nutzen beiträgt, wird zum Hauptfaktor seines Verhältnisses zum eigenen Leben. An die Stelle des Gegensatzes zwischen abstrakter Arbeit und Freiheit tritt der zwischen bezahlter Arbeit und unbezahlter Frei*zeit*, beides aber als Komponenten einer sich totalisierenden Verpflichtung zur geldwerten, für die Gesellschaft nützlichen Arbeitsleistung. Die Freizeit ihrerseits wird wiederum zum Organisationsfeld einer ganz eigenen Industrie, der Freizeitindustrie, deren Logik wesentlich in der Weckung von Bedürfnissen besteht, die die Freizeit selbst zu einem in den gesellschaftlichen Nutzen- und Gleichgewichtsprozess eintreten lässt.

Das Buch beginnt mit den berühmten Worten: »Seit je hat Aufklärung im umfassendsten Sinn fortschreitenden Denkens das Ziel verfolgt, von den Menschen die Furcht zu nehmen und sie als Herren einzusetzen. Aber

---

2 Vgl. zur verschlungenen Geschichte des Instituts von seinem marxistischen Ursprung und seinen Frankfurter Anfängen über die Odyssee seiner Gründer und Mitträger nach Amerika bis zu seiner Rolle in der Bundesrepublik Rolf Wiggershaus, *Die Frankfurter Schule. Geschichte. Theoretische Entwicklung. Politische Bedeutung*, München/Wien ²1987. Zur *Dialektik der Aufklärung* insbes. 364 ff.

die vollends aufgeklärte Erde strahlt im Zeichen trium-
phalen Unheils.« (7) In einem zumindest kommt die
Aufklärung mit den Mächten überein, gegen die sie angetreten war: dass sie das, was sie herbeiführt, für unabän-
derlich erklärt. Der Geschichtsoptimismus der »Aufklärung ist totalitär wie nur irgendein System. Nicht was
ihre romantischen Feinde ihr seit je vorgeworfen haben,
analytische Methode, Rückgang auf Elemente, Zerset-
zung durch Reflexion ist ihre Unwahrheit, sondern dass
für sie der Prozeß von vornherein entschieden ist.« (25)
Dadurch ist die Aufklärung, so Horkheimer und Adorno, nicht das Gegenprinzip zum Mythos, sondern seine
Bestätigung in umgekehrter Richtung: »Der Animismus
hatte die Sache beseelt, der Industrialismus versachlicht
die Seelen.« (29) Der Anspruch, dem Menschen etwas
über sein objektives Glück beizubringen, ist überwunden, aber zugunsten von Mechanismen, die die Subjekte
selbst zu Objekten einer abstrakten Glücksproduktion
machen.

Der Einzelne »schrumpft zum Knotenpunkt konven-
tioneller Reaktionen und Funktionsweisen zusammen, die
sachlich von ihm erwartet werden […]. Der ökonomische
Apparat stattet schon selbsttätig, vor der totalen Planung,
die Waren mit den Werten aus, die über das Verhalten der
Menschen entscheiden.« (28 f.) Und der Grundfehler des
blinden Geschichtsoptimismus besteht im Vertrauen darauf, dass totale Herrschaft über die Natur die Befreiung
des Menschen vom Zwang mit sich bringen müsste. In
Wirklichkeit erzwingt die kollektive Herrschaft über das
Nichtmenschliche eine Unterwerfung des Menschen unter
unmenschliche Notwendigkeit, unter den »Sachzwang«
und unter die Funktion des »Systems«. Entfremdung wird
vom Geschichtsdenken der Aufklärung nicht überwunden, sondern steckt in seinem Innersten darin. Von der
ständigen Steigerung der kollektiven Macht über das Andere die Freiheit für sich selbst zu erwarten, das ist die

Logik, in der sich eben die Entfremdung des Menschen von dem ausdrückt, was Freiheit wirklich ist.

Gegen die totalisierende Macht der Aufklärung ist nach Horkheimer und Adorno nur eines zu setzen, nämlich *die Reflexion auf diese Macht*. Das System, das unser Zusammenleben vor totalitären Ansprüchen bewahren sollte, muss auf seine eigene totalitäre Virulenz hin *durchdacht* werden. Wo dies geschieht, wird der Freiraum offen gehalten, der nicht selbst zum positiven Gegenstand der Theorie werden kann. Die Theorie bleibt insofern »kritische Theorie«. Sie versteht sich als die Analyse der Eigenlogik des aufklärerischen Apparats und verwendet als Fokus ihrer Kritik den Begriff der Entfremdung.

»Was dem Maß von Berechenbarkeit und Nützlichkeit sich nicht fügen will, gilt der Aufklärung für verdächtig. Darf sie sich einmal ungestört von auswendiger Unterdrückung entfalten, so ist kein Halten mehr. Ihren eigenen Ideen von Menschenrecht ergeht es dabei nicht anders als den älteren Universalien. An jedem geistigen Widerstand, den sie findet, vermehrt sich bloß ihre Stärke. Das rührt daher, dass Aufklärung auch in den Mythen noch sich selbst wiedererkennt. Auf welche Mythen der Widerstand sich immer berufen mag, schon dadurch, daß sie in solchem Gegensatz zu Argumenten werden, bekennen sie sich zum Prinzip der zersetzenden Rationalität, das sie der Aufklärung vorwerfen. Aufklärung ist totalitär.« (9f.)

Die Gefahr, die daraus hervorgeht, besteht in der »Verwechslung der Freiheit mit dem Betrieb der Selbsterhaltung« (39f.). Arbeitswelt und Kulturindustrie wirken zusammen in der Entindividualisierung aller Einzelnen im Namen der ihnen verheißenen Individualität.

»Die Identität der Gattung verbietet die der Fälle. Die Kulturindustrie hat den Menschen als Gattungswesen hämisch verwirklicht. Jeder ist nur noch, wodurch er jeden anderen ersetzen kann: fungibel, ein Exemplar. Er selbst, als Individuum, ist das absolut ersetzbare, das reine Nichts, und eben das bekommt er zu spüren, wenn er mit der Zeit der Ähnlichkeit verlustig geht. [...] An Stelle des Weges per aspera ad astra, der Not und Anstrengung voraussetzt, tritt mehr und mehr die Prämie.« (131)

Freiheit wird zur »Freiheit zum Immergleichen« (150).

Es waren die Kategorien dieser Art von Gesellschaftsanalyse, durch deren Anwendung auf die bundesrepublikanischen Verhältnisse HABERMAS schon als brillanter Kulturkritiker hervorgetreten war, als er 1956 für drei Jahre in das Frankfurter Institut für Sozialforschung eintrat.

b) *Habermas' Grundposition:*
Legitimation als Emanzipation

HABERMAS' erster großer Aufsatz »Die Dialektik der Rationalisierung« im *Merkur* 1954 trug den Untertitel »Vom Pauperismus in Produktion und Konsum« und stellte einen kulturkritisch beleuchteten Zusammenhang her zwischen der Entfremdung von den Dingen, die für die Menschen durch die industrielle Arbeit prägend wird, und dem »Massenkonsum«, der uns ihre Güte »um so weniger« erfahren lässt, »je schwächer und kürzer die verweilende Berührung mit den Dingen selbst, je ungenauer die Wahrnehmung ihres Wesens, je unwirksamer ihre Nähe wird«.[3] Der Konsum ist Reflex eines Sinnvakuums, auf dessen Kompensation das Streben des Menschen unter

3 Zitiert nach Wiggershaus (Anm. 2) 601.

den Bedingungen des dem aufgeklärten Zeitalter entstammenden Staates essenziell gerichtet ist; und bei eben dieser kompensatorischen Verfassung der Zielstruktur bürgerlicher Subjekte setzt seine Idee einer Theorie an, die nicht direkt, sondern indirekt normativ ist, indem sie die Subjekte nicht über das Gute aufzuklären, sondern sie selbst zum sie über sich selbst aufklärenden Sprechen zu bringen beansprucht.

Diesen Ausgangspunkt kann man im ganzen weiteren Werk von Habermas entfaltet sehen. »Heute«, so heißt es 1976 in seiner *Rekonstruktion des Historischen Materialismus*,

> »legitimieren weder vorletzte noch letzte Gründe – wer das behauptet, bewegt sich auf mittelalterlichem Niveau. Heute haben legitimierende Kraft allein Regeln und Kommunikationsvoraussetzungen, die eine unter Freien und Gleichen erzielte Übereinstimmung oder Vereinbarung von einem kontingenten oder erzwungenen Konsens zu unterscheiden erlauben.«[4]

Nicht was sein Glück, aber doch, was sein Interesse ist, muss letztendlich jeder Bürger selber wissen; auch über den Inhalt des Konsenses, auf den die bürgerliche Gesellschaft unter den Bedingungen des modernen Zusammenlebens angewiesen ist, müssen die Menschen schließlich selbst das letzte Wort haben. Aber es bleibt die Frage, inwieweit sie voneinander und insofern auch von einer Theorie der Gesellschaft *über die Prinzipien dieses Konsenses* etwas zu lernen haben, und die Antwort auf diese Frage ist für das Verhältnis zwischen dem Inhalt des sozialen Konsenses und der staatlichen Ordnung, die ihn regelt, nicht nur legitim, sondern *legitimierend. Im eman-*

4 *Zur Rekonstruktion des Historischen Materialismus*, Frankfurt a. M. 1976, 281.

zipatorischen Fortschritt der Gesellschaft wird das legiti-matorische Vakuum des Staates kompensiert.

Der Konsens, den der Staat als die rationale Legitimati-onsbedingung seiner Ordnung voraussetzen muss, um die faktische Durchsetzung der Bedingungen seiner Rationali-tät begründen zu können, wird durch die Theorie der ra-tionalen Rechtfertigung menschlichen Handelns also nicht formuliert, sondern ihrerseits als eine politische Leistung, deren Bedingungen sie zugleich als die Bedingungen der rationalen Begründung ihres eigenen Erkenntnisanspruchs expliziert, vorausgesetzt. Sie kann und will das Faktum, das am Grunde der politischen Ordnungsleistung des Ver-tragsstaates steht, nicht ethisch begründen, sondern be-zieht sich auf es als das Faktum, von dem aus zu rekon-struieren ist, worin ethisches Begründen unter den durch diese politische Ordnungsleistung entstandenen Bedin-gungen überhaupt noch bestehen kann. In dieser Ver-knüpfung von Rationalität und Faktizität ist sie noch dem kantischen »Faktum der Vernunft« verpflichtet, nur dass sie das Geschehen, in dem die Vernunft praktisch wird, nicht mehr als transzendentales, sondern eben als spezi-fisch politisches denkt: nicht als die das Individuum von sich selbst befreiende Durchsetzung ihres, des Interesses der Vernunft gegen das seine, sondern als die Verstän-digung über die Errichtung einer Ordnung, in der die Individuen ihre Interessen als Freie und Gleiche zur Durchsetzung zu bringen vermögen. Es ist *das Faktum vernünftiger Verständigung* selbst, aus dessen philosophi-scher Explikation freie und gleiche Individuen die inhaltli-chen Bedingungen dessen entnehmen können, worauf sie sich verständigen *sollten*. Kompensatorisch ist dieser Aus-gangspunkt insofern, als das faktische Verbindungsglied von Politik und Ethik, die Entscheidung für die Errich-tung einer Ordnung Freier und Gleicher, aus der Explika-tion der Bedingungen gelingender Verständigung über diese Entscheidung nicht selbst noch einmal ableitbar ist,

sondern man aus ihr nur entnehmen kann, wie dieser faktische Grund innerhalb der Ordnung dort zur Geltung
gebracht werden kann, wo sie notwendigerweise noch offen für inhaltliche Verständigung über sich selbst ist, nämlich im Prozess ihrer weiteren *Entwicklung*.

Der faktisch-normative Verknüpfungspunkt zwischen
Politik und Ethik, auf dem die Theorie der Explikation
der Bedingungen gelingenden Zusammenlebens aus den
Bedingungen gelingender Verständigung zwischen Freien
und Gleichen basiert, ist das *Argument*. Wer sein Handeln
und dessen Rechtfertigung am »zwanglosen Zwang des
besseren, weil einleuchtenderen Argumentes« (*Vorst.* 116)
ausrichtet, erkennt andere Menschen auf paradigmatische
Weise nicht nur als freie und gleiche Wesen, sondern auch
als Determinationsfaktoren seiner eigenen Identität an
(vgl. *Theorie* Bd. 1, 41). Diese Anerkennung liegt in der
Anspruchsstruktur des Argumentes begründet, die auf die
Zustimmung eines universalen, unbegrenzten Auditori-
ums gerichtet ist, ob man will oder nicht. Ähnlich wie
Kants guter Wille wird sich dieser Anspruch des Argumentes niemals vollständig faktisch darstellen und umsetzen lassen, aber indem man ihn zur regulativen Leitidee
des intersubjektiven Diskurses macht, erhält er die einzig
ihm mögliche und angemessene Realität, nämlich seine
orientierende Wirkung für alles zwischenmenschliche
Handeln.

Er fordert dann als notwendige Ergänzung zur rechtlichen Garantie subjektiver Freiheitsspielräume *die Veränderung der Gesellschaft im Sinne der Emanzipation*, das
heißt der Befreiung der Bürger von allen Zwängen, die
sich nicht argumentativ bzw. als real notwendige Voraussetzungen gelingenden Argumentierens rechtfertigen lassen. Das Prinzip der politischen Rationalität ist das des
vernünftigen Diskurses, der sich vom unvernünftigen,
diktatorischen, als Realisierung der Bedingungen gelingender Argumentation abhebt (*Vorst.* 118 f.). Immer vo-

rausgesetzt, dass die Bürger den für den Rechtsstaat sinngebenden Willen haben, miteinander als Freie und Gleiche zusammenzuleben, ist die Befreiung von Zwängen,
die sich nicht argumentativ rechtfertigen lassen, jeweils
gleichbedeutend mit dem Wirksamwerden der Interessen
aller an der Ordnung des Zusammenlebens beteiligten
Personen. Denn wenn man sich an dem ausrichtet, was
man argumentativ, also ihnen allen gegenüber begründen
kann, bezieht man *per definitionem* ihre in die eigenen Interessen ein. Mit der Bereitschaft, die eigenen Interessen
argumentativ zu rechtfertigen, hat man die Interessen aller
anderen, die in der argumentativen Rechtfertigung implizit einbezogen werden müssen, eigentlich *zu seinem eigenen Interesse gemacht*. Dies ist das in der Theorie gelingender Verständigung begründete normative Prinzip, das
Prinzip der »Diskursethik«.[5]

Mit dem Anspruch der Diskursethik berühren wir den
philosophischen Grundgedanken, aber auch die entscheidende Problematik von Habermas' Ansatz. Habermas beruft sich, um die diskursive Legitimationsbedingung des
Zusammenlebens zu begründen, auf die Koordination
subjektiver, individueller Interessen, aber auch auf die Fähigkeit und die Forderung, subjektive Interessen zu allgemein verantwortbaren zu machen (vgl. *Vorst.* 179). Der
zwanglose Zwang des Arguments kann sich nicht auf die
universale Macht einer in ihm beschworenen überindividuellen Vernunft, sondern allein auf den Willen der argu-
mentierenden Subjekte stützen, mit dem sie sich zur Einbeziehung der entsprechenden Interessen *aller* von ihrer
Realisierung Betroffenen verpflichten. Im Rückgriff auf
KANT via Hannah ARENDT gründet Habermas die kommunikative Macht auf die Leistung, mit der jeder Einzelne

---

5 Vgl. Jürgen Habermas, *Legitimationsprobleme im Spätkapitalismus*, Frankfurt a. M. 1973, 144; *Theorie des kommunikativen Handelns*, Frankfurt
a. M. 1981, Bd. 1, 71; *Erläuterungen zur Diskursethik*, Frankfurt a. M. 1991.

»sein Urteil an anderer, nicht sowohl wirkliche als vielmehr bloß mögliche Urteile hält, und sich in die Stelle jedes anderen versetzt«.[6] Nur so ist ja der faktische, immer auch auf verborgenen, nicht öffentlich gemachten Intentionen beruhende Konsens von jener idealen Übereinstimmung zu unterscheiden, die im Argumentieren kontrafaktisch unterstellt wird. Nicht der faktische Konsens als solcher ist die Grundlage des Diskursprinzips, sondern die Zustimmung, die jeder vernünftige Mensch geben *müsste*, wenn er gefragt *würde*.

Damit ist klar, dass ein idealistischer Zug in diesem Prinzip wohnt, der aus ihm nicht entfernt werden kann und soll, der aber mit der Realität der Gesetzgebung vermittelt werden muss. Es ist eben nicht der tatsächliche, sondern ein idealer, nur vorgestellter Diskurs, den man unterstellt, wenn man real die Einstellung entwickelt, mit der man sich in andere hineinversetzt. Denn man kann sich ja auch wieder nicht in sie versetzen, insofern sie rein faktisch bestimmte Auffassungen haben, sondern muss sie wiederum als diejenigen betrachten, an die die Forderung ergeht, einen selbst in ihre Überlegungen und Perspektiven einzubeziehen. Diesem Ideal kann man sich nur annähern; denn jeder von uns wächst mit einer Sicht der Dinge auf, die nicht vorurteilsfrei die Perspektive aller in den Blick bringt. Wer z. B. ständig daran gewöhnt wird, seine Umwelt unter dem Blickwinkel ihrer möglichen Gefährdung und ihres ökologischen Werts zu betrachten, sieht einen tropischen Urwald mit anderen Augen, als die Menschen, für die dieser Urwald zeitlebens feindliche Natur war und für die seine Abholzung die einzige Chance zur wirtschaftlichen Entwicklung ihres Landes darstellt. Kann man wirklich als faktisch bestimmtes, kontingent geprägtes Individuum jemals einen Standpunkt einnehmen, der

6 FG 184 im Anschluss an Hannah Arendt, *Das Urteilen. Texte zu Kants politischer Philosophie*, München 1982, 17–103, und Kant KU § 40, B 158.

dem eigenen Argumentieren jede Perspektivität nimmt?
»Man« kann es nach Habermas tatsächlich nicht in dem
Sinne, dass man als Einzelner jemals die Objektivität des
Argumentierens überhaupt verkörpern könnte. Man kann
es nur, indem man es schafft und indem man durch gesellschaftliche und politische Strukturen dazu gebracht wird,
*seine Argumente dem Urteil der Öffentlichkeit auszuset-
zen.* Das Prinzip, mit dem die Diskursethik das Maß des
im Faktischen immer kontrafaktisch unterstellten, des
idealen, das heißt herrschaftsfreien Diskurses bezeichnet,
ist das Prinzip der »kritischen Öffentlichkeit«.

Die Explikation dieses Prinzips führt zum originellsten
und problematischsten Aspekt der Habermasschen Diskursethik, der These vom *herrschaftsfreien Diskurs* (vgl.
Vorst. 180 und *Moralb.* 103: Entwurf der idealen Sprechsi-
tuation). Nach dieser These ist der Einbezug der Interessen aller von meinem Handeln Betroffenen in die vernünftige Bestimmung meines Handelns zwar durch das Bemühen um Argumente nicht garantiert; aber wir können uns
einer Situation *annähern,* in welcher, wenn wir sie wirklich ganz erreicht hätten, jeder auf jeden hören und jeder
den anderen zur Geltung kommen lassen würde. Diese
Idealsituation, der wir uns annähern können, wäre der
herrschaftsfreie Diskurs. In ihr würde jeder von uns seine
Argumente bereits im Bemühen um »eine kooperative
Durchführung« seiner Argumentation mit anderen und
»im Lichte kultureller Werte« (*Moralb.* 77 f.) formulieren.
Mit der Diskursethik wird der Leitfaden der *Gesellschafts-
veränderung als Prinzip der richtigen Weiterentwicklung
des Inhalts unserer politischen Ordnung,* also auch der Gesetzgebung, geknüpft. Dieser Leitfaden besteht in der In-
stitutionalisierung der Strukturen, in denen allein die Annäherung an die wahre Diskurssituation geschehen kann,
das heißt den Strukturen einer *kritischen demokratischen
Öffentlichkeit.* In ihnen konkretisiert sich Emanzipation
als Handeln im Sinne der Herbeiführung dessen, was sich

in der Herbeiführung seiner selbst legitimiert: herrschafts-
freier Strukturen.

Ob wir in nicht herrschaftsfreien, das heißt in entfremdeten Strukturen leben, kann keine Wissenschaft, sondern
nur unsere je eigene Stellungnahme zu den Determinationsfaktoren unserer sozialen Identität entscheiden.

> »Wenn [...] moralische Argumentationen Einverständ-
> nis [...] produzieren sollen, genügt es nicht, dass sich
> ein Einzelner überlegt, ob er einer Norm zustimmen
> könnte. Es genügt nicht einmal, dass alle Einzelnen [...]
> diese Überlegung durchführen. Erforderlich ist viel-
> mehr eine »reale« Argumentation, an der die Betroffe-
> nen kooperativ teilnehmen.«   (*Moralb.* 77 f.)

Die Diskursethik setzt also voraus, dass eine demokratische Gesellschaft errichtet wird, in der die Menschen lernen, ihr Interesse von Kind an am Interesse derer, die von
ihrem Handeln betroffen sind, zu reflektieren. Argumentative Verständigung gelingt ja nur, wenn die Diskurspart-
ner sich und den anderen ihre Interessen wahrhaftig offen
legen. (*Vorst.* 179) Verlangt ist daher die Einrichtung realer Diskurse, verlangt ist also, *dass kooperative Wahrheits-
suche, Offenheit gegenüber der Meinung des anderen zum
universalen Prinzip der gesellschaftlichen Institutionen
und der Bildung gemacht wird.* Dies kann nur geschehen,
indem die Menschen lernen, sich von allen nur überkommenen, konventionellen Vorschriften zu emanzipieren
und kritische Persönlichkeiten zu werden, die immer fragen, ob das, was von ihnen verlangt wird, tatsächlich einem allgemeinen Interesse entspringt. Zum anderen müssen sie lernen, dass sie die Antwort auf ihre Frage nach
dem allgemeinen Interesse nur bekommen, wenn sie nicht
im Stübchen eines geschlossenen Meinungszirkels dedu-
zieren, sondern wenn sie sich in die öffentlichen Institutionen des Gedankenaustauschs mit ihren Mitmenschen

begeben. *Man muss gezwungen werden, sein Interesse öffentlich zu machen, dann wird man über kurz oder lang dazu kommen, sein Interesse allgemein zu machen.*

c) *Die Grenzen der Öffentlichkeit*

Der essenzielle Zusammenhang zwischen dem »zwanglosen Zwang« vernünftigen Argumentierens und der Öffentlichkeit der Rede ist uns von den ersten Schritten des »griechischen Sonderwegs« an klar gewesen. Indem es sich öffentlich macht, wird das Argument erst, was es zu sein beansprucht: Es ruft im Prinzip jeden vernünftigen Menschen zum Richter über seine Richtigkeit an. Aber man verwendet das Wort »Öffentlichkeit« in diesem Sinne, in dem es in etwa das Gegenteil von »Heimlichkeit« meint, anders, als wenn man von »der Öffentlichkeit« als einem gesellschaftlichen Strukturzusammenhang spricht. Indem das Argument öffentlich gemacht wird, setzt es sich im Prinzip allen seinen potenziellen Hörern aus; insofern es sich damit aber »der Öffentlichkeit« aussetzt, wird es wiederum mit bestimmten faktischen Bedingungen seiner Wirksamkeit konfrontiert. Jede Öffentlichkeit in diesem substanziellen Sinne, sei es in demokratischen oder in anderen politischen Verhältnissen, ist *gemacht*; sie wird von konkreten Personen gestaltet und ist von ihnen zu verantworten.

Was aber heißt Verantwortlichkeit? Wenn es heißt, dass man sich für sein Handeln mit vernünftigen Gründen rechtfertigen kann und wenn vernünftige Rechtfertigung wesentlich in Form von Argumenten zu geben ist, dann sind Argumente auch das Maß, an dem die sich die Gestalter der »Öffentlichkeit« messen lassen müssen. Wenn aber nun nach Habermas darüber, ob ein Argument wirklich universale Vernünftigkeit und nicht partikuläre Sonderinteressen repräsentiert, wiederum seine Bewährung vor einer bestimmten, nämlich der demokratischen Öffentlichkeit entscheidet, *dann fallen* in dieser einen Sphäre, *in der Sphäre der Gestaltung demokratischer Öffentlichkeit, Erfolg und Legitimation zusammen.* Heißt das nicht, die Gestalter demokratischer Öffentlichkeit zu Richtern nicht nur in eigener Sache, sondern sogar über das Richten selbst zu machen?

Man mag dem entgegenhalten, dass es »die Öffentlichkeit« als monolithischen Block selbstverständlich nicht gibt und dass die so bestallten Richter auch übereinander zu wachen haben, dass das System der öffentlichen Kommunikation selbst wieder offen und durchlässig und dass es dem Wettbewerb ausgesetzt sei. Aber damit wird das Problem eigentlich nur verschoben, denn dann rücken eben die Kräfte, die diesen Wettbewerb organisieren und sich in ihm durchsetzen, in die problematische Position des Vernunftrichters ein – oder auch diejenigen, die den Wettbewerb mit politischen Mitteln kanalisieren, steuern und womöglich verhindern können. Von der Pressefreiheit hat ein großer Politologe einmal in sarkastischer Überspitzung gesagt, sie sei die Freiheit einiger hundert reicher Leute, ihre Meinung gedruckt zu sehen. Selbst wenn man sich darauf beschränkt, dies nicht als Beschreibung der Realität, sondern als Warnung vor möglichen Gefahren zu verstehen, erhebt sich die Frage, ob die Definition gelingenden Argumentierens in ihrem innersten Kern solchen Gefahren ausgesetzt werden darf. Wie differenziert und anspruchsvoll eine Öffentlichkeit in ihrem Selbstverständnis auch immer sein mag, allein in der Auswahl der Themen, die in ihr zur Sprache kommen, wird und muss sie umfangreiche Auswahl-, Bevorzugungs- und natürlich auch Unterdrückungsprozeduren anwenden, um im Kampf um das Aufmerksamkeitskapital bestehen zu können. Woran sind die Entscheidungen über diese Prozeduren und über die Einrichtung der Institutionen des öffentlichen Diskurses, in denen sie sich vollziehen, noch zu überprüfen, wenn die Bewährung in eben diesem Diskurs das Kriterium vernünftiger Verallgemeinerungsfähigkeit der Interessen ist, vor denen er sich zu verantworten hat?

Rechtlich konstituierte und geschützte Institutionen öffentlicher Urteilsbildung gehören zweifellos zu den *Bedingungen*, unter denen die Entwicklung der politischen Ordnung einer Gesellschaft auf das ihr zugrunde liegende Verhältnis freier und gleicher Vertragspartner im Sinne des hobbesschen Modells zurückbezogen werden kann. Sie lassen sich ebenfalls, so wie andere Grundfreiheiten, etwa das Recht auf Meinungs- und Ausreisefreiheit, auf Bildung und einen Mindeststandard sozialer Sicherheit, als Bedingungen vernünftigen Argumentierens zwischen Freien und Gleichen rekonstruieren. Insofern gehören sie integral zu dem für den modernen Rechtsstaat charakteristischen Feld der wechselseitigen Konstitution politischer und ethischer Legitimationsfaktoren. Sie jedoch darüber hinaus zum *Begründungsprinzip* dieser wechselseitigen Konstitution machen zu wollen: das überfordert ihre Leistungsfähigkeit und macht sie gerade anfällig für kontraproduktive Implikationen. Daraus, dass ein individuelles Interesse sich im Ringen um Aufmerksamkeit und Anerkennung innerhalb der Institutionen öffentlicher Urteilsbildung durchsetzt, lässt sich auch in demokratischen Verhältnissen nicht auf die vernünftige Verallgemeinerbarkeit dieses Interesses im Sinne der Legitimationsbedingungen der rechtsstaatlichen Ordnung schließen. Vielmehr droht ein solcher Schluss die Konstitutionsbedingungen des öffentlichen Diskurses gegen die Legitimationsprinzipien des Rechtsstaates selbst zu wenden. Als Argumente für diese Gefahr lassen sich drei problematische Phänomene unserer politischen Erfahrung anführen:

(1) Die *Fähigkeit zur Teilnahme am öffentlichen Verlautbarungsprozess der eigenen Interessen* wird zum Maß der *Zugehörigkeit zum Kreis der freien und gleichen*

Rechtssubjekte und rückt damit in die Stellung des eigentlichen politischen Gründungsaktes rechtlich geordneten Zusammenlebens ein. Mit der Abtreibung und künftig noch massenweise mit der Zulassung von Embryonenforschung und pränataler Diagnostik entscheiden moderne Gesellschaften auf breiter Front über die Nichtzulassung von möglichen »Diskussionsteilnehmern«. Wollte man mit dem diskursethischen Prinzip ernst machen, dann ergäbe sich der Selbstwiderspruch, dass man alle diese Wesen, die ja wenigstens für eine kurze Zeitspanne schon real existieren, darüber mitbestimmen lassen müsste, ob die sie vernichtenden Handlungen zu rechtfertigen sind oder nicht. Soll hingegen die Abwägung des Interesses, das existierende menschliche Wesen an ihrem Leben haben, gegen das Interesse anderer an ihrer Tötung erlaubt sein, dann muss sie, wenn das Diskursprinzip die einzige Grundlage der ethischen Gesetzgebung sein soll, selbst immer schon im öffentlichen Diskurs entschieden werden. Das aber bedeutet nichts anderes, als dass die bereits in diesen Diskurs eingetretenen Teilnehmer zu Richtern über seine künftige Zusammensetzung erhoben werden. Die Grundidee des neuzeitlichen Staatsmodells, wonach es gerade ein vorstaatliches, dem Menschen allein aufgrund seines Menschseins zukommendes Recht sein sollte, das sein Verhältnis zu allen anderen Rechtssubjekten bestimmt, wird dadurch in der Wurzel negiert.

(2) Die gerade nicht verallgemeinerungsfähigen, *die partikulären Interessen der Gestalter des öffentlichen Medienbetriebes* werden zu *Bestimmungsfaktoren des politischen Systems.* Das für den ursprünglichen Anspruch einer »Vierten Gewalt« im Rechtsstaat prägende Ethos der Information bestand darin, die Vielfalt an Wahrheitsalternativen zu Gehör zu bringen. Im Zeichen der informationellen Angebotsexplosion hingegen orientiert sich der informierende Kanal primär an dem Ziel, *sich gegen eine* Vielfalt an Informationsalternativen zu Gehör zu bringen.

Das Ergebnis ist die »Mediatisierung« der öffentlich zugänglichen Information, das heißt *die Unterwerfung der Inhalte öffentlicher Urteilsbildung unter das Grundgebot ihrer mediengerechten Aufbereitung und Darstellung,* wobei insbesondere das Fernsehen die Rolle des neuen Metamediums übernommen hat. Was immer man zu sagen hat, man muss lernen, es unter der Bedingung der Zeitnot und der genormten Übermittlungskanäle zu sagen, weil man sonst nicht mehr gehört wird. Ob eine Meinung es wert ist, öffentlich verbreitet zu werden, kann nicht mehr direkt, auf Grund ihres Inhalts allein entschieden werden, sondern nur im Licht der Frage nach ihrer Vermittelbarkeit. Damit aber wird die Kunst des Umgangs mit der so mediatisierten Öffentlichkeit zum Legitimationsfaktor von Repräsentations- und Führungsansprüchen im politischen System des Staates selbst. Der Schritt von der Kontrollfunktion der öffentlichen Medien über die politische Herrschaft zur politischen Herrschaftsfunktion der Kontrolle über die öffentlichen Medien aber wäre auch ein Schritt zurück vom modernen Prinzip der Herrschaftslegitimation durch Kontrolle zum Prinzip der Suche nicht mehr nach dem guten Herrscher, sondern nach dem guten Darsteller von Herrschaft.

(3) Die für diktatorische Verhältnisse charakteristische *Spaltung der Öffentlichkeit* wird zum möglichen *Legitimationsfaktor von Unrechtsherrschaft.* Die Rationalität menschlicher Verständigung lebt immer auch von Randbedingungen, hinsichtlich derer man sich *stillschweigend* darüber verständigt, sie aus dem öffentlichen Diskurs herauszuhalten. So können sich, wenn die Machtverhältnisse dies erzwingen, demokratisch gewählte Politiker über Jahrzehnte hinweg mit Diktatoren über konkrete Probleme des *modus vivendi* verständigen und das Schweigen über die Unrechtsbasis der diktatorischen Herrschaft als Randbedingung gelingenden Diskurses hinnehmen. Zwar bietet die kritische Öffentlichkeit innerhalb der demokra-

tisch konstituierten Systeme den Freiraum, diese Art von Diskurs auf einer zweiten Ebene wiederum zum Gegenstand eines anderen, »herrschaftsfreien« Diskurses zu machen. Aber immerhin bestehen damit bereits zwei nicht aufeinander zurückführbare Systeme von Verständigung, und die Erfahrung zeigt, dass, je stabiler die diese Spaltung erzwingenden Machtverhältnisse sind, die Spaltung sich desto weniger auf die Gelingensbedingungen beider, also auch des gerade nicht herrschaftsfreien auswirkt. Die Existenz solcher nebeneinander stehender, einander sachlich widersprechender und zugleich doch politisch bedingender Diskurse ist eigentlich charakteristisch für die innere Situation diktatorischer Systeme, in denen bis in die höchsten Herrschaftskreise hinein mit gespaltener Zunge gesprochen wird. Zum Legitimationskriterium diktatorischer Verhältnisse wird sie nur dann nicht, wenn die faktische Bewährung innerhalb des Systems der Verständigung einer kritischen Öffentlichkeit nicht zum Maß der Verallgemeinerungsfähigkeit der in diesem System hingenommenen Interessen gemacht wird. Sonst würde die »Interessengemeinschaft« zwischen Unterdrückern und Unterdrückten, so sehr sie den Bedingungen herrschaftsfreien Diskurses widerspricht, doch zu einer sein Gelingen konstituierenden und insofern durch ihn bewährten Randbedingung befördert werden können.

Öffentlichkeit ist eine soziale Konstruktion, und wenn die Weiterentwicklung der Strukturen der bürgerlichen Gesellschaft im Sinne eines Fortschritts in unserem Bewusstsein zum Kriterium der indirekten Legitimierung unserer Gesetze werden soll, dann muss auch die Wächterschaft über die Konstruktion Öffentlichkeit zum Feld möglichen ethischen Fortschritts gehören. Insbesondere wird man die Institutionen der *Erziehung* und *Bildung* nicht aus den Bedingungen kritischer Öffentlichkeit allein verstehen und begründen können. In der Familie und in der Schule muss der Mensch auch das lernen, was ihn gegen jede mögliche Perversion öffentlicher Urteilsbildung immun und resistent macht. Nach Eintritt der Katastrophen, die auf Prozesse solcher Perversion zu folgen pflegen, hat sich der wirkliche Fortschritt im Bewusstsein noch immer als einer herausgestellt, der für eine kritische Zeitspanne von den Dissidenten, nicht den Exponenten der Öffentlichkeit repräsentiert wurde.

d) *Die demokratische Substanz des Rechts*

Mit dem Problem der Öffentlichkeit bewegen wir uns im Bereich der spezifisch politischen Fragestellung, mit der jeder Ansatz der Vermittlung von Politik und Ethik konfrontiert wird, der ein ideales Moment zum Prinzip politischer Legitimität macht: *Wo, in wessen Kompetenz, ist im Staat dieses Moment real repräsentiert?* Eigentlich bildet das Prinzip der »kritischen Öffentlichkeit« den Inhalt eines unter mehreren Schritten, die HABERMAS im Ringen mit eben dieser Fragestellung getan hat. In einer früheren Phase seines Denkens, deren Substanz, nämlich die Theorie der »Erkenntnisinteressen«, in der Frankfurter Antrittsvorlesung »Erkenntnis und Interesse« von 1965 konzentriert ist, waren es noch die Sozialwissenschaften, denen er den Anspruch zuschrieb, unterscheiden zu können, wann es sich bei den von ihnen beschriebenen sozialen Strukturen um »invariante Gesetzmäßigkeiten des sozialen Handelns« und wann um »ideologisch festgefrorene, im Prinzip aber veränderliche Abhängigkeitsverhältnisse« handle.[7] Dem Sozialwissenschaftler kommt hier eine ganz eigentümliche Stellung zu, die seine Theorie mit der legitimatorischen Funktion individueller Bewusstseinsveränderung verkoppelt: Er kann zwar keine sozialen Gesetze

---

7 Habermas, *Technik und Wissenschaft als »Ideologie«*, Frankfurt a. M. 1969, 158.

aufheben, aber seine Forschung bestimmt wesentlich, worauf unser kritischer Blick sich richtet und was vor den Richterstuhl der Reflexion auf mögliche Entfremdungsbehaftetheit gezogen wird. Nicht die Entscheidung, wohl aber *die Problematisierung sozialer Regelungen* ist in die Aufgabe und den Anspruch einer konkreten Instanz gegeben, deren (Forschungs-)Interesse den gesellschaftlichen Bewusstseinsfortschritt initiiert und damit letztlich auch bestimmt.

Die entscheidende Vermittlungsleistung zwischen dieser Aufgabe des Wissenschaftlers und der Legitimation des Zusammenlebens aber muss im Bewusstsein des einzelnen Bürgers stattfinden, nämlich die Emanzipation von eben jenen überkommenen Handlungszwängen, die der bewussten Reflexion nicht standhalten. Das »emanzipatorische Erkenntnisinteresse« der Sozialwissenschaften muss in das Handlungsinteresse der Bürger überführt werden, die den möglichen gesellschaftlichen Fortschritt in den realen Institutionen zur Geltung bringen. Das bedeutet aber, dass innerhalb dieser Institutionen der Ort bestimmt werden muss, an dem die Entscheidung für oder gegen reflektierte Zwänge zu fallen hat. Überlässt man die Bestimmung dieses Ortes selbst der positiven Gesetzgebung allein, dann ist nicht zu sehen, worin die neue Legitimationsleistung des Emanzipationsmodells liegen sollte, denn Ideologiekritik und Institutionenanalyse hat es schon lange vor ihr gegeben. Würde sie jedoch die unmittelbare Umsetzung sozialwissenschaftlicher Erkenntnis im Gesetzgebungsprozess fordern, so höbe sie eben den entscheidenden individuellen Emanzipationsfaktor wieder auf. Welches also sind die nicht der positiven Gesetzgebung allein verdankten und dennoch in ihnen sich konstituierenden Instanzen emanzipatorischen Fortschritts?

In *Faktizität und Geltung* von 1992, wo Habermas an sich nur die Anwendung der Diskursethik auf die

Grundfragen der Rechstheorie und -philosophie zu leisten beansprucht, zeigt sich gegenüber dieser frühen so-
zialwissenschaftlich und der eigentlichen diskursethisch
orientierten Phase seines Denkens noch einmal eine be-
merkenswerte Verschiebung, und zwar in eine Richtung,
in der die Problematik der Repräsentation idealer Legitimationsbedingungen im realen Staat entschärft, aber
auch der Gedanke einer Kompensation des legitimatorischen Vakuums im modernen Rechtsstaat weit zurückge-
drängt wird.

Der diskursethische Anspruch, die politische Gesetzgebung der Forderung beständiger Legitimierung zu unterwerfen, wird zunächst von der spezifisch *moralischen*
Sphäre abgegrenzt. An die Stelle der kantischen praktischen Vernunft muss nach Habermas die kommunikative
Vernunft treten, die ihr inhaltliches Prinzip nicht aus moralischen Überzeugungen und auch nicht aus bestehenden sittlichen Verhältnissen im Sinne Hegels nimmt; zwar
bleibt dem positiven Recht »über die Legitimitätskompo-
nente der Rechtsgeltung, ein Bezug zur Moral einge-
schrieben. Aber dieser Moralbezug darf uns nicht dazu
verleiten, die Moral dem Recht im Sinne einer Normen-
hierarchie überzuordnen [...]. Die autonome Moral und
das auf Begründung angewiesene positive Recht stehen
vielmehr in einem *Ergänzungsverhältnis.*« (FG 137) Daher muss das Recht seine Legitimität aus einer gegenüber
der individuellen gänzlich eigenständigen, sie ergänzen-
den Sphäre gewinnen, die gleichwohl das Individuum zur
letzten Geltungsquelle hat und macht. Diese findet Habermas weiterhin in dem Medium, in dem die Verständigung der Mitglieder der bürgerlichen Gesellschaft, also
die Verständigung freier und gleicher Personen notwendig vollzogen wird. Dieses Medium ist der rationale Diskurs. Er ist der unter modernen Bedingungen einzig ak-
zeptable Ort humaner Selbsttranszendenz.

»Ein Kranz unvermeidlicher Idealisierungen bildet die kontrafaktische Grundlage einer faktischen Verständigungspraxis, die sich kritisch gegen ihre eigenen Resultate richten, sich selbst *transzendieren* kann [...]. Die kommunikative Alltagspraxis überfordert sich mit ihren idealisierenden Voraussetzungen; aber nur im Lichte dieser innerweltlichen Transzendenz können sich Lernprozesse vollziehen.« (FG 18 f.)

Indirektheit und Selbsttranszendenz ereignen sich im rationalen Diskurs und vor allem in dessen Kern, dem Argument.

Die Frage, wo in der politischen Realität der Anspruch und die Definitionsgewalt über die legitimatorische Ergänzung der institutionellen Gestalt des Rechtsstaats zu finden ist, wird nun jedoch eindeutig mit der Rückbindung von Legitimität in den wesentlich formal bestimmten Prozess der Gesetzgebung beantwortet. Der theoretische Grundfehler des kommunistischen Staatssozialismus bestand nach Habermas darin, dass er »das sozialistische Projekt mit dem Entwurf – und der gewaltsamen Durchsetzung – einer konkreten Lebensform verwechselt« (FG 12) hat. Mit dem Scheitern dieser Konzeption ist aber der Ausgangspunkt des Sozialismus als legitimationstheoretischer Einsicht der politischen Philosophie nicht beseitigt, sondern er gilt fort. Sozialismus in diesem fundamentalen Sinn ist der »Inbegriff notwendiger Bedingungen für emanzipierte Lebensformen [...], über die sich die Beteiligten *selbst* erst verständigen müssen« (ebd.). Diese Bedingungen stellen die »eigentlich gefährdete Ressource« des modernen Rechtsstaates dar, nämlich »eine in rechtlichen Strukturen aufbewahrte und organisationsbedürftige gesellschaftliche Solidarität« (ebd.). Sie bildet eine indirekte Legitimationsbedingung des durch kein transzendentes Prinzip mehr zusammengefügten Verbandes der Bürger.

Der liberale Staat kann nicht auf eine liberale Ethik gestützt oder aus ihr abgeleitet werden; gegen DWORKIN
wendet Habermas ein, dass eine solche Ethik immer entweder auf gemeinsamen Überzeugungen beruht, die historisch kontingent und nicht mehr begründbar sind, oder
aber sich auf formale Freiheits- und Gleichheitsforderun-
gen beschränken muss, die wieder in ethische Naturalisierung münden und darum das legitimatorische Vakuum
nicht füllen, sondern verschleiern (86 ff.). Nicht aus ihn
fundierenden Prinzipien, sondern nur aus der Einsicht in
ein sein Funktionieren tragendes Komplement kann der
liberale Staat eine Orientierung gewinnen, die zwar nicht
seine Existenz, wohl aber seine Entwicklung rechtfertigt.
So tritt die Entfaltung und Erhaltung gesellschaftlicher
Solidarität bei Habermas strukturell an die Stelle der »natürlichen Gesetze« bei HOBBES. Die Gesetze des liberalen
Rechtsstaates gelten *formal* allein aufgrund ihrer freiheits-
gewährleistenden Positivität; es gibt also kein legitimatorisches Prinzip des Gesetzgebungsverfahrens als solchen,
sondern im modernen Staat ist Legitimation selbst wesentlich durch Verfahren definiert.

Aber es gibt *gesellschaftliche Solidarität als regulati-*
ves Prinzip inhaltlich richtiger Gesetzgebung. Habermas
spricht mit Blick auf die Bürgerrechte von dem Paradox
der »Entstehung von Legitimität aus Legalität«:

»Paradox deshalb, weil diese Staatsbürgerrechte als subjektive Rechte einerseits dieselbe Struktur haben wie
alle Rechte, die dem Einzelnen Sphären der Willkürfrei-
heit einräumen [...]. Auf der anderen Seite muss das demokratische Gesetzgebungsverfahren seine Teilnehmer
mit den normativen Erwartungen der Gemeinwohlori-
entierung konfrontieren, weil es selber seine legitimierende Kraft allein aus dem Prozess einer *Verständigung*
der Staatsbürger über Regeln ihres Zusammenlebens
ziehen kann. Das Recht kann auch in modernen Gesell-

schaften die Funktion der Erwartungsstabilisierung nur erfüllen, wenn es einen internen Zusammenhang mit der sozialintegrativen Kraft kommunikativen Handelns bewahrt.« (FG 110 f.)

Nicht ein inhaltliches Ziel, sondern nur die immanenten Voraussetzungen dieses Verständigungsprozesses können vom liberalen Staat als Orientierungslinien akzeptiert werden; diese aber können nicht nur, sondern müssen die Logik seines Handelns bestimmen, wenn er seinem legitimatorischen Vakuum nicht zum Opfer fallen will. Politische Philosophie hat den Sinn, aus der Ahnung eine Einsicht zu machen,

> »dass im Zeichen einer vollständig säkularisierten Politik der Rechtsstaat ohne radikale Demokratie nicht zu haben [...] ist [...]. Letztlich können die privaten Rechtssubjekte nicht in den Genuß gleicher subjektiver Freiheiten gelangen, wenn sie sich nicht *selbst*, in gemeinsamer Ausübung ihrer politischen Autonomie, über berechtigte Interessen und Maßstäbe klar werden.« (13)

Es ist also *eine inhaltliche Erhaltungsbedingung des formalen Rechtsstaates*, nicht des Staates überhaupt, dass seine Bürger zwischen faktischen und legitimen Interessen zu unterscheiden fähig und bereit sind.

Mit dieser Einsicht ist die Grenze gezogen, jenseits deren Habermas' Legitimitätsbegriff nunmehr in theoretisch nicht weiter einholbarer Weise auf geschichtlich-politische Entscheidungen verweist. Noch deutlicher als in Habermas' vorherigen Positionen wird hier, dass an die Stelle der ursprünglich im hobbesschen Modell immer noch mit aller philosophischen Energie aufgeworfenen Frage nach den *Bedingungen der Begründung der Existenz* des modernen Staates bei Habermas die Frage nach den *Bedingungen seiner Erhaltung* getreten und die Entscheidung für Demokratie letztendlich eine Funktion der nicht weiter ableitbaren Entscheidung für diese Art von Staat ist. Die Tür zu jedem legitimen Fortschritt des gesellschaftlichen Bewusstseins dreht sich in den Angeln der unabänderlichen Rechtsgewährleistungen des modernen demokratischen Verfassungsstaates.

Die ökonomische Kompensation:
Geschichte als globale Modernisierung

a) *Rawls: Die Moralisierung des Vertragsgedankens*

Der Vertragsgedanke sollte ursprünglich den Streit um Gerechtigkeit aus der philosophischen Grundlegung des Staates heraushalten. Weil, so Hobbes, »der Ursprung der Gerechtigkeit im Abschluß von Verträgen liegt«, kann es »solange keine Ungerechtigkeit geben [...], solange die Menschen im natürlichen Kriegszustand leben«. Und »deshalb ist nichts ungerecht, wo es keinen Staat gibt.« (L 15,110) Dass die Prinzipien des bürgerlichen Rechtsstaates nicht aus einer ihm vorgegebenen gerechten Ordnung ableitbar sind, ist die Grundauffassung, hinter die man nicht zurückgehen kann, wenn man auf dem Boden der modernen Staatsbegründung bleiben will. Zu den Kompensationsprodukten dieser Auffassung gehört aber auch die Politisierung der Ethik, zu deren Exponenten neben Habermas vor allem Rawls zählt. Die Ethik wird politisch, indem nicht mehr der Staat abstrakten Gerechtigkeitsprinzipien unterworfen, sondern umgekehrt *der Gerechtigkeitsbegriff mit Kategorien des bürgerlichen Rechtsstaats konkretisiert wird*. Gerecht sein heißt nach Rawls, sich gegenüber seinen Mitmenschen als freier und gleichberechtigter Vertragspartner anzusehen und demgemäß zu handeln. *Gerechtigkeit ist Fairness* im Sinne der kooperativen Gestaltung eines Zusammenlebens Freier und Gleicher.

»Wir wollen uns also vorstellen, dass diejenigen, die sich zu gesellschaftlicher Zusammenarbeit vereinigen wollen, in einem gemeinsamen Akt die Grundsätze wählen, nach denen Grundrechte und -pflichten und die Verteilung der gesellschaftlichen Güter bestimmt werden. Die Menschen sollen im voraus entscheiden, wie sie ihre Ansprüche gegeneinander regeln wollen und wie die Gründungsurkunde ihrer Gesellschaft aussehen soll [...]. Die Entscheidung, die vernünftige Menschen in dieser theoretischen Situation der Freiheit und Gleichheit treffen würden, bestimmt die Grundsätze der Gerechtigkeit.« (*Eine Theorie der Gerechtigkeit* 28)

Gerecht sein heißt also, sich an Regeln zu halten, die vernünftige, vom Selbstinteresse geleitete Individuen vereinbaren würden, wenn sie beschlossen hätten, einen jedem von ihnen zumutbaren Staat zu gründen. Wie bei Habermas bildet auch bei Rawls die *Universalisierungsforderung* das genuin ethische Moment in Verbindung mit dem spezifisch politischen Bezugspunkt dieser Forderung, nämlich den individuellen Interessen der Menschen, die ihrer Natur nach als rationale Egoisten betrachtet werden müssen. Verankert aber wird die Verallgemeinerungsforderung, anders als bei Habermas, nicht in der selbsttranszendierenden Anspruchsstruktur des Mediums zwischenmenschlicher Verständigung, sondern in unserem Sinn für Fairness, konkret in unserer Fähigkeit, uns hypothetisch in die Situation eines vorstaatlichen, aber ordnungsbedürftigen Naturzustandes zu versetzen. Dies in die Form eines uns plausiblen Gedankenexperiments zu bringen, das ist der Sinn der Rawlsschen Gerechtigkeitstheorie.

Mit seiner *Theorie der Gerechtigkeit* von 1971 löste Rawls zumindest im angelsächsischen Sprachbereich die größte Revolution des politischen Denkens im 20. Jahrhundert aus. Ein Hauptgrund dafür ist, dass dieses Buch dem herrschenden Paradigma des Diskurses der praktischen Philosophie in der angelsächsischen Welt, dem Utilitarismus, eine Absage erteilt. Es war immer eines der Hauptargumente gegen den Utilitarismus, dass er nicht fähig sei, die elementaren Forderungen und Intuitionen des menschlichen Sinns für Gerechtigkeit zu rekonstruieren. Wenn man, wie es die Grundidee des Utilitarismus ist, die sittliche Qualität einer Handlung daran prüft, ob sie das größtmögliche Glück der größtmöglichen Menge der von ihren Folgen betroffenen Menschen herbeiführt oder nicht, dann ist es für die ethische Bewertung unerheblich, ob die sich ergebende Glückssteigerung oder Leidminderung an der Frage gemessen wird, ob sie den von ihr Betroffenen *zusteht* oder nicht. Wenn massenhaftes Schwarzfahren, das den Anständigen nicht auffällt, die Glücksbilanz der gesamten Menge der Menschen, die öffentliche Verkehrsmittel benützen, steigert, dann gibt es keinen ethischen Maßstab mehr, an dem das Handeln der Schwarzfahrer negativ gemessen werden könnte. Die Frage, ob die Anständigen dieser Verteilung der Lasten, wenn sie gefragt worden wären, zugestimmt hätten, ist für diese Betrachtungsweise irrelevant.

Um sie aber geht es Rawls. Hier greift der liberale Freiheitsgedanke zentral in den Aufbau seines Systems ein: Der Mensch *soll* nur insoweit an der Steigerung seines Glücks interessiert sein, insoweit damit nicht die berechtigten Interessen der anderen Menschen vernachlässigt oder übergangen werden. Und der Staat darf sich, wenn er seine Bürger versklavt oder autoritär überwacht, nicht auf die Steigerung des ökonomischen Nutzens berufen dürfen, die damit womöglich verbunden ist. Das berechtigte Interesse kooperationswilliger Bürger muss den Legitimationsgrund der Strukturen ihres politischen Zusammenlebens bilden. Zur Explikation dieses Prinzips greift Rawls nun auf den Vertragsgedanken zurück und wendet ihn, in Parallele zu Habermas' Anleihe beim Argument, in einen Bestimmungsfaktor der *subjektiven Einstellung* der einander im interdependenten Handeln begegnenden Gesellschaftsgenossen um. Er versucht also ein Maß zu rekonstruieren, an dem der Einzelne seine Interessen ausrichten muss, wenn er die Bedeutung, die sie für

die Interessen seiner Mitmenschen haben, zur Richt-
schnur seiner Stellungnahme zu seinem eigenen Handeln
machen will.

Es ist nicht nur für den von uns verfolgten Zusammenhang, sondern auch für das Verständnis der rawlsschen
Philosophie als solcher von großer Bedeutung, den Status
seiner Gerechtigkeitstheorie genau zu bestimmen. Rawls
legt keine Lebens-, aber auch keine Handlungsethik vor;
sein Thema ist nicht der gerechte Mensch und nicht das
gerechte Handeln. Sondern es geht um »die Grundstruk-
tur der Gesellschaft, genauer: die Art, wie die wichtigsten
gesellschaftlichen Institutionen Grundrechte und -pflich-
ten und die Früchte der gesellschaftlichen Zusammenarbeit verteilen« (23). So scheint es, als hätten wir eine Neu-
auflage der kontraktualistischen Legitimationstheorie des
Staates vor uns, insbesondere wenn Rawls seinen Begriff
einer »wohlgeordneten Gesellschaft«, die von den gemeinsamen Gerechtigkeitsüberzeugungen ihrer Bürger getragen wird, unter dem Aspekt bestimmt, der schon bei
Hobbes den Knotenpunkt zwischen positiven und »natürlichen« Gesetzen bildete, nämlich dem Aspekt der Stabilität und Friedensfunktion des Staates. »Der Eigennutz
zwingt zwar die Menschen, voreinander auf der Hut zu
sein, doch ihr gemeinsamer Gerechtigkeitssinn ermöglicht
es ihnen, sich in sicherer Form zusammenzutun. Zwischen
Menschen mit verschiedenen Zielen schafft eine gemeinsame Gerechtigkeitsvorstellung den Bürgerfrieden« (21).
Aber wenn es Rawls wirklich darum ginge, das Projekt
der großen neuzeitlichen Staatslegitimationsentwürfe neu
zu formulieren, dann würde dies bedeuten, dass aus dem
gemeinsamen Gerechtigkeitssinn der Menschen ihr Schritt
aus dem Naturzustand in den Staat selbst abzuleiten wäre;
das aber ist nicht das Thema.

Rawls konstruiert einen »Urzustand«, in den wir uns
gedanklich versetzen müssen, um die Grundsätze der Gerechtigkeit zu erkennen. Doch dieses hypothetische Kon-

strukt ist für ihn gerade nicht die Erinnerung an ein vorstaatliches Verhältnis, das wir durch den Staatsvertrag hinter uns gelassen und *überwunden* hätten, sondern im Gegenteil: Es rekonstruiert die Beziehung zu unseren Mitbürgern und zu uns selbst, die uns an das erinnert, was
wir durch jenen Vertrag *erreicht* haben. Der gedankliche
Vertrag, den wir im rawlsschen »Urzustand« schließen
müssen, wenn wir vernünftig sein wollen, ist nicht der
Vertrag, der unserem Staat zugrunde liegt; sondern er ist
umgekehrt die metaphorische Einkleidung *des Entschlus-
ses, das politische Faktum dieses Staates zum ethischen
Prinzip unserer Handlungsorientierung zu machen.* Wenn
ich wissen will, was ich einem Schwächeren, Ärmeren,
Dümmeren zuzugestehen habe, so muss ich mir die Frage
stellen: Warum soll jener mit mir zusammen in diesem
Staat verbleiben, in dem wir beide leben? Es muss etwas in
seinen Lebensvorstellungen und -zielen geben, das es für
uns beide, ungeachtet unserer sonstigen Unterschiede, vernünftig macht, die Ordnung dieses Staates mitzutragen.
Der Begriff der Gerechtigkeit ist in Form der Prinzipien
zu explizieren, die sich ergeben, wenn man diese uns allen
gemeinsame vernünftige Basis rekonstruiert. Meine Entscheidung, diesen Prinzipien zu folgen, also *meine Entscheidung, fair zu sein*, ist aus ihnen selbst nicht mehr ableitbar; sie ist ein separater Entschluss, der den politischen
Akt des Eintritts in eine bestimmte politische Ordnung
moralisch transformiert, nicht jedoch ethisch noch einmal
begründet.

Es handelt sich somit auch beim rawlsschen Projekt um
eine *politische Ethik* in jenem ganz spezifischen Sinn, der
sich zuletzt der Rationalitätslücke verdankt, die Hobbes
mit dem legitimatorischen Vakuum des modernen Staates
politisch eröffnet und deren Schließung er der Ethik über-
antwortet hat. In dieser Eigenart wurzelt allerdings auch
der indirekte, kompensatorische Sinn, durch den die moralische Transformation des Gerechtigkeitsgedankens am

Ende doch wieder politische Bedeutung erlangt. Man muss aber die Moralisierung des Vertragskonzepts zuerst klar herausstellen und festhalten, um die Eigenart des Gedankenexperiments nicht misszuverstehen, das im Zentrum von Rawls' Modell steht.

Wie also sollen wir uns die Situation vorstellen, in der wir faire Regeln des Zusammenlebens beschließen würden? Die Grundmetapher des Experiments ist *the veil of ignorance*, »der Schleier des Nichtwissens«: Hinter ihm soll uns im »Urzustand«, also in der angenommenen hypothetischen Situation der Verfassungswahl, das Wissen um die tatsächliche Position verborgen bleiben, die wir selbst in der von uns mitbeschlossenen Gesellschaft am Ende erreichen würden.

> »Zu den wesentlichen Eigenschaften dieser Situation gehört, dass niemand seine Stellung in der Gesellschaft kennt, seine Klasse oder seinen Status, ebensowenig sein Los bei der Verteilung natürlicher Gaben wie Intelligenz oder Körperkraft. Ich nehme sogar an, dass die Beteiligten ihre Vorstellung vom Guten und ihre besonderen psychologischen Neigungen nicht kennen. Die Grundsätze der Gerechtigkeit werden hinter einem Schleier des Nichtwissens festgelegt. Das gewährleistet, dass dabei niemand durch die Zufälligkeiten der Natur oder der gesellschaftlichen Umstände bevorzugt oder benachteiligt wird. Da sich alle in der gleichen Lage befinden und niemand Grundsätze ausdenken kann, die ihn auf Grund seiner besonderen Verhältnisse bevorzugen, sind die Grundsätze der Gerechtigkeit das Ergebnis einer fairen Übereinkunft.« (29)

Gerecht ist nach Rawls eine Ordnung, die auf Prinzipien beruhen würde, die ein Mensch wählen würde, wenn er in einer derartigen fiktiven Situation über die Errichtung jener Gesellschaft zu entscheiden hätte, in der er dann mit den anderen von seinem Handeln betroffenen Menschen zusammenleben müsste.

Welches sind nun die inhaltlichen Antworten, die sich aus dem Experiment ergeben? Welche Grundsätze würden wir hinter dem »Schleier des Nichtwissens« wählen? Es sind nach Rawls zwei Grundsätze, die alle weiteren normativen Setzungen formen würden; der erste betrifft die »Grundfreiheiten« (84), der zweite regelt die Verteilung von »sozialen und wirtschaftlichen Vorteilen« (ebd.), und beide stehen »in lexikalischer Ordnung«, das heißt, »daß der erste dem zweiten vorausgeht« (82). Der erste lautet: »Jedermann soll gleiches Recht auf das umfangreichste System gleicher Grundfreiheiten haben, das mit dem gleichen System für alle anderen verträglich ist« (81). Der zweite Grundsatz ist: »Soziale und wirtschaftliche Ungleichheiten sind so zu gestalten, dass (a) vernünftigerweise zu erwarten ist, dass sie zu jedermanns Vorteil dienen, und (b) sie mit Positionen und Ämtern verbunden sind, die jedem offen stehen« (ebd.). Die »lexikalische Ordnung« bedeutet konkret, »daß Verletzungen der vom ersten Grundsatz geschützten gleichen Grundfreiheiten nicht durch größere gesellschaftliche oder wirtschaftliche Vorteile gerechtfertigt oder ausgeglichen werden können« (82). Drei Säulen sind es demnach offenbar, auf denen die Übereinstimmung ruht, zu der wir gelangen würden, wenn wir in dem geschilderten Urzustand über die Gründung unserer Gesellschaft zu entscheiden hätten: Freiheit, Gleichheit und das Streben nach sozialen und ökonomischen Vorteilen. Und unter diesen Säulen ist die eine offenbar noch einmal die tragende oder jedenfalls diejenige, mit deren Fall auch die anderen wegbrächen: Es gibt einen »Vorrang der Freiheit« (177). Das heißt, die Gesellschaftsgründung wird nur zustande kommen, wenn die an ihr Beteiligten davon ausgehen können, »daß ihr Interesse höchster Ordnung als freier Menschen gesichert ist« (176). Die Prinzipien der Gerechtigkeit verhalten sich also dergestalt zueinander, dass an der Freiheit – und, wenngleich nachgeordnet, auch an der Gleichheit – jedes Streben nach gesellschaftlichen oder ökonomischen Vorteilen seine Grenze findet.

Die gewaltige Wirkung, die Rawls' *Theorie der Gerechtigkeit* gehabt hat, ist das unwiderlegbare Zeugnis für die Plausibilität, mit der das Gedankenexperiment des »Schleiers des Nichtwissens« seinen Gegenstand zu rekonstruieren vermag. Was aber ist dieser Gegenstand? Was in oder an uns wird durch den Komplex, der unter dem Titel »Fairness« in Form der beiden Grundsätze und des zwischen ihnen bestehenden Zusammenhangs herausgearbeitet worden ist, so grandios getroffen? Die Leistung, die Rawls am Ende der *Theorie der Gerechtigkeit* ohne falsche Bescheidenheit für sich in Anspruch nimmt, würde diese Frage durchaus beantworten: Es sei die »moralische Natur« (629) des Menschen, die vom Gedanken der Gerechtigkeit als Fairness letztendlich auf den Begriff gebracht werde. Diese Natur bestehe darin, dass wir als Menschen hinsichtlich unseres gesellschaftlichen Zusammenlebens vernünftig und autonom handeln können, und was Vernünftigkeit und Autonomie bedeuten, das genau hätte uns demnach die Perspektive gelehrt, die wir vermöge des Gedankenexperiments des *veil of ignorance* einzunehmen verstanden.

»Unsere Stellung in der Gesellschaft unter diesem Blickwinkel sehen heißt also sie sub specie aeternitatis sehen: Es bedeutet, daß die Situation des Menschen nicht nur unter allen gesellschaftlichen Gesichtspunkten, sondern von allen Zeiten her gesehen wird. Der Blickwinkel der Ewigkeit ist nicht der eines bestimmten Ortes außerhalb der Welt, auch nicht der eines transzendenten Wesens; vielmehr ist er eine bestimmte Form des Denkens und Empfindens, die sich vernunftgeleitete Menschen in der Welt zu eigen machen können.«   (637 f.)

Aber dieser hohe Anspruch ist fragwürdig. Bis in die Formulierung hinein ist in diesen Thesen eine Widersprüch-
lichkeit enthalten, die sich, wenn überhaupt, nur unter einer ganz bestimmten, und zwar problematischen Voraussetzung auflöst. Diese Voraussetzung ist es, die von Rawls
entschieden verdeckt wird, wenn er sich auf menschliche
»Natur« beruft; denn es handelt sich bei ihr um eine unaufhebbar *geschichtliche* Voraussetzung.

Rawls selbst thematisiert sie unreflektiert schon durch
die psychologischen Kategorien, mit denen er den
»Blickwinkel der Ewigkeit« charakterisiert: Wenn dieser
»eine bestimmte Form des Denkens und Empfindens«
darstellt, wenn es sich dabei also letztlich um eine *moralische Überzeugung* handelt, dann stellt sich ja die
Frage, wie diese zu anderen, möglicherweise entgegengesetzten Denkweisen und Empfindungen steht und inwiefern sie durch ihren Träger und seine Situation bedingt ist. Rawls stellt sich dieser Problematik durchaus,
und zwar mit seinem Modell des »Überlegungs-Gleich-
gewichts« (*reflective equilibrium*). Moralische Überzeugungen lassen sich philosophisch nur dadurch begründen, dass wir sie aus unseren nach reiflicher Überlegung
gefällten und wohlbedachten *Alltagsurteilen* als deren
Prinzipien explizieren, die den diesen alltäglichen Urteilen zugrunde liegenden Intuitionen insgesamt *Kohärenz*
verleihen; und die Begründung selbst besteht in einem
Wechselspiel, in dem wir die gewonnenen theoretischen
Prinzipien an unseren überkommenen Intuitionen messen und umgekehrt diese aufgrund der Einsicht in die
Bedingungen ihrer Kohärenz korrigieren und systema-
tisieren.

In dieser Hinsicht besteht wiederum eine nicht zu un-
terschätzende Analogie zu Habermas: Wie dessen dis-
kursethischer Grundgedanke die Einrichtung realer gesellschaftlicher Verständigungsprozesse fordert, an denen
sich gelingendes Argumentieren in seiner Orientierungs-

funktion als konkreter sozialer Fortschritt bewährt, so
setzt Rawls' Konzeption von Fairness auf eine aktive, gesellschaftlich vermittelte Anstrengung der Individuen, auf
einen *Lernprozess*, in dem sie ihre unausgesprochenen
Gerechtigkeitsüberzeugungen an den von ihr herausgearbeiteten Prinzipien messen und von diesen her auf ihre
Kohärenz hin überprüfen. Gerade wenn sie als in diesem
Sinne spezifisch »politische« Ethik auftritt, also als ein
Denkkonstrukt, das seine Bestätigung nicht dogmatisch
postuliert, sondern sie aus wirklichen gesellschaftlichen
Prozessen seiner Überprüfung *erwartet*, kann sie sich eigentlich nicht in das Ende dieses Überprüfungsprozesses
hineinpostulieren, es sei denn, sie macht eine in ihr unausgesprochen bleibende geschichtliche Hintergrundannah-
me: dass nämlich *alle Menschen* auf dem Erdball in den
von ihr vorausgesetzten Lernprozess eintreten und dass
sie im Durchgang durch ihn ihre Gerechtigkeitsintuitio-
nen theoretisch geklärt und kohärent begründet wiederfinden *werden*.

　　Die für die Klärung des Anspruchs der rawlsschen
Theorie letztlich interessante Frage ist daher nun die, ob
und worin in ihr noch eine Begründung für diese Hinter-
grundannahme enthalten ist und wie weit diese gegebenenfalls trägt. Ist die intuitive Sicherheit, dass die von
Rawls herausgearbeiteten Implikationen unseres Gerech-
tigkeitsempfindens auch die sind, zu denen jetzt und in
Zukunft alle Menschen letztendlich kommen werden,
mehr als nur eine Implikation eben dieses Empfindens?
Wolfgang Kersting hat in seiner Auseinandersetzung mit
Rawls' Gedanken[1] diese Frage vehement verneint und die
Inanspruchnahme eines übergeschichtlichen »archimedi-
schen Punktes« für unvereinbar mit einem Ansatz der
rawlsschen Art erklärt:

---

1 Wolfgang Kersting, *Die politische Philosophie des Gesellschaftsvertrags*,
Darmstadt 1994, 259 ff.

»die philosophische Interpretation der ethischen Überzeugungen des common sense kann das ihm anhaftende
Kontingente und Zeitbedingte nicht abschütteln. Mit
der Wahl des Kohärenzmodells für philosophische
Rechtfertigungszwecke ist strukturell Verzicht auf
Letztbegründung und zeitlose Gültigkeit geleistet worden. Mehr als eine philosophische Explikation des geschichtlich gewordenen Gerechtigkeitssinns der zeitgenössischen westlichen Industriegesellschaften ist auf
dem von Rawls eingeschlagenen Wege prinzipiell nicht
zu erreichen.«[2]

Aber demgegenüber muss man doch noch einmal auf
den Doppelsinn des Wortes »geschichtlich« verweisen[3]
und erwägen, worin der tiefere Zusammenhang zwischen
Rawls' moralisierender Wendung und dem ursprünglichen
politischen Sinn des Gedankens des Staatsvertrages bestehen könnte. Die *Erwartung*, die Rawls zusammen mit unseren geschichtlich begrenzten, das heißt zeitgebundenen
Überzeugungen in seinem Konzept von Fairness expliziert, ist ja möglicherweise eine selbst noch einmal in diesen Überzeugungen konstitutiv enthaltene und insofern
doch zu Recht mit explizierte Erwartung, und zwar eine
geschichtliche Erwartung in jenem epochenübergreifenden
Sinne, dem wir bei HEGEL in der Denkfigur vom »Ende
der Geschichte« begegnet sind. Lässt sich dies zeigen,
dann ist diese Erwartung zwar wiederum nicht etwa begründet, sondern sie ist eher noch einmal *formuliert*, und
zwar als die universale Orientierung auf geschichtsübergreifende Gültigkeit, die für »unser« Denken und seine
Geschichte charakteristisch ist; dann aber lässt sich der
Kern von Rawls' politischer Ethik zumindest als eine
These darüber verstehen, worin eine *Einlösung* dieser mit

2 Ebd. 287 f.
3 Vgl. oben Kap. 9a.

unseren Intuitionen verknüpften Erwartungen bestehen
müsste und worüber daher in der Auseinandersetzung um
die Gesetze unseres politischen Zusammenlebens eigentlich gestritten wird.

Wir müssen dazu noch einmal auf die beiden tragenden
Grundsätze zurückgehen, die sich nach Rawls aus der Anwendung des Gedankenexperiments vom »Schleier des
Nichtwissens« ergeben. Das Streben nach gesellschaftlichen und ökonomischen Vorteilen wird darin durch den
Vorrang der Freiheit und den Gesichtspunkt der Gleichheit begrenzt. Worin genau besteht nach Rawls die Vernünftigkeit dieser Begrenzungsleistung? Für KANT wäre
die Antwort klar: Freiheit ist dem individuellen Vorteilsstreben übergeordnet, weil im freien Handeln die Vernunft selbst sich an die Stelle des nach Vorteilen streben-
den Sinnenwesens setzt. Aber dieses Handeln »der Vernunft selbst« gibt es bei Rawls nicht. Das Subjekt, dem es
um die Begrenzung individuellen Vorteilsstrebens geht, ist
selbst ein nach Vorteilen strebendes Individuum. Darum
ist die Frage, weshalb es eigentlich am Vorrang der Freiheit interessiert sei, durchaus sinnvoll; denn die Subjekte
des rawlsschen Urzustands sind vorteilsorientierte Individuen, die nur nicht wissen, welche gesellschaftliche Güter-
verteilung ihnen am Ende zu ihrem Vorteil gereichen
wird. Ihr Interesse an der Freiheit ist nicht das Interesse
eines kantischen, zu Überwindung seiner Individualität fähigen Selbst an der Begrenzung *seines eigenen*, sondern es ist das Interesse eines unter Bedingungen der Un-
gewissheit agierenden Individuums an der Begrenzung *des
Vorteilsstrebens der anderen*. Das heißt, der werthierar-
chische Vorrang der Freiheit schließt die begründungs-
theoretische Vorgängigkeit des individuellen Vorteilsstrebens als gedankliche Ausgangsbasis der Rekonstruktion
des Vertragsgedankens nicht aus. Einfacher gesagt: Die
Freiheit ist uns allen wichtig, weil wir uns vor dem Vorteilsstreben der anderen gegenseitig zu schützen trachten.

Die Formel, mit der Rawls den *Zusammenhang* der beiden Grundsätze statuiert, drückt eben dies aus: »Alle sozialen Werte – Freiheit, Chancen, Einkommen, Vermögen und die sozialen Grundlagen der Selbstachtung – sind gleichmäßig zu verteilen, soweit nicht eine ungleiche Verteilung jedermann zum Vorteil gereicht.« (83) Insofern enthält eigentlich doch der zweite Grundsatz den Gesichtspunkt, der ex negativo auch den ersten umgreift, wie die noch kürzere Formel, die unmittelbar folgt, noch klarer macht: »Ungerechtigkeit besteht demnach einfach in Ungleichheiten, die nicht jedermann Nutzen bringen.« (Ebd.) Die Freiheit ist niemals durch das Vorteilsstreben begrenzt, aber umgekehrt begrenzt sie es auch nur, weil sie uns vor dem Vorteilsstreben dort sichert, wo dieses nicht mit Sicherheit zu unseren Gunsten ausschlägt. Freiheit steht uns letztlich zu, *weil sie ein Gut ist, das wir wollen.*

»Wie auch immer die vernünftigen Pläne eines Menschen im einzelnen aussehen mögen, es wird angenommen, dass es verschiedenes gibt, wovon er lieber mehr als weniger haben möchte. Wer mehr davon hat, kann sich allgemein mehr Erfolg bei der Ausführung seiner Absichten versprechen, welcher Art sie auch sein mögen. Die wichtigsten Arten der gesellschaftlichen Grundgüter sind Rechte, Freiheiten und Chancen sowie Einkommen und Vermögen.« (112)

Der bürgerliche Rechtsstaat bekommt damit einen präzisen Bereich zugewiesen, in dem das legitimatorische Vakuum gefüllt werden kann. Er würde einerseits seine Verbindung zu den Gerechtigkeitsvorstellungen seiner Bürger verlieren, wenn er ihre ökonomische Vorteilserwartung ignorierte; er muss also zumindest langfristig seine legitimatorische Abhängigkeit von dieser Erwartung akzeptieren. Er darf dieser ökonomischen Vorteilserwartung aber andererseits nur dort nachgeben, wo sie, auch wenn sie egoistischen Motiven entspringt, doch zum Vorteil der ganzen Gesellschaft ausschlägt; er muss also die Interessen der ökonomisch Benachteiligten so zur Geltung bringen, dass auch sie durch die Bedienung des Interesses der Bessergestellten noch bedient werden. Wo ihm dies unerreichbar ist, muss die ökonomische Vorteilserwartung dem Gleichheitsprinzip untergeordnet werden. Gelingt ihm diese Gratwanderung, so bleibt er mit den Gerechtigkeitsprinzipien im Einklang, die sich aus seiner eigenen legitimatorischen Grundidee ergeben. *Wie* sie gelingt, das wäre demnach die Frage, aus der sich der vernünftig rekonstruierbare Streit um die richtige Gesetzgebung in diesem Staat erklärt.

So betrachtet, liefert Rawls' Moralisierung des Vertragsgedankens zwar nicht eine Begründung der *Gültigkeit*, wohl aber eine Interpretation der *Wirksamkeit* des kontraktualistischen Staatsmodells. Nach dieser Interpretation wird das Bestehen einer Ordnung freier und gleicher Rechtspartner als gerecht empfunden, weil und insofern Menschen einander in ihr und durch sie als Wesen verbunden sind, die bereit sind, in ihr individuelles Vorteilsstreben das entsprechende Vorteilsstreben aller anderen so weit einzubeziehen, dass diese an der Erhaltung der gemeinsamen Ordnung objektiv interessiert bleiben. Die Vernünftigkeit der staatlichen Ordnung wird dann durch dieses Interesse definiert. Denn was bedeutet Vernünftigkeit eigentlich, wenn man ein menschliches Selbstverhältnis voraussetzt, wie es dem rawlsschen Gedankenexperiment zugrunde liegt? Wenn man nichts von sich kennt, aber weiß, dass man mit dem Kern, den man von sich selbst nicht kennt, in dem Streben aller anderen Mitmenschen, die ihren Kern auch nicht kennen, doch zumindest dahingehend verbunden sein wird, dass jeder versucht, die Entfaltung dessen, was er ist, in bestmöglicher Weise zu befördern, dann bleibt als rationale Strategie nur eines übrig: die austauschbaren Güter und Finanzmittel bereitzustellen, die es einem erlauben, in der Situation, in der man sich dann kennt, das Beste aus dem durch sie angehäuften abstrakten Tauschmaterial zu machen. *Die größtmögliche Beteiligung an der Erwirtschaftung abstrakten Tauschgutes* ist dann der Inbegriff des rationalen Verhältnisses zum Zusammenleben mit den anderen Menschen. Wovon wir im Gedankenexperiment von Rawls abstrahieren, ist genau dasjenige Entsprechungsverhältnis, das es uns erlaubt, in der Beziehung zu anderen Menschen noch an etwas anderes als die gemeinsame Steigerung des Verteilbaren und gegenseitig Austauschbaren zu denken. Die Annahme, dass die Plausibilität der so rekonstruierten Gerechtigkeitsvorstellung prinzipiell allen Menschen einleuchten werde, ist gleichbedeutend mit dem Postulat, dass die Entwicklung des Bewusstseins der Menschheit von dem, was ihr Zusammenleben vernünftig begründet, im Schritt zur Ordnung des modernen Staates geschichtlich abschließend antizipiert worden ist, nämlich als die Erwartung, dass die politische Ordnung sich als diejenige zu bewähren hat, die besser als ihre Alternativen das gemeinsame Streben nach Wohlstand für alle bedient.

b) *Die Problematik des Liberalismus*

RAWLS hat mit seinem Buch *Political Liberalism* von 1993 einen Neuansatz vorgelegt, der die Grundidee der *Theorie der Gerechtigkeit* weiterführt, sich aber der Problematik ihrer philosophischen Begründung neu zu stellen versucht. Die schlichte Behauptung, dass die dort vorgestellte Gerechtigkeitskonzeption sich als Kohärenz stiftende Quintessenz »unserer« Alltagsüberzeugungen rechtfertige, wird fallen gelassen und an ihre Stelle eine eigene, ein ganzes neues Projekt politischer Philosophie bestimmende

Grundfrage gesetzt: »Wie kann eine stabile und gerechte Gesellschaft freier und gleicher Bürger, die durch vernünftige und gleichwohl einander ausschließende religiöse, philosophische und moralische Lehren einschneidend voneinander getrennt sind, dauerhaft bestehen?« (*Politischer Liberalismus* 14) Die Frage, wie der gesellschaftliche *Konsens über Gerechtigkeit*, den die frühe Theorie noch dogmatisch postuliert hatte, politisch realisiert werden könne, wird als die konstitutive Frage einer eigenen Art praktischer Philosophie, eben des »Politischen Liberalismus« definiert. Damit ist sozusagen die Frage gefunden, als deren Beantwortung sich die *Theorie der Gerechtigkeit* erst wirklich selbst verstehen kann – und von der her auch die Plausibilität, mit der uns ihr Grundgedanke einleuchtete, erklärbar wird. Der »politische Liberalismus« definiert die Problematik, aus deren Bewältigung die Konzeption der Gerechtigkeit als Fairness sich nunmehr begründet.

> »Die Aufgabe des politischen Liberalismus besteht darin, eine politische Gerechtigkeitskonzeption für eine konstitutionelle Demokratie auszuarbeiten, die von einer Vielzahl vernünftiger religiöser und nicht-religiöser, liberaler und nicht-liberaler Lehren freiwillig bejaht werden kann; eine Konzeption, mit der diese Lehren unbeeinträchtigt leben und deren Tugenden sie verstehen können.« (36)

In dem letzten Halbsatz dieses Zitats ist bereits eine Wendung enthalten, mit der das Spektrum dessen, was wir bisher unter einer »politischen Ethik« zu verstehen haben, durch Rawls noch einmal eine eigentümliche Bereicherung erfährt. Denn für das, was er hier »politischen Liberalismus« nennt, ist es charakteristisch, dass sich der theoretische Rechtfertigungsanspruch in einer spezifisch politischen Weise gegen die Richtung kehrt, die man mit einer philosophischen Position normalerweise verbindet. Philosophische Ethik, so wie auch Rawls sie in der *Theorie der Gerechtigkeit* noch verstanden hatte, beansprucht, die moralischen Überzeugungen der Menschen in konsistenter Weise zu rekonstruieren und auf ihre Begründbarkeit hin zu überprüfen. Sie hat zur Überprüfung der Richtigkeit ihres Anspruchs ja letztlich kein anderes Kriterium als das Urteil der vernünftigen Subjekte, um deren Überzeugungen es in dieser Rekonstruktionsleistung geht. Ein Morallehrer, der die Menschen zu einer bestimmten Lebensweise zu bekehren trachtet, betreibt nicht philosophische Ethik.

Für die großen lebens- und handlungsorientierenden Systeme, also die Religionen, Philosophien und Weltanschauungen, die Rawls die »umfassenden Lehren« nennt, ist es allerdings zumindest charakteristisch, dass sie das moralische Denken der Menschen auf eine systematische Grundidee zurückzuführen und von dieser her allgemein gültige Orientierung zu stiften versuchen. Eine solche »umfassende Lehre« soll der »Politische Liberalismus« gerade nicht sein; eine unser Leben im fundamental ethischen Sinne tragende Sinnkonzeption, die mit anderen in philosophische Konkurrenz zu treten hätte, will Rawls nicht entwickeln (40). Der politische Liberalismus behauptet »von seiner politischen Gerechtigkeitskonzeption nicht, dass sie wahr, sondern dass sie vernünftig sei«; und darin liegt »ein Hinweis auf die engere Perspektive der politischen Konzeption, die nur die politischen und nicht alle Werte zum Ausdruck bringt und zugleich eine öffentliche Rechtfertigungsgrundlage bietet.« (17) Aber die so beanspruchte Inkompatibilität mit umfassenderen Lehren schlägt dort, wo es eben um das Feld der »politischen Werte« geht, in einen Anspruch auf konkurrenzlose *Herrschaft* über deren politische Legitimationsansprüche um. »Wir hoffen«, so lautet das politische Angebot an die Ethiken nun, »vernünftigen umfassenden Lehren eine

Möglichkeit zu eröffnen, diese politische Konzeption aus den richtigen Gründen zu bejahen, so daß man sie als in einen vernünftigen übergreifenden Konsens eingeschlossen betrachten kann.« (45) Konkurrenzlos ist der Liberalismus also insofern, als er den Vernünftigkeitsanspruch der »umfassenden Lehren« zu beurteilen vermag, ohne sich mit ihnen auf dem Feld des Streits um Wahrheit messen zu müssen. Denn worin der *Konsens* besteht, aus dem sich die dem bürgerlichen Rechtsstaat angemessene Konzeption von Gerechtigkeit ergibt, und was der spezifisch politisch gerechtfertigte Sinn des Wortes »*vernünftig*« beinhaltet: dafür ist der »politische Liberalismus« – innerhalb dessen Ausformung es selbstverständlich theoretische Auseinandersetzungen und Positionsdifferenzen geben kann – *alleinzuständig*. Und in dieser Wächterfunktion über die Angemessenheit ethischer Lehren für die politischen Zwecke der Stiftung eines den liberalen Staat tragenden bürgerschaftlichen Konsenses erhält er seine eigene ethische Dignität, denn um »eine moralische Konzeption zu sein, muß eine solche Gerechtigkeitskonzeption ihr eigene intrinsische normative und moralische Ideale enthalten« (40).

Man hat Rawls' im engeren Sinne politische Konsequenzen in der *Theorie der Gerechtigkeit*, die auch im *Politischen Liberalismus* beibehalten werden, niemals als »liberalistisch«, sondern allenfalls als »sozialliberal« oder »sozialdemokratisch« charakterisiert. Von daher mutet seine Aufnahme des Begriffs »Liberalismus« zunächst irritierend an. Eine Verbindung mit Positionen wie man sie bei VON HAYEK, NOZICK oder BUCHANAN findet, ist, was die rawlssche Gerechtigkeitskonzeption angeht, kaum zu erkennen. Gerade der eigentliche Gegenstand, um den es ihm geht, nämlich die ethische Bedeutung der *distributiven Gerechtigkeit*, ist es doch, was die liberalistischen Positionen aus den Legitimationskriterien politischer Ordnung herauszuhalten fordern. Für Rechte, die man gegenüber seinen Mitbürgern einfordert, gibt es für den eigentlichen Liberalismus nur eine Legitimationsgrundlage, nämlich die Verträge, die man mit ihnen wirklich geschlossen und in denen man sich faktisch zu dem verpflichtet hat, was man einander zuzugestehen bereit ist. Sollen folgt allein aus einem Wollen, in dem man schon übereinstimmt. Die Verabsolutierung der Vertragsgerechtigkeit geht bei Buchanan bis zur Zulassung der theoretischen Legitimierbarkeit eines Sklavereivertrages.[4]

Was also die Ergebnisse und gesellschaftspolitischen Forderungen liberalistischer Theorien betrifft, so kann man ihnen kaum ferner stehen als Rawls.[5] Was jedoch *die politische Option am Grunde des Theoriekonzepts* angeht, aus dem sich die Idee von politischer Ethik versteht, gibt es tatsächlich eine entscheidende Parallele, nur dass bei Rawls derjenige »Staatsvertrag« verabsolutiert ist, der als das neuzeitliche Modell des bürgerlichen Rechtsstaates mit seinem universalen Legitimitätsanspruch geschichtliche Realität geworden ist. Es ist *die Substanz dieses Staatswesens*, die es nach Rawls in einer politischen Ethik so zu explizieren gilt, dass man zwischen vernünftigen, das heißt mit dieser Substanz vereinbarten, und unvernünftigen, das heißt ihr ideologisch entgegengesetzten Denkweisen zu unterscheiden vermag. Als »liberal« ist also nicht etwa eine ethische Auffassung bezeichnet, die Rawls an diesen Staat herantragen würde, um ihm im Ringen um seine richtige Gesetzgebung Orientierung zu geben; sondern »liberal« ist die Konzeption von Gerechtigkeit, die in den grundlegenden Ideen, die »Bestandteile der öffentlichen politischen Kultur einer demokratischen Gesellschaft sind« (115), ihre Realität hat und die theoretisch deshalb zu explizieren ist, um alle anderen ethischen Auf-

---

4 James M. Buchanan, *Die Grenzen der Freiheit* [1975], Tübingen 1984, 85 f.
5 Für eine differenzierte Auslotung des Verhältnisses zu Rawls von liberaler Seite vgl. Ingo Pies / Martin Leschke, *John Rawls' politischer Liberalismus*, Tübingen 1995.

fassungen auf ihre Vereinbarkeit mit ihr zu prüfen – also daraufhin zu prüfen, *ob sie »politisch liberal« sind.* »Entscheidend ist, daß nicht alle vernünftigen umfassenden Lehren liberale umfassende Lehren sind; und deshalb stellt sich die Frage, ob sie sich gleichwohl aus den richtigen Gründen mit einer liberalen politischen Konzeption vereinbaren lassen.« (35) Die Diskrepanz zu kompensieren, die zwischen dem Selbstverständnis des demokratischen Rechtsstaates und den Vorstellungen bestehen mag, die seine Bürger von der ethischen Legitimität politischer Ordnung haben, ist selbst *eine politische Aufgabe*, die dieser Staat in seiner Gesetzgebung wahrnehmen und lösen muss; ihm dafür »vernünftige« Orientierung zu geben – und nicht etwa diese Kompensation durch theoretische Konzepte, die mit Wahrheitsanspruch aufzutreten hätten, selbst zu leisten – ist die Aufgabe des »politischen Liberalismus«.

Wo muss der liberale Staat ansetzen, um diese Aufgabe zu lösen? Die Instanz, an der die spezifisch politische Wertentscheidung des Liberalismus sich gegen die »umfassenden Lehren« bewähren und durchsetzen muss, ist die menschliche *Person*. Rawls entwirft eine »politische Konzeption der Person« (97 ff.), das heißt die Grundlinien eines Selbstverständnisses, das die Bürger im liberalen Staat von sich selbst gewinnen und voneinander erwarten müssen. Dazu gehört, dass »sie sich selbst und einander als Wesen mit dem moralischen Vermögen, eine Konzeption des Guten zu haben, auffassen« (98), sich aber zugleich als freie Bürger gelten lassen, die diese Konzeption jederzeit revidieren können und daher mit ihr nicht identifiziert werden dürfen (99). Weiter gehört dazu, »daß sie sich selbst als berechtigt betrachten, Ansprüche gegenüber ihren Institutionen geltend zu machen, um ihre Konzeptionen des Guten zu fördern« (102). Schließlich gehört dazu, dass sie Verantwortung für ihre Ziele übernehmen (103). Dieses Selbstverständnis muss im liberalen Staat verbind-

lich sein. Ansprüche und Pflichten, die man aus ihm abzuleiten vermag, sind, wie Rawls' Ausdruck lautet, »self-au-
thenticating«, sie beglaubigen sich selbst; das heißt, dass
sich staatliches Handeln wesentlich darin legitimiert, wie
es mit ihnen umgeht. Alle Ansprüche hingegen, die aus
Gerechtigkeitsvorstellungen gefolgert werden, die mit diesem bürgerlichen Selbstverständnis unvereinbar sind,
scheiden als solche Legitimationsquellen einer politischen
Kultur aus.

Aus dieser Grenzmarkierung folgt nun aber eine implizite Forderung, die der Staat im Namen der ihn tragenden
politischen Kultur an die Bürger richten und die er indirekt als Leitfaden seiner Gesetzgebung zur Geltung zu
bringen hat. Wer sich der »selbst-beglaubigenden« Legitimität seiner Lebensauffassungen vergewissern will, muss
fähig sein, sich aktiv *Gerechtigkeitsgrundsätze* zu Eigen
zu machen, welche die Vereinbarkeit seiner mit den Zielen
seiner Mitbürger gewährleisten. Die Gerechtigkeitskonzeption, die dieser Umgrenzung des »der öffentlichen politischen Kultur eines demokratischen Verfassungsstaates«
(104) entsprechenden bürgerlichen Selbstverhältnisses am
besten gerecht wird, ist nach Rawls weiterhin die des »Urzustands« im Sinne der *Theorie der Gerechtigkeit*. Diese
fordert ja von uns, eine *faire* Einstellung gegenüber unseren Mitbürgern einzunehmen, und die Tugenden, die ihr
förderlich sind – die »Tugenden der fairen sozialen Kooperation: Höflichkeit und Toleranz, Vernünftigkeit und
Sinn für Fairneß« (*Liberalismus* 291) – selbst wiederum
durch politische Maßnahmen zu fördern, ist eine wesentliche Aufgabe, die der liberale Staat in der Konkretisierung
seiner Ordnung zu befolgen hat. Das Ziel ist eine politische Kultur, in der Fragen der Gesetzgebung und der
konkreten Gestaltung der Ordnung des Zusammenlebens
von allen Bürgern als Fragen nach der Realisierung der
spezifisch politischen Werte aufgefasst werden, so dass
»Probleme, die wesentliche Verfassungsinhalte oder Fra-

gen grundlegender Gerechtigkeit betreffen, soweit wie
möglich unter Berufung ausschließlich auf politische Werte gelöst werden« (224). Letztlich geht es um einen »übergreifenden Konsens« (231 ff.), in dessen Erzielung freie
und gleiche Bürger die Aufgabe erkennen, die ihnen gerade im Umgang mit den von ihnen ansonsten angenommenen »umfassenden Lehren« als das für die Stabilität ihres
Staatswesens entscheidende Moment obliegt.

Die Kehrseite dieses Konsenses ist, dass die sich nicht
»selbst-beglaubigenden« Konzeptionen des Guten aus
dem Spektrum der politisch akzeptablen Lebensformen
ausgeschlossen werden müssen. »Keine Gesellschaft kann
alle Lebensweisen in sich aufnehmen [...]. Jede Gesellschaft ist aufgrund ihrer Kultur und ihrer Institutionen
mit einigen Lebensweisen unvereinbar.« (294) Aber nicht
nur dies: Auch schon Debatten über bestimmte Gegenstände, welche die Stabilität des demokratischen Konsenses gefährden könnten, sind mit dem politischen Liberalismus unvereinbar. »Angesichts des Faktums eines vernünftigen Pluralismus nimmt eine liberale Auffassung die
konfliktträchtigsten Themen von der Tagesordnung, die,
wenn sie Gegenstand ernsthafter Auseinandersetzungen
würden, die Grundlagen sozialer Kooperation untergra-
ben würden.« (247) Hier sieht man den Schritt, der gegenüber der *Theorie der Gerechtigkeit* erfolgt ist, besonders
drastisch: Der Wille zur sozialen Kooperation ist nicht
mehr theoretische Komponente eines konstruierten Ge-
dankenszenarios, sondern politisches Ziel, das der staatlichen Autorität gesetzt wird mit der Maßgabe, die Bedingungen herbeizuführen, unter denen der *Beitrag zur
Stabilität der sie tragenden Ordnung* von den Bürgern
als *Kriterium akzeptabler Stellungnahmen zur Frage der
Legitimität dieser Ordnung* angesehen wird. Die Frage,
ob eine bestimmte Auffassung zu Ergebnissen führt,
zu denen man bei Anwendung des für die liberale Gerechtigkeitskonzeption richtungweisenden Gedankenexperi-

ments gelangt wäre, wird so von einem Prinzip der Selbst-kritik zu einem der Selbst*zensur*. Und auf dessen Basis, das heißt: als Abgrenzungsinstrument gegen den An-spruch auf *Wahrheit*, bestimmt sich im »politischen Libe-ralismus« der Begriff der Vernünftigkeit.

Der *öffentliche Vernunftgebrauch* – das heißt, »die öffentlich vorgetragenen Argumente der Bürger über wesentliche Verfassungsinhalte und Fragen der Gerech-tigkeit« – erhält nun sein ganz und gar politisches Maß, nämlich durch die ihm vorgegebene »politische Konzep-tion [...], deren Grundsätze und Werte alle Bürger beja-hen können« (75). Der genuine Anspruch einer philoso-phischen Ethik nähert sich hier dem Umschlag in sein Gegenteil an, denn offenbar soll man als Bürger nicht mehr aus der Frage nach der Wahrheit einer Theorie er-messen, ob man ihr vernünftigerweise zustimmen sollte, sondern man soll daraus, dass sie dem, was man schon denkt, entspricht oder nicht entspricht, auf ihre Vernünf-tigkeit oder Unvernünftigkeit schließen. Das einzige Kor-rektiv gegen eine derartige Ideologisierung ist nur noch der Gerechtigkeitsbegriff, der von den Bürgern verlangt, sich über das, was sie wirklich denken, erst noch in Pro-zessen klar zu werden, in denen sie sich gegenseitig über die Vereinbarkeit ihrer Lebensauffassungen verständigen. Diese Lernprozesse aber werden wiederum von den In-stanzen und Institutionen einer politischen Kultur gelei-tet, die sich die Option für den demokratischen Verfas-sungsstaat zum Prinzip legitimen Handelns und Denkens gemacht hat.

Die mit der Legitimationslücke des hobbesschen Staats-modells innig verknüpfte Tendenz zur Politisierung der Ethik erhält hiermit ihre äußerste Zuspitzung, die sie am Ende in das Gegenteil dessen umschlagen lässt, wovon her sie sich rechtfertigen will. Denn der Liberalismus im Sinne von Rawls sieht sich mit der Trennung zwischen Wahr-heits- und Vernünftigkeitsanspruch vor ein signifikantes

Dilemma gestellt, sobald er sich der Frage stellt, die der Verbindung von Politik und Ethik seit ihren griechischen Anfängen immer die Richtung vorgegeben hat, nämlich die Frage der *Universalität* politischer Legitimationsprinzipien. Die Option für den liberalen Staat kann ja, solange es zumindest keinen »Weltstaat« gibt, keine weltweite Geltung beanspruchen. Sie gilt für »uns«, insofern »wir« Bürger eines demokratischen Rechtsstaates im Sinne des neuzeitlichen Vertragsmodells sind. Zugleich aber sind all die Kategorien, in denen sich der politische Liberalismus formulieren muss, um sich konsistent begreifen zu können, klar universalistisch konstituiert: von der politischen Konzeption »der Person« über die moralische Natur »des Menschen« bis zum »gerechten Verfassungsstaat« (299), den Bürger, wenn sie fair denken, als ihr politisches »Gut« akzeptieren. Woher, wenn nicht aus einer »umfassenden Lehre«, sollen diese Universalansprüche begründet werden?

Die eine mögliche Antwort auf diese Frage bestünde in der Gleichsetzung von prinzipieller Universalität mit faktischer *Globalisierung*. In diese Richtung ist eine bestimmte Rezeption der rawlsschen Gerechtigkeitstheorie schon sehr früh gegangen.[6] Wenn wirklich »jedermanns« Interesse das Maß der legitimen Erwartungen von Bürgern an ihre Mitbürger ist, dann muss das nach dieser Auffassung auch im globalen, internationalen Horizont gelten. Dann verstoßen die Bürger der westlichen Rechtsstaaten, die ihr Verhältnis zueinander schon jetzt auf der Basis der Option für den liberalen Staat gestalten, gegen ihren eigenen Anspruch, wenn sie gegen die Kräfte, die dieser Option geistig und faktisch entgegenstehen, nicht auf der ganzen Welt vorgehen. Dann muss man letztend-

---

6 Vgl. hierzu Clemens Kauffmann, »›Clash of Views‹: Was fehlt dem politischen Liberalismus zur Moral des 21. Jahrhunderts?«, in: Walter Schweidler (Hrsg.), *Werte im 21. Jahrhundert*, Baden-Baden 2001, 195–215, insbes. 209 ff.

lich das wieder in die politische Philosophie einführen, was durch AUGUSTINUS aus ihr verbannt wurde, nämlich die Idee der Gerechtigkeit als Legitimations- und damit Existenzbedingung von Staaten. Dieser Weg führt in die Richtung des humanitären Interventionismus und der Reklamierung eines »gerechten Krieges« im Namen einer zu schaffenden liberalen Weltordnung.

Rawls selbst hat diese Konsequenz zurückgewiesen.[7] Aber der Ausweg, aus dem Dilemma des Liberalismus, den er unter Opferung des universalistischen Anspruchs der Idee der Gerechtigkeit geht, führt zum Umschlag der politischen Ethik in eine *Entpolitisierung* ihres eigentlichen Gegenstandes, eben des modernen Verfassungsstaates. Rawls hebt explizit hervor, dass der politische Liberalismus nur in einer »geschlossenen Gesellschaft« (143, vgl. 222, 417) verwirklicht werden kann und nicht als Muster für eine internationale Ordnung taugt. Was heißt »geschlossene Gesellschaft«? Es bedeutet, »daß wir eine demokratische Gesellschaft, wie jede andere politische Gesellschaft, als ein vollständiges und geschlossenes soziales System betrachten« (111). Die politische geht damit über in die *systemtheoretische* Betrachtungsweise von staatlicher Legitimität. Das heißt, dass die Idee Gerechtigkeit als Funktion des Übelebenserfolgs eines sozialen Systems zu interpretieren ist, als grundlegende Form, in der dieses System, also der gegenwärtige westliche Verfassungsstaat die Bedingungen seiner Stabilisierung und Existenzbewährung in die Strukturen des Selbstverständnisses seiner Glieder transformiert hat. Aus der politischen Frage nach den Kriterien der Legitimität geht damit, wenn man konsequent ist, die soziologische Betrachtung von Legalität, aus der Berufung auf Bedingungen der Akzeptabilität staatlicher Ordnung die Darlegung der Mechanismen ihrer *Akzeptanz* hervor.

---

7 Vgl. etwa John Rawls, »Das Völkerrecht«, in: Stephen Shute / Susan Hurley (Hrsg.), *Die Idee der Menschenrechte*, Frankfurt a. M. 1996.

c) *Luhmann: Die Entpolitisierung des Staates*

Beide Positionen von Rawls legen letztendlich die Über-
lebenslogik des demokratischen Rechtsstaates als sein Legitimationsprinzip aus. Wie aber soll die Einsicht in gewisse Akzeptanzbedingungen des Staates die Antwort auf
die ethische Frage nach seiner *Akzeptabilität* ersetzen?
Auf diese Frage findet man eine wirklich radikale Antwort in der Systemtheorie Niklas Luhmanns. Der Nenner, auf den diese Antwort gebracht werden kann, lautet:
Die Entpolitisierung des Staates, die Gleichsetzung seiner
ethischen Legitimations- mit ökonomischen Akzeptanzbedingungen, würde sein Selbstverständnis nur dann aus-
hebeln, wenn sie in ihrer Vollständigkeit den Menschen,
die in diesem Staat leben, bewusst würde. Das zu verhindern, also den Bedingungen seiner gesellschaftlichen Akzeptanz bis zu einem gewissen Grad auf *latente* Weise zu
folgen, ist eben die für sein Überleben entscheidende und
die Logik seiner Gesetzgebung lenkende Leistung dieses
Staates.

Für Luhmann ist der Anspruch des Staates, dass es eine
ethische Berechtigung für seine Existenz geben müsse, *per
definitionem* ideologisch; denn damit, dass ihm diese Berechtigung von seinen Mitgliedern zugestanden wird,
steht und fällt ja die Existenz des »Systems Politik«, das
den Staat trägt. Die ethische Unterscheidung zwischen
Gut und Böse ist durch die systemtheoretische Differenz
zwischen System und Umwelt vollständig zu ersetzen.
Politik ist ein »selbstreferentielles System«; das heißt, dass
es »die Elemente – hier also politische Entscheidungen –,
aus denen es *besteht, selbst produziert und reproduziert*«
(*Wohlfahrtsstaat* 33). Als solches ist es nur ein Subsystem
des einen großen Supersystems Gesellschaft. Die Gesellschaft ist »das umfassende System aller Kommunikationen, in dessen Umwelt es keine Kommunikationen, sondern nur Ereignisse anderen Typs gibt« (*Recht* 55). Auch

das Rechtssystem ist ein Subsystem des Gesellschaftssystems (ebd.). Es stellt eine »historische Maschine« (*Recht* 58) dar, durch die es der Gesellschaft gelingt, mit ihrer eigenen Entwicklung in einem Verhältnis der Rückkoppelung zu bleiben.

Einerseits sichert es den Anschluss der jeweiligen Gegenwart an die eingespielten Strukturen des Zusammenlebens: »Die Autopoiesis des Rechts erkennt sich selbst an der Unabdingbarkeit des normativen Stils der Erwartungen, die dem Prozessieren der Rechtskommunikationen zugrunde liegt. Praktisch geschieht dies in der Bezugnahme auf vorhandenes Recht, das die Anspruchshaltungen und die autorisierten Entscheidungen orientiert.« (*Recht* 93) Die Norm als »kontrafaktisch stabilisierte Verhaltenserwartung« (*Recht* 134) ist der entscheidende Faktor in diesem auf Stabilität und Anschluss an Bestehendes gerichteten Kommunikationsprozess. Andererseits tritt gerade durch den Aufbau eines selbstreferenziellen Rechtssystems dieses in Differenz zu anderen gesellschaftlichen Strukturen, also z.B. zu den kirchlichen Ordnungen von Ehe und Familie, die ihrerseits rechtlich neutralisiert und dadurch verstärkt wandlungsfähig werden. Dem dann eintretenden Wandel muss das Recht sich anpassen: »Das Rechtssystem wird ausdifferenziert, um von sich aus den Gesellschaftsstrukturen Rechnung tragen zu können« (*Recht* 60); was zuvor Teil seines Inhalts war, der zu unterbindende Wandel, wird nun zu seiner es mitdefinierenden Umwelt. Damit ist eine Entdifferenzierung eingetreten.

Wenn das Recht auf sie mit seiner fundamentalen Binärcodierung in Recht und Unrecht reagiert (*Recht* 60 ff.), dann folgt es selbst noch einmal seiner selbstreferenziellen Logik. »Jede Einzelentscheidung bezieht sich, anders könnte sie nicht Entscheidung sein, auf andere Entscheidungen desselben Systems, und die Einzelentscheidung kann ihren eigenen Sinn nur in solchen internen Beziehungen erfahren« (*Wohlfahrtsstaat* 34). Dem Rechtssystem geht es aufgrund dieser selbstreferenziellen Logik primär und essenziell um das, worauf jedes System, auch das politische, aus ist: *sich selbst zu erhalten.* Gesellschaftliche Ausdifferenzierung ist gerade deshalb irreversibel, weil sie solche selbstreferenziellen Systeme freisetzt, die sich aus sich selbst zu erhalten vermögen und die sich um ihrer Selbsterhaltung willen gegen ihre Rückintegration in sie übergreifende Zusammenhänge zur Wehr setzen. Dass es einen solchen Überlebenswillen einmal freigesetzter selbstreferenzieller Kommunikationskontexte gibt, ist für Luhmann ein nicht mehr weiter ableitbares Ausgangsfaktum, das die Geschichte in der Biologie und insbesondere der Variante der Evolutionstheorie, die auf dem Begriff der Autopoiesis aufbaut, verankert sein lässt (33).

Im Zusammenhang dieses durch selbstreferenzielle Ausdifferenzierung entstandenen Spannungsfeldes zwischen Selbständigkeit des Rechts gegenüber der Gesellschaft einerseits, aber Angewiesenheit auf die Anpassung an ihren Fortschritt andererseits, gewinnt nun die Politik nach Luhmann ihre genuine Bedeutung. Denn zum einen verlangt die Logik der Systemdifferenzierung, dass auch das politische System zu einem Subsystem unter anderen, also zum Agenten der Entwicklung gesellschaftlicher Strukturen wird; die Grundrechte haben ihre wesentliche Funktion gerade in der Sicherung von Kommunikationschancen in einem der Politik entzogenen und sie darum begrenzenden Freiraum (vgl. *Grundrechte* 23, 25). Zum anderen ist aber die Politik gerade das System, dessen Veränderung im Kern erst die Ausdifferenzierung der gesellschaftlichen Subsysteme möglich gemacht hat und auf dem die Entscheidungen fallen, die die Entdifferenzierung eines einmal eingetretenen Zustandes verhindern. Durch Prozesse politischer Kommunikation schafft eine Gesellschaft es, sich für die Probleme und Aufgaben empfindlich zu machen, die ihre eigene Entwicklung ihr stellt. Gerade in der Politik aber wirken Zwänge nach, die der sozialen Differenzierung entgegengesetzt sind und auf frühe gesellschaftliche Zustände zurückverweisen, nämlich hierarchische Ordnungen, die auf der Vorstellung von einer subsystemunabhängigen Über- und Unterordnung zwischen Menschen beruhen. Alle vorneuzeitlichen Gesellschaftssysteme, so Luhmann, konnten sich die Legitimation der Politik nur als ihre Unterwerfung unter ein gesellschaftlich definiertes Schichtungsmuster vorstellen, so die griechisch-römische Antike mit ihrem an einem bestimmten sozialen Stand ausgerichteten und dessen Herrschaftsanspruch festschreibenden Tugendmodell des »guten Herrschers«. »Diese historische Zeit wirkt heute noch nach mit einem beträchtlichen Überhang an Bewusstseinsprägung und auch an Theorie. Regierung und ihr untergeordnete Verwaltung regenerieren laufend ein Sozialmodell, das aber auf der Ebene des Gesellschaftssystems und ebenso auf der Ebene des politischen Systems durch strukturelle Entwicklungen überholt ist.

Der politischen Theorie kommt angesichts dieser Lage die wichtige – auch politisch wichtige! – Aufgabe zu, das Bewusstsein den faktischen Sozialstrukturen wieder anzupassen« (*Wohlfahrtsstaat* 42). Solange diese Anpassung nicht vollzogen ist, stellt die Politik ihre interne wie auch die Kommunikation mit den für sie wieder Umwelt bildenden anderen gesellschaftlichen Systemen wesentlich durch Mechanismen her, die weder sie noch die mit ihr kommunizierenden gesellschaftlichen Subsysteme wirklich verstehen. Sie konstituiert sich in der Antizipation und Vergewisserung der Akzeptanz ihrer Entscheidungen in ihrer Umwelt, indem sie auf bestimmte Prämissen, »etwa Grundwerte« (36) und andere Intuitionen der Bürger zurückgreift, ohne deren Funktion selbst zu kennen und sie darum offen legen zu können. Politik erhält sich selbst, bezieht sich laufend auf ihre eigenen Funktions- und Überlebensbedingungen, aber auf *latente* Weise, das heißt, indem sie diesen Selbstbezug als gesellschaftlich legitimierte Anpassungsleistung an die ihr vorgegebenen Probleme interpretiert. Sie muss den gesellschaftlichen Fortschritt als ihren funktionalen Legitimationsgrund anerkennen, ohne ihn in dieser Funktion offen benennen zu können. Wie gelingt ihr das?

Es gelingt wesentlich durch die »Idee der Wohlfahrt«.

> »[Sie] (statt, wie im Mittelalter: pax et iustitia) ist das genaue semantische Korrelat von politischer Selbstreferenz. Selbstreferenz ist ein zunächst tautologisches, Wohlfahrt ein entsprechend unbestimmtes Prinzip. Die Wohlfahrtsförderung kann daher immer sich selbst meinen und Wohlfahrt sagen [...], sie hat kein Ende, sie setzt sich selbst zur Produktion ihrer Möglichkeiten und ihrer Probleme voraus. Ebenso sind [...] die Leitwerke der Gleichheit und der Sicherheit keine Schranken, sondern nur Richtpunkte für die Suche von Betätigungsfeldern des Wohlfahrtsstaates.« (37)

Damit aber tritt im modernen Staat an die Stelle der Hierarchie und auch des Problems ihrer Kontrolle eine neue Grundkategorie des Politischen, nämlich der Kreislauf der Informationen zwischen Regierenden und Regierten; dieser Kreislauf geht, im Gegensatz zum hierarchischen Prinzip, in zweierlei Richtung, also auch von den Regierten zu den Regierenden. Dieses »System ohne Zentrum, ein System mit hoher Selbstorientierung aber ohne Zentralorientierung« (46), ist die politische Entsprechung zum Strukturwandel der Gesellschaft von einer hierarchischen zu einer funktional differenzierten. Wo die Rückkoppelung zwischen Gesellschaft und Politik nicht mehr in der Person sei es des Herrschers, sei es des Bürgers erfolgt, sondern im Arrangement zwischen den Funktionen, die die Menschen in den jeweiligen Subsystemen, in die sie involviert sind, ausfüllen, da gewinnt die vielfältig differen-

zierte soziale Entwicklung eine bestimmende Dynamik
gegenüber allen rechtlich erzwingbaren Vorgaben. »Der
offizielle Machtkreislauf beruht auf rechtlich geregelter
Kompetenz und kann sich daher im Konfliktfalle durchsetzen. Der Gegenkreislauf beruht auf Überlastung mit
Komplexität und kann sich daher im Normalfalle durchsetzen.« (47) Die adäquate Form, mit dieser realen Logik
umzugehen, bietet eben die unumgängliche Ergänzung
zum bürgerlichen Rechtsstaat, nämlich der Wohlfahrtsstaat. »Die Verwaltung kann in immer mehr Bereichen auf
ihr Publikum nur noch einwirken, wenn dieses zur Kooperation bereit ist, Informationen gibt und eigene Wünsche durchsetzen kann.« (47)

Die Möglichkeit staatlichen Zwangs, die »gleichwohl
Grundlage des ganzen Systems bildet« (48), wird immer
mehr durch die Erfordernisse des sich selbst regulierenden
Wohlfahrtsstaates überlagert. Damit verschiebt sich das
Problem der Begrenzung der Politik gegenüber dem klassischen Ziel der Machtkontrolle Regierender auf eine
gänzlich andere Ebene, nämlich die des konzertierten Verzichts der Rechts- und Sozialpartner auf das immer weitere und unbegrenzte Ausgreifen des Wohlfahrtsstaates. Die
Aporie der Politik »hat sich verschoben: Sie liegt nicht
mehr im Problem der Willkür, nicht mehr im Missbrauch
der notwendigen Entscheidungsfreiheiten; sie liegt im Erreichen und im Reproduzieren kommunikativer Offenheit
bei systemnotwendigen Reduktionen« (49).

In Bezug auf die Frage nach dem Zusammenhang von
Ethik und Politik führt Luhmanns Analyse daher zu der
endgültigen und radikalen Zurückweisung des Repräsen-
tationsgedankens. Das Problem des Wohlfahrtsstaates
kann »nicht dadurch gelöst werden, dass das Ganze der
Gesellschaft irgendwo in der Gesellschaft repräsentiert
wird. Die darauf bezogene Einheit von kognitiven und
normativen Erwartungsgrundlagen, die mit dem alteuro-
päischen Begriff der Natur symbolisiert war, ist im heuti-

gen Gesellschaftssystem nicht reproduzierbar.« (73) Der
Wohlfahrtsstaat ist ein Komplex, der seine Legitimität aus
der Fähigkeit erlangt, die unvorhergesehenen Nebenfol-
gen seiner jeweiligen Lösung vorhergehender Probleme
mit neuen Kontrollmechanismen abzufangen. Jede hierüber hinausgehende Legitimationserwartung zurückzuwei-
sen ist der Sinn der Theorie, die dies erkannt hat. »Eine
der Grundfragen der theoretischen und politischen Orien-
tierungen in der Gegenwart ist damit: ob man die Vorstellung einer Gesellschaft ohne Zentrum aushalten kann und
gerade darin die Bedingungen für eine demokratisch-leis-
tungsfähige Politik sieht«; denn man »kann eine funktional differenzierte Gesellschaft nicht auf Politik zentrieren,
ohne sie zu zerstören« (23).

Erst mit dieser Zurückweisung von Repräsentativität ist
die platonische Grundidee der politischen Repräsentation
der Selbsttranszendenz des Menschen auf das Gute hin
vollständig aufgegeben. Der Staat wird zur Vermittlungs-
agentur der Entwicklung der Gesellschaft. An die Stelle
des inhaltlichen Konzepts von Moderne als emanzipatorischen Fortschritts bei HABERMAS tritt ganz formal die politische Aufgabe, mit der stetigen *Modernisierung*, das
heißt fortgesetzten Ausdifferenzierung der Gesellschaft
Schritt zu halten. Die Daseinsberechtigung von Politik ergibt sich aus keinerlei Art von Leitidee dieser Modernisierung, sondern allein daraus, »dass die soziale Differenzierung keinen reinen Gewinn bringt, sondern ihre typischen
Folgeprobleme hat, welche die weitere Entwicklung bestimmen« (*Grundrechte* 199). Das Prinzip der Differenzierung als solches ist nicht in Frage zu stellen. »Es ist
eine gesunde wissenschaftliche Hypothese zu vermuten,
dass differenzierte Sozialordnungen des Problem des
menschlichen Daseins in der Welt wirksamer zu lösen vermögen als undifferenzierte Sozialordnungen.« (*Grundrechte* 198) Worin aber dieses »Problem des menschlichen
Daseins« besteht, lässt sich unabhängig vom jeweils er-

reichten Stand seiner Bewältigung offenbar nicht mehr
sagen. Wir können nur versuchen, mit der Dynamik der
einmal von uns eingeschlagenen Richtung auf soziale Differenzierung Schritt zu halten. Wer in diesem Prozess zurückbleibt, wer sich der Modernisierung in diesem rein
formalen Sinne verweigert, handelt auf paradigmatische
Weise irrational: Er nähert sich den Folgeproblemen eines
schon getätigten Entwicklungsschritts, indem er den
Schritt selbst in Frage stellt. Dass dieser Versuch erfolglos
bleiben wird, steht in Luhmanns Bild einer sich irreversibel differenzierenden Sozialordnung fest.

Luhmanns eigentlich problematische Grundannahme ist
insofern keine soziologische, sondern eine geschichtliche:
die Annahme, *dass die Tendenz sozialer Systeme zur En-
tropie am Ende stärker sein wird als jeder Versuch ihrer
Überwindung*. Nicht seine Analyse der politischen Situation des bürgerlichen Rechtsstaates angesichts der fort-
gesetzt säkularisierten und funktional differenzierten
Gesellschaft ist das Problem, wohl aber diese implizite
geschichtsphilosophische Grundannahme, von der seine
Konsequenzen getragen sind. Der bürgerliche Rechtsstaat
wird, *wenn* er fortbesteht, sein legitimatorisches Vakuum
im Umgang mit den Folgeproblemen seiner wohlfahrts-
staatlichen Dynamik füllen müssen. Aber die Frage, ob er
fortbestehen wird und warum er fortbestehen sollte, kann
auf dieser Ebene nicht nur nicht beantwortet, sondern
nicht einmal mehr gestellt werden. Darin aber liegt, wenn
man nicht auf eine evolutionstheoretisch konstruierte,
sondern auf die reale Geschichte blickt, eine kaum be-
greifliche politische Leichtfertigkeit. Denn *ob* und *warum
der bürgerliche Rechtsstaat sein solle*, das ist immer wieder
in Frage gestellt worden und wird auch in Zukunft in Frage gestellt werden.

Es ist weder aufgrund der theoretischen Prinzipien
Luhmanns noch durch anderweitige Überlegungen nach-
weisbar, dass das soziale System, dem sich der bürgerliche

Rechtsstaat als politisches Subsystem unterzuordnen hätte, nicht *mit seinen eigenen rechtlichen Mitteln ausgehebelt* werden könnte. Wir kennen die elementare politische Erfahrung, dass ein legal an die Macht gekommener Gesetzgeber das System der bürgerlichen Freiheiten, dem er seine Stellung verdankt, mit Hilfe eines »Ermächtigungsgesetzes« beseitigt und damit auch die Unterordnung der Politik unter das Supersystem Gesellschaft im Sinne einer Repolitisierung des Zusammenlebens und einer Hierarchisierung des gesamten Systems aufhebt. Wenn es für die so konterkarierten Rechtsmaßstäbe einer bürgerlichen Verfassung keine anderen Akzeptanzkriterien gibt als den angeblich irreversiblen Differenzierungsfortschritt sozialer Systeme, dann wäre einem so an die Macht gekommenen Gesetzgeber nur durch die Voraussage zu begegnen, dass sein Unterfangen scheitern werde. Ob er im Recht ist oder nicht, liefe auf seinen Erfolg oder Misserfolg im Kampf um die Akzeptanz der Entdifferenzierung des sozialen Systems hinaus. Die entscheidende Frage aber wäre so nicht zu beantworten, nämlich: *Wessen* Akzeptanz?

In Luhmanns System gibt es keinen Ort, an dem die Frage nach der politisch zu repräsentierenden Instanz eine Antwort fände. Wer gehört zur Gesellschaft und wer nicht? Und kann es nicht sogar sein, dass die funktionale Differenzierung einer Gesellschaft noch gesteigert würde, wenn ein bestimmter Teil der Bevölkerung aus ihr ausgeschlossen würde? Für einen Industriebetrieb ist es selbstverständlich, dass die Wohlfahrt des Systems unter Umständen die Entfernung eines Teils der Belegschaft erfordert; wenn aber der Staat selbst als Verwalter der Wohlfahrt eines Systems verstanden wird, wohin sollen derartige aus Subsystemen entfernte Systemglieder dann fallen? Wenn es kein Zentrum mehr gibt, in dem Mehrheit und Minderheit sich gleichermaßen repräsentiert sehen, dann droht die Stabilisierung einer Mehrheit zum Legitimationskriterium der Politik zu werden. Das wäre, solange die

Rechtsgewährleistungen des bürgerlichen Verfassungsstaates akzeptiert sind, noch durchaus im Einklang mit der systemtheoretischen Analyse. Aber wenn die Wohlfahrt eines ansonsten undefiniert bleibenden Kreises von Anspruchberechtigten selbst das einzige Maß der Akzeptanz für diesen Staat bildet, dann müssen seine Rechtsgewährleistungen in dem Augenblick in eine Legitimitätskrise geraten, in dem sie der Steigerung der Wohlfahrt entgegenstehen. Gelingt es einem demokratisch an die Macht gekommenen Gesetzgeber, für die Annahme eines solchen Gegensatzes zwischen dem Wohl des Systems und den bürgerlichen Rechtsgewährleistungen die stabile Akzeptanz einer Mehrheit der Systemmitglieder zu bekommen, dann ist damit die Selbstaufhebung des demokratisch-rechtsstaatlichen Systems *per definitionem* akzeptiert und also legitimiert. Der Kampf um die Rechtfertigung seiner Systemumwandlung würde dann auf die Aufgabe hinauslaufen, eine genügend große Anzahl von Menschen davon zu überzeugen, dass das »Problem des menschlichen Daseins« auf der Welt, also die allgemeine Wohlfahrt, nur auf Kosten derjenigen gelöst werden kann, aus deren Ausschluss sich das neue System definiert. Eine Grenze solch eines Ausschlussverfahrens gäbe es dann nicht mehr.

Die gemeinschaftliche Kompensation: Geschichte als Lebenssinn

a) *Die »Gemeinschaftlichkeit« des Menschen: Der Kommunitarismus*

Der Kommunitarismus[1] hat eine wesentliche Einsicht in die Problematik der kompensatorischen Vermittlung von Ethik und Politik in Erinnerung gebracht, die uns letztlich bis zum platonischen Ausgangspunkt zurückführt, nämlich dass der vernünftig begründete Staat auf einem Repräsentationsanspruch beruht, der sich auf das überindividuelle Gute bezieht und dem die auf dem Ausgleich individueller Interessen beruhende Gesellschaft allein nicht gerecht werden kann. Es ist die Einsicht, die HEGEL neuzeitlich, das heißt mit Perspektive auf die *Geschichtlichkeit* des Guten, in seinem Begriff des Patriotismus festzuhalten versucht hat: Der Mensch trägt die bürgerliche Gesellschaft mit, wenn er einsieht, dass er sich in (irgend) *eine* Gesellschaft begeben muss, aber er trägt seinen Staat nicht deshalb mit, weil er einsieht, dass er in *einem* Staat leben muss. Die bürgerliche Gesellschaft beruht auf einem Selbstverhältnis der ihr angehörenden Personen, welches diese wiederum mit- und untereinander so verbindet, dass jede von ihnen noch einmal Maß der Anforderungen ist, an denen die Gesellschaft gemessen werden kann und muss. Für die Kommunitaristen ist das, was durch RAWLS' »Schleier des Nichtwissens« verborgen und also den Ausgangsentscheidungen der politischen Theorie entzogen wird, gerade das, was ein menschliches Leben zu einem

---

1 Vgl. dazu insbes. die im Anhang genannten Bücher von Alasdair MacIntyre, Michael Sandel und Charles Taylor.

sinnvollen Ganzen macht: das Wissen um eigene Stärken
und Schwächen, die Nähe zu konkreten Personen, die
Identifikation mit gemeinschaftlichen Institutionen, mit
der Geschichte des eigenen Landes und der Eigenart der
einen umgebenden Umwelt. Rawls' »Fairness« ist demnach die Haltung eines neutralen unsituierten Individua-
listen, der andere nur respektiert, insofern sie ihre Wert-
vorstellungen zugunsten einer ökonomischen Nutzen-
maximierungsstrategie aufgegeben und vergleichgültigt
haben. Es ist *das gemeinsame Konzept von einem guten
Leben*, also von uns durch unsere Gemeinschaft vorgegebenen Werten, wodurch wir Ziel und Richtung in unser
Leben bringen. Was diesem Leben Gewicht und uns selbst
Identität gibt, sind Güter, zu denen wir nicht im Verhältnis der Konkurrenz stehen, sondern die wir überhaupt
nur gemeinsam mit anderen wahrnehmen können und die
sich durch dieses gemeinschaftliche Wahrnehmen erst realisieren.

Um den kommunitaristischen Begriff von Gemeinschaftsorientierung zu konkretisieren, kann man auf eine
aufschlussreiche Debatte[2] hinweisen, in der Charles TAY-
LOR auf HABERMAS' Einwand geantwortet hat, wonach
die Verpflichtung gegenüber der gemeinschaftlichen, insbesondere der kulturellen Identität anderer Menschen
»aus *Rechts*ansprüchen und keineswegs aus einer allgemeinen *Wert*schätzung der jeweiligen Kultur« (172 f.) folge und dass der rechtlich konstituierte kulturelle Kontext
der unaufgebbare Horizont bleibe, »innerhalb dessen die
Staatsbürger, ob sie es wollen oder nicht, ihre ethisch-politischen Selbstverständigungsdiskurse führen« (169). Nur
das Recht schafft demnach die Basis für Individuen, ihre
jeweilige Gemeinschaftsorientierung in einer Gesellschaft

2 Die folgenden Zitate beziehen sich auf Charles Taylor, *Multikulturalismus
und die Politik der Anerkennung*, Frankfurt a.M. 1993, darin der Beitrag
von Jürgen Habermas, »Anerkennungskämpfe im demokratischen Rechtsstaat«, 147 ff.

zur Geltung bringen zu können, in der sie mit anderen
Individuen mit anderer gemeinschaftlicher Identität zusammenleben. »In multikulturellen Gesellschaften bedeutet«, so Habermas, »die gleichberechtigte Koexistenz der
Lebensformen für jeden Bürger eine gesicherte Chance,
ungekränkt in einer kulturellen Herkunftswelt aufzu-
wachsen und seine Kinder darin aufwachsen zu lassen,
die Chance, sich mit dieser Kultur [...] auseinanderzuset-
zen, sie konventionell fortzusetzen oder sie zu transformieren« (175). Müssen wir also unser Interesse am Genuss und an der Gestaltung unserer kulturellen Identität als Privatsache betrachten, als eine Lebensform, die
den Respekt unserer Mitbürger beansprucht, aber diesen ebenso wenig aufgenötigt werden darf wie unsere
Vorstellungen von richtiger Ernährung oder ästhetischer
Kleidung?

Taylor bringt dem gegenüber einen Aspekt ins Spiel,
den man mittels der Alternative »Rechtsanspruch versus
Privatinteresse« nicht zu fassen vermag: Das »Interesse«
an der Aufrechterhaltung unserer kulturellen Lebensformen ist in dem Maße kein privates, als wir es *nicht um unser selbst willen* verfolgen. Wenn es Menschen in Quebec
gibt, so der Kanadier Taylor, die sich für die Politik der
»survivance«, welche die frankophone Prägung *künftiger*,
weit über den Horizont der Kinder und Enkel hinausrei-
chender Generationen zum Ziel hat, einsetzen, dann geht
es dabei

> »nicht nur darum, das Französische für diejenigen ver-
> fügbar zu erhalten, die sich dafür entscheiden [...]. Viel-
> mehr will die Politik der *survivance* sicherstellen, daß es
> auch in Zukunft eine Gruppe von Menschen gibt, die
> von der Möglichkeit, die französische Sprache zu nut-
> zen, tatsächlich Gebrauch macht. Diese Politik ist aktiv
> bestrebt, Angehörige dieser Gruppe zu *erzeugen*, indem
> sie zum Beispiel dafür sorgt, dass sich auch künfti-

ge Generationen als Frankophone identifizieren. Man
kann nicht behaupten, dass eine solche Politik nur darauf aus sei, einer bestehenden Bevölkerung eine bestimmte Möglichkeit zu eröffnen.« (52)

Der entscheidende Punkt ist also, dass dort, wo es uns
um künftige Generationen geht, der für das Recht ausschlaggebende Gesichtspunkt des Ausgleichs zwischen
jetzt konkret vorhandenen Interessen uns die Entscheidung nicht abnehmen kann. Wir befinden uns hier auf einem Feld eigener Art, das nicht das der abstrakten
marxschen »Zukunftsmenschheit«, aber eben auch nicht
dasjenige des konkreten Wunsches wohlwollender Eltern
ist, dass ihre Kinder »es einmal besser haben« sollen. Hier
geht es gar nicht um »Fortschritt«, sondern wer die *künftigen* Generationen in dieser Weise ins Auge fasst, der
nimmt paradoxerweise die genuin *»konservative«* Position ein – und das, egal ob er ihnen die Werte einer geschichtlich gewordenen Nationalität oder die einer ökolo-
gisch verantwortbaren Gestaltung der natürlichen Umwelt weiterzugeben strebt. Die Gefahr dabei ist, dass die
konkrete Sorge um den Lebenssinn künftiger Menschen in
deren abstrakte Unterwerfung unter einen Popanz um-
schlägt, in die Beschwörung von Scheinlebewesen wie der
»heiligen Nation« oder der »Evolution«, für die wir nicht
zum »Störfall« werden dürften. Dieser Gefahr muss man
entgegentreten, aber, so der kommunitaristische Standpunkt, aus der Welt schaffen kann man sie nicht; denn gerade weil es jene abstrakten Scheinsubjekte nicht gibt,
kann *uns* die Verantwortung, die künftigen Generationen
in ihrer Identität zu prägen, sie – mit den Worten Taylors
– zu »erzeugen«, niemand abnehmen. Die für den Zusammenhang von Politik und Ethik entscheidende Frage ist
nur wiederum, ob die Wahrnehmung dieser Verantwortung *in unsere staatliche Gesetzgebung*, also in das mate-
riale Grundgerüst des modernen Rechtsstaates eingehen,

ja für dessen Legitimation womöglich den entscheidenden geschichtlichen Faktor bedeuten kann.

Zweifellos muss gegenüber allem Respekt vor der kulturellen Identität der menschlichen Individuen die gesetzliche Ordnung ihre normative Gestaltungsmacht behalten. Rechte haben letztlich nur Menschen, und die »Kultur« für verbindlicher zu erklären als die Menschen: das wäre der eigentliche »Kulturimperialismus«. Er wäre für den modernen Rechtsstaat in jeder Richtung inakzeptabel: Weder kann dieser Staat es dulden, dass eine Mehrheit die Grundrechte der Angehörigen von Minderheiten um der Erhaltung kultureller Werte willen negiert, noch kann die Rechtsordnung ihren Regelungs- und vor allem auch ihren Strafanspruch gegenüber einzelnen Bürgern mit Rücksicht auf deren kulturelle Eigenart oder irgendwelche Benachteiligungen der Gruppe, zu der sie gehören, relativieren. Das Recht darf, wenn es seine ethische Dignität behalten soll, gegen den Aspekt der gemeinschaftlichen Eingebundenheit des Menschen nicht ausgespielt werden. Dennoch gibt es eine ganz einfache Einsicht, die geschichtlich zumindest in dem uns heute übersehbaren Horizont so sicher feststeht wie wenig anderes: *Wo es zwischen Menschen keinen Willen zum Zusammenleben als Gemeinschaft gibt, dort verliert das Recht seine reale Existenzgrundlage.* Die schlechthin konstitutiven Todfeinde des Ordnungsmodells des modernen Rechtsstaates: der bürgerliche Ungehorsam, der Verfassungsbruch, der Bürgerkrieg und die Gesetzlosigkeit, sie alle stellen sich ein, wenn und sobald die Einigkeit der Gemeinschaft, die sich die Verfassung gegeben hat, endet. Diese Einigkeit gehört zu den ganz entscheidenden vorvertraglichen Geschäftsgrundlagen des Staatsvertrages, die HOBBES mit dem Gedankenkonstrukt der »natürlichen Gesetze« theoretisch einzufangen versuchte. Ist eine Gemeinschaft von Bürgern, die zusammenleben wollen, einmal da, dann entscheidet das Recht darüber, wohin sie sich legitimerweise zu entwickeln vermag und wohin nicht. Ja, dann bildet das Recht des Individuums auch den unhintergehbaren Maßstab für die ethische Beurteilung der Frage, wie weit diese Gemeinschaft reicht und wo sie gegebenenfalls endet. Eine staatliche Gemeinschaft, die nur aufgrund eklatanter Menschenrechtsverletzungen aufrecht erhalten werden kann, verliert ihre ethische Legitimität. Doch das ändert alles nichts daran, dass dort, wo eine Gemeinschaft überhaupt nicht oder nicht mehr besteht, das Recht des Individuums seine politische Realisierungsbasis verloren hat und faktisch nicht mehr eingeklagt werden kann, weil sein notwendiger Anspruchsgegner nicht existiert. Wenn die Menschen nicht mehr zusammenleben wollen, dann kann sie keine geschriebene Verfassung dazu zwingen, ganz einfach weil das Streben nach einer anderen, eigenen Verfassung selbst zu den natürlichen Ausdrucksformen geschichtlichen Unabhängigkeitswillens gehört.

Die Rede vom »Verfassungspatriotismus«[3] hat ihren guten Sinn dort, wo Bürger daran erinnert werden, dass die Errichtung einer rechtlichen Verfassung selbst eine der kardinalen Leistungen darstellt, aufgrund welcher eine Nation die Identifikation ihrer Angehörigen mit ihren staatlichen Institutionen verdient. Aber auch das ändert nichts daran, dass jeglicher »Patriotismus« nun einmal voraussetzt, dass es die *patria*, auf deren Leistung man stolz sein soll, wirklich gibt und dass man sich zu ihr gehörig fühlt. Es mag sogar sein, dass es einen politisch-technokratischen Weg gibt, durch rechtliche Schritte und Etappen der Verfassungsentwicklung ein neues Gemeinschaftsgefühl zu schaffen, das allmählich aus einer alten eine neue nationale Identität zwischen Menschen herbeiführt; aber eine ethische Legitimationsbasis für einen solchen Weg,

3 Zum Begriff vgl. Jürgen Habermas, »Grenzen des Neohistorismus«, in: J. H., *Die nachholende Revolution*, Frankfurt a. M. 1990, 149, 152; Dolf Sternberger, *Verfassungspatriotismus*, Frankfurt a. M. 1990, 133.

aufgrund derer die Bürger quasi moralisch zum Patriotismus im Dienste einer noch gar nicht existierenden Nation verpflichtet werden dürften, ist undenkbar. Der Grund dafür besteht in eben jener Eigenart der geschichtlichen gegenüber der ethischen Handlungsorientierung: *Geschichtliche Orientierung lässt sich nicht dadurch herbeiführen, dass man sie erstrebt oder herzustellen versucht.* Man kann sich nicht vornehmen, einer geschichtlich konstituierten Gemeinschaft, insbesondere einer Nation, angehören *zu wollen.* Man kann sich wohl das Ziel setzen, von ihr als jemand anerkannt zu werden, der sich zu ihr schon gehörig fühlt und von ihr nur noch nicht entsprechend einbezogen worden ist; aber auch dazu muss man sie immer schon gefunden haben, und das ist eine Sache des Glücks und nicht des Rechts.

Es ist nun allerdings gerade diese Eigenständigkeit der geschichtlichen im Unterschied zur ethischen Handlungsorientierung, die es dem Kommunitarismus äußerst schwer macht, den gemeinschaftlichen Aspekt der Legitimation politischer Ordnung *ethisch* zur Geltung zu bringen – zumindest sobald man, anders als Alasdair MacIntyre,[4] der dezidierteste Exponent des ursprünglichen Kommunitarismus, die »Gemeinschaftlichkeit«[5] des Menschen als ein Prinzip versteht, das auch heute und unter den legitimatorischen Bedingungen des modernen Staates, ethische Verbindlichkeit begründen soll. So ging insbesondere Michael Sandel von der Grundthese seiner Rawls-Kritik, dass gute Politik den Bürgern ein gemeinschaftliches Gut zugänglich mache, das sie in bloßer Orientierung an individuellen Interessen niemals wahrnehmen könn-

---

4 Für MacIntyre ist der kommunitaristische Gesichtspunkt eigentlich einer, der im gegenwärtigen Staat gar nicht zur Geltung gebracht werden kann, sondern eher dessen Unfähigkeit begreiflich machen soll, sich anders als bloß funktional zu begründen.

5 Vgl. den Begriff der »commonality« bei Sandel, *Liberalism and the Limits of Justice,* Cambridge 1982, 182.

ten,[6] zu einer ethisch ebenso radikalen wie fragwürdigen
Entgegensetzung von Gutem und Rechtem über. »Nur«,
so wendet er kritisch gegen das »ungebundene Selbst« des
rawlsschen Menschenbildes ein, »wenn das Selbst gegenüber seinen Zwecken den Vorrang einnimmt, kann das
Rechte gegenüber dem Guten primär sein«.[7] Damit aber
sägt der demokratische Rechtsstaat, so Sandel, an dem
Ast, auf dem er und wir alle sitzen. Denn dieser Rechtsstaat, so sagt er im Blick auf die geschichtliche Entwicklung seines eigenen Landes, ist erwachsen aus lokalen Gemeinschaften; als diese ausgedient hatten,

> »schien eine nationale Republik die größte Hoffnung
> der Demokratie zu sein. Dies war, zumindest im Prin-
> zip, immer noch eine Politik des gemeinsamen Guten.
> Sie betrachtete die Nation nicht als einen neutralen
> Rahmen für das Wechselspiel konkurrierender Interes-
> sen, sondern vielmehr als eine bildende Gemeinschaft
> zur Gestaltung eines den Maßstäben der modernen so-
> zialen und ökonomischen Strukturen angepassten Ge-
> meinschaftslebens.«

Dieses Projekt aber sei nunmehr gescheitert. »Und so er-
gab sich in unseren Praktiken und Institutionen eine
schrittweise Verlagerung von einer öffentlichen Philosophie der gemeinschaftlichen Ziele zu einer solchen der
fairen Verfahren, von einer Politik des Guten zu einer
Politik des Rechten sowie von einer nationalen zu einer
verfahrensrechtlichen Republik.«[8]
    Es ist den Kommunitaristen selbst schnell klar gewor-
den, dass eine solche Konfrontation von Gutem und

6 Ebd. 183.
7 Michael Sandel, »Die verfahrensrechtliche Republik und das ungebundene
  Selbst«, in: Axel Honneth (Hrsg.), *Kommunitarismus*, Frankfurt a. M. 1993,
  18–35, 25.
8 Ebd. 32 f.

Rechtem den Kern des Problems der Zuordnung von Politik und Ethik verfehlen muss: das Problem der *Repräsentation des Guten in den Formen des Zusammenlebens*. Ebenso wenig wie derjenige, der an geschichtlichen Fortschritt glaubt, kommt auch, wer an ein gemeinschaftliches Gut als Grundlage des Zusammenlebens erinnert, an der Frage vorbei, wie dieses in den Institutionen des realen Staates repräsentiert werden solle – und damit an der Frage, *wer* es repräsentiere. Und im Namen der Demokratie kann man nicht sprechen, ohne im Umgang mit dieser Frage eine Unterscheidung zu treffen zwischen dem Guten und dem, *was die Bürger als das Gute ansehen*. Wer soll denn entscheiden, worin die »Politik des Guten« besteht? In der vormodernen politischen Theorietradition war es der Herrscher, aber auch er nur aufgrund seiner Kompetenz im Umgang mit den Maßstäben der »Vortrefflichkeit«, also mit den von der Gemeinschaft aller Bürger etablierten Vorstellungen vom Guten. Wollte er hieran unter den Bedingungen des modernen Staates anknüpfen, so läuft Sandels Forderung darauf hinaus, eben den demokratischen Machthaber zum Repräsentanten des Guten im Staat zu machen, und wenn dieser nun die Formen der demokratischen Staatsorganisation und ihrer Neutralität gegenüber inhaltlichen Interessen für »das Gute« erklärt, kann ihm gerade Sandel nichts entgegenhalten.

Das ist die auf dem Boden des Kommunitarismus erwachsene und zugleich über ihn hinausführende Analyse von Michael WALZER gewesen, der gerade die Tendenz zur Verabsolutierung des Verfahrensstaates auf die spezifisch demokratische Weise gründet, die Auffassungen der Bürger vom Guten ernst zu nehmen: »Je dissoziierter die Individuen, um so stärker der Staat, denn er wird zum einzigen oder zumindest zum wichtigsten sozialen Zusammenschluß. Und dann kann es leicht geschehen, daß die Staatszugehörigkeit, das einzige Gut, das allen Individuen als gemeinsames Gut eignet, zugleich als das ›beste‹

bzw. höchste Gut angesehen wird.«[9] In der Konsequenz
jedoch bringt Walzer dann wieder den Gesichtspunkt zur
Geltung, mit dem der durch diese Erkenntnis hindurchge-
gangene Kommunitarismus den Anschluss an das hobbessche Modell des legitimatorischen Vakuums und seiner Kompensation im Sinne der Ausrichtung der Gesetzgebung an den »natürlichen Gesetzen« findet. Auch der demokratische Staat muss in dem Maße seine Neutralität gegenüber den Auffassungen vom Guten aufgeben, wie er
nach den Bedingungen seines eigenen Gelingens fragt.
»Bei genauerem Hinsehen«, so die an Hegel gemahnende
Analyse,

> »zeigt sich, daß der Staat weder der einzige, noch, mit
> Blick auf den Normalbürger und sein alltägliches Le-
> ben, der wichtigste soziale Zusammenschluß ist. Zahllo-
> se andere Gruppierungen bestehen fort und verleihen
> dem Leben ihrer Mitglieder Gestalt und Sinn [...]. Aber
> diese Gruppen sind ständig in ihrem Bestand gefährdet.
> Und so muss der Staat, wenn er denn ein liberaler Staat
> bleiben soll, einige von ihnen, vor allem diejenigen, die
> in Gestalt und Zielen den gemeinsamen Werten einer li-
> beralen Gesellschaft am meisten zu entsprechen schei-
> nen, stützen und fördern.«[10]

Erst mit diesem Ergebnis, das eigentlich eine Fragestellung ist und eine Grundaufgabe der politischen Theorie
eröffnet, kommt die kommunitaristische Rückbindung
der Existenzbedingungen des ethisch neutralen Staates an
die ethischen Überzeugungen seiner Bürger in ihre präzise
dialektische Form. *Wie kann der Rechtsstaat mit den In-
strumenten des von seinen Repräsentanten zu verantwor-*

9 Michael Walzer, »Die kommunitaristische Kritik am Liberalismus«, in:
   Honneth (Anm. 7) 157–180, 173.
10 Ebd.

tenden Gesetzes die Voraussetzungen stützen und fördern,
die seine Bürger dazu veranlassen, in ihm, dem Rechts-
staat, mehr als nur ihren Vorteil, sondern vielmehr die
Antwort auf die Frage nach dem Guten zu finden, das be-
gründet, warum sie eigentlich in ihm leben und leben soll-
ten? Das Gute, auf das sie dabei zurückkommen können,
darf mit den Bedingungen seiner rechtlichen Gestaltung
und Sicherung weder, wie im rawlsschen Liberalismus,
identifiziert noch ihnen, wie im undialektisch anstürmen-
den Kommunitarismus Sandels, entgegengesetzt werden.
Charles Taylor hat dann im Anschluss an KANT den Versuch unternommen, diese Vermittlungsaufgabe auf den
Freiheitsbegriff zu bringen.

b) *Der Begriff der positiven Freiheit*

Seit KANT den Begriff der Autonomie zur Grundlage des
Verständnisses der Freiheit gemacht hat, gibt es die Auseinandersetzung um »negative« und »positive Freiheit«.
HOBBES hatte Freiheit ganz radikal als rein äußere Handlungsfreiheit definiert. Demnach ist sogar derjenige frei,
der einem Räuber, welcher ihm die Pistole vorhält, seine
Geldbörse aushändigt; denn er könnte, solange auf seinen
Körper kein unmittelbar gewaltsamer Zwang ausgeübt
wird, ja auch anders handeln (vgl. L 21, 163 f.). Freiheit in
diesem Sinne heißt nur, *mehrere Möglichkeiten des Han-*
delns zu haben. Unser alltägliches Verständnis von Freiheit wehrt sich natürlich gegen einen solchermaßen zuge-
spitzten Begriff. Wir würden intuitiv sagen, dass derjenige,
der zum Opfer eines Raubüberfalls wird, gar nicht wirklich verschiedene Handlungsmöglichkeiten hat, weil sein
natürlicher Überlebenswille nur die eine Möglichkeit zulässt. Kant stellt nun aber der Definition von Hobbes eine
andere gegenüber, die dem alltäglichen Verständnis von
Freiheit mindestens ebenso sehr entgegengesetzt ist. In-

nerlich frei, also frei im sittlichen Sinne, ist man nach Kant gerade dann, wenn man nur *eine einzige* Handlungsmöglichkeit hat, weil man alle anderen Möglichkeiten als unvernünftig aus dem eigenen Willen ausgeschlossen hat. Luthers Wort: »Hier stehe ich, ich kann nicht anders!«, wäre demnach Ausdruck höchster Freiheit, nämlich der Freiheit, sich für das zu entscheiden, was einem bestimmt ist und womit man sich voll identifiziert. Das Gesetz, das einem Menschen vorschreibt, was er zu tun hat, ist zugleich die vernünftige Kraft, die ihn zu einem freien Wesen macht, das heißt zu einem Wesen, welches nicht seinen natürlichen, individuellen Trieben, Ängsten und Interessen zu folgen braucht, sondern sich zum Repräsentanten der Menschheit aufschwingen kann. Dieser Repräsentant tut dasjenige, was jedes andere vernünftige Wesen an seiner Stelle zu tun hätte. Er ist nicht »frei von [...]«, sondern »frei zu [...]«. Im Raum dieser Differenz spielt die Idee der positiven Freiheit.

Negative Freiheit ist uns bereits als die »Unabhängigkeit von eines anderen nötigender Willkür« (MdS AB 45) begegnet, die nach Kant »das einzige und ursprüngliche Recht, das jedem Menschen kraft seiner Geburt« zukommt, ist – dies freilich mit der wichtigen Einschränkung, dass dieses angeborene Recht jedermann nur zusteht, insofern es »mit jedes anderen Freiheit nach einem allgemeinen Gesetz« vereinbar sei.[11] Positive Freiheit hingegen ist nach Kant (vgl. MdS *Rechtslehre* AB 6 f. und *Tugendlehre*, A 14 f.) *Autonomie*, das heißt die Eigenschaft des Willens, sich selbst Gesetz zu sein bzw. *die praktische Vernunft selbst*. Während die negative Freiheit uns vor Einschränkungen der Handlungsoptionen durch andere bewahrt, schränkt die positive unsere Optionen so ein, dass wir dem Gesetz gehorchen, welches uns sagt, was wir zu tun haben.

---

11 Vgl. oben Kap. 8a.

Warum genügt es nicht, Freiheit einfach als die Unabhängigkeit von nötigenden Eingriffen anderer Menschen in mein Leben zu definieren? Freiheit in diesem negativen Sinne ist doch sicherlich eines der fundamentalen Elemente der modernen Idee der Humanität. Sie hat für die Rechtfertigung des menschlichen Zusammenlebens entscheidende Bedeutung. Denn wenn politische Ordnungen, wie die amerikanische Unabhängigkeitserklärung es formuliert hat, ihre Legitimität von der Zustimmung der Regierten beziehen, dann sind die bürgerlichen Freiheiten die Bedingungen der Möglichkeit politischer Legitimität. Nur in einem politischen System, das die Freiheit der Ausreise, der Meinungsäußerung, der Kunst, der Wissenschaft und der Presse gewährleistet, können sich die Menschen wirklich dazu äußern, ob sie in diesem System leben wollen oder nicht. Umgekehrt aber gewinnt ein Staat, in dem diese Freiheiten gelten, schon ein Mindestmaß an Legitimation dadurch, dass seine Bürger nicht aus ihm auswandern, ihn nicht radikal in Frage stellen und seine fundamentalen Strukturen nicht zu verändern versuchen. Die Menschen bringen damit indirekt zum Ausdruck, dass diese politische Ordnung, die sie im Prinzip ja verändern könnten, nicht veränderungsbedürftig ist. Diese indirekte Form der Legitimation ist es, die der moderne Staat durch die Gewährleistung der negativen Freiheit fast stillschweigend erwirbt. Insofern ist diese Freiheit weit mehr als nur eine Begrenzung staatlicher Macht; sie ist eine entscheidende Dimension der politischen Kommunikation zwischen Regierenden und Regierten. Warum also sollen wir hier nicht aufhören und Freiheit gänzlich mit diesem vom Staat zu respektierenden Spielraum des Individuums, sich zu entfalten, gleichsetzen?

Für diese Gleichsetzung argumentiert Isaiah BERLIN in seinem Plädoyer gegen jeglichen Begriff positiver Freiheit.[12] Die Gefahr des positiven Freiheitsbegriffs besteht nach

---

12 Isaiah Berlin, *Freiheit. Vier Versuche*, Frankfurt a. M. 1985.

Berlin darin, dass er die Kategorien der Freiheit mit denen des Glücks vermischt und dadurch zur Ideologisierung des Begriffs der Freiheit beiträgt. Wenn Freiheit nicht identisch ist mit der Unabhängigkeit von äußeren Eingriffen in das Leben des Individuums, wenn man Freiheit vielmehr als Freiheit des Individuums *von* seinen eigenen egoistischen Interessen versteht, dann bedeutet dies, dass das Individuum nicht mehr entscheiden darf, worin seine Freiheit besteht. Dann kann es zur Idee der kollektiven Kontrolle über das Zusammenleben kommen, die mit einschließt, dass eine kollektive Autorität – der Staat, die Kirche, eine Partei – darüber urteilt, ob die Menschen »wirklich« frei leben oder sich über sich selbst täuschen. Dann wird das Individuum, das zwar »subjektiv«, aber nicht »wirklich« frei ist, das Recht verlieren, sein Leben selbst zu bestimmen.

Die Gefahr, von der Berlin spricht, besteht zweifellos. Darum muss man sich, wenn man einen anderen als nur den negativen Begriff der Freiheit vertreten will, mit guten Gründen rechtfertigen. Die plausibelste Begründung für die Notwendigkeit eines positiven Freiheitsbegriffs lautet, dass negative Freiheit ihre Bedeutung als Legitimationskriterium des Staates verliert, wenn sie nicht durch den Aspekt der positiven Freiheit *begrenzt* wird. Es besteht hier eine Dialektik des Freiheitsbegriffs, welche nur durch die Verknüpfung des negativen Aspekts mit dem positiven expliziert werden kann. *Wenn man die Legitimität politischer Ordnung auf Freiheit fundieren will und dann den Freiheitsbegriff rein negativ definiert, dann schlägt dieser Begriff in sein Gegenteil um.* Dann geht genau diejenige Kontrolle über die Grenzen der Freiheit verloren, um deren Verteidigung es den Vertretern eines rein negativen Freiheitsbegriffs geht. Der positive Freiheitsbegriff stellt also nicht einen Gegensatz, sondern eine Ergänzung zum negativen dar, die dann notwendig wird, wenn Freiheit als grundlegendes Kriterium der Legitimation des politischen Zusammenlebens verstanden werden soll.

Charles TAYLOR hat ein solches Modell der Verknüpfung negativer und positiver Freiheit entwickelt, das man im Kern als eine Variante der Kritik des Kommunitarismus am Liberalismus, insbesondere an John RAWLS betrachten kann. Man braucht, so Taylor gegen Kant, nicht anzunehmen, dass unsere Ziele durch ein allgemeines Gesetz konstituiert werden, so dass nicht das Individuum, sondern eine überindividuelle Autorität darüber zu entscheiden hätte, was Freiheit ist. Positive Freiheit bedeutet vielmehr die »Freiheit der Selbsterfüllung oder Selbstverwirklichung«. Wir müssen daher übergehen von einem bloßen »Möglichkeits-« zu einem »Verwirklichungskonzept« des Menschseins (vgl. NF 121). Während negative Freiheit im Sinne von HOBBES oder MILL schlicht einen Spielraum von Optionen bedeutet, wohnt der Konzeption der positiven Freiheit eine bestimmte Vorstellung vom Eigenart menschlichen Lebens inne, nämlich »die nachromantische Idee, daß jede Person ihre eigene, originäre Form der Selbstverwirklichung besitzt, die sie jeweils nur unabhängig entfalten kann« (ebd. 120). Nicht Autonomie im Sinne Kants, sondern *Authentizität* als die Chance des Menschen, mit seinem Leben als einem von ihm selbst gesetzten Entwurf zur Deckung zu kommen, seinen eigenen unverwechselbaren Lebensweg gehen zu dürfen, wäre demnach der positive Sinn des Freiheitsbegriffs. Und weil diese Chance immer noch die Chance des Individuums ist, hat keine kollektive Autorität das Recht, an Stelle des Individuums zu entscheiden, ob es seine Freiheit verwirklicht hat oder nicht. Die »Kontrolle über das eigene Leben« (ebd. 121) gehört in die Hände der Individuen, nicht in die einer kollektiven Autorität. Worin aber besteht dann der entscheidende Unterschied zwischen negativer und positiver Freiheit?

Taylor kehrt zu den Grundlagen des antiken Konzepts vom *objektiven Glück* zurück. Denn die Pointe der »positiven Freiheit« kann gar nicht auf der politischen, sondern nur auf der epistemologischen sowie der ontologischen Ebene expliziert werden. Epistemologisch besteht sie in der Einsicht, dass, wie Taylor ganz deutlich festhält, »das Subjekt selbst [...] in der Frage, ob es selbst frei ist, nicht die letzte Autorität sein« kann (125). Das heißt: *Man kann sich hinsichtlich der Frage, ob man sein eigenes Leben verwirklicht oder nicht, täuschen und auch korrigieren.* Wir können eines Tages entdecken, dass ein bestimmtes Bedürfnis, das wir immer für den Ausdruck unserer Freiheit hielten »nicht wirklich unser Bedürfnis ist« (138). Ja, man kann sogar seinen Interessen und Bedürfnissen nachgeben und doch zugleich daran arbeiten, sie in Zukunft nicht mehr zu haben. Man kann, wie Harry FRANKFURT in seiner Theorie der »secondary volitions« sagt, »ein anderer werden wollen«.[13] Man kann also, etwa durch einen Freund, durch ein Erlebnis, durch Einsicht, darüber *belehrt werden*, wer man wirklich ist und was man wirklich will. Das heißt noch lange nicht, dass man *von einer kollektiven Autorität* darüber belehrt werden könnte – oder sogar müsste. Im Gegenteil: Der moderne Staat kann gerade als einer verstanden werden, der die Fähigkeit der Menschen, einander über die Ziele ihres Lebens zu belehren, allein in ihre Hände legt und *dem Kollektiv entzieht.* »In ihre Hände« aber besagt eben nicht: in die willkürliche Disposition jedes Individuums, sondern in die Verantwortung einer *Gemeinschaft* von Menschen, zu der die Individuen zusammengehören und an die sie denken müssen, wenn sie wissen wollen, wer sie wirklich sind. *Nur* Individuen können Individuen über deren Freiheit belehren, aber es gehört zur Kultur einer Gemeinschaft, dass sie in ihren Angehörigen das Verständnis dafür weckt und erhält, *dass* dem so ist, dass also eben auch Individuen ande-

---

13 Harry G. Frankfurt, »Willensfreiheit und der Begriff der Person«, in: Peter Bieri (Hrsg.), *Analytische Philosophie des Geistes*, Königstein i. T. 1981, 287–302.

re über ihre Freiheit belehren können, *dass also der Weg zur Erkenntnis der eigenen Lebensziele prinzipiell ein gemeinschaftlicher Weg ist.* Es gibt unter all den Optionen, die ich im Leben habe, bestimmte Optionen, die mir aufgrund meiner Voraussetzungen mehr entsprechen als andere und die ich finden muss, wenn ich wirklich mein Leben leben und nicht dem »Man« im Sinne Heideggers verfallen will. Und es gibt die Fähigkeit und die Verantwortung von Menschen, mir dabei zu helfen, diese Optionen zu finden und sie zu verwirklichen. Die im Kontext der Kompensation des legitimatorischen Vakuums ausschlaggebende Position Taylors ist nun, dass vor dieser Fähigkeit und gegenüber dieser Verantwortung der Staat seinerseits Verantwortung trägt; hierin besteht die legitimatorische Funktion der »positiven Freiheit« für die politische Ordnung.

Die Grundlage, auf der negative und positive Freiheit überhaupt nur zusammengedacht werden können, muss jedoch auf der *ontologischen* Ebene gesehen werden. Hier erst kann der Differenz zwischen »Möglichkeits-« und »Verwirklichungskonzept« der Freiheit ein klarer Sinn gegeben werden. Das Wort »Möglichkeit« selbst verbirgt eine ontologisch fundamentale Differenz, nämlich die Differenz zwischen *Option* und *Chance.* ARISTOTELES[14] hat diesen Unterschied als die Differenz zwischen *Anlage* und *Disposition* expliziert: Ein neugeborener Mensch hat aufgrund seiner natürlichen Anlagen die Möglichkeit, das Rechnen zu erlernen, aber ob diese Anlage verwirklicht wird, hängt davon ab, ob sie in ihm durch Erziehung und Bildung noch wirklich erzeugt wird oder nicht. Ein Mathematiker dagegen hat wirklich die Disposition erworben, jederzeit zum Rechnen überzugehen; ob er rechnet oder nicht, hängt allein von der Aktivierung einer Potenz ab, die schon real da ist. Ausgehend von dieser Unter-

---

14 Aristoteles, *De anima* (vgl. Anh. zu Kap. 3) 417a.

scheidung kann man sagen, dass Möglichkeit als kontrafaktisches Prinzip, also als *Veränderbarkeit der bestehenden Tatsachen*, ontologisch etwas anderes ist als die Möglichkeit als Realfaktor, also als schon *in den Tatsachen anwesende Disposition*.

Das rein negative Freiheitsverständnis übersieht diesen grundlegenden ontologischen Unterschied. Es geht davon aus, dass die Gesetze unseres Zusammenlebens dann der menschlichen Freiheit gerecht werden, wenn sie die *Optionen* schützen, die uns als potenzielle Weisen der Gestaltung der Tatsachen vorstellbar sind. Das positive Freiheitsverständnis hingegen verweist auf die Chance, *das Leben als einen sich selbst gestaltenden Entwurf zu führen*. Diese Disposition ist keine Option; jeder Mensch, der ins Leben getreten ist, ist mit ihr in gewisser Weise real identisch, denn *einen* Lebensweg *muss* er gehen. Dass er diese Disposition realisieren wird, ist sicher, fraglich ist nur noch, wie. Und die Gesetze des menschlichen Zusammenlebens können nicht allein dadurch legitimiert werden, dass sie die Zahl der Optionen, die uns für die Realisierung dieser Disposition zur Verfügung stehen, schützen. Sondern diese Gesetze müssen auch auf die Verantwortung hin befragt werden, die der Staat dafür trägt, dass Menschen sich darüber klar werden, worin *ihre und nur ihre Chance* besteht, ihr Leben auf eine unverwechselbare, ihnen und ihren Voraussetzungen angemessene Weise zu führen. Es geht bei der Unterscheidung zwischen positiver und negativer Freiheit also nicht einfach um die Differenz zwischen inneren und äußeren Einschränkungen des Handelns, sondern um die Frage, ob eine politische Ordnung die Verantwortung dafür mit übernehmen muss, dass Menschen sich darüber klar werden, dass sie den Sinn des Lebens nicht allein durch die Steigerung der Anzahl der ihnen zur Verfügung stehenden Optionen finden können, sondern dass im Gegenteil ein sinnvoll geführtes Leben gerade auf der Kunst beruht, die vielen Optionen, die man zwar hat, die aber nicht wirklich zum eigenen Leben gehören, unbeachtet zu lassen und sich durch sie nicht vom spezifisch eigenen Lebensweg ablenken zu lassen.

Damit kommen wir nun allerdings zu Berlins Einwand zurück: Wenn die »positive Freiheit« in diesem Sinne, also als Idee der Herrschaft eines Individuums über sein Leben, Gegenstand möglicher Erkenntnis ist, also auch Gegenstand möglicher Täuschung, Korrektur und Belehrung, wie soll man dann dem Anspruch eines Staates entgegentreten, der behauptet, er verfüge über die wahre Erkenntnis hinsichtlich der Freiheit seiner Bürger? Die Unterscheidung zwischen authentischer und inauthentischer Lebensführung, die nach Taylor die Pointe des positiven Freiheitsbegriffs darstellt, ist ja nach der Auffassung von Berlin gerade das Einfallstor des Totalitarismus. Um mit diesem Einwand umzugehen, muss man den Hintergrund der neuzeitlichen Staatskonzeption in seiner ganzen philosophischen Tiefe herausstellen.

Schon bei HOBBES wird der Inhalt des »Rechts auf Selbstregierung« als eine prinzipiell *unerkennbare Wirklichkeit* verstanden. Sobald der Staat existiert, kann das Individuum sich nur noch in den Grenzen der staatlichen Gesetze entfalten, die ihm die Realisierung seiner selbst nur im Respekt vor dem gleichen Recht aller anderen Bürger ermöglichen. Worin die Regierung meiner selbst unabhängig von der Gesellschaft und jenseits des Staates bestanden hätte, das werde ich nie erfahren. Und in dieser Hinsicht steht Kants Begriff des »dictamen rationis« Hobbes näher, als meist bemerkt wird.[15] Wenn Kant die moralische Persönlichkeit als »die Freiheit eines vernünftigen Wesens unter moralischen Gesetzen« (MdS AB 22) und als »die Idee der a priori vereinigten Willkür aller« (MdS

15 Vgl. dazu auch Friedrich Kaulbach, *Studien zur späten Rechtsphilosophie Kants und ihrer transzendentalen Methode*, Würzburg 1982, 131.

AB 102) definiert, formuliert er seinen Grundgedanken, dass für die menschliche Person das Wissen um ihr wahres Selbst identisch ist mit dem Wissen um die Forderungen des universalen Sittengesetzes, die sich an die gesamte Menschheit richten. Sich selbst zu regieren heißt für einen vernünftigen Menschen, dem Gesetz zu gehorchen, das für alle vernünftigen Wesen gilt. Somit scheint bei Kant das individuelle Selbst gänzlich in der abstrakten Macht der Vernunft unterzugehen; aber es gibt eine Kraft, die Kant als diejenige markiert hat, die in diesem Zusammenhang ganz vom Individuum her kommen muss und nicht zur Vernunft als solcher gehört. Diese Kraft definiert nach Kant sogar den Begriff der menschlichen Person. Es ist die Kraft, *vom Standpunkt eines animalischen Individuums zu dem eines rationalen Wesens überzugehen.* Dieser Übergang ist identisch mit dem Übergang meiner selbst zu dem Standpunkt, auf dem ich mich vom Standpunkt aller anderen vernünftigen Wesen aus betrachte.[16] Die Fähigkeit, mich vernünftig selbst zu bestimmen, hat also eine spezifisch individuelle Grundvoraussetzung, in der gewissermaßen die Wurzeln der praktischen Vernunft in der Praxis des gemeinschaftlich verantwortlichen Individuums wachsen müssen, nämlich *die Fähigkeit, mich mit den Augen der anderen zu betrachten.* Diese Fähigkeit kann in mir durch das Vernunftgesetz selbst nicht noch einmal erzeugt worden sein; denn die Vernunft wird als solches Gesetz genau dann praktisch wirksam, wenn ich schon zum Standpunkt eines Vernunftwesens übergegangen bin, geschieht etwas, das nur ein Individuum leisten kann und wodurch es sich zugleich als Individuum überwindet und transzendiert.

Diesen Aspekt der Selbsttranszendenz hat nicht nur Berlin, sondern auch Taylor in seiner Bedeutung unterschätzt. Die Kraft, die mich als Individuum dazu befähigt,

16 Vgl. unseren Hinweis auf Kant, GMdS BA 113 oben in Kap. 8a.

zum Standpunkt der Vernunft überzugehen, ist auch bei Kant, ähnlich wie das Recht auf Selbstregierung bei Hobbes, nur noch indirekt realisierbar, nämlich *im Gehorsam gegenüber dem Gesetz*. Ich betrachte mich genau dann mit den Augen der anderen, wenn ich mich an die Gesetze halte, die für sie und mich ohne Ansehung unserer individuellen Person gelten. Wir berühren hier noch einmal die Grenze, die jeder abstrakten Theorie gezogen ist und jenseits derer die Ethik im modernen Staat politisch werden muss. *Es kann keine positive, direkte Charakterisierung dessen geben, was ein Individuum dazu befähigt, ein Vernunftwesen zu werden. Gerade deshalb aber kann der Staat sich niemals in theoretisch legitimierbarer Weise anmaßen, eine solche Charakterisierung vorzunehmen.* Dies ist die für den modernen Staat entscheidende, sein legitimatorisches Vakuum zugleich freisetzende wie kompensierbar haltende Idee von Selbstbegrenzung: Genau dadurch, dass er jede positive transzendente Rechtfertigung seiner Existenz zurückweist, erlegt er sich selbst ein *Definitionsverbot* hinsichtlich dessen auf, was es für seine Bürger heißt, sich selbst auf das hin zu transzendieren, was ihrem Leben Sinn gibt. Insofern ist die positive Freiheit als Grundlage der Gesetze des menschlichen Zusammenlebens notwendig, aber niemals anders wahrnehmbar als *durch den Respekt vor den Gesetzen*. Die Freiheit des Individuums, sich zur Herrschaft über sein Leben selbst zu bestimmen, ist kein Konkurrenzprinzip zur negativen Freiheit, sondern sie ist nur realisierbar, indem die im Staat gültige Ordnung der negativen Freiheit, also die gesetzliche Ordnung, in einem Grund der Gesetze fundiert wird, den der Staat respektieren muss, ohne ihn positiv definieren zu können.

Dieser Grund ist es eigentlich, was wir heute mit den Begriffen der »Menschenwürde« und der »Menschenrechte« festzuhalten versuchen. Der Inhalt dieser Begriffe ist letztlich undefinierbar, weil das, was einen Menschen in seinem Wesen ausmacht, undefinierbar ist. Was den Menschen zu dem Individuum macht, das er ist, letztlich also seine unverwechselbare Biographie, ist nicht »Nichts«; aber es ist *das schlechthin nicht Definierbare*. Der Staat kann sich zur Würde und zu den Rechten des Menschen nur verhalten, indem er sie jederzeit respektiert und ihren Schutz gewährleistet. Zu diesem Respekt aber gehört auch noch der Schutz der Bürger vor den Konsequenzen eines *verabsolutierten negativen Verständnisses von Freiheit*, in dem die Chance, man selbst zu sein, mit einem möglichst großen, ja unbegrenzten Spielraum von Optionen verwechselt wird.[17]

Die Idee, dass der Mensch sich nur selbst verwirklichen kann, indem er mit anderen Menschen in einer Gemeinschaft lebt, die ihn darüber zu belehren vermag, wer er eigentlich ist und was er eigentlich will, steht nicht im Widerspruch zu der Forderung, dass der Staat die Optionen, die jedes Individuum hat, als dessen unantastbaren Spielraum der Entfaltung seiner äußeren Freiheit respektieren muss. Auf dem Weg der menschlichen Selbstverwirklichung findet ein hermeneutischer Prozess statt, in dem die Person sich aus dem, was sie war und noch nicht ist, ständig neu bildet und in dem sich dergestalt Erkenntnis und Erkanntes ständig neu gegenseitig konstituieren. Damit dieser Prozess stattfinden kann, muss ich aber eines notwendigerweise lernen, nämlich *mich mit den Augen anderer zu sehen*. Nur aufgrund der Fähigkeit, mich mit den Augen anderer zu sehen, kann ich auch begreifen, dass es für die anderen Lebensziele gibt, die für sie von ebenso großer Bedeutung sind wie mein Lebensziel für mich. Diese Fähigkeit, aus sich hinaus zu wandern und sich von konkreten anderen Menschen her wiederzufinden, kann man nur in Gemeinschaft mit einigen wenigen lernen und entwickeln. Aber sie ist die konkrete Voraussetzung für

---

17 Vgl. oben Kap. 2d.

die abstrakte Leistung, die uns dann eine Ordnung negativer Freiheit abverlangt, nämlich den Respekt vor den Lebenszielen aller Menschen als Grundlage der gegenseitigen Beschränkung ihrer und meiner Optionen. Es gibt daher nicht eine einzige, geschlossene und etwa durch Abstammung oder unmittelbaren Willensentschluss definierte Gesamtgemeinschaft, auf die sich der politische Gesetzgeber als eine »volonté générale« berufen könnte, wenn er den Menschen zumutet, sich im Sinne der authentischen Gestaltung ihrer Lebensziele selbst zu begrenzen; sondern es gibt die vielen konkreten, überschaubaren und aus sich heraus lebensfähigen Verbindungen, in denen Menschen lernen und erfahren, was es heißt, sich mit den Augen anderer zu sehen und dadurch erst sich selbst zu erkennen. Sie zu fördern und sich selbst ihnen gegenüber zu begrenzen, ist das Gebot, welches der Rechtsstaat als das der »positiven Freiheit« seiner Bürger zu vernehmen hat.

c) Die geschichtliche Dimension der Personalität: die »Biographie«

Mit dem Prinzip der positiven Freiheit und der legitimatorischen Auszeichnung der sozialen Gemeinschaften scheint nun freilich die geschichtliche Pointe des Kommunitarismus aus dem Blick geraten zu sein. Es wäre unter den Bedingungen des heutigen Lebens ziemlich weltfremd, wenn man behaupten wollte, dass Menschen sich mit ihrer Familie, ihrem Verein oder ihrer Gemeinde deshalb identifizieren, weil sie in ihnen generationenübergreifende geschichtliche Mächte sehen. Sind nicht gerade diese Institutionen im hegelschen Sinne *gesellschaftlicher* Natur? Muss der Staat nicht eben dann, wenn er sich ihnen gegenüber begrenzt, aus seinen Orientierungslinien die geschichtliche Dimension ausblenden, die in Ideen wie de-

nen der Nation oder gar der »Weltgeschichte« wurzelt? Ist
daher mit dem demokratischen Rechtsstaat, insofern er im
Begriff ist, sich als allgemeine politische Ordnungsform
über den Erdball auszubreiten, doch das »Ende der Geschichte« bezeichnet? Und ist nicht die mit ihm einherge-
hende »Globalisierung« ein sicheres Indiz gerade für eine
Tendenz zum weltweiten Optionalismus, für die Anglei-
chung der Lebensformen über alle Kulturen hinweg und
für die universale Neigung der Menschen, ihr Land als
Dienstleistungsagentur zu betrachten, die man notfalls gegen eine andere austauscht, wenn diese einem bessere Lebenschancen eröffnet?

Die Philosophie kann auf solche Fragen adäquat nicht
dadurch reagieren, dass sie geschichtliche Szenarien zu
entwerfen oder sogar künftige Epochen vorauszubestim-
men versuchte. Sie streitet nicht darüber, wohin die Geschichte geht, sondern *was Geschichte ist*. Und wenn sie
ihre radikalste Leistung dort erbringt, wo sie, wie wir es
etwa in der augustinischen Definition des Staates oder in
HOBBES' Wendung des *ius naturale* verfolgen konnten,
Begriffe revolutioniert, dann wird eine adäquate philosophische Auseinandersetzung mit dem Problem der Geschichte nur in einer radikalen Neubestimmung dessen
bestehen können, *was Geschichte heißt*. Der Schritt, der
dazu erfolgen muss, ist, wie es für wirkliche philosophische Radikalität typisch ist, ein ganz einfacher; er besteht
darin, dass wir uns auf den *pluralen, poetischen* Sinn des
Wortes »Geschichte« besinnen, also auf Geschichte als
»Erzählung«.

Dass in der Entwicklung des menschlichen Lebens und
Zusammenlebens nicht »die« Geschichte als ein Hyper-
subjekt, sondern *Geschichten* am Werk sind, ist eine Einsicht, die insbesondere für die politische Philosophie ein
weites Feld eröffnet – ein Feld, das mit dem Schlagwort
von den »großen Erzählungen«, die nur in der »Moderne«
wirksam gewesen sein und heute gar ihre Macht verloren

haben sollen,[18] sicher nicht abgesteckt werden kann. Als Geschichten in diesem poetischen Sinne muss man letztendlich nicht solche von kulturellen Einheiten hervorgebrachten und in ihrem Rahmen wirksamen Denkprodukte – wie Mythen, Ideologien oder Paradigmen – betrachten, sondern *jene kulturellen Einheiten selbst*. Der Begriff der Geschichte bzw. der Erzählung wird so zum Grundkriterium der Bestimmung dessen, was einer kulturellen, generationenübergreifenden Einheit überhaupt ihre Identität verleiht. Und unter eben diesem Gesichtspunkt, also dem der »narrativen Identität«, bildet er dann eine entscheidende Brücke zwischen Person und Gemeinschaft. Denn die Geschichte des individuellen Lebens kennen wir durchaus als etwas, an dessen Anerkennung und Respektierung Menschen zutiefst interessiert sind: als ihre »Biographie«. In diesem Topos kann es tatsächlich gelingen, die große Wendung der Moderne, die Wendung zur Geschichte, mit dem ursprünglichen teleologischen Gedanken der personal, nicht gattungsmäßig definierten Vervollkommnungsfähigkeit menschlichen Lebens zu versöhnen.

Von dieser Basis her hat im Anschluss an Hannah ARENDT[19] Paul RICŒUR noch einmal den uralten Gedanken reformuliert, den wir zuerst in PLATONS Bild vom Seelenstaat entwickelt fanden. Gemeinschaftliche Einheiten sind für uns deshalb mehr als nur Instrumente unserer individuellen Interessenkalkulation, weil wir von ihnen her überhaupt erst verstehen, was es heißt, ein Individuum zu sein. »Die Identität eines Individuums oder einer Gemeinschaft angeben, heißt auf die Frage antworten: *Wer* hat diese Handlung ausgeführt, *wer* ist der Handelnde, der Urheber?« (ZE Bd. 3,395) Darin liegt der prinzipielle Unterschied zwischen der logischen Identität eines Selben

---

18 Jean-François Lyotard, *Das postmoderne Wissen*, Wien 1986.
19 Vgl. Hannah Arendt, *Vita activa oder Vom tätigen Leben*, Neuausg. München 1981, 17.

(*idem*) und der narrativen Identität eines Selbst (*ipse*). Auf
die Frage »*wer?*« antworten, heißt, wie Hannah Arendt
nachdrücklich betont hat, die Geschichte eines Lebens erzählen. »Die erzählte Geschichte gibt das *wer* der Handlung an.« Und »Erzählen« ist hier als eine Aktivität zu
verstehen, durch die das, was darin zu erzählen ist und sogar derjenige, der erzählt, selbst erst geschaffen werden.
»Im Unterschied zur abstrakten Identität des Selben kann
die für die Ipseität konstitutive narrative Identität auch die
Veränderung und Bewegtheit im Zusammenhang eines
Lebens einbegreifen. Das Subjekt konstituiert sich in diesem Fall, wie Proust es sich wünschte, als Leser und
Schreiber zugleich seines eigenen Lebens« (396). Und gerade in seiner politischen Wendung streift dieser Gedanke
der narrativen Identität praktisch zur Gänze seine Meta-
phorik ab. Wenn wir unser Leben führen, wenn wir das in
den Blick nehmen, was durch diesen Blick erst in die
Wirklichkeit treten wird, dann geschieht tatsächlich etwas
von der Art, aus der auch Literatur hervorgeht: Wir nehmen den »Stoff« unseres uns zu uns selbst bildenden Wer-
kes aus unserer kulturellen Umwelt und gehen aus seiner
geistigen Verarbeitung als die biographisch fassbaren Einheiten hervor, die uns zu den Personen machen, die wir
sind.

In diesen beiden konstitutiv vereinigten Seiten dessen,
was es heißt, »Erzählung« zu sein, im Zusammenspiel
zwischen dem kulturell vorgegebenen Stoff und seiner je
individuellen Formung zum Zusammenhang eines Lebens,
findet nach Ricœur jener Prozess statt, den wir schon unter dem Begriff der »positiven Freiheit« auf die Chance
gegründet sahen, dass Menschen sich von anderen darüber
belehren zu lassen vermögen, wer sie sind. Die Grundformen dieser Belehrung sind eben die großen Erzählungen,
in denen eine Kultur zugleich ihre eigene Identität gegenüber anderen ihresgleichen gewinnt und deren Verarbeitung jeden von uns zu einem macht, der unter den ande-

ren seinesgleichen unverwechselbar ist. In ihnen schlägt sich die für Kultur schlechthin konstitutive Überzeugung nieder,

> »daß das *Selbst* der Selbsterkenntnis nicht das egoistische und narzisstische Ich ist, dessen Hypokrisie und Naivität die Hermeneutiken des Ideologieverdachts enthüllt haben [...]. Das Selbst der Selbsterkenntnis ist die Frucht eines Lebens der Selbsterforschung, wie Sokrates in der *Apologie* sagt. Ein erforschtes Leben aber ist in bedeutendem Maße ein gereinigtes und geklärtes Leben – gereinigt durch die kathartischen Wirkungen, die von den historischen und fiktiven Erzählungen unserer Kultur ausgehen. Die Ipseität ist somit diejenige eines Selbst, das seine Bildung den Werken der Kultur verdankt, die es auf sich selbst appliziert hat.« (Ebd.)

Wenn der Begriff der »Gemeinschaftlichkeit« des Menschen einen akzeptablen Sinn haben kann, dann diesen, dass wir unser individuelles Wesen in einem lebenslangen Prozess gewinnen, in dem wir Erzählungen zu »lesen« und uns aus ihnen verstehen lernen, die nur gemeinschaftlich geschrieben, weitergegeben und verstanden werden können. Hierin liegt auch die ganz präzise Berechtigung des Rückgriffs auf den poetischen Aspekt von »Geschichte«: Genauso wie es im Umgang mit Literatur von fundamentaler Ignoranz zeugt, wenn man das, »was der Dichter uns damit sagen will«, aus einem poetischen Werk noch herauszuvernünfteln versucht, beginnt das politisch relevante und für menschliches Zusammenleben im Ansatz verhängnisvolle Missverständnis von Gemeinschaftlichkeit dort, wo man die kulturelle Identität, aus der heraus ein konkretes Staatswesen und seine rechtliche Verfassung noch gespeist sind, unmittelbar in gesetzliche Normen zu übersetzen versucht. Dann droht die Rechtsordnung von einem System des Respekts vor den vorstaatlichen Rechten der Bürger zu einem Pamphlet staatlich verordneter Gesinnungen oder doch wenigstens mit einem solchen vermischt zu werden.

Das beginnt mit dem Bekenntnis zu »Werten« – statt Rechten – am Grunde der Gesetze[20] und führt über rechtssystematisch dubiose »Staatszielbestimmungen« und die Umformung von Grundrechten zu Institutsgarantien[21] schließlich bis zur hilflosen Berufung auf eine »Leitkultur« als normativer Basis der vornormativen Prägungen des Zusammenlebens. »Grundwerte« haben ihren Platz im Umgang einer politischen Gemeinschaft mit dem Recht, aber dieser Platz ist entschieden derjenige des Ringens um die richtige Gesetzgebung, nicht derjenige der konstitutionellen Rechtsbegründung. Das heißt konkret: *Die Berufung auf »Grundwerte« gehört in Parteiprogramme und nicht in staatliche Normen*. Auf der parteilichen Ebene sind die dezisionistischen, irrationalen und relativistischen Elemente, die dem Wertbegriff anhängen,[22] selbst von rationaler, weil die Grenzen des Begründbaren offenlegender Bedeutung. Transformiert in Staatsziel- und Grundrechtskonkretisierungen jedoch führen sie die Politisierung der Verfassungsgerichtsbarkeit und die Ideologisierung des Kulturbegriffs mit sich. Denn gerade der moderne, pluralistische Kulturbegriff ist ja höchst ideologieanfällig, das heißt: Er kann zum willkürlich verwendbaren Instrument für die Gehorsamsverweigerung gegenüber dem Rechtsstaat werden. Das aber ist mit den Maßstäben der Menschenwürde, aus denen sich auch der Respekt vor Kulturen noch begründet, nicht vereinbar. Die Mafia bei-

---

20 Vgl. dazu Ernst-Wolfgang Böckenförde, »Kritik der Wertbegründung des Rechts«, in: Reinhard Löw (Hrsg.), *Oikeiosis. Festschrift für Robert Spaemann*, Weinheim 1987, 1 ff.
21 Vgl. die Kritik am Weg in den Jurisdiktionsstaat bei Ernst-Wolfgang Böckenförde, *Staat, Verfassung, Demokratie. Studien zur Verfassungstheorie und zum Verfassungsrecht*, Frankfurt a. M. 1991, insbes. 128, 189 f.
22 Vgl. Böckenförde (Anm. 19) 13, 15.

spielsweise ist keine »Kultur«, nur weil ihre Mitglieder in bestimmten Lebens- und Handlungsformen übereinstimmen, und auch sonst kann im modernen Verfassungsstaat kein wie immer gearteter Gemeinschaftsverband seine wirklichen oder behaupteten »Werte« auf der Ebene der Rechtsbegründung mit einer Kraft zur Geltung bringen, die seine Angehörigen dem Gewaltmonopol des Rechtsstaates zu entziehen vermöchte.

Die legitimatorische Bedeutung der ihn speisenden Kultur kann der moderne Staat nur auf dem einen entscheidenden Feld fruchtbar machen, für das er nicht weniger als für Recht und Wohlfahrt verantwortlich ist, das er aber nicht in entsprechender Weise gesetzlich zu regeln vermag: dem Feld der *Bildung*. Die gemeinschaftliche Kompensation des legitimatorischen Defizits des Rechtsstaates vollzieht sich in seiner Ergänzung zum Kulturstaat durch die von ihm verwalteten und geschützten Bildungsinstitutionen. Bildung ist ja dadurch Schlüssel der Lebensgeschichte, dass sie eigentlich *den Inbegriff der richtigen Vermittlung zwischen Alter und Jugend* darstellt. Bildung ist gebunden an das Miteinander eines Alten mit einem Jungen, der den Vorsprung des Alten aufholt, ihn so gegenüber Jüngeren gewinnt und dadurch selber alt wird. Sie hat mit den Maßstäben des richtigen Alterns und jener Art von Erkenntnis zu tun, die der Mensch nur durch das Fortschreiten seines Lebens hin zum Ende erlangen kann. Bildung ist insofern der Gegenbegriff zu »Information«, denn über gelingendes Leben kann man sich nicht informieren und darüber werden niemals die Jüngeren die Älteren belehren können, egal wie schnell sich die angebliche »Informationsmenge« innerhalb einer Generation so vervielfachen mag, dass ihre Inhalte immer kurzfristiger »veralten«. Was es wert ist, gelernt zu werden, das ruft unser Alter unserer Jugend zu. Durch Bildung lernt man im tiefsten Kern, *das eigene Leben als Geschichte zu sehen*, und in dieser Beziehung hat der Topos der Geschichte wieder eine keineswegs metaphorische Bedeutung. Wenn mein Leben eine Geschichte ist, dann fügt jeder Tag ihm etwas hinzu, dann gewinnt es mit ihm nicht nur an Reichtum, sondern strebt durch ihn, wie eine erzählenswerte Erzählung, dem entgegen, was ich aus ihm und nur ihm zu lernen vermag. Wenn mir mein Leben keine Geschichte ist, dann kann ich es nur als einen Vorrat gleichgültiger Zeit wahrnehmen, der mit jedem Tag abnimmt und die Welt in den traurigen Inbegriff des mir Entgehenden fügt. Wird es mir aber zur Geschichte, dann erfahre ich diese als eine, die selbstverständlich auch über mich noch hinaus- und hinweggeht und die für mich nur in dem Maße Bedeutung hat, in dem andere sie wahrzunehmen und anzuerkennen fähig sind.

Den Respekt vor der ihn tragenden Kultur kann der Staat nicht in rechtlich verschwommener Berufung auf gemeinschaftliche Ziele oder Werte konkretisieren, aber indem er Bildung als Prozess und Kanon so verwaltet, dass die Organisation ihrer Inhalte jedenfalls in einem nicht relativierbaren Kernbereich mit dem Respekt vor ihrer nicht funktionalisierbaren Zweckhaftigkeit zusammenfällt. Im Ziel, den Menschen zur *Persönlichkeit* heranzubilden, lebt noch die Grundeinsicht weiter, um die es im objektiven Glücksbegriff als dem ursprünglichsten Modell der Vermittlung von Politik und Ethik gegangen ist: die Einsicht, dass man sich zum Gelingen seines Lebens nicht direkt intentional verhalten kann. Man erlangt unverwechselbare Individualität gerade nicht, indem man sich vornimmt, ein unverwechselbares Individuum zu werden. *Man erlangt unverwechselbare persönliche Identität dadurch, dass man sich mit dem identifiziert, was wichtiger ist als man selbst.* »In der Tat besteht«, so Ricœur in seinen Diskursen über *Das Selbst als ein Anderer* (151),

»die Identität einer Person, wie die einer Gemeinschaft, zum Großteil aus diesen *Identifikationen mit* Werten,

Normen, Idealen, Vorbildern, Helden, *in* denen Person
und Gemeinschaft sich wiedererkennen. Das Sich-*in*-et-
was-Wiedererkennen trägt zum Sich-*an*-etwas-Wieder-
erkennen bei. Die Identifikation mit Heldengestalten
offenbart deutlich diese übernommene Andersheit, die
aber latent bereits in der Identifikation mit Werten vorhanden ist, auf Grund deren man eine ›Sache‹ über sein
eigenes Leben stellt.«

Damit wird der *Charakter* zum zentralen Vermittlungsbe-
griff zwischen der aristotelischen und der modernen Idee
gelingenden Lebens, zwischen der Stabilität persontrans-
zendierender, unverlierbarer Haltungen und der Unver-
wechselbarkeit einer sich durch sie hindurch erfüllenden
persönlichen Geschichte, und Ricœur verweist auf die
spezifische Bedeutung, mit der wir für eine Person, die innerhalb eines dichterischen Kunstwerks auftaucht, gerade
das Wort »Charakter« verwenden. »So wird verständlich,
daß der stabile Pol des Charakters eine narrative Dimension annehmen kann, wie es der Gebrauch des Wortes
›Charakter‹, der ihn mit der Figur einer erzählten Geschichte identifiziert, zeigt.« (152)
    Natürlich ist mit diesem Rückgang auf den Charakter
wieder erst der Grundbegriff nicht der Lösung, sondern
der Aufgabe gefasst, vor die wir uns auf der Suche nach
dem legitimatorischen Horizont unseres Zusammenlebens gestellt sehen. So ist mit dem Hinweis auf den prinzipiell indirekten Zusammenhang zwischen Gesetz und
Kultur als einer der fundamentalen Aspekte der Legitimation rechtsstaatlicher Politik ihre Selbstbegrenzung gegenüber der Gefahr der zunehmenden *Verrechtlichung
der Lebensbeziehungen* verbunden. Kulturelle Beziehungen sind wesentlich *Näheverhältnisse*. Wer man wird, das
entscheidet sich nirgends sicherer als durch die Persönlichkeiten, in deren Nähe man sich begibt oder über deren Nähe zu sich selbst man bestimmt. Die »Anderen«

begegnen einem auf diesem Feld also gerade nicht in der Äquidistanz, die herzustellen und zu regeln das tiefste Prinzip abstrakter Gesetzlichkeit ist. Die Ordnung der Nähe ist keine Ordnung des Rechts, sondern eine des Glücks und damit, woran Max Scheler[23] und Robert Spaemann[24] im Rückgriff auf den augustinischen Topos des *ordo amoris* erinnert haben, der Liebe. Es ist ein in unserer Endlichkeit wurzelndes Grundparadox des menschlichen Selbstverhältnisses, dass wir unsere universalen, durch die »Menschheit« im kantischen Sinne konstituierten Verpflichtungen nur im Verhalten zu jenen wenigen Menschen zu konkretisieren vermögen, denen wir verantwortlich sind und für die wir das tun müssen und tun, was wir für andere niemals täten. Der Andere in diesem durch kulturell vermittelte Nähe bestimmten Sinne ist die Instanz, in der die eine Gemeinschaft tragenden und ihr das Selbstwertgefühl gegenüber allen anderen ihresgleichen vorgebenden *Regeln* jenseits der rechtlichen Ordnung ihre konkrete Verankerung haben. »Sich auf das Verhalten anderer Handelnder zu beziehen und ihm Rechnung zu tragen« (SaA 191): diese ist nach Ricœur die allgemeinste Charakterisierung gemeinschaftlicher Verantwortung als *Praxis* im eminenten Sinne, und sie setzt voraus, dass uns die Regeln, aufgrund derer wir erkennen können, wer die uns verpflichtenden anderen sind, nicht vollständig in sanktionsbewehrten Rechtsgesetzen und vertraglicher Interessenkalkulation aufgehen. *Menschen, an denen einem etwas liegt,* sind der konkret zu begreifende Grund des rechtlichen Respekts vor alledem, woran Menschen etwas liegt, und eben deshalb kann das Verhältnis zu diesen Menschen nicht seinerseits in Form rechtlichen Respekts erschlossen werden.

23 Max Scheler, *Wesen und Formen der Sympathie*, Bonn 1999.
24 Robert Spaemann, *Glück und Wohlwollen. Versuch über Ethik*, Stuttgart 1989, 141 ff.

Aus den Maßstäben aber, nach denen wir Menschen suchen und finden, an denen uns etwas liegt, kann der »wertende«, staffelnde Aspekt jeder Gemeinschaft stiftenden Beziehung zwischen Menschen nicht herausgehalten werden. Ohne dass wir anderen ein entsprechendes Verhältnis zu- und untereinander absprechen dürften, müssen wir doch in dem, was uns zu den Unsrigen gehören lässt, in irgendeinem Sinne das am Werk finden, was im Rückgriff auf Aristoteles von MacIntyre »Maßstäbe für Vortrefflichkeit«[25] genannt wird und wozu Ricœur sich als der Brücke zwischen kultureller und persönlicher Identität ausdrücklich bekennt (SaA 215). So wie es Maßstäbe der Vortrefflichkeit gibt, durch die man den Freund erkennt und wiedererkennt, so muss es im Verhältnis zu der Gemeinschaft, in deren Geschichte und deren Erzählungen der Weg tradiert wird, auf dem es zu der staatlichen Ordnung, in der man lebt, gekommen ist, einen Aspekt geben, unter der man mit ihr befreundet ist. Egoismus und Nützlichkeitsdenken auf der Ebene der sozialen Verteilungskämpfe können nicht in einen luftleeren Raum appellativer Menschenfreundlichkeit, sondern nur auf ein konkretes »Wir« hin überstiegen werden, in dem die Bürger, wie ein Freund in seinem Freund, sich außerhalb ihrer selbst wiederfinden.[26]

Bis an den hier erreichten Punkt kann die Orientierung an der von Ricœur so umsichtig herausgearbeiteten Verknüpfung zwischen Individuum und Gemeinschaft im Modus der »Erzählung« einen imposanten Teil der Last

---

25 Vgl. Alasdair MacIntyre, *Der Verlust der Tugend* (vgl. Anh. zu Kap. 13) 255 f.

26 Vgl. Ernst-Wolfgang Böckenförde, *Staat, Verfassung, Demokratie*, Frankfurt a. M. 1991, wonach »relative Homogenität« eine gemeinschaftliche Voraussetzung demokratischer Staatlichkeit ist; diese »zeigt sich als ein sozialpsychologischer Zustand, in welchem die vorhandenen politischen, ökonomischen, sozialen, auch kulturellen Gegensätzlichkeiten und Interessen durch ein gemeinsames Wir-Bewußtsein, einen sich aktualisierenden Gemeinschaftswillen gebunden erscheinen« (348).

tragen, die der modernen Politik durch das legitimatorische Vakuum ihres Staates auferlegt ist. Das Ganze dieser
Last kann man aber auch mit ihr nicht schultern. Wie er-
hellend der Topos der narrativen Identität im Hinblick auf
die Gemeinsamkeit zwischen Individuum und politischer
Gemeinschaft sein mag, seine Grenze ist dort gezogen, wo
die Parallelität zwischen beiden definitiv endet. Menschen
können Aufschluss über ihr Leben in einer Vielzahl gemeinschaftlicher Institutionen finden, in Opfern und Riten, Festen und Kunstwerken, in ihrer Sprache und sogar
einem »gemeinsamen Gedächtnis«,[27] aber eines gibt es
nicht: ein gemeinsames *Gewissen*. Was zu meinem Leben
gehört und wofür ich mich mit meiner ganzen Persönlichkeit zu verantworten habe, das muss ich mit einem inneren Richter abmachen, zu dem es für keine kulturell konstituierte Gemeinschaft eine Entsprechung gibt. Hier liegt
die unüberbrückbare Kluft zwischen »Ich« und »Wir«.
    Das Gewissen ist keine Erzählung, sondern Gesetz, und
gerade als solches ist es der Prüfstein und sogar der Krea-
tor einer unverwechselbaren Persönlichkeit. Wer immer
seinem Gewissen folgen würde, wer sich immer an dem
auszurichten die Größe hätte, was eigentlich jeder an seiner Stelle zu tun hat, wäre das unverwechselbarste aller
menschlichen Individuen. Das Gewissen ist das Auge,
durch das man sich, was immer auch die anderen in einem
sehen mögen, letztlich wieder selbst sehen muss. Deshalb
aber wird sein Inhalt nicht durch »die« anderen, insofern
diese mit mir zusammen einer bestimmten kulturell verbundenen Gemeinschaft angehören, bestimmt, sondern
durch *alle* vernünftigen Wesen, denen es, ebenso wie mir,
vorgegeben ist. Darum transzendiere ich als vernünftig geartetes Individuum, das alle anderen seinesgleichen noch
einmal repräsentiert, auch die Erzählungen, in denen die
Gemeinschaft mich über das belehrt, was zu meinem Le-

27 Jan Assmann, *Das kulturelle Gedächtnis* (vgl. Anh. zu Kap. 1), 139.

ben gehört. Nur so ist zu verstehen, wie Individuen sich für das Unrecht, das im Namen ihrer Gemeinschaft, aber ohne ihre persönliche Schuld, etwa in lange zurückliegenden Zeiten, anderen Menschen angetan worden ist, verantwortlich fühlen und dafür sogar um Verzeihung bitten können.[28]

Ricœur hat sich im Fortgang seiner politischen Philosophie auch noch dieser Grenzbedeutung zugewendet, die das Gewissen für das Modell der narrativen Identität hat.[29] Im *Verbotscharakter*, in seinem *universalen Anspruch* und in der impliziten *Anerkennung der subjektiven Vielfältigkeit menschlicher Überzeugung* kommt der Spruch des Gewissens nach Ricœur mit dem des rechtlichen Gesetzes überein.[30] Es gibt aber auch noch einen entscheidenden Aspekt, unter dem es zum Zusammenhalt einer partikulären Gemeinschaft, deren Zusammensetzung nicht durch Recht und damit auch nicht vor dem Forum des Gewissens begründet werden kann, doch beiträgt; und dieser Aspekt ist ein zutiefst politischer. Er erscheint dort, wo nicht der Konsens, sondern der Dissens Menschen verbindet.

---

28 Vgl. zu dieser Problematik auch Klaus-M. Kodalle, »Verzeihung des Unverzeihlichen? – Mut zur Paradoxie bei Ricœur, Derrida und Logstrup«, in: Thomas Buchheim / Rolf Schönberger / Walter Schweidler (Hrsg.), *Die Normativität des Wirklichen. Über die Grenze zwischen Sein und Sollen. Robert Spaemann zum 75. Geburtstag*, Stuttgart 2002, 414–438, sowie meinen Artikel: »Verzeihung und geschichtliche Identität«, in: Walter Schweidler, *Das Unantastbare* (vgl. Anh. zu Kap. 13), 163–188.

29 Paul Ricœur, »Conscience and the Law. The Philosophical Stakes«, in: P. R., *The Just*, The University of Chicago Press 2000, 146–155.

30 Ebd. 148 f.

Die Ordnung des Dissenses

a) *Republikanismus und Demokratie*

Wir haben im Durchgang durch die großen geschichtlichen Schwellen, aus denen sich die ethischen Substrukturen bürgerschaftlichen Bewusstseins im modernen Rechtsstaat verstehen lassen, dasjenige Grundverständnis von staatlichem Zusammenleben zum Leitfaden genommen, das Kant als das »republikanische« definiert. »Damit man die republikanische Verfassung nicht (wie gemeiniglich geschieht) mit der demokratischen verwechsle«, unterscheidet KANT in *Zum ewigen Frieden* strikt zwischen den »Regierungsarten« und dem, was er als die »Form der Regierung« bezeichnet. »Regierungsarten« sind Fürstengewalt, Adelsgewalt und Volksgewalt, also gerade das, was wir heute Regierungs*formen* nennen würden. Die »Form der Regierung« hingegen »betrifft die auf die Konstitution (den Akt des allgemeinen Willens, wodurch die Menge ein Volk wird) gegründete Art, wie der Staat von seiner Machtvollkommenheit Gebrauch macht: und ist in dieser Beziehung entweder *republikanisch* oder *despotisch*« (BA 25). »Republikanisch« ist nach Kant die Verfassung, die, was ihre Begründung angeht, dem Recht und nicht der Macht entspringt und für deren Verhältnis zum Frieden es entscheidend ist, dass – im Gegensatz zur despotischen Herrschaft – diejenigen, die den Krieg beschließen, zugleich die sind, die seine Folgen tragen müssen. Despotisch ist hingegen die Herrschaft, bei der die Regierenden ihre Stellung nicht aus dem Willen der Regierten ableiten. *Republikanismus* besagt: Es gibt nicht zwei Lager, die Regierenden und die zu Regierenden, die dann in Form der staatlichen Gesetzgebung miteinander auskommen müs-

sen, sondern die Regierenden werden auf der Grundlage
der Gesetzgebung von den Menschen eingesetzt, um die
gemeinsamen Angelegenheiten verantwortlich zu verwal-
ten. Nicht in der Seele der Regierenden – das ist der
Schritt, durch den Kants von PLATONS Konzeption der
politischen Gerechtigkeit getrennt ist –, sondern in der republikanischen oder despotischen *Verfassung*[1] fällt die
Entscheidung darüber, ob die im Staat ausgeübte Herrschaft ethisch legitim ist oder nicht. Nicht der »gute«,
sondern der kontrollierbare Herrscher bildet den Gegenstand des spezifisch ethischen Fragens in der Politik.

Aber das heißt gerade nicht, dass mit der Frage nach
dem guten Herrscher etwa die Frage nach dem *guten Regieren* verabschiedet worden wäre, sondern im Gegenteil,
dass auf genau diese Frage das Prinzip des Republikanismus die Antwort gibt. Denn sonst könnte Kant nicht den
großen »ersten Definitivartikel zum ewigen Frieden« auf-
stellen: »Die bürgerliche Verfassung in jedem Staate soll
republikanisch sein.« (BA 20) Dass es die Verantwortung
der Regierenden gegenüber den Regierten auf der ganzen
Erde geben *soll*«, ist gleichbedeutend mit der ethischen
Definition des *guten* Regierens. Somit finden sich im Begriff des Republikanismus als der Staatsform, von deren
weltweiter Ausbreitung wir uns nach Kant den ewigen
Frieden erwarten, Kontinuität und Wandel der großen
Denkbewegung, die wir in unserem Gedankengang verfolgt haben, präzise aufgehoben: Die Unterscheidung zwischen guter und schlechter Herrschaft sowie der ihre Begründung tragende Übergang vom Prinzip der personalen
Gerechtigkeit zu dem des Friedens auf der Basis ethisch
legitimierbarer Gesetzgebung.

---

1 Wobei der Begriff »Verfassung« nicht mit einem geschriebenen Grundgesetz gleichgesetzt werden darf. Eine Staatsverfassung gibt es auch dort, wo
sie nicht niedergeschrieben ist, und wo sie es ist, gehört die sich real entwickelnde »Verfassungswirklichkeit« nicht weniger zu ihr als der Text.

Während also die »republikanische« Idee der Herr-schafts*begründung* unseren Gedanken beständig getragen hat, sind wir auf die ethische Relevanz der *Demokratie* als Herrschafts*form* kaum zu sprechen gekommen. Auch dort, wo wir immer wieder die politische Frage nach der *Repräsentation* philosophisch in Anspruch genommener Prinzipien in realen staatlichen Institutionen gestellt ha-ben, haben wir uns, kantisch gesprochen, noch auf dem Feld des Republikanismus bewegt; denn Verantwortung der Regierenden gegenüber den Regierten heißt gerade, dass zwischen beiden ein Repräsentationsverhältnis beste-hen muss, und Kant erklärt die Demokratie »im eigentli-chen Verstande des Worts« (BA 26), das heißt als direkte, für *per definitionem* despotisch. Wie ist es vor diesem Hintergrund zu verstehen, dass der »Republikanismus« gerade in jenem von Kant vertretenen radikalen Sinne, also als eine weltweit virulente und mit ethischem Le-gitimitätsanspruch auftretende Bewegung der Unterwer-fung Regierender unter die Kontrolle der Regierten, aufs engste mit den Organisationsprinzipien der *repräsentati-ven Demokratie* verbunden ist? Legt dies nicht doch die Hypothese nahe, dass speziell in der demokratischen Re-gierungsform etwas repräsentiert sein muss, worauf die ethische Begründung des Republikanismus essenziell an-gewiesen ist, das heißt nach unserer Interpretation: *dass es der Kompensation des legitimatorischen Vakuums des mo-dernen Rechtsstaats wesentlich ist, sich in demokratischer Form zu vollziehen?*

Was ist der Kern der Ergänzung, welche das Demokra-tieprinzip dem republikanisch fundierten Rechtsstaat hin-zufügt? Demokratie heißt vor allem anderen: *Herrschaft der Mehrheit.* Das ist es, worin sie im Kern mit dem Re-publikanismus verknüpft ist. »Das Prinzip der Volkssou-veränität, das Prinzip, daß grundsätzlich allen Bürgern das gleiche Recht auf Mitentscheidung der gemeinsamen Angelegenheiten zukomme, ist nicht anders einlösbar als

durch die Mehrheitsregel.«² Und darauf, dass hier von
»gleichem Recht« und nicht von Gleichheit in irgendeinem anderen Sinne die Rede ist, kommt es entscheidend
an; denn gerade die Mehrheitsregel schafft ja eine elementare faktische Ungleichheit, indem sie die Repräsentanten
eines Teils des Volkes von der aktuellen Ausübung der
Herrschaft ausschließt. Darum gilt die einfache Einsicht,
die Hans KELSEN in einer der tiefsten Abhandlungen, die
über die Demokratie verfasst worden sind, festgehalten
hat: *Das Mehrheitsprinzip ist nicht in der Gleichheit, sondern in der Freiheit der Staatsbürger begründet.*³ Es erfüllt
genau die Aufgabe, aus der schon Aristoteles⁴ den präzisen Platz und die Grenzen des Gleichheitsaspekts in der
Politik bestimmt hat, nämlich alle Bürger gleichermaßen
vor Unrecht zu schützen. Es hat das Ziel, so Kelsen, möglichst wenige Menschen in der Gestaltung ihres Lebens
mit den Erfordernissen der Lenkung der Gemeinschaft in
Konflikt kommen zu lassen.

  Daran ändert die Plausibilität der Betrachtungen über
die der Demokratie quasi eingeborenen Egalitätstenden-
zen, wie sie von Platons ätzender Kritik⁵ bis zu TOCQUE-
VILLES Diktum von der »Tyrannei der Mehrheit«⁶ immer
wieder angestellt worden sind, nichts. Die Gefahr eines
demokratischen Despotismus besteht sicherlich, aber sie
bedroht in erster Linie die Verhältnisse, die ihr ausgeliefert
werden, wenn man »Demokratisierung« als ein materiales
Moralprinzip hinstellt, das die *gesellschaftlichen* Beziehungen umfassend und durchdringend zu gestalten und sie
mit den Funktionsbedingungen des demokratischen Staa-

---

2 Peter Graf Kielmannsegg, *Das Experiment der Freiheit. Zur gegenwärtigen
  Lage des demokratischen Verfassungsstaats,* Stuttgart 1988, 103.
3 Hans Kelsen, *Vom Wesen und Wert der Demokratie,* Berlin 1928, 9f.
4 Aristoteles, *Nikomachische Ethik* 1131a (vgl. oben Kap. 3b).
5 Vgl. oben Kap. 2d.
6 Alexis de Tocqueville, *Über die Demokratie in Amerika,* Bd. 1, Stuttgart
  1959, 289ff.

tes quasi gleichzuschalten hätte. Vernünftig begrenzt, ist
Demokratie ein formales Prinzip der Organisation staatlicher Ämterverteilung,[7] dessen innerster Sinn sich in *freien*
Wahlen konkretisiert; das heißt: *Sie ist Auswahl- und nicht
Handlungsprinzip der Regierenden.*[8] Als solches allerdings
ist sie tatsächlich eine unaufgebbare Realisierungsbedingung der spezifischen, nämlich kompensatorischen Art, in
der allein der moderne Rechtsstaat Legitimation zu erfahren vermag.

Im Kontext der vom »griechischen Sonderweg« ausgegangenen Art menschlicher Erkenntnis, also der essenziell
politischen Erkenntnis, die nur in der Form streitender
Auseinandersetzung um gelingendes Leben gewonnen
und nur in dieser Form weitergegeben werden kann, hat
das Mehrheitsprinzip die unersetzliche Funktion, die
streitenden Parteien *zum Kompromiss zu zwingen.*[9] Dass
es nicht dazu da ist, der herrschenden Regierung die Zeit
zu verschaffen, ihre möglichen Alternativen zu beseitigen,
ist jedem klar. Aber verstanden hat es auch derjenige demokratisch gewählte Machthaber nicht, der mit seinem
Ordnungsentwurf vor das Volk hintritt, es einzig und allein vor die Wahl zwischen sich und der Alternative stellt
und seinen eventuellen Erfolg als die Erlaubnis versteht,
sich für die entsprechende Anzahl von Jahren gesetzgebe-
risch auszutoben. Das Mehrheitsprinzip entfaltet seine
volle Wirkung nur in Verbindung mit dem Willen der
Mehrheit, an der Macht *zu bleiben* – notfalls unter Opfe-

---

7 Zum Amtsgedanken als Grundlage des Demokratiebegriffs vgl. Wilhelm
  Hennis, »Amtsgedanke und Demokratiebegriff«, in: W.H., *Die missver-
  standene Demokratie*, Freiburg i. Br. 1973.
8 Kelsen (Anm. 3) 84. Zum Aspekt der »leadership« als demokratischem
  Regierungsprinzip vgl. Ernst-Wolfgang Böckenförde, *Staat, Verfassung,
  Demokratie. Studien zur Verfassungstheorie und zum Verfassungsrecht*,
  Frankfurt a. M. 1991, 136 f. Bei Böckenförde sind wesentliche Motive der
  kelsenschen Demokratie-Konzeption ausdrücklich aufgenommen und fort-
  entwickelt.
9 Vgl. ebd. 56 f.

rung der Person, die sie dorthin gebracht hat. Die politische Notwendigkeit und damit die ethische Legitimität der *Parteien* und sogar des recht verstandenen »Parteienstaates« liegt eben hierin, in der so induzierten innerparteilichen Dimension der Machtkontrolle, begründet. Die Partei ist der politische Verband, der die Regierenden zwingt, das Anliegen der politischen Minderheit ständig in ihren eigenen Auftrag einzubeziehen und es daraufhin zu prüfen, ob in ihm möglicherweise der Wille einer künftigen – zu verhindernden – Mehrheit zum Ausdruck kommt. So bindet das Mehrheitsprinzip die Repräsentanten der regierenden Mehrheit weniger an ihre Differenz zur jetzigen Minderheit als an ihre Antizipation – anders gesagt ihre Furcht vor – der künftigen Mehrheit.

Dies bringt uns nun am Ende unserer Besinnung auf Politik und Ethik zu einer letzten und ganz eigenartigen Verknüpfung zwischen beidem. Wir haben gesehen, dass die übergesetzlichen Legitimitätsbedingungen der gesetzlichen Ordnung, auch und gerade dort, wo sie als »Naturrecht«, als »natürliches Gesetz«, als »Gewissen« oder auch als »geschichtliche Logik« formuliert wurden, nicht als Kanon von Einsichten rekonstruierbar sind, der in Konkurrenz neben das positive Gesetz treten und von Theoretikern repräsentiert werden könnte, die außerhalb der politisch konstituierten Institutionen ihres Landes stehen. All diese theoretischen Figuren müssen auf Denkkonstrukte Bezug nehmen, ohne die sie nicht vermittelbar wären, auf Werte und Gebote, Regeln und Menschenbilder, wissenschaftliche, geschichtliche, anthropologische »Daten«; aber zuletzt beziehen sie sich auf eine *Denkweise*, die im Innersten nicht theoretisch, sondern praktisch konstituiert ist, also auf einen politisch relevanten *Willen*, der an inhaltliche Einsicht gebunden ist – kantisch gesprochen, auf das *Praktischwerden der Vernunft*. Wenn das so ist, dann müssen wir zuletzt selbst angeben können, wonach wir während unseres ganzen Gedankenganges immer

wieder gefragt und wodurch wir alle theoretischen Kon-
strukte immer wieder an ihre Grenzen erinnert haben: Wo
im realen Staat ist sie, wo ist also letztlich die Philosophie
im Staat *repräsentiert*? Unsere Antwort lautet: im institutionalisierten Verlierer, also in der *Opposition*.

Das Ringen um die gute Gesetzgebung vollzieht sich im
Parlament, aber das Ergebnis, zu dem es führt, das positive Gesetz, darf und kann sich ja gerade nicht aus einer
Philosophie begründen. Man könnte sagen: Der *poietische*[10] Aspekt des parlamentarischen Ringens, das gesetz-
geberische Ergebnis, frisst den *praktischen* auf. Aber: das
wäre nur so, wenn es nicht *die Opposition* gäbe. *Sie* repräsentiert eigentlich das am Ringen um die richtigen Gesetze, das als die legitimierende Rückseite aus der staatlichen
Ordnung abwesend bleiben muss und ihr doch als der
Weg innewohnt, der im Grunde ihr Ziel ist. Denn auch
die Verfahrensregeln sind ja Teil der positiven Gesetze
und werden in ihrer Geltung niemals durch die Wahrheit,
sondern zuletzt durch ihre Durchsetzung legitimiert.
Wirklich frei von aller Kontamination durch den politischen Erfolg und dennoch als die Verkörperung der inhaltlichen Alternative zu ihm auch die Verkörperung seiner ethischen Verankerung: das ist eigentlich nur *die politische Einsicht, zu deren Richtigkeit man in der Niederlage
steht*. In ihr – und nicht zuletzt in der Haltung, in der man
das tut – ist unter Menschen die Wahrheit repräsentiert,
die nicht bewiesen, sondern nur in der Auseinandersetzung mit ihrer Alternative bezeugt werden kann.

b) *»Links« und »rechts«*

Für die Repräsentation der spezifisch politischen Erkenntnis im Staat spielt das *Gewissen* eine eigentümliche Rolle,
durch die erst die Demokratie zu einer wirklichen *Ord-*

10 Zum Begriff vgl. unten Kap. 1a.

nung des Dissenses werden kann. Es ist ja gerade das Charakteristikum der Steigerung des Despotismus, des *Totalitarismus* nämlich, dass der Herrscher von den Untertanen nicht nur Gehorsam gegenüber seinen gesetzlichen Befehlen, sondern auch noch deren *überzeugte Billigung* fordert und diese notfalls mit legitimatorischer Ambition *mimen* lässt. In der Nötigung zum staatsbürgerlichen Gehorsam kann auch die republikanische Herrschaft keine Kompromisse machen; betrachtet man die Sache nicht ethisch, sondern rein rechtstheoretisch, dann setzt sie ihre Antithese zum Despotismus allein dadurch, dass sie dem Bürger in seiner inneren Einstellung zu den Gesetzen, wenn er ihnen nur gehorcht, völlige Freiheit lässt. Im Respekt vor der Gesinnung des Andersdenkenden wirkt der Streit, den das schließlich verabschiedete Gesetz besiegelt hat, als Ordnung des gegenseitigen Respekts zwischen Siegern und Unterlegenen verwandelt nach.

Die Organisation dieser Ordnung des Respekts vor der Überzeugung des Andersdenkenden ist das spezifische Metier der demokratischen *Parteien*. Zuweilen wird diese ethische Dimension des gegenseitigen Parteienrespekts in einer ganz ausdrücklichen Weise beschworen, die eigentlich mit der Selbstverständlichkeit, mit welcher er in der Demokratie zumindest *idealiter* geübt werden sollte, nicht ganz in Einklang steht: dann nämlich, wenn man sich wie beispielsweise bei der Regelung der Abtreibungs- oder der »Hirntod«-Gesetzgebung darauf beruft, dass in einer ethisch heiklen Frage die »Gewissensentscheidung« der Volksvertreter getroffen werden müsse. Was, so fragt man sich, liegt ihrer Stimmabgabe denn sonst zu Grunde? Und vor allem bringt die Berufung auf das Gewissen, wenn man es im strengen philosophischen Sinne versteht, ja keinerlei Entlastung. Wenn das Gewissen, wie von Augustinus bis Kant gelehrt wurde, das für alle Menschen gültige Gesetz ist, insofern wir es als Individuen in unsere innere Einstellung übernehmen, dann kann der Hinweis auf das Gewissen ja immer nur Ausdruck einer zusätzlichen *Belastung* des Handelnden sein. Gehorcht man dem eigenen Gewissen nicht, handelt man in jedem Fall schlecht. Gehorcht man ihm aber in einem Fall, in dem es mit dem für alle Menschen gültigen Gesetz, aus welchem Grund auch immer, in Widerspruch steht, so handelt man ebenfalls schlecht; anderenfalls wäre der fanatische Gesinnungstäter durch seine bloße Überzeugung zu allem berechtigt. Somit ist jede Entscheidung, sobald sie auf ihre ethische Berechtigung hin befragt wird, eine Gewissensentscheidung.

Was bedeutet es dann aber, wenn in der demokratischen Auseinandersetzung der explizite Hinweis auf die »Gewissensentscheidung« einen ganz speziellen Ausnahmefall kennzeichnet, nämlich den Fall, in dem man sich der »Parteidisziplin« nicht unterzuordnen vermag? Es bedeutet, dass in einem solchen Fall offenbar ein Gewissens-*konflikt* vorliegt, in dem die ethische gegen eine ganz spezifische *politische* Gesinnung steht, die auch etwas mit Gewissen zu tun hat. Es gibt in der Demokratie eine Gewissensbindung *sui generis*, nämlich gegenüber den politischen Kräften, deren ureigenster Anspruch in der Organisation prinzipiell partikulärer und gleichwohl mit ethisch relevantem Erkenntnisanspruch versehener Überzeugungen besteht: gegenüber den Parteien. Der Fall der explizit beschworenen »Gewissensentscheidung« ist nicht einer, in dem ausnahmsweise eine ethische Komponente in ein ansonsten wertfreies Metier einbricht, sondern es ist einer, in dem die normalerweise das politische Verhalten bestimmende ethische Bindung durch eine stärkere, allgemeinere ethische Verpflichtung überlagert wird, die offenbar quer zu den durch die normale Bindung gezogenen Grenzen verläuft und die politischen »Lager« aufmischt.

Wie die allgemeine ethische Verpflichtung indirekt im modernen Rechtsstaat wirksam ist, haben wir in den vorstehenden Analysen zu verfolgen versucht. Jetzt interes-

siert uns noch die Eigenart jener anderen, der spezifisch
parteilichen Bindung, welche die im Prozess der demokratischen Gesetzesfindung normalerweise vorherrschende
und bestimmende ist. Sie ist ethischer Natur; aber sie hat
eine eigene Grundlage in der Selbständigkeit, die im modernen Staat der Frage nach dem richtigen *Zusammenleben* im Unterschied zur allgemeinen ethischen Frage nach
dem guten Leben und Handeln zukommt. Sie trägt ganz
konkret der im hobbesschen Modell angelegten Entwicklung Rechnung, mit der *die Ethik selbst politisch geworden
ist.*[11] Das heißt natürlich nicht, dass *alle* ethischen Ansätze
heutzutage politischen Lagern zuzuordnen wären; aber es
heißt, dass Ethik heute, *wenn* sie politisch wird, nicht erwarten und nicht behaupten darf, sich außerhalb der Matrix der parteilichen Positionen zu bewegen, die den Streit
der demokratisch organisierten Lager im republikanischen
Staat strukturieren.

Diese These, die wir unserem gesamten Gedankengang
unausgesprochen zu Grunde gelegt haben, ist eine philosophische, und wir müssen beanspruchen, dass sie nicht
mit dem Aufruf zu irgendwelcher feuilletonistischer, ideo-
logiekritischer oder denunziatorischer »Durchleuchtung«
ethischer Positionen auf angebliche politische Vorentscheidungen verwechselt wird. Uns geht es gerade nicht um die
Reduktion von ethischen Legitimationsgedanken auf parteiliche Überzeugungen, sondern umgekehrt um die Freilegung des impliziten ethischen Legitimationsanspruchs,
den parteiliche Überzeugungen unter den Bedingungen
des modernen Rechtsstaats erheben müssen und an dem
sie auch gemessen werden dürfen. Kurz: Wir verteidigen
die Annahme, *dass der Matrix der parteilichen Positionen,
die den Streit der demokratisch organisierten Lager im modernen Rechtsstaat strukturieren, eine Logik zugrunde
liegt, die philosophischer Aufklärung zugänglich ist.*

11 Vgl. oben Kap. 7a.

Robert SPAEMANN hat einmal »die Tatsache, daß seit dem 18. Jahrhundert das politische Bewusstsein grundsätzlich durch eine Dichotomie gekennzeichnet ist, die man – aus kontingenten Gründen – seit langem durch die Begriffe ›rechts‹ und ›links‹ charakterisiert«, durch eine Dialektik zu erklären versucht, die aus dem Unvermögen resultiert, im neuzeitlichen politischen Denken den antiken Begriff vom naturgegebenen Ziel des Menschen einzuholen.

»Die Parteinahme für das Erhaltungsprinzip, für das Realitätsprinzip oder das Vernunftprinzip […] definiert die Position der ›Rechten‹. Die Parteinahme für die Libido, die Lust, die Imagination, die Utopie definiert die Position der ›Linken‹. ›Selbsterhaltung‹ und ›Selbstverwirklichung‹ sind die beiden leitenden Gesichtspunkte. Was beiden gemeinsam ist, ist die Abwesenheit einer Idee von natürlicher Finalität des Menschen und der Gesellschaft. Der Begriff des Telos spaltet sich, die *disjecta membra* aber entfesseln Energien wie die einer Atomspaltung.« (*»Rechts« und »links«* 262)

Das heißt: Man ist notfalls bereit, das Ziel des Lebens den Mitteln seiner Erhaltung zu opfern und die Bewahrung des Bestehenden zum Selbstzweck zu erheben – oder man spricht dem Bestehenden genau diesen Status, Mittel zum Ziel gelingenden Lebens zu sein, überhaupt ab und macht sein Bestehen für die Abwesenheit des Ziels verantwortlich. Zur Dialektik beider Positionen gehört, dass sie, je mehr man sie verabsolutiert, ineinander umschlagen: »Wo die Linke nicht beim ohnmächtigen Protest gegen die Realität stehenbleiben will, wird sie technokratisch und nimmt die Ideen der Rechten in einer solchen Weise auf, daß die Vertreter der Rechten nun umgekehrt zu Verteidigern der menschlichen Freiheit werden, die doch im Grunde für sie gar keinen angebbaren Sinn, kein Wozu hat.« (265) Die Flucht in die »neue Mitte« dürfte der adäquate Ausdruck der Hilflosigkeit im geistigen Umgang mit eben dieser Dialektik sein.

Diese Analyse ist, wendet man sie auf die Pole der Grundeinstellung von Bürgern zu den programmatischen Konzepten der großen »Lager« im demokratischen Meinungskampf an, von dauerhafterer Aktualität gewesen als der Autor zunächst selbst meinte.[12] Wenn die Schaltstelle zwischen vormoderner und moderner Staatstheorie, wie unsere Darstellung zu zeigen versucht hat, philosophisch im Modell von HOBBES zu finden ist, dann hat sie durchaus entscheidend mit der Entmachtung des teleologischen Konzepts einer universal gültigen Konstitution der menschlichen Natur zu tun. Doch das letzte Wort wäre mit dieser Feststellung nur dann gesprochen, wenn nicht zugleich mit diesem so zunächst einmal geschaffenen Machtvakuum ein anderer Prätendent auf den Plan gerufen worden wäre, der es zu füllen beansprucht und mit dem der im hobbesschen Modell originär entworfene Staat sich in vielfältiger Form zu arrangieren gewusst hat, nämlich die *Geschichte*. Geschichte als Fortschritt in eine menschlichere Zukunft, Geschichte als Modernisierungs- und Globalisierungsprozess, Geschichte als kulturelle Sinngestalt und Biographie: Man kann diesen im Ringen um die ethische Orientierung der Politik mächtig gewordenen Ideen nicht leichthin die Etiketten »links« oder »rechts« aufkleben. Aber man kann andererseits die leidenschaftliche Bindung, die auch und gerade in der Demokratie Menschen mit politischer Ambition und Gestaltungskraft gegenüber der sie bewegenden politischen Einsicht empfinden, schwerlich begreifen, ohne die Polarität

---

12 »Vor den Problemen der Ökologie«, so erwartete Spaemann, als er sie 1979 verfasste, »werden die Kategorien der Rechten und der Linken obsolet« (266). Auf diese These kam er in einem 2000 geschriebenen Nachwort (267 f.), das sich unter anderem mit der Diffamierung des politischen Begriffs der »Rechten« auseinandersetzt, nicht mehr zurück.

von »links« und »rechts« anzuführen und ohne sie als ein
Gewissensphänomen zu interpretieren. Es wäre gekünstelt, den Dissens, den zu ordnen das Wesen der Demokratie ausmacht, ohne Rückgriff auf diese Polarität beschreiben zu wollen. Wenn das aber so ist, dann kann auch die
Antwort auf die Frage: Dissens *worüber?* von ihr nicht
abgeschirmt werden. Und in den Antworten, die wir auf
diese Frage gefunden haben, herrschte doch eine erstaunlich verbreitete Übereinstimmung darüber, dass der Dissens, um den es im demokratischen Ringen geht, philosophisch als ein Dissens über *Geschichte* zu rekonstruieren ist.

Große politische Philosophien sind auch der Versuch,
große politische Leidenschaften mit großen politischen
Begriffen zu bändigen, und die großen Begriffe, die in das
durch die Entmachtung des vormodernen Teleologiegedankens geschaffene Vakuum eingetreten sind, sind zu einem wesentlichen Teil Begriffe von Geschichte. Es gibt
vielleicht keine »linke« oder »rechte« Sicht von Geschichte, aber wer eine linke oder rechte Politik vertritt – oder
die Mitte für sich beansprucht, was doch nichts anderes
heißt als die Mitte zwischen rechts und links –, wird,
wenn er die Bindung an seine Überzeugung überhaupt
geistig begründen will, letztlich etwas über Geschichte sagen. Damit aber ist die Geschichte als eigentliches Ergänzungskriterium neben der Selbsterhaltungslogik des modernen Staates ins Zentrum des von diesem eröffneten legitimatorischen Vakuums getreten.

Gerade wenn es so ist, dann kann man aber den Streit
um Fortschritt, Modernisierung und künftige Generationen nicht allein als Zeugnis der Abwesenheit des teleologischen Topos gelingenden Lebens auffassen, sondern
ebenso und in selbst wieder dialektischer Verknüpfung
damit als das Zeugnis seiner spezifisch durch die Gestalt
des modernen Staates bestimmten *Anwesenheit* in ihm.
Der Glaube an den »Fortschritt«, an die »Globalisierung«

oder auch an die »Nation« oder die »Kulturen« wäre nur
dann wirklich *an die Stelle* des Begriffs vom objektiven
»Glück« und gelungenen Leben getreten, wenn er eine eigene Grundform seiner rationalen Vermittlung mit der
politischen Realität kreiert hätte. Genau das ist aber nicht
geschehen. Das geistige Ringen um das richtige Arrangement mit der Geschichte wird nicht in der Naturwissen-
schaft und nicht in der Ökonomie, nicht – nicht einmal in
Deutschland – in der Staatsrechtslehre und nicht in der
Systemtheorie, sondern in der *Philosophie*, als Prozess der
Vermittlung zwischen Politik und Ethik, ausgetragen. Der
Prozess, in dem die Ethik, wie wir sagten, *politisch geworden ist*, in dem sie von der Theorie der Natur des Menschen zu der seiner Geschichte überging, ist zugleich der
Prozess geworden, in dessen Verlauf der moderne Staat
die Notwendigkeit seiner ethischen Legitimation als
durchaus funktionale Bedingung seiner politischen Selbsterhaltung in sein Machtgefüge eingebaut hat. Und damit
hat er mit der ganzen Macht seiner Institutionen die
Grenze in sich integriert, die er mit der Wahrheit teilt,
nämlich die Grenze der menschlichen Einsicht. Es ist
nicht nur das Chaos des hobbesschen »Krieges aller gegen
alle«, in dem das, was aus unserem Staat ausgeschlossen ist
und das, was ihn gedanklich trägt, zusammenfallen, sondern auch etwas Erfreulicheres, wenngleich unserer Einsicht ebenfalls prinzipiell Entzogenes: die noch ausstehen-
de bessere Einsicht.

Anhang

Zitation und Literaturhinweise

Kapitel 1

Immanuel KANT: Zum ewigen Frieden [Werke, Bd. 6, vgl. Anhang zu Kap. 8].

Jan ASSMANN: Das kulturelle Gedächtnis. Schrift, Erinnerung und politische Identität in frühen Hochkulturen. München/Wien 1992.

Christian MEIER: Athen. Ein Neubeginn der Weltgeschichte. Berlin 1993.

Zur Geschichte der politischen Philosophie: Hans Maier / Heinz Rausch / Horst Denzer (Hrsg.): Klassiker des politischen Denkens. 3 Bde. München ⁶1986. – George H. Sabine / Thomas Landon Thorson: A History of Political Theory. Hinsdale ⁴1973. – Leo Strauss / Joseph Cropsey (Hrsg.): History of Political Philosophy. Chicago ³1987. – Iring Fetscher / Herfried Münkler (Hrsg.): Pipers Handbuch der politischen Ideen. 5 Bde. München 1985ff. – Reinhold Zippelius: Geschichte der Staatsideen. München ⁷1990.

Kapitel 2

PLATON: Sämtliche Werke. 3 Bde. Köln/Olten ⁶1969. – Platon wird zitiert mit der Stephanus-Paginierung von 1578 nach der genannten Übersetzung. Eine zweisprachige Ausgabe ist Platon: Werke in acht Bänden. Darmstadt 1971.
  Gorgias (Werke, Bd. 1)
  Politeia (Werke, Bd. 2)
  Politikos (Werke, Bd. 6)
  Nomoi (Werke, Bd. 8/1 und 8/2)
Karl POPPER: Die offene Gesellschaft und ihre Feinde. Bd. 1: Der Zauber Platons. München ⁶1980.

Grundlegende Darstellung des griechischen politischen Denkens in neuester Zeit: Henning Ottmann: Geschichte des politischen Denkens. Bd. 1 in zwei Tl.-Bdn. Stuttgart 2001. – *Vgl. ferner:* Ernst-Wolfgang Böckenförde: Geschichte der Rechts- und Staatsphilosophie. Antike und Mittelalter. Tübingen 2002.

Zur Argumentationsstruktur der platonischen Dialoge ist immer noch lesenswert: Paul Natorp: Platos Ideenlehre. Eine Einführung in den Idealismus (²1922). Darmstadt ⁴1975. – *Zur politischen Philosophie:* Reinhart Maurer: Platos Staat und die Demokratie. Berlin 1970. – *Zur »Politeia«:* Otfried Höffe (Hrsg.): Platon. Politeia. Berlin 1997.

Allgemein zu den Wurzeln der modernen in der antiken Kultur: Wolf Schön (Hrsg.): Die schöne Mutter der Kultur. Unsere Grundlagen in der antiken Welt. Darmstadt 1996.

Kapitel 3

ARISTOTELES: Philosophische Schriften. Darmstadt 1995. – Bd. 3: Nikomachische Ethik (zit. als: Nik. Eth.); Bd. 4: Politik; Bd. 5: Metaphysik; Band 6: De anima (Über die Seele).
ARISTOTELES: Lehrschriften. Bd. 4: Rhetorik. Paderborn 1959.
CICERO: Werke in drei Bänden. Berlin/Weimar 1989. – *De re publica* in Bd. 2,252 ff.; *De officiis* in Bd. 3,165 ff.
CICERO: Über die Rechtlichkeit (De legibus). Hrsg. von K. Büchner. Stuttgart 1969.
CICERO: De finibus bonorum et malorum. Hrsg. von A. Kabza. München 1960.

Zu Aristoteles: Henning Ottmann: Geschichte des politischen Denkens. Bd. 1 in 2 Tl.-Bdn. Stuttgart 2001. – *Grundlegend für die Aristoteles-Interpretation:* Joachim Ritter: Metaphysik und Politik. Frankfurt a. M. 1970. – Otfried Höffe: Aristoteles. München ²1999. – *Einzeluntersuchungen zur Nikomachischen Ethik:* Otfried Höffe (Hrsg.): Aristoteles. Nikomachische Ethik. Berlin 1995. – *Zur Politik:* Günter Bien: Das Theorie-Praxis-Problem und die politische Philosophie des Aristoteles. In: Philosophisches Jahrbuch 76 (1968/69) 264–314. – Nikolaus Lobkowicz: Theory and practice. History of a concept from Aristotle to Marx. London 1967. – Günter Patzig (Hrsg.): Aristoteles' *Politik*. Göttingen 1990.

Für die Aktualisierung des Naturrechtsgedankens nach dem Zweiten Weltkrieg bahnbrechend und inhaltlich immer noch höchst herausfordernd: Leo Strauss: Naturrecht und Geschichte [1953]. Stuttgart 1956. – *Einen Kontrapunkt zu Strauss' kritischer Wendung gegen das moderne zugunsten des antiken Naturrechts setzt:* Karl-Heinz Ilting: Naturrecht und Sittlichkeit. Begriffsgeschichtliche Studien. Stuttgart 1983. – *In Frankreich ist einflussreich:* Michel Villey: Philosophie du droit. Bd. 2: Les moyens du droit. Paris 1979. – *Eine lebenslange Auseinandersetzung mit dem Naturrechtsgedanken ist dokumentiert in:* Arthur Kaufmann: Rechtsphilosophie im Wandel. Stationen eines Weges. Frankfurt a.M. 1972. – *Für die philosophische Rekonstruktion des Gedankens wesentliche Beiträge findet man in folgenden Sammelbänden:* Volker Gerhardt (Hrsg.): Der Begriff der Politik. Bedingungen und Gründe politischen Handelns, Stuttgart 1990. – Karl Graf Ballestrem (Hrsg.): Naturrecht und Politik. Berlin 1993. – Maria-Sibylla Lotter (Hrsg.): Normenwandel und Normenbegründung in Gesellschaft und Recht. Baden-Baden 1999.

Allgemein zur stoischen Philosophie: Malte Hossenfelder: Die Philosophie der Antike. Tl. 3: Stoa, Epikureismus und Skepsis. München 1985 (= Geschichte der Philosophie. Hrsg. von W. Röd. Bd. 3). – *Zur stoischen Ethik:* Max Forschner: Die stoische Ethik. Stuttgart 1981. – *Detaillierte Darstellung Ciceros bei:* Henning Ottmann: Geschichte des politischen Denkens, Band 2/1: Die Römer. Stuttgart/Weimar 2002, 77ff. – *Der Zusammenhang von Aristoteles über die Stoa zu Kant ist hergestellt bei:* Maximilian Forschner: Über das Glück des Menschen. Darmstadt 1993.

Kapitel 4

Wo nicht anders angegeben, werden die Stellen aus dem Lunyu, *dem* Shiji, *aus* Mengzi *und* Xunzi *in der Übersetzung zitiert, die sich findet bei:*
Heiner Roetz: Die chinesische Ethik der Achsenzeit. Eine Rekonstruktion unter dem Aspekt des Durchbruchs zu postkonventionellem Denken. Frankfurt a.M. 1992.
Heiner Roetz: Konfuzius. München 1995.

Konfuzius, Buddha und Laozi sind behandelt in: Karl Jaspers: Die großen Philosophen. Bd. 1. München ³1957. – *Vgl. ferner:* Gregor Paul: Konfuzius. Meister der Spiritualität. Freiburg/Basel/Wien 2001. – *Zu den geistesgeschichtlichen und aktuellen Grundströmungen:* Wolfgang Bauer: China und die Hoffnung auf Glück. München 1971. – Peter J. Opitz: Chinesisches Altertum und konfuzianische Klassik. München 1968. – *Umstritten ist:* Marcel Granet: Das chinesische Denken. München 1963.

Grundfragen der philosophischen Bedeutung des Konfuzianismus kommen zur Sprache in folgenden Sammelbänden: Silke Krieger / Rolf Trauzettel (Hrsg.): Konfuzianismus und die Modernisierung Chinas. Mainz 1990. – Helmut Schnieder (Hrsg.): Philosophieren im Dialog mit China. Köln 2000. – Konrad Wegmann / Wolfgang Ommerborn / Heiner Roetz (Hrsg.): Menschenrechte. Rechte und Pflichten in Ost und West. Münster [u. a.] 2001. – Walter Schweidler (Hrsg.): Menschenrechte und Gemeinsinn – westlicher und östlicher Weg? Philosophisch-politische Grenzerkundungen zwischen ostasiatischen und westlichen Kulturen. Sankt Augustin 1998. – Josef Thesing / Thomas Awe (Hrsg.): Dao in China und im Westen. Impulse für die moderne Gesellschaft. Bonn 1999.

Zu den rechtlichen und politischen Aspekten des Konfuzianismus: Oskar Weggel: Chinesische Rechtsgeschichte. Leiden/Köln 1980. – Oskar Weggel: China. München ⁴1994. – Oskar Weggel: China im Aufbruch. Konfuzianismus und politische Zukunft. München 1997. – Karl Bünger: Entstehen und Wandel des Rechts in China. In: Wolfgang Fikentscher / Herbert Franke / Oskar Köhler (Hrsg.): Entstehung und Wandel rechtlicher Traditionen. Freiburg i. Br. / München 1980, 439–472, 458. – Guntram Rahn: Rechtsdenken und Rechtsauffassung in Japan. München 1990. – Eduard J. M. Kroker: Positives Recht und Naturrecht in China. In: Eduard J. M. Kroker / Theodor Veiter (Hrsg.): Rechtspositivismus, Menschenrechte und Souveränitätslehre in verschiedenen Rechtskreisen. Wien/Stuttgart 1976.

Von unerschöpflicher Originalität: Harro von Senger: Strageme. Lebens- und Überlebenslisten aus drei Jahrtausenden. Der erste Band der berühmten Strageme der Chinesen – lange als Geheimwissen gehütet, erstmals im Westen vorgestellt. Bd. 2. Bern/München/Wien ⁴1996.

Kapitel 5

Aurelius AUGUSTINUS: Der Gottesstaat. De civitate dei. Übers. von Carl Johann Perl. 2 Bde. Paderborn [u. a.] ²1979.

Aurelius AUGUSTINUS: Bekenntnisse. Übers. von Wilhelm Thimme. Stuttgart 1967.

THOMAS VON AQUIN: Summa theologiae. Hrsg. von der Albertus Magnus-Akademie in Walberberg. [Zum Naturrechtsgedanken

vor allem:] Bd. 13 (I.II.90–105): Das Gesetz. Heidelberg [u.a.] 1977. – Die handlungstheoretischen Grundlagen der Verbindung von Ethik und Politik finden sich in den Passagen, die kommentiert werden in der von Rolf Schönberger herausgegebenen Ausgabe Thomas von Aquin: Über die Sittlichkeit der Handlung. Sum. Theol. I–II q. 18–21. Stuttgart 2001. – *Zur politischen Philosophie vgl. ferner:*
THOMAS VON AQUIN: Über die Herrschaft der Fürsten (De regimine principum). Stuttgart 1981.
WILHELM VON OCKHAM: Dialogus. Auszüge zur politischen Theorie. Hrsg. von Jürgen Miethke. Darmstadt 1994.
MARSILIUS VON PADUA: Der Verteidiger des Friedens (Defensor pacis). Übers. von Walter Kunzmann und Horst Kusch. Stuttgart 1971.

Zu den geschichtlichen Grundlagen: Peter Brown: Macht und Rhetorik in der Spätantike. Der Weg zu einem christlichen Imperium (1992). München 1995. – Moses I. Finley: Das politische Leben in der antiken Welt. München 1991.
Zu Augustinus: Peter Brown: Augustinus von Hippo. Eine Biographie. Frankfurt a.M. 1973. – Kurt Flasch: Augustin. Einführung in sein Denken. Stuttgart ²1994. – Christoph Horn (Hrsg.) Augustinus. De civitate dei. Berlin 1997.
Zur politischen Philosophie des hl. Thomas: Wolfgang Kluxen: Lex naturalis bei Thomas von Aquin. Wiesbaden 2001. – *Zur Ethik:* Wolfgang Kluxen: Philosophische Ethik bei Thomas von Aquin. Hamburg ³1998. – *Überblick über die politische Philosophie des Mittelalters:* J. H. Burns (Hrsg.): The Cambridge History of Medieval Political Thought c. 350 – c. 1450. Cambridge University Press 1988.

Kapitel 6

René DESCARTES: Abhandlung über die Methode des rechten Vernunftgebrauchs und der wissenschaftlichen Wahrheitsforschung. Stuttgart 1961. – Zit. als: Abh.
Thomas HOBBES: Leviathan. Oder Stoff, Form und Gewalt eines kirchlichen und bürgerlichen Staates. Hrsg. von I. Fetscher. Übers. von W. Euchner. Frankfurt a.M. 1966. – Zit. als: L; mit Kapitel und Seitenzahl dieser Ausgabe.

Thomas HOBBES: Vom Bürger (Elemente der Philosophie III). In: Vom Menschen. Vom Bürger. Elemente der Philosophie II/III. Hamburg ³1994. – Zit. als: De cive; mit Kapitel- und Abschnittsnummern.

Immanuel KANT: Kritik der reinen Vernunft [Werke, Bd. 2, zit. als: KRV; vgl. Anhang zu Kap. 8].

Richtungweisend für die Interpretation der Wissenschaftskonzeption von Hobbes: Leo Strauss: Hobbes' politische Wissenschaft [1936]. Neuwied 1965. – Ulrich Weiß: Das philosophische System von Thomas Hobbes. Stuttgart / Bad Cannstatt 1980. – *Als Gesamtdarstellung immer noch lesenswert:* Ferdinand Tönnies: Thomas Hobbes. Leben und Lehre. Stuttgart ³1925. – *Zur weitgespannten, systematisch sehr bedeutsamen Interpretation der »politischen Theologie« insbes. im 3. Teil des »Leviathan« bei Hobbes:* Klaus-Michael Kodalle: Thomas Hobbes – Logik der Herrschaft und Vernunft des Friedens. München 1972. – *Neuere Gesamtdarstellung:* Wolfgang Kersting: Thomas Hobbes, Hamburg 1992.

Kapitel 7

Immanuel KANT: Grundlegung zur Metaphysik der Sitten [Werke, Bd. 4, zit. als: GMdS; vgl. Anhang zu Kap. 8].

John LOCKE: [Zweite Abhandlung] Über die Regierung. Übers. von Dorothee Tidow. Stuttgart 1974. – Zit. als: 2. Abh.; mit Angabe des § und der Seitenzahl.

Jean-Jacques ROUSSEAU: Vom Gesellschaftsvertrag oder Grundsätze des Staatsrechts. Übers. von Hans Brockard. Stuttgart 1977. – Zit. als: CS; mit Buch, Kapitel und Seitenzahl.

Jean-Jacques ROUSSEAU: Diskurs über die Ungleichheit. Discours sur l'inégalité. Krit. Ausg. des integralen Textes. Hrsg. und kommentiert von Heinrich Meier. Paderborn [u.a.] ⁵2001. – Zit. als: 2. Disc., mit Seitenzahl der 5. Aufl.

Jean-Jacques ROUSSEAU: Schriften. Hrsg. von Henning Ritter. 2 Bde. Hamburg 1978.

Jean-Jacques ROUSSEAU: Emile oder Über die Erziehung. Hrsg. von Martin Rang. Stuttgart 1978.

Jean-Jacques ROUSSEAU: Politische Schriften. 2 Bde. Paderborn 1977.

Der ökonomische Grundaspekt des Lockeschen Kontraktualismus, der in unserer Darstellung nur thesenhaft dargestellt werden kann, ist in seiner Komplexität herausgearbeitet im Locke-Kapitel von: Wolfgang Nonnenmacher: Die Ordnung der Gesellschaft. Mangel und Herrschaft in der politischen Philosophie der Neuzeit. Hobbes, Locke, Adam Smith, Rousseau. Weinheim 1989. – Walter Euchner: Naturrecht und Politik bei John Locke. Frankfurt a.M. 1979. – *Ideologiekritisch sind Locke und Hobbes unter diesem Aspekt interpretiert bei:* Crawford Brough Macpherson: Die politische Theorie des Besitzindividualismus. Frankfurt a.M. 1967.

Die Edition von Rousseaus »Zweiten Diskurses« von Heinrich Meier bietet nicht nur eine beispiellos gründliche Aufbereitung aller Anmerkungen, Fragmente und Materialien, die für den Nachvollzug der Entstehung und Ausformung des Textes relevant sind, sondern bereitet in einem umfangreichen Kommentar auch den Weg zu den im gesamten Werk Rousseaus dafür wichtigen Anknüpfungspunkten. Als Gesamtdarstellungen vgl. auch: Maximilian Forschner: Rousseau. Freiburg i.Br. / München 1977. – Dieter Sturma: Jean-Jacques Rousseau. München 2001. – *Zum Zusammenhang zwischen Rousseaus politischer Philosophie und seinem Menschenbild:* Robert Spaemann: Rousseau – Bürger ohne Vaterland. Von der Polis zur Natur. München 1980. – *Eine breite Darstellung des Werks im Kontext des Lebens gibt:* Jean Starobinski: Rousseau. Eine Welt von Widerständen. München/Wien 1988. – *Philosophisch besonders aufschlussreich ist die Interpretation des Zusammenhangs zwischen Naturzustand und Gemeinwille bei:* Wolfgang Nonnenmacher: Die Ordnung der Gesellschaft. Weinheim 1989 [siehe oben].

Kapitel 8

Immanuel KANT: Werke in sechs Bänden. Hrsg. von W. Weischedel. Darmstadt 1964. – Zit. nach den Seitenzahlen der Originalausgaben, sonst als AA nach Band und Seitenzahl der »Akademie-Ausgabe«: Kants Gesammelte Schriften. Hrsg. von der Preußischen Akademie der Wissenschaften. Berlin 1902 ff.
Die Metaphysik der Sitten (zit. als: MdS; Werke, Bd. 4)
Kritik der praktischen Vernunft (zit. als: KPV; Werke, Bd. 4)
Idee zu einer allgemeinen Geschichte in weltbürgerlicher Absicht (zit. als: Idee; Werke, Bd. 6)

Über den Gemeinspruch: Das mag in der Theorie richtig sein, taugt aber nicht für die Praxis (zit. als: Gemeinspruch; Werke, Bd. 6)

Zum ewigen Frieden (Werke, Bd. 6)

Unbedingt empfehlenswert als philosophischer Gesamteinblick in Kants Werk: Ernst Cassirer: Kants Leben und Lehre [1918]. Nachdr. Darmstadt 1973. – Als neuere Darstellung: Volker Gerhardt: Immanuel Kant. Vernunft und Leben. Stuttgart 2002.

Zur politischen Philosophie: Wolfgang Kersting: Wohlgeordnete Freiheit. Immanuel Kants Rechts- und Staatsphilosophie. Berlin / New York 1984. – *Einen ins Zentrum der Thematik führenden Überblick über Kants Rechtsphilosophie gibt:* Gerd-Walter Küsters: Kants Rechtsphilosophie. Darmstadt 1988. – *Zur Grundlegung der Menschenrechte:* Gau-Jeng Ju: Kants Lehre vom Menschenrecht und von den staatsbürgerlichen Grundrechten. Würzburg 1990. – *Zur Verbindung von Moral- und Rechtsphilosophie ist höchst instruktiv:* Wolfgang Kersting: Der kategorische Imperativ, die vollkommenen und die unvollkommenen Pflichten. In: Zeitschrift für philosophische Forschung Band 37 (1983), 404–421.

Zur systematischen Verbindung von praktischer und theoretischer Philosophie bei Kant: Friedrich Kaulbach: Studien zur späten Rechtsphilosophie Kants und ihrer transzendentalen Methode. Würzburg 1982. – Edmund Sandermann: Die Moral der Vernunft. Transzendentale Handlungs- und Legitimationstheorie in der Philosophie Kants. Freiburg i. Br. / München 1989.

Kapitel 9

Georg Wilhelm Friedrich HEGEL: Werke in 20 Bänden. Frankfurt a. M. 1969–71.

Phänomenologie des Geistes (zit. als: Phän.; Werke, Bd. 3)

Grundlinien der Philosophie des Rechts oder Naturrecht und Staatswissenschaft im Grundrisse (zit. als: RP; Werke, Bd. 7)

Enzyklopädie der philosophischen Wissenschaften im Grundrisse (zit. als: E III; Werke, Bd. 10)

Vorlesungen über die Philosophie der Geschichte (zit. als: VPG; Werke, Bd. 12)

Zu Hegels Philosophie allgemein: Charles Taylor: Hegel. Frankfurt a. M. 1983. – Otto Pöggeler (Hrsg.): Hegel. Einführung in seine

Philosophie. Freiburg i.Br. / München 1977. – Vittorio Hösle: Hegels System. Der Idealismus der Subjektivität und das Problem der Intersubjektivität. 2 Bde. Hamburg 1987.

Zur politischen Philosophie: Joachim Ritter: Metaphysik und Politik. Frankfurt a.M. 1989. – Henning Ottmann: Individuum und Gemeinschaft bei Hegel. Bd. 1: Hegel im Spiegel der Interpretationen. Berlin / New York 1977. – Adriaan Theodoor Peperzak: Hegels praktische Philosophie. Ein Kommentar zur enzyklopädischen Darstellung der menschlichen Freiheit und ihrer objektiven Verwirklichung. Stuttgart / Bad Cannstatt 1991. – Wilm Hüffer: Theodizee der Freiheit. Hegels Philosophie des geschichtlichen Denkens. Hamburg 2002. – Ludwig Siep: Anerkennung als Prinzip der praktischen Philosophie. Untersuchungen zu Hegels Jenaer Philosophie des Geistes. Freiburg i.Br. / München 1979.

Zur Rechtsphilosophie: Dieter Henrich: Einleitung in: G. W. F. Hegel: Philosophie des Rechts. Die Vorlesung von 1819/20 in einer Nachschrift. Frankfurt a.M. 1983. – Ludwig Siep (Hrsg.): G. W. F. Hegel: Grundlinien der Philosophie des Rechts. Berlin 1977. – Armin von Bogdandy: Hegels Theorie des Gesetzes. Freiburg i. Br. / München 1989. – *Noch spezieller:* Ingtraud Görland: Die Kantkritik des jungen Hegel. Frankfurt a.M. 1966. – *Zur Wirkung Hegels:* Hermann Lübbe: Politische Philosophie in Deutschland. Studien zu ihrer Geschichte. Basel/Stuttgart 1963.

Kapitel 10

Iring Fetscher (Hrsg.): Der Marxismus. Seine Geschichte in Dokumenten. Philosophie, Ideologie, Ökonomie, Soziologie, Politik. München/Zürich ³1983.

Karl MARX / Friedrich ENGELS: Werke. Berlin (Ost) 1956ff. und 1981ff. – Bd. 2, 1958. Bd. 3, 1990. Bd. 4, 1959. Bd. 12, 1963. Bd. 19, 1974. Erg.-Bd. 1, 1981. Bd. 23, 1962. – Zit als: ME.

Karl MARX / Friedrich ENGELS: Gesamtausgabe. Berlin 1975ff. (»MEGA«).

Karl MARX / Friedrich ENGELS: Staatstheorie. Hrsg. von E. Hennig [u.a.]. Berlin 1974.

Maurice MERLAU-PONTY: Die Abenteuer der Dialektik. Frankfurt a.M. 1974.

Zur marxschen Philosophie: Iring Fetscher: Karl Marx und der

Marxismus. Von der Philosophie des Proletariats zur proletarischen Weltanschauung. München 1967. – *Eine präzise strukturierte Übersicht gibt:* J. M. Bochenski: Marxismus-Leninismus. Wissenschaft oder Glaube. München 1974.

Grundlegend zur Selbstaufklärung und Kritik des Marxismus: Leszek Kolakowski: Die Hauptströmungen des Marxismus. 3 Bde. München 1977. Neuaufl. 1981. – Karl Graf Ballestrem: Das politische Denken des Marxismus. In: Karl Graf Ballestrem / Henning Ottmann (Hrsg.): Politische Philosophie des 20. Jahrhunderts. München 1990, 147–177. – *Eine Reihe wichtiger Aufsätze in:* Venanz Schubert (Hrsg.): Karl Marx (1818–1883). Eine Ringvorlesung an der Universität München. Sankt Ottilien 1984. – *Zur politischen Theorie:* John M. Maguire: Marx's Theory of Politics. Cambridge University Press 1978. – *Zur politischen Praxis:* Wolfgang Schieder: Karl Marx als Politiker. München 1991.

Die philosophischen Grundlagen der politischen Position von Merleau-Ponty findet man nicht leicht, am ehesten im Abschnitt über Freiheit in: Merleau-Ponty: Phänomenologie der Wahrnehmung. Berlin 1966, 493 ff. – *Auseinandersetzung mit Sartre:* Merleau-Ponty: Das Sichtbare und das Unsichtbare. München 1986, 75 ff. – *Zu Merleau-Pontys Philosophie allgemein:* Bernhard Waldenfels: Phänomenologie in Frankreich. Frankfurt a. M. 1983.

Kapitel 11

Jürgen HABERMAS: Die Einbeziehung des Anderen. Frankfurt a. M. 1996.

Jürgen HABERMAS: Erkenntnis und Interesse. In: J. H.: Technik und Wissenschaft als ›Ideologie‹. Frankfurt a. M. 1968.

Jürgen HABERMAS: Erläuterungen zur Diskursethik. Frankfurt a. M. 1991.

Jürgen HABERMAS: Faktizität und Geltung. Frankfurt a. M. 1992. – Zit. als: FG.

Jürgen HABERMAS: Legitimationsprobleme im Spätkapitalismus. Frankfurt a. M. 1973.

Jürgen HABERMAS: Moralbewusstsein und kommunikatives Handeln. Frankfurt a. M. 1983. – Zit. als: Moralb.

Jürgen HABERMAS: Theorie des kommunikativen Handelns. Bd. 1: Handlungsrationalität und gesellschaftliche Rationalisierung.

Bd. 2: Zur Kritik der funktionalistischen Vernunft. Frankfurt a. M. 1981. – Zit. als: Theorie.

Jürgen HABERMAS: Vorstudien und Ergänzungen zur Theorie des kommunikativen Handelns. Frankfurt a. M. 1984. – Zit. als: Vorst.

Jürgen HABERMAS: Zur Rekonstruktion des Historischen Materialismus. Frankfurt a. M. 1976.

Max HORKHEIMER / Theodor W. ADORNO: Dialektik der Aufklärung. Philosophische Fragmente. Frankfurt a. M. 1971.

Immanuel KANT: Kritik der Urteilskraft [Werke, Bd. 5, zit. als: KU; vgl. Anhang zu Kap. 8].

Sehr ausführlich ist die geschichtliche Darstellung: Rolf Wiggershaus: Die Frankfurter Schule. Geschichte. Theoretische Entwicklung. Politische Bedeutung. München/Wien ²1987. – Herfried Münkler: Die kritische Theorie der Frankfurter Schule. In: Karl Graf Ballestrem / Henning Ottmann (Hrsg.): Politische Philosophie des 20. Jahrhunderts. München 1990, 179–210.

Zur Rezeption und Diskussion: Thomas McCarthy: Kritik der Verständigungsverhältnisse. Zur Theorie von Jürgen Habermas. Frankfurt a. M. 1980. – Axel Honneth / Hans Jonas (Hrsg.): Kommunikatives Handeln. Beiträge zu Jürgen Habermas' ›Theorie des kommunikativen Handelns‹. Frankfurt a. M. 1986. – Albrecht Wellmer: Ethik und Dialog. Frankfurt a. M. 1986. – Axel Honneth / Thomas McCarthy / Claus Offe / Albrecht Wellmer (Hrsg.): Zwischenbetrachtungen. Im Prozeß der Aufklärung. Jürgen Habermas zum 60. Geburtstag. Frankfurt a. M. 1989.

Kapitel 12

Niklas LUHMANN: Das Recht der Gesellschaft. Frankfurt a. M. 1993. – Zit. als: Recht.

Niklas LUHMANN: Grundrechte als Institution, Berlin 1965. – Zit. als: Grundrechte.

Niklas LUHMANN: Politische Theorie im Wohlfahrtsstaat, München/Wien 1981. – Zit. als: Wohlfahrtsstaat.

Niklas LUHMANN: Funktion der Religion. Frankfurt a. M. 1977.

Niklas LUHMANN: Legitimation durch Verfahren. Neuwied 1969.

Niklas LUHMANN: Zweckbegriff und Systemrationalität. Frankfurt a. M. 1977.

John RAWLS: Eine Theorie der Gerechtigkeit. Frankfurt a.M. 1975.
John RAWLS: Politischer Liberalismus [1993]. Frankfurt a.M. 1998.
John RAWLS: Die Idee des politischen Liberalismus. Aufsätze
  1978–1989. Hrsg. von Wilfried Hinsch. Frankfurt a.M. 1994.

Zur Interpretation: Otfried Höffe (Hrsg.): John Rawls. Eine Theorie der Gerechtigkeit. Berlin 1998. – *Eine Sammlung mit wichtigen
hinführenden Aufsätzen zur »Theorie der Gerechtigkeit« und in-
struktiver Einführung des Herausgebers:* John Rawls: Gerechtigkeit als Fairneß. Hrsg. von Otfried Höffe. Freiburg i.Br. / München 1977. – *Zur Diskussion:* Otfried Höffe (Hrsg.): Über John
Rawls' Theorie der Gerechtigkeit. Frankfurt a.M. 1977. – *Philosophisch ergiebig und biographisch authentisch ist die Darstellung:*
Thomas W. Pogge: John Rawls. München 1994. – *Ferner:* Wolfgang Kersting: John Rawls zur Einführung. Hamburg 1993. – *Zum
Kontraktualismus vgl. die Darstellungen:* Peter Koller: Neue
Theorien des Sozialkontrakts. Berlin 1987. – Wolfgang Kersting:
Die politische Philosophie des Gesellschaftsvertrags. Darmstadt
1994.
  Zur weiteren Diskussion: Zur Idee des politischen Liberalismus.
John Rawls in der Diskussion. Hrsg. von der Philosophischen Ge-
sellschaft Bad Homburg. Frankfurt a.M. 1997. – *Eine wichtige kri-
tische Darstellung:* Clemens Kauffmann: Strauss und Rawls. Das
philosophische Dilemma der Politik. Berlin 2000. – *Zur internatio-
nalen Problematik des Liberalismus:* Charles Beitz: Political Theo-
ry and International Relations. Princeton 1979. – Michael Walzer:
Gibt es den gerechten Krieg? Stuttgart 1982.
  Zur Abgrenzung der Luhmannschen Theorie: Jürgen Habermas /
Niklas Luhmann: Theorie der Gesellschaft oder Sozialtechnologie
– Was leistet die Systemforschung? Frankfurt a.M. 1971. – Niklas
Luhmann: Paradigm lost: Über die ethische Reflexion der Moral.
Reden von Niklas Luhmann und Robert Spaemann. Frankfurt
a.M. 1990. – *Zur Anwendung des Luhmanschen Funktionalismus
auf die Rechtstheorie:* Gunther Teubner: Recht als autopoietisches
System. Frankfurt a.M. 1989. – *Zur systematischen Rekonstruktion
der Systemtheorie:* Jürgen Gerhards: Wahrheit und Ideologie. Köln
1984. – Werner Krawietz / M. Welker (Hrsg.): Kritik der Theorie
sozialer Systeme. Frankfurt a.M. 1992.

Kapitel 13

Isaiah BERLIN: Four Essays on Liberty. London 1969. Dt.: Freiheit. Vier Versuche. Frankfurt a. M. 1985.

Jürgen HABERMAS: Anerkennungskämpfe im demokratischen Rechtsstaat. In: Charles Taylor: Multikulturalismus und die Politik der Anerkennung. Frankfurt a. M. 1993.

Alasdair MACINTYRE: After Virtue. London 1981. Dt.: Der Verlust der Tugend: Zur moralischen Krise der Gegenwart. Frankfurt a. M. 1987.

Paul RICŒUR: Liebe und Gerechtigkeit. Tübingen 1990.

Paul RICŒUR: Zeit und Erzählung. 3 Bde. München 1988–91. – Zit. als: ZE.

Paul RICŒUR: Das Selbst als ein Anderer. München 1996. [Kapitel 7–9 entwickeln die sog. kleine Ethik Ricœurs.] – Zit. als: SaA.

Paul RICŒUR: Das Rätsel der Vergangenheit. Erinnern – Vergessen – Verzeihen. Göttingen ²2000.

Paul RICŒUR: From Text to Action. Essays in Hermeneutics II. Northwestern University Press 1991. [Aufsätze zu Politik und Ethik im 3. Teil.]

Paul RICŒUR: The Just. Chicago/London 2000.

Paul RICŒUR: Le just II. Paris 2001.

Paul RICŒUR: Lecture 1. Autour du politique. Paris 1991. [Sammlung von Aufsätzen Ricoeurs zur politischen Philosophie.]

Michael SANDEL: Liberalism and the Limits of Justice. Cambridge 1982.

Michael SANDEL: Die verfahrensrechtliche Republik und das ungebundene Selbst. In: Axel Honneth (Hrsg.): Kommunitarismus. Eine Debatte über die moralischen Grundlagen moderner Gesellschaften. Frankfurt a. M. 1993, 20–35. – Zit. als: Verfahrensrechtl. Republik.

Charles TAYLOR: What's wrong with negative liberty. In: Philosophy and the Human Sciences. Philosophical Papers vol. 2. Cambridge University Press 1985. Dt.: Negative Freiheit? Zur Kritik des neuzeitlichen Individualismus. Frankfurt a. M. 1992, 118 ff. – Zit. als: NF.

Michael WALZER: Die kommunitaristische Kritik am Liberalismus. In: Honneth (Hrsg.): Kommunitarismus (ebd.), 157–180. – Zit. als: Kommunitaristische Kritik.

Weitere grundlegende Schriften im Umkreis der kommunitaristi-

schen Position: Michael Walzer: Sphären der Gerechtigkeit. Frankfurt a.M. [u.a.] 1992. – Michael Walzer: Zivile Gesellschaft und amerikanische Demokratie. Berlin 1992. – Charles Taylor: Quellen des Selbst. Frankfurt a.M. 1994.

Zur Diskussion um den Kommunitarismus: J. Horton / S. Mendus (Hrsg.): After MacIntyre. Critical Perspectives on the Work of Alasdair MacIntyre. Oxford 1994. – Walter Reese-Schäfer: Was ist Kommunitarismus? Frankfurt a.M. [u.a.] 1994. – Christel Zahlmann (Hrsg.): Kommunitarismus in der Diskussion. Berlin 1992. – Axel Honneth: Grenzen des Liberalismus. Zur ethisch-politischen Diskussion um den Kommunitarismus. In: Philosophische Rundschau. Eine Zeitschrift für philosophische Kritik 38 (1991) H. 1/2. – Otfried Höffe: Vernunft und Recht. Bausteine zu einem interkulturellen Rechtsdiskurs. Frankfurt a.M. 1996, 160ff.

Zur besprochenen Kontroverse: Walter Schweidler: Die Menschenrechte als metaphysischer Verzicht. In: W. Sch.: Das Unantastbare. Beiträge zur Philosophie der Menschenrechte. Münster 2001, 73ff.

Literatur zu Ricœur: Bernhard Waldenfels: Phänomenologie in Frankreich. Frankfurt a.M. 1983 (Kap. 5). – The Philosophy of Paul Ricœur. Hrsg. von Lewis E. Hahn (The Library of Living Philosophers, Bd. 22). Chicago/LaSalle 1995. – J. Mattern: Ricœur zur Einführung. Hamburg 1996. – Burkhard Liebsch: Geschichte im Zeichen des Abschieds. München 1996.

Kapitel 14

Hans KELSEN: Vom Wesen und Wert der Demokratie, Berlin 1928.
Peter Graf KIELMANNSEGG: Das Experiment der Freiheit. Zur gegenwärtigen Lage des demokratischen Verfassungsstaates. Stuttgart 1988.
Peter Graf KIELMANNSEGG: Volkssouveränität. Eine Untersuchung der Bedingungen demokratischer Legitimität. Stuttgart 1977.
Robert SPAEMANN: Zur Ontologie der Begriffe »rechts« und »links«. In: R. S.: Grenzen. Zur ethischen Dimension des Handelns. Stuttgart 2001. – Zit. als: »Rechts« und »links«.
Zur politischen Philosophie Spaemanns vgl. ferner:
Robert SPAEMANN: Das Natürliche und das Vernünftige. München 1987.
Robert SPAEMANN: Glück und Wohlwollen. Stuttgart ³1996.

Robert SPAEMANN: Personen. Versuche über den Unterschied zwischen ›etwas‹ und ›jemand‹. Stuttgart 1996.

Robert SPAEMANN: Philosophische Essays. Stuttgart 1983.

Robert SPAEMANN: Zur Kritik der politischen Utopie. Stuttgart 1977.

Personenregister

Sachregister

Nachbemerkung

Das Sachregister wurde von Frau Ute Kruse erstellt. Ihr gilt dafür der herzliche Dank des Autors, ebenso wie Frau Gudrun Sikora, deren ordnungsstiftende Mühe für das Manuskript unersetzlich war, Frau Bettina Bauer und Herrn Dr. Joachim Comes für die Korrekturen.

Zum Autor

WALTER SCHWEIDLER, geboren 1957, studierte Philosophie, Politikwissenschaft, katholische Theologie und Rechtswissenschaften, war Assistent bei Robert Spaemann an der Universität München und habilitierte sich dort 1993; seit 2000 Professor für Philosophie an der Ruhr-Universität Bochum. Veröffentlichungen: *Wittgensteins Philosophiebegriff* (Freiburg/München 1983), *Die Überwindung der Metaphysik* (Stuttgart 1987), *Geistesmacht und Menschenrecht. Der Universalanspruch der Menschenrechte und das Problem der Ersten Philosophie* (Freiburg/München 1994), *Das Unantastbare. Beiträge zur Philosophie der Menschenrechte* (Münster 2001); Herausgeber der Reihe *West-östliche Denkwege* bei Academia, Sankt Augustin.

Texte zur politischen Theorie

IN RECLAMS UNIVERSAL-BIBLIOTHEK

Philipp Reclam jun. Stuttgart